# 普列汉诺夫文集
## 第 12 卷

# 在祖国的一年
## ——一九一七——一九一八年言论全集

王荫庭 杨永 译

王荫庭 校

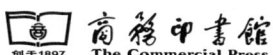
商务印书馆
The Commercial Press

# 出 版 说 明

这本文集所收的，是一九一七年四月普列汉诺夫回到俄国至一九一八年逝世为止的全部文章、演词、文告和宣言等。这些文章言论主要发表在《统一报》上，是普列汉诺夫去世后流亡在国外的孟什维克分子把它辑录起来在巴黎出版的。这个时期正是俄国从二月革命到伟大十月社会主义革命胜利完成的时期。普列汉诺夫自一九〇三年与列宁领导的布尔什维克分裂，转向孟什维克，到这时从护国主义立场支持帝国主义战争，终于与资产阶级妥协，支持临时政府，最终滑到与列宁为敌的反革命立场，背叛了马克思主义和无产阶级的革命事业。

本书是一部反面教材。如果把《列宁全集》中文版第廿四、廿五卷中特别是从著名的《四月提纲》(即《论无产阶级在这次革命中的任务》)起的一些重要文章对照起来读，就能深刻领会什么是马克思主义，什么是机会主义。从这里我们也可以理解普列汉诺夫何以从俄国最初宣传马克思主义的理论家，堕落为机会主义者；普列汉诺夫是在何处失足的，等等。

普列汉诺夫的有些错误是由来已久的。如列宁指出的，普列汉诺夫"完全不懂马克思主义的国家学说"(《列宁选集》，第三卷，第30—31页)。这一错误，早在普列汉诺夫的早期著作《无政府主义和社会主义》(1894年)一书中已有萌芽,"即革命对国家的态度和一般关于国家的问题完全避而不谈"(同上书,第260页)。在革命的关键时刻,这一问题就明显地暴露出来。

又如对于革命的领导权问题,他在一九〇五年革命时,就主张把领导权让给自由资产阶级,放弃无产阶级的领导权。而列宁早在《社会民主党在民主革命中的两种策略》(1905年)一书中,就论证了无产阶级在民主革命中的领导权思想,提出了把资产阶级民主革命转变为无产阶级社会主义革命的路线,并着重指出了农民是无产阶级的同盟者。

普列汉诺夫的另一个严重错误,就是低估了农民的革命性,说什么农民"并不需要用社会主义制度代替资本主义制度",说"农民是工人建立社会主义生产方式事业中完全不可靠的同盟者"。因此无产阶级在人口中只占少数,而"为了建立社会主义制度却需要多数",所以无产阶级社会主义革命的条件还不成熟,如此等等。

普列汉诺夫在帝国主义大战中坚持社会沙文主义立场,看不到战争的帝国主义性质,是导致严重错误的又一个原因。

普列汉诺夫对马克思主义采取教条主义的态度,思想僵化,不能随着革命形势的发展而发展,甚至停滞在初期宣传马克思主义,反对空想主义和无政府主义的阶段。攻击列宁为空想主义、无政府主义和布朗基主义,即是其中一例;又如他三番五次地重申当时西欧社会民主党人流行的认为欧洲还没有具备实行社会主义革命的经济条件的教条;更严重的是,到了夺取政权的条件已经成熟时,还是教条主义气十足,抱住先完成资产阶级革命,然后才能进行无产阶级革命的旧公式不放。

当然，批判普列汉诺夫晚年的机会主义错误，不等于否定他在宣传马克思主义理论、思想方面的功绩。普列汉诺夫即使在孟什维主义时期，也有与列宁合作批判孟什维克取消派的一面，在理论上也仍然有过贡献；十月革命胜利以后，还拒绝过与社会革命党人一起进行反苏维埃政权的活动。

这本文集，只是作为历史文献，提供研究马克思主义思想史、国际共产主义运动史和普列汉诺夫的一本反面参考材料。

一九八〇年七月

# 目　　录

## 一九一七年四月

一九一七年四月二日在工兵代表苏维埃会议上发表的
　　演说 ……………………………………………………… 3
一九一七年四月三日在工兵代表苏维埃闭幕会议上
　　发表的演说 ……………………………………………… 9
民族战争和科学社会主义 ………………………………… 11
反动的阴谋 ………………………………………………… 15
又一批德国帝国主义手下的牺牲者 ……………………… 17
法国代表团和俄国工团主义 ……………………………… 19
同志们，应该消灭这种现象 ……………………………… 22
谈谈列宁的提纲以及为什么有时梦话值得注意 ………… 23
几封公开信 ………………………………………………… 34
　　致俄国教师 …………………………………………… 34
　　铁路员工和革命 ……………………………………… 35
　　致军队 ………………………………………………… 37
　　致大学生 ……………………………………………… 38
　　我们的策略 …………………………………………… 39

雇佣劳动的世界性节日 …………………………………… 42

非常好的现象 …………………………………………… 48

我们到底应该停止什么？ ………………………………… 49

论四月二十日至二十一日的政府危机 …………………… 54

宣言 ………………………………………………………… 56

但愿一切顺利 ……………………………………………… 57

同志们，不要上圈套！ …………………………………… 59

战争与和平 ………………………………………………… 61

　　第一篇文章 …………………………………………… 61

　　第二篇文章 …………………………………………… 65

　　第三篇文章 …………………………………………… 69

　　第四篇文章 …………………………………………… 73

　　第五篇文章 …………………………………………… 78

　　第六篇文章 …………………………………………… 82

## 一九一七年五月

论所谓斯德哥尔摩国际社会主义者代表会议问题 ……… 89

祖国在危急中 ……………………………………………… 91

基本问题 …………………………………………………… 97

在前线代表大会上的演说 ………………………………… 104

愚昧无知的人的来信 ……………………………………… 110

要讲一点逻辑！ …………………………………………… 111

新政府的声明 ……………………………………………… 115

鸟和人（比较心理学的一次小试验） …………………… 120

给人民宫群众大会参加者的信………………………………… 124

马克思主义还是巴枯宁主义……………………………………… 126

告俄国工人……………………………………………………… 131

这是怎么一回事？怎么会这样？………………………………… 132

保卫社会民主党………………………………………………… 135

不赔款的和平。不割地的和平………………………………… 138

  不赔款的和平(请我国临时政府注意)………………………… 138

  不割地的和平(请我国的和平爱好者注意)………………… 140

迫不得已的声明………………………………………………… 141

惊人的见解……………………………………………………… 142

仓促的短评……………………………………………………… 147

  海军上将高尔察克仍然在自己的岗位上…………………… 147

  禁止酗酒的措施……………………………………………… 148

  论天真………………………………………………………… 149

  制管工厂的内讧……………………………………………… 151

雇佣劳动同资本的斗争(请有觉悟的工人们注意)…………… 152

  第一篇文章…………………………………………………… 152

  第二篇文章…………………………………………………… 155

答严厉的批评家………………………………………………… 160

惊人的逻辑……………………………………………………… 167

陈腔滥调………………………………………………………… 172

给全俄农民代表大会的信……………………………………… 177

考虑不够周密的答复…………………………………………… 182

告读者朋友……………………………………………………… 188

揭露了不幸者…………………………………………………… 190

## 一九一七年六月

轻率的对比 …………………………………………… 195
自治的乌克兰万岁！ …………………………………… 200
这同马克思毫不相干 …………………………………… 204
罗·格里姆被逐，或者：真是糟糕极了 ………………… 208
再论罗伯特·格里姆 …………………………………… 214
对的就是对的 …………………………………………… 219
Pons Asinorum ………………………………………… 223
一九一七年六月九日在工兵代表苏维埃代表大会上
　　发表的演说 ………………………………………… 225
我们的机会主义(使读者了解我们观点的一次新尝试) … 227
　　第一篇文章 ………………………………………… 227
　　第二篇文章 ………………………………………… 232
　　第三篇文章 ………………………………………… 238
　　第四篇文章 ………………………………………… 243
革命民主派与战争 ……………………………………… 248
临时政府和乌克兰的运动 ……………………………… 253
革命民主派应该支持自己的政府 ……………………… 257
错误的逻辑 ……………………………………………… 261
一九一七年六月十九日在喀山广场上发表的演说 …… 265
必要的修正 ……………………………………………… 267
论我们的策略(致莫斯科市的觉悟工人) ……………… 270
芬兰的政策 ……………………………………………… 274

代表大会究竟起了什么作用？ ……………………………… 279
致残废军人 …………………………………………………… 284
德国独立社会民主党谈和平的条件 …………………………… 286
聪明的话听起来也愉快 ………………………………………… 292

## 一九一七年七月

一家聪明报纸的惊慌恐惧 ……………………………………… 299
论国际 ………………………………………………………… 305
怎么办？ ……………………………………………………… 311
两周的考虑 …………………………………………………… 315
革命活着 ……………………………………………………… 319
新内阁 ………………………………………………………… 323
发生了 ………………………………………………………… 326
历史的证据 …………………………………………………… 328
政党呢，或者只是派别？ ……………………………………… 334
同反革命作斗争 ………………………………………………… 337
协议是必要的和可能的 ………………………………………… 340
真是天晓得！ …………………………………………………… 346
聋子 …………………………………………………………… 351
论当前战争的祸首问题 ………………………………………… 355
新政府、资产阶级和革命民主派 ……………………………… 357
我们的一百号 ………………………………………………… 362

## 一九一七年八月

是放胆的时候了！ ……………………………………………… 371

论俄国社会民主党统一代表大会问题……………………375
国际机会主义者的代表会议……………………………379
莫斯科会议前夕…………………………………………385
还是这个问题……………………………………………389
论物种转变问题…………………………………………394
难道他们会使他离职吗？………………………………400
政治策略的基本原理……………………………………404
莫斯科会议开幕…………………………………………408
八月十五日在莫斯科国事会议上的演说………………411
在最后关头………………………………………………420
莫斯科会议起了什么作用………………………………425
伊·格·策烈铁里…………………………………………430
论阶级利益（向俄国工人阶级觉悟分子进一言）………434
怎么办？…………………………………………………439
向《言论报》政论家进一言………………………………444
而现在呢？………………………………………………448

## 一九一七年九月

消灭不久以前的叛乱……………………………………453
革命派同志们，要讲一点逻辑！…………………………456
写在九月十二日会议之前………………………………461
反革命和反革命分子……………………………………466
为什么需要联合…………………………………………471
终于说穿了！……………………………………………476

种瓜得瓜，种豆得豆 ……………………………………… 482

联合呢？还是投降呢？ ……………………………………… 487

预备国会 ……………………………………………………… 491

论联合的问题 ………………………………………………… 495

列宁和策烈铁里 ……………………………………………… 502

谁胜利了呢？ ………………………………………………… 507

他们为什么高兴？ …………………………………………… 511

冬宫的谈判 …………………………………………………… 516

"但是" ………………………………………………………… 520

再论改组后的政府的声明 …………………………………… 526

无政府状态和反革命势力 …………………………………… 530

## 一九一七年十月

公民们，当心啊！ …………………………………………… 537

齐美尔瓦尔得和德国 ………………………………………… 542

两极相逢 ……………………………………………………… 546

国会的第一天 ………………………………………………… 551

德国帝国主义的最低纲领 …………………………………… 557

    第一篇文章 ……………………………………………… 557

    第二篇文章 ……………………………………………… 563

别人的担子压坏驴子 ………………………………………… 568

勇敢的俘虏 …………………………………………………… 572

马萨利克教授的电报 ………………………………………… 575

我们的罪过，我们的大罪过！ ……………………………… 578

受惩罚的勇气 ················································· 583

不是神的喜剧 ················································· 585

致彼得格勒工人的公开信 ································· 590

## 一九一七年十一月——一九一八年五月

仍然在进展! ················································· 599

尼·阿·涅克拉索夫的葬礼 ······························ 602

БА——ба ······················································ 608


普列汉诺夫生平简介 ······································· 623

# 一九一七年四月

# 一九一七年四月二日在工兵代表苏维埃会议上发表的演说①

同志们，请允许我这个还没有从旅途的极度疲劳中恢复过来的人，对你们给予我的这种热情接待，向你们表示衷心的谢意（热烈鼓掌）。我不把这种热情接待看作是对我个人的接待，而是看作对整个革命的一代的接待，他们几十年来一直在红旗下进行斗争，对俄国人民没有丧失信心，对革命的成功没有丧失信心，尽管反动势力有时气焰嚣张，但整个俄国却不支持革命，反而像诗人所说的："低下头，为沙皇祈祷"。起初，我们社会民主党人为数很少，我们受人讥笑，我们被称为空想家。然而我用拉萨尔的话反驳说："我们人是少，可是我们很会咆哮，以致大家都以为我们人很多。"而且我们真的多起来了（笑声和掌声）。

---

① 格·瓦·普列汉诺夫过了三十七年流亡生活之后，于一九一七年三月三十一日夜间回到了彼得格勒。同他一起到达的有他的夫人罗扎莉娅·玛尔科芙娜以及法国和英国社会党代表卡申、穆特、拉丰、奥特烈迪、维尔托伦和桑德斯。布尔什维克报刊在普列汉诺夫即将到达的时候发表了粗暴的和不成体统的狂妄言论来反对他，但是，这位俄国社会民主党的创始人在芬兰车站受到了工人、士兵、社会团体、报刊和苏维埃的许多代表团的盛大的欢迎。普列汉诺夫在工兵代表苏维埃会议上受到了暴风雨般的和经久不息的鼓掌的欢迎，他在这次会议上发表了下面的演说。这篇演说和下一篇会议闭幕时所作的演说一样，是根据《统一报》第五号和《言论报》第七十八号上登载的原文排印的。——编者注

当我在芬兰车站踏上俄罗斯土地的时候,同志们主要是把我当作在科学社会主义领域中活动的一个著作家来欢迎的。的确,在我的著述活动中,我的努力的主要任务是使自己领会并对别人讲述科学社会主义的基本原理。那时人们责备这个著作家,这个无可救药的、科学社会主义的拥护者有两个空想。

人们责备我们的第一个空想是我们相信俄国无产阶级的发展。人们之所以把我们叫作空想家是因为我们说过(顺便说说,在一八八九年巴黎国际代表大会上我就这样说过):"俄国的革命运动将作为工人阶级的运动而胜利,否则它就永远也不会胜利。"这个论点曾经被许多真正拥护进步与革命的俄国人看成是空想,一些对我怀着真诚的善意的人说:"格奥尔基·瓦连廷诺维奇,您这是说的什么呀?难道真能相信俄国工人阶级吗?可以相信俄国知识分子——这是容易理解的。因为俄国知识分子有知识,对事业忠心耿耿。可是要说相信俄国工人阶级,那除非是故意叫人生气。"人们还不止一次地对我说过:"您这样一位并不是没有某种文学才能的人,却有这样一种不幸的性格:似乎是故意叫人生气才不断强调俄国工人阶级,不断证明在俄国只有工人阶级才是真正进步的体现者。"同志们,时间过去了,以前似乎是空想的东西,已经成了真实的真理。我们的敌人曾经这样地谈论我们:"这些人的特点是性格很使人讨厌"。同志们,我们的讨厌性格就是:当我们受到攻击时,我们总是尽力予以还击。而且往往在我们还击时,我们的敌人就摸一摸后脑壳,避开我们了(喊声:"妙啊",笑声,鼓掌)。我曾经在一个德国老学者卡尔·福格特的一次讲演中听说过一种现象,不过这种现象发生在和政治毫不相干的领域中,现在这种现象又在我们眼前重新出现了。卡尔·福格特叙述说,当达尔文出版自己的著作时,一些墨守成规的学者十分忿怒,其中有一个学者这样写过:"对,您是正确的,说出这些东西的人是混蛋,不过最糟糕的是,这个混蛋却是正确的"(哄堂大笑,全场鼓掌)。有些人也是这样对待我们的。他们说:是的,这的确是一些空想家,是一些性格非常讨厌的人,这是(还用了一句法国话)凶恶的野兽,当人们向它进攻的时候,它竟然要自卫(笑声和掌声)。但是形势的进程逐渐表明,我们观点的正确性越来越得到证实。而现在,当我幸运地待在自由的彼得格勒并且向俄国无产阶级讲话的时候,我想问问你们,同志们,人们责备我们的那种空想在哪里呢?对无产阶级的信心原来不是空想,而是现实。每当人们对我谈到空想时,我就这样回答自己的论敌:我们的理想、我们的空想,就是明天的现实。现在,明天变成了今天。在这欢乐的"今天",我要向俄国无产阶级、这个在解放了自己之后还解放了整个俄国的阶级致敬。同志们,它不仅解放了自己和整个俄国。在完成了革命之后,它根本改变了战争的进程,就连战争最可能的结局也将具有另一种面貌。

人们责备我们的第二个空想是,当某些性急的同志大声叫嚷武装起义的必要性时,我们说过:"没有军队就不会有胜利。在士兵们和军官们没有充满革命感情之前,你们的所谓武装起义就不是武装的起义,而是没有武装的起义。请把你们的力量用来向军队灌输革命思想吧。"俄国早已形成这样的局面:可以说是被蠹虫和蛆虫完全蛀空了的旧的沙皇制度,即蒙受了史无前例的耻辱的制度,所依靠的仅仅是士兵的刺刀。但是随着士兵觉悟的提高,刺刀变得越来越锋利,我们的沙皇坐在刺刀上感到非常痛苦的时刻终于到来了(全场大笑并热烈鼓掌)。

同志们,在我第一次对解放了的、自由的俄国无产阶级讲话的时候,有制定了欧洲最民主的宪法的国家英国的代表们,和进行过伟大革命的国家法国的代表们在场,我感到非常荣幸。而这一次大革命是怎么一回事呢?这是全欧洲的革命者都上过的一所学校,说全欧洲还不够,这是全世界的革命者都上过的一所学校。现在,当我到达芬兰车站的时候,我听到了什么音乐呢?马赛曲!这里说的是什么话呢?是在同一个法国首先说过的那些话。现在所发生的事情,在另一种环境下,在另一些时间条件下当然也在那里发生了。但这毕竟是法国大革命所播种的东西(热烈的掌声)。现在所发生的事情是法兰西思想的实现,这些思想在法国大革命过了一百多年以后,在欧洲的另一端发了芽。穆特同志说过:"你们应当把你们从我们那里拿走的东西还给我们。"同志们,对于这种可以说是高利贷式的要求(全场大笑),我要以整个俄国无产阶级的名义,以在这里的俄国革命军队的代表们的名义回答穆特同志:对,穆特同志,对,法国同志,我们会把从你们那里拿走的一切都还给你们,而且还要连本带利还给你们(热烈鼓掌)。

同志们,主席没有告诉我,我能占用多少时间(所有在座的人都喊道:"请讲吧,请讲吧")。同志们,我不希望我们之间有什么可以讳言的话。当我今天第一次对你们讲话的时候,我不能不想起俄国的报刊曾经不止一次地把我称为社会爱国派。法国人说:不在场的人总是错的。当我不在这里的时候,尤其是在当时的报刊条件下,我不是随时都能答复这些责难的。现在,当我荣幸地站在你们面前的时候,我希望你们会允许我坦率地、毫不讳言地说出我关于俄国公民对待俄罗斯国家的责任的想法。

人们把我叫作社会爱国派。社会爱国派是什么意思呢？是具有某些社会主义理想，同时热爱自己的国家的人吗？对，我热爱过自己的国家。这是毫无疑问的。现在我也热爱自己的国家，并且从不认为需要掩饰这一点（热烈鼓掌）。当我现在直率而且公开地说出这一点时，我确信你们中间谁也不会站起来说：应当把这种感情从你的心里除掉。不，同志们，你们是无法把这种热爱灾难深重的俄罗斯的感情从我心里除掉的……（暴风雨般的掌声）。同志们，现在任何一个文明社会，——而俄国过去也是文明的社会，尽管我国旧制度曾经竭尽全力使它停留在野蛮阶段上，——现在任何一个文明国家，都划分为各个不同的阶级。我过去和现在都清楚地知道，俄国有剥削者，也有被剥削者。同志们，就我的出身来说，我可能属于压迫者，我可能属于"寻欢作乐、游手好闲、双手沾满鲜血"之类的人。我之所以转到被压迫者的阵营，是因为我热爱受苦受难的俄国群众，是因为我热爱俄国农民和俄国工人。当我承认这种爱的时候，难道会有谁责备我犯了罪吗？我们中间没有也不可能有这样的人……（热烈鼓掌）。我向来主张把俄国劳动群众从国内剥削者的桎梏下解放出来。可是当我十分清楚地看到，霍亨索伦分子急忙加入，德国人急忙加入罗曼诺夫分子的行列，加入他们的走狗的行列，加入所有那些纷纷渴望靠拢王位的人的行列，加入俄国人民的压迫者的行列时，我说过：我的责任是保卫全体俄国人民不受德国人的侵犯，保卫他们不受霍亨索伦分子的侵犯（热烈鼓掌）。同志们，我永远不明白，为什么说德国话的剥削者应该比说俄国话的剥削者受到我们某种宽大。这是没有任何道理的。我们希望俄国摆脱一切剥削,无论剥削来自何处。自由的、独立的、摆脱了国内外敌人的剥削的俄国万岁!

同志们,有一个时期人们似乎认为保卫俄国就意味着保卫沙皇。这是错误的,因为沙皇和他的走狗们处处都背叛了俄国。他们破坏了国防。现在我们完成了革命,我们应当记住:假使让德国人战胜我们,那就不仅意味着把德国剥削者的枷锁加在我们身上,而且很可能会使旧制度复辟。所以必须用一切办法进行斗争,既反对国内敌人,也反对国外敌人(暴风雨般的掌声并且高呼:"好啊"①)。

---

① 这篇演说讲完之后,全场一齐鼓掌,并唱《马赛曲》,尼·谢·齐赫泽、格·瓦·普列汉诺夫、伊·格·策烈铁里、卡申、穆特和奥特烈迪互相握手。——编者注

# 一九一七年四月三日在工兵代表苏维埃闭幕会议上发表的演说

我很幸运有机会出席你们的最后一次会议。我没有老年人那种说恭维话的习惯，可是我应该对你们说一句恭维话：我在这里所听到的和看到的一切，征服了我，迷住了我。

我从瑞士绕道经过漫长的旅途回到俄国。沿途我遇到许多人。在西欧，凡是我遇到的人（不仅有资产阶级各阶层的代表，而且有民主派的代表）都向我提出一个使人感到不安的关于革命俄国的问题：西方人说，旧政府给国家管理造成了可怕的混乱；革命的俄国会不会造成更大的混乱呢？对于这些使人感到不安的问题，过去我可以提出自己对于俄国民主派的健全思想的信心作为回答。现在，在熟悉了这里所发生的事情之后，我可以把由你们的决议认可的一些事实和自己的信心结合起来。我确信，俄国的民主派不仅有革命的感情，而且还有政治理解力，他们在政治上是成熟的。你们关于战争的决议都是至理名言。可是如果在这里问题提得正确，而且解决得正确，那么我们将来就不应该离开既定的道路。一切问题我们都应该从政治上合不合理这个观点来考察。把所有政治上不合理的东西都抛弃掉。而在这个问题上，一方面，凡是可能引起过早的国内战争的东西首先必须避免,这种战争只会对反动派有利;另一方面,凡是可能在居民和军队之间产生误解的东西也必须避免(长时间的热烈鼓掌)。

# 民族战争和科学社会主义

（一九一七年四月五日《统一报》第五号）

我刚一回国，《真理报》就登了一篇通讯，让《统一报》的读者注意一下这篇通讯将是有益的。

那篇通讯里说，战争一开始，我就号召俄国无产阶级甚至用一切力量支持沙皇政府对中央列强作战。

《真理报》的撰稿人在这里撒了一个弥天大谎。

我从来没有号召俄国无产阶级支持沙皇政府进行对奥国与德国政府的战争。

战争一开始（参见我的小册子《论战争》），我就断言过，战争是各个民族的事情，而不是各国政府的事情。可惜俄国人民有陷于德国绝大多数劳动居民所支持的德帝国主义者经济控制的危险。因此，俄国人民进行战争也就是保卫自己最切身的利益。至于政府，我已经证明，由于它天然地同情德国半专制制度，它不可能也不愿意捍卫这种利益。我还补充说过，正是它不可能和不愿意捍卫俄国人民的切身利益，使得它走向灭亡。

这儿哪里有什么支持沙皇政府的号召呢？干吗要撒谎呢，何况还是在轻率地自称为《真理报》的机关报上？

其次，"通讯"的作者使我想起我在一八九三年苏黎世国际社会主义者代表大会上的发言。他引证了荷兰代表团提出的关于请求国际无产阶级用罢工和拒绝服兵役来回答宣战的决议。接着他报道说:"普列汉诺夫特别狂暴地反对荷兰人的决议,而支持了德国人的决议,德国人建议不要同战争作斗争,而要同把人类划分为两个敌对阵营的资本主义作斗争。"

当时我是战争问题委员会的报告人,虽然我没有表现过"狂暴"(荷兰无政府工团主义者多美拉·纽文胡斯在攻击我和所有我的同志如威廉·李卜克内西、维克多·阿德勒、爱琳娜·马克思-艾威林等人的时候才表现了狂暴),但是我确实坚决地反对过荷兰人的决议,在我看来,它完全不符合拥护社会民主主义立场的无产阶级的观点。而且我的这篇发言不仅得到上述国际社会民主党著名代表们的衷心支持,而且还得到当时来到苏黎世的、众所周知的两位科学社会主义奠基人之一的弗·恩格斯的衷心支持。

我很愉快地回忆起这件事。所以,如果《真理报》的撰稿人认为可以用这个回忆来羞辱我,如果他在我当时所说的话和我现在所说的话之间看出某种矛盾的话,那他就错了,——这里没有任何矛盾。

在战争问题上,我现在还坚持我在苏黎世国际代表大会时期所坚持的那种观点。区别只在于,随着情况的变化,我现在不是同多美拉·纽文胡斯争论,而是同完全接受了他那些无政府工团主义观点的《真理报》编辑部争论。

"通讯"的作者继续写道:"他(也就是我——格·普)曾经责备法国人,说他们是怀着民族羡慕和民族嫉妒的心情出席代表大会的。在普列汉诺夫看来,德国人没有一点沙文主义,应该感谢他们同俄国沙皇制度进行了斗争。"

"通讯"的作者在这里谈到他不知道的或者不愿意告诉《真理报》读者的事实。

在苏黎世国际代表大会时期,法国工人党(盖德派的党)正忙于选举,因此未能派遣代表出席大会。代表法国人出席代表大会的,多半是无政府主义者和半无政府主义者。在他们对待德国社会民主党的态度里有许多沙文主义,——这是毋庸怀疑的。同样无可争辩的是,决不能责备当时由威廉·李卜克内西、倍倍尔、金克尔以及像他们那样的人所领导的"德国人"有沙文主义。只是到了后来,在修正主义的旗帜下,沙文主义才渗入了德国社会民主党的队伍。不言而喻,我现在对待修正主义者的态度,完全不同于我过去对待威廉·李卜克内西或奥古斯特·倍倍尔的态度。而且要知道,绝不能要求我像俄国民间故事中的傻瓜那样,无论在葬礼上还是在婚礼上都唱同一支歌。从战争一开始,我国就出现了许多喜欢扮演这种傻瓜的角色的人;我不属于他们之列。

最后,通讯的作者报道说,我因为极其喜爱德国人,曾经作过下列声明:"如果德国军队越过了我国国境,他们就会以解放者的身份来到,正像一百年前国民议会时期的法国人为了战胜各邦君主,给人民以自由,而来到德国一样。"

我的确说过这样的话,然而我所谓德国军队指的是推翻了霍亨索伦王朝和其他一些德国君主,进而反对罗曼诺夫王朝,以便使自己的后方不会受到后者可能的袭击的德国社会民主党军队。如果这种假定在这次战争中实现了,那么我还会重复这句话。可是现在发生了某种完全相反的事。俄国军队已经推翻了罗曼诺夫王朝，并且正在同霍亨索伦王朝的军队作战。德国人现在只有像他们过去对待国民议会时期的法国军队那样对待俄国军队。如果他们不这样做，那么唯一的只是因为他们现在不是革命者，而是帝国主义者和沙文主义者。在这一点上我是没有过错的。

# 反动的阴谋

（一九一七年四月六日《统一报》第六号）

四月五日的《日报》上登载了下面一条消息：

在蒂拉斯波尔，有人揭露，黑暗势力企图策划一次暴行。

为了这个目的，在一所房子的阁楼上排演了一场杀人的宗教仪式，市内到处张贴着号召从事暴行的传单。

因此，当地的士兵和军官代表苏维埃逮捕了一系列和这个案件有关的人，包括市参议会的两名议员和一名出纳，以及前任县警察局长现任民警局长的谢尔盖耶夫。在后者的住宅里搜出了大批的武器、炸弹和弹药。

这家报纸报道说，一支由二十五名全副武装的士兵组成的基辅卫戍部队代表委员会的战斗别动队已于日前到达瓦西里科夫。

队伍的到达在黑帮分子中间引起了惊慌情绪，因为这些黑帮分子正在落后居民阶层中散布最令人愤慨的谣言，并且唆使人民迫害犹太人。

一些人被捕了。市内的秩序也恢复了。

当地的各个苏维埃和战斗别动队正在逮捕那些准备屠杀犹太人的分子，这当然很好。它们逮捕这些分子也就是履行自己的公民义务。可是逮捕凶徒并不是事情的结束，而只是事情的开始。

现在应该用严刑峻罚对付他们。必须惩一儆百。应当让所有那些打算继续煽动民族纠纷的人根据亲身的体验确信他们的阴谋今后将受到最严厉的反击。

应当让犹太人确信,在解放了的俄国,他们将生活在法律的充分保护之下。

我们深信,克伦斯基公民会采取力所能及的一切措施加速对此案进行审讯。

# 又一批德国帝国主义手下的牺牲者

(一九一七年四月七日《统一报》第七号)

电讯传来了一则骇人听闻的消息。三月三十一日许多返回自由俄国的政治流亡者所乘坐的英国"扎拉"号轮船被德国潜艇击沉了。

尚未获悉究竟有多少俄国流亡者成了海盗行为的牺牲者。所以我们还不知道尼·德·阿夫克森齐也夫是否能够幸免。可是我们所知道的就够悲惨了。杨松和卡尔波维奇都遇难了。

如果我没有弄错,这里所说的杨松曾参加拉脱维亚社会民主党国外中央委员会。这是一位经验丰富、坚决果断和觉悟极高的党的工作人员。

至于卡尔波维奇,对他个人不可能有任何怀疑:他就是众所周知的那个施利色堡人①卡尔波维奇。凡是有机会亲自认识他的人,即使在一些观点上和他有分歧,也不能不深深地敬重他。

我以《统一报》编辑部的名义,向拉脱维亚社会民主党,同时也向俄国社会革命党,对它们所遭到的严重损失表示最真挚的同情。

---

① 施利色堡是沙皇监禁革命者的地方。因此施利色堡人就是在施利色堡坐过监狱的革命者的通称。——译者注

据说，在知悉俄国流亡者遭难之后，薇拉·费格涅尔说过："现在我国流亡者要回到俄国只有两条路：通过德国或是通过死亡"。卡尔波维奇和杨松希望通过死亡。这些光荣的人是不可能采取其他做法的。

牺牲者永垂千古，刽子手遗臭万年！

附记。当我们获悉也是通过死亡潜回解放了的俄国的"劳动解放社"创始人之一列夫·德依奇，和他的妻子一起，已经平安抵达卑尔根这个令人高兴的消息时，这篇短评已经写好了。欢迎你，老同志！

# 法国代表团和俄国工团主义

（一九一七年四月八日《统一报》第八号）

《真理报》（第二十六号）对于现在彼得格勒的法国社会主义者代表团进行了常言所说的全线攻击。

它硬要人相信，"卡申和他的朋友们属于本国政府最热心的捍卫者之列"。

《真理报》在按照它那个倒霉的习惯说谎。卡申和他的朋友们都是自己那受到德帝国主义者攻击的国家的最热心的捍卫者。为了捍卫本国的利益，他们认为应当和一切共和政党缔结暂时的同盟。必须有《真理报》那种无以复加的天真精神或者老实态度，才会根据这一点硬说卡申和他的朋友们似乎在支持政府。他们过去和现在都支持法国劳动居民的利益。如果他们在对这种利益的理解上和《真理报》有分歧，这并不是那么了不起的罪恶，因为谁也不会说在该机关报上写文章的是深思熟虑的柏拉图和思维敏捷的牛顿。

《真理报》继续写道："这是一些用一切手段摧残自己的反对党，即摧残国际主义的社会主义者的人。"

这又是谎话，不过，这可以理解，而且多少也可以原谅，因为《真理报》是按照自己的方式，即按照它这个机关报所代表的那个派别组织的习惯进行判断的。

当我国的布尔什维克在我们党内成为多数时,他们曾用一切手段摧残过自己的反对党——孟什维克。关于这一点,将来在《俄国掌故》和《过去的声音》里大概会出现不少有趣的回忆。然而,不应该诿过于人。我国布尔什维克们的习惯对于法国社会主义政党的两个派别来说,永远都是格格不入的。

在法国社会主义政党内,少数派不仅没有受到多数派的压迫,而且相反,有时还可以允许党内存在西欧其他社会主义政党未必会加以容忍的破坏纪律的行为。这一点是所有对现代西欧社会主义运动哪怕了解不多的人都知道的。

这还不是一切。《真理报》断言,"他们的朋友古斯塔夫·爱尔威在自己的《胜利报》上刊登过一篇以《沙皇万岁!》为题的文章。"

这又是谎话。的确,古·爱尔威在自己的报纸上(当时不叫《胜利报》,而叫《社会战争》)刊登过一篇《沙皇万岁》的文章。可是法国社会党多数派同这件事毫无干系。古·爱尔威从来不是"他们的朋友"。这次战争开始以前他所宣传的那种对于战争问题的观点,就是《真理报》现在这样激昂和这样拙劣地加以捍卫的观点。已故的倍倍尔说过,要是宣传这种观点,爱尔威必然会被开除出德国党。然而与《真理报》的错误论断相反,正是因为法国党内的少数派没有受到多数派的压迫,法国的这个无政府工团主义者才能安静地从事自己的宣传,直到他感到厌倦为止。这一点也是所有对现代法国社会主义内部生活哪怕了解不多的人都知道的。

当目前的国际冲突开始时,以及当古·爱尔威脱下自己那双由列宁细心拣起来的破旧靴子时,这个法国的无政府工团主义者还是没有成为"他们的朋友",即没有成为法国社会主义政党多数派的朋友。

　　几乎就像思想正常的无政府工团主义者们向来的做法一样，他突然采取了那种右倾的调子，使得"他们"惊骇，因为"他们"甚至准备用党的法庭来审判他。这当然一点也吓唬不了古·爱尔威，他很清楚，法国党内的少数派很少受到多数派的压迫。爱尔威目前的行为将在战争结束后进行讨论。不无良好教养的爱尔威会平静地对自己说："事实上这意味着，对于我的审判将 ad calendas graecas①"，即永不审判。他又说又笑，并且……继续实行着自己那种根本不符合法国社会主义政党多数派政治路线的政治路线。

　　很遗憾，要教会《真理报》懂礼貌，就像要它相信歪曲真理不是好事一样，也是徒劳无益的。我不喜欢把时间浪费在这种毫无益处的工作上。我只要说，如果我们的法国客人认为，似乎所有俄国社会主义者对待他们的态度，都像几天以前通过自己的领袖列宁使自己置身于国际之外的那个以《真理报》为核心的少数派对待他们的态度一样的话，他们就大错特错了。

　　《真理报》之所以有这种粗暴行为，原因就在于俄国无产阶级并不像列宁的说谎话的机关报所希望的那样接待我们的法国客人。

---

①　束之高阁。——译者注

# 同志们，应该消灭这种现象

（一九一七年四月八日《统一报》第八号）

　　制造暴行的企图在继续着。四月七日的《言论报》指出，莫斯科、基辅、瓦西里科夫、勃鲁西洛夫市镇（基辅省）以及比萨拉比亚都有这种企图。"以某个列维茨基为首的一帮煽动分子吓坏了犹太人。这些犹太人从彼列谢钦村逃出来。列维茨基用暴行进行威胁，勒索金钱，并且号召反对新制度。"终于，在基希涅夫逮捕了制造暴行的煽动分子捷列沙托夫和楚马金科。

　　我们相信，我国临时政府会采取一切合法措施制止鼓动暴行的活动。同时我们可以要求有觉悟的公民们尽力支持政府的各种措施。俄国无产阶级应该自动地发起组织反对暴徒的宣传。这种宣传究竟采取什么形式，当然取决于各地的条件。应该立即派遣流动宣传队到受到暴行威胁的农村地区去，以便向农民解释，暴徒的阴谋会给俄国自由的事业，因而也就是给农民自己的事业造成多大的损害。很可能，并非所有各地的无产阶级组织都具备进行这项工作所必需的种种手段。在这种情况下，它们应该立即得到各大中心组织的支持。无论如何事情刻不容缓。我们有责任做到我们能够做到的一切，以便立刻消灭黑帮活动家们种种卑鄙的企图。

# 谈谈列宁的提纲以及为什么有时梦话值得注意

(一九一七年四月九—十二日《统一报》第九—十一号)

列宁在《论无产阶级在这次革命中的任务》一文(《真理报》第二十六号)里叙述了自己的后来的著名的提纲，末尾他认为必须对我抨击一番。为什么他要这样做，我不知道。不过且看一看他是怎样气势汹汹地向我发起自己的骑兵式的攻击的：

"普列汉诺夫先生在他的报纸上把我的演说叫作'梦话'。真是好极了，普列汉诺夫先生！但是请看看，你自己在论战中是怎样的愚蠢和笨拙。假使我讲了两个钟点的'梦话'，为什么几百个听众会听得下去呢？其次，为什么你的报纸竟用整栏篇幅来评论'梦话'呢？这是你根本无法自圆其说的[①]"。

我根本不想要在政论方面打笔墨官司。现在我正急着办别的事。而且如果用体现在我引证的列宁的这段话里的精神进行辩论，这个辩论一定会变为公鸡打架，只有在政治寂静和社会消沉的时代人们才会对它产生某种兴趣，而且也唯有嗜好这种娱乐的人才会如此。然而我们现在正经历着一个高涨的时代，所以参加文

---

[①] 《列宁全集》，第二十四卷，第5—6页。——译者注

坛上的斗鸡活动的人一定会引起读者群众的厌恶。但我也不能默不作声。一则因为列宁的天真无邪的信徒们会以为，仿佛我根本无法打退他的勇敢的袭击，二则因为这次袭击只是为了保卫列宁的提纲所驻守的主要阵地而采取的一种军事示威行动。因此我也从袭击开始。

列宁硬说，我在论战的时候愚蠢和笨拙。如果这是真的，那对他倒是有利的。然而，我们来分析一下。我的愚蠢和笨拙究竟表现在哪里呢？我的放肆的论敌问道，几百个听众怎么能听上整整两个钟头的梦话呢？其次，他不明白为什么《统一报》竟用整栏篇幅来评论梦话。

首先我要指出，我从未评论过列宁的演说，也不在他的听众之列。把列宁的长篇演说叫作"梦话"的是《统一报》的一位记者同志。当然，他的评论可能有错。但是我可以说，他的错误总不会成为我论战时的愚蠢和笨拙的证据。其次，列宁的演说是给绝大多数听众，而不是只给《统一报》的记者同志造成了梦话的印象。假使列宁发现后一种情况是我缺乏文学才能的新证据，那么我担心就连《真理报》的天真无邪的读者恐怕也会觉得有愚蠢和笨拙的特征的恰好就是他这个列宁。再说，我的论敌以为"梦话"不可能吸引听众的注意达整整两小时之久，甚至两小时以上，这是没有根据的。他同样没有根据地硬说，仿佛报纸不可能腾出篇幅来评论这样的梦话。梦话在精神病学上或政治上有时是颇有教益的。所以研究精神病学或政治的人情愿为它拿出许多时间和篇幅来。试以契诃夫的《第六号病室》为例。它是小小一本书。书里讲的是断然无疑的梦话。然而致力于描写这个梦话的却是一位大艺术家、一位很大的艺术家。而且当我们阅读这位大艺术家的这部作品时，我们并不会去看表，也丝毫不会抱怨它占用了好几个印刷页。我们反而会惋惜太快就看到了它的最后一页。这个例子有力地证实梦话尽管是梦话，可是从许多方面来说却可能是值得注意的。

或者我们拿《狂人日记》来说吧。果戈理的这篇东西就艺术方面说比《第六号病室》要差一些。但是它读起来也蛮有味道，谁也不惋惜它占了好几"栏"。列宁的提纲亦复如是。我们读完提纲以后只可惜作者没有把它叙述得更详细一些。这当然不是说我把列宁同果戈理或契诃夫相提并论。不，——请他原谅我的坦率。这种坦率是他自己引得我如此的。我只是把他的提纲和这两位大作家的精神失常的主人公的言论比较比较，并略予欣赏。同时我认为，这份提纲恰恰是在这位狂人写他的一页日记时的那种状态下写成的。这种状态的特点可以用下面的记述来说明：

"日期不记得。也没有月份。鬼才知道什么日子[①]"。

我们认为，列宁的提纲正是在这种状态下，即在完全脱离时间与地点的情况下写成的。然而这就是说《统一报》的记者把列宁的演讲叫作梦话是完全正确的。

**列宁的第一条提纲**

有这样一些人，他们的政治眼界由于热爱国际而模糊到了这样的程度，以致他们无论如何不能（而且也不想）了解，究竟应该由谁来负这次战争的责任。这些人的议论总是使我想起格列勃·乌

---

[①] 参见《彼得堡故事》，人民文学出版社一九五七年版，第183页。——译者注

斯宾斯基一篇短篇小说里的一个小市民,他硬说,仿佛有这样的条文:"互打耳光和互相侮辱没有罪。"当我听到这种议论的时候,我不止一次地用同一篇短篇小说里的一个身体粗大的商人的话默默地喊道:"我们全都像最坏的坏蛋一样打过架,可是走出去却又全都像无罪的婴儿一样。"乍看起来很难理解,一个没有完全失去健全理智的人,怎么能够设想现代社会主义的国际法中存在着上面所指出的这种条文。但问题是这样解释的,说在这种情况下要把责任由人的身上推卸到生产关系的身上去。罪过完全在资本主义,因为它发展到最高阶段一定要成为帝国主义。这个论据本身什么也没有说明。它的依据就是科学上称为 Petitio principii[①] 的那个逻辑错误。换言之,它恰恰把尚待证明的东西看成是已经证明了的东西。也就是说,它认为所有参加战争的资本主义国家对每一次特定的帝国主义战争都要负同等的责任这一点是已经证明了的。这个论据能安慰"不接受战争"的国际主义者的良心,因此往往被那些甚至生来很不愚蠢的人不加批判地加以接受。

列宁从来不是一个以逻辑见长的人。但是他似乎也看到了这个论据在逻辑上是站不住脚的。这一点从他的第一条提纲的下面一段话中可以明白地看出来。

"这次战争从俄国方面来说,即使在李沃夫之流的新政府的条件下,无疑地仍然是掠夺的帝国主义的战争,因为这个政府是资本主义性质的;在战争的问题上,我们决不能对'革命护国主义'作丝毫让步[②]"。

---

[①] 预期理由。——译者注
[②] 《列宁全集》,第二十四卷,第1页。——译者注

请看：战争从俄国方面来说是掠夺的帝国主义的战争。然则从德国方面来说又是怎样呢？对这一点列宁只字未提。但是如果两个人发生冲突，其中一人表现了掠夺的意图，那么我们可以非常自然地假定，另一人有被掠夺的危险。结果成了德国有被俄国掠夺的危险。如果事情真是这样，那么俄国无产阶级就没有任何必要积极参加当前的战争。

老实说，列宁的逻辑比根据"互打耳光的人"没有责任这个信念而发议论的人的逻辑更使我高兴。他不拒绝考察责任问题：从我引用的他的这段话里，必然要得出责任正是应当由俄国承担的结论，因为掠夺的意图是从俄国方面表现出来的。但是，他的逻辑恰恰是一个在这样一种心理状态下大发议论的人的逻辑，波普里申①用如下的话精彩地说明了这种状态：

"日期不记得。也没有月份。鬼知道是什么日子。"

谁不知道不是俄国对德国宣战，而是德国对俄国宣战呢？不错，贝特曼-霍尔威克曾经硬说：俄国进行了动员，这就迫使德国对它宣战。可是难道列宁能够认真地接受德国宰相这个当时就被著名的《我控诉》(J'accuse) 一书的作者胜利地驳倒了的论断吗？根本不可能这样设想。问题完全不在于列宁知道还是不知道这一或那一个别事实，他熟悉还是不熟悉这个或那个论断以及对于这个论断的这种或那种反驳。他不顾地点和时间的情况发表议论。他只是在卖弄自己的一些抽象公式。假使这些公式和事实相矛盾，那就该事实倒霉。但在既没有日期，又没有月份，而只有某种纯属

---

① 果戈理《狂人日记》中的主人公。——译者注

幻想的东西的地方，事实又能有什么意义呢？

列宁硬说，革命护国派的广大阶层确实是真心诚意地不愿意任何侵略，因此必须耐心地向他们说明他们的错误。从他的这句话里首先可以得出结论：俄国的居民群众希望保卫自己的国家，也就是说，他们拥护我们的观点，而不是拥护列宁的观点。对于再一次确认这一点我们感到非常高兴。可是让我们来分析一下并问问自己：应该向打算保卫自己国家的群众说明什么错误呢？

按照列宁的说法，我们应该"说明资本与帝国主义战争的不可分割的联系"。什么样的资本呢？既然掠夺的意向正是"从俄国方面"表现出来的，那就应该认为这一次战争要由俄国的资本负责。

可是这一结论是和下列见解相矛盾的。

现代帝国主义的政策，是那些达到资本主义生产方式最高阶段的国家的产物。俄国不是那样的国家。我们都知道，按照马克思著名的说法，俄国的劳动居民不仅吃资本主义的苦头，而且也吃资本主义不够发达的苦头。因此俄国的资本绝不可能扮演最大的和最危害其他民族的帝国主义政策的代表那种角色。

而如果它不可能扮演这种角色，那么认为它是这次国际冲突的主要祸首就是荒谬的。更何况我国劳动群众简直不相信那些"不偏不倚的"鼓动家，他们企图对群众"说明"，战争的责任主要（如果不是唯一）应该"从俄国方面"去找寻。似乎列宁本人也觉察到了这一点。至少他有这样的打算，即只限于"说明"，"要用真正民主的而不是强制的和平来结束战争，就非推翻资本不可"。

这个意思是很明显的：首先推翻资本，然后人民再参加保卫国家。古斯塔夫·爱尔威在突然变为民族自卫的露骨的狂热者之前就完全是这样议论的。这里当然没有马克思主义的气味，就像那些根本不考虑时间和地点的条件的人所发表的议论没有马克思主义的气味一样。无政府主义者在一八八九年巴黎国际社会主义者代表大会这个第二国际第一次代表大会上，曾经声称，我们马克思主义者所提出的八小时工作日的要求是对社会主义的背叛。他们也说过：先推翻资本，然后再保护劳动。如果我着手向他"说明"真理不在无政府主义者方面，我就会得罪现代的读者。

列宁认为，他那令人惊异的和纯粹无政府主义的进步公式，不仅应该在劳动群众中广泛宣传，而且还应该在作战部队中广泛宣传。这是容易理解的。往往正是最丑陋的孩子得到双亲最大的喜爱。可是列宁的第一条提纲的结尾部分完全令人莫名其妙。它只由一个词构成："联欢"。和谁联欢？在什么情况下联欢？这仍然是无人知道。但是，考虑过第一条提纲的原则以后，就可以对这一点做出相当可能的假设。

正因为这一次战争迄今为止"从俄国方面"来说仍然是掠夺的帝国主义战争，所以，我们所有不赞成掠夺的俄国人（当然，也还有我们在前线的战士们）都应该和德国人联欢；他们说，善良的条顿人啊，请你们原谅我们，因为我们的掠夺意图使你们向我们宣战，使你们占领了我国相当大的一部分领土，使你们傲慢而残暴地对待我们的被俘的人，使你们抢劫比利时并把这个一度繁荣的国家变成一片血海，使你们经常破坏法国许多省份的经济，以及其他等等。我们的罪过啊！……我们的大罪过！

只要德国人听到这种动人的忏悔的哭声，他们就会深受感动，流下欢乐的眼泪，投入我们的怀抱，那时候就会像弗里德里希·恩格斯所说的：出现"eine allgemeine liebensduselei"（普遍的爱的接吻）①。

列宁的第一条提纲，充其量是在一个既没有日期，又没有月份，而只有鬼才知道什么日子的幻想世界里写成的，这一点难道还不明显吗？

**列宁的其他几条提纲**

马克思在著名的《政治经济学批判》（*Zur Kritik der Politischen Oekonomie*）一书的同样著名的序言里说：

"社会的生产力发展到一定阶段时，便和它们向来在其中发展的那些现存生产关系发生矛盾，或不过是现存生产关系在法律上的表现的财产关系发生矛盾。于是这些关系便由生产力发展的形式变成了束缚生产力的桎梏。那时社会革命时代就到来了"②。

这意味着，远非在任何时候都能由一种生产方式转变为另一种更高的生产方式，例如不能在任何时候都从资本主义生产方式转变为社会主义生产方式。马克思在这篇序言中接着直截了当地说，在一国的生产方式还促进该国生产力的发展而不是阻碍它的发展以前，它决不会退出该国的历史舞台。

现在试问，资本主义在俄国的情况如何？我们有没有根据断言，我国资本主义的黄金时代已经过去，也就是说，它达到了这样

---

① 参见《马克思恩格斯选集》，第四卷，第236页。——译者注
② 参见《政治经济学批判》，人民出版社一九六一年版，第2页。——译者注

一个高级阶段,在这个阶段上它不再促进本国生产力的发展,相反,而是阻碍它的发展呢?

前面我说过,俄国不仅吃存在着资本主义的苦头,而且也吃资本主义生产方式不够发达的苦头。俄国那些称自己是马克思主义者的人中间从来还没有什么人反驳过这条无可争辩的真理。如果它需要新的证实,这次战争就为我们提供了这样的经验,它表明,像俄国这样一个经济落后的国家很有变成像德国那样一个经济发达的国家残酷剥削的对象的危险。如果事情是这样,那就十分明显,我国那些虽然也懂得一点马克思学说的人,是不可能谈论社会主义变革的。

我们和民意党人(众所周知,他们是反对马克思主义的)之间最重要的意见分歧是:他们认为即将到来的俄国革命应该把政治的因素(即推翻沙皇制度)同社会因素(确切些说是社会主义因素)结合起来;和他们相反,我们证明了,俄国经济的落后使得这种结合不可能。按照我们的观点,争取政治自由应该是,而且只能是为在多少遥远的未来实现的社会主义革命作准备的必要条件之一。

迄今为止,任何一个俄国马克思主义者都没有反驳过这个原理。顺便说说,就连列宁也没有反驳过它。迄今为止,他都不时地回忆起俄国马克思主义者的这个普遍的信念。他在第八条提纲里说:

"我们的直接任务并不是'实行'社会主义,而只是立刻过渡到由工人代表苏维埃监督社会的产品生产和分配"。

列宁在这里不得不迁就他过去作为俄国马克思主义者的观点。可是他一方面迁就这个观点,另一方面又力图取消它。当然,实行社会主义是一回事,监督又是一回事。但是请问:列宁究竟想对什么进行监督?答:对社会产品的生产和分配。可惜!这是非常含糊的回答。社会主义社会所必需的对产品的生产和分配的监督,就是在资本主义条件下,在一定程度上而且甚至在很大程度上也是可能的。这次战争也非常令人信服地证明了这一点。不过,如果说列宁的第八条提纲对我们感到兴趣的问题只有含糊的回答,那么他的第一条提纲则十分明确地要求"真正同一切资本利益完全断绝关系"。凡是真正同一切资本利益完全断绝关系的人都在实现社会主义革命。由此可见,第八条提纲里的保留条件(不是"实行"社会主义,而是监督等等)不过是我们的"共产主义者"安慰自己的马克思主义良心的一种软弱的企图而已。实际上他是同(以马克思的理论为依据的)社会主义政策的一切前提以及自己的一切强有力的论据完全断绝关系,而转入无政府主义者的阵营,那些无政府主义者总是不断号召各国工人实现社会主义革命,而从不过问这一或那一个别国家究竟处在什么样的经济发展阶段。

  以马克思的学说为依据的社会主义政策当然有自己的逻辑。如果一国的资本主义尚未达到阻碍本国生产力发展的那个高级阶段,那么号召城乡工人和最贫苦的农民推翻资本主义就是荒谬的。倘使号召我刚才列举出的那些人去推翻资本主义是荒谬的,那么号召他们夺取政权是同样荒谬的。我们有一位同志在工兵代表苏维埃里反驳过列宁的提纲,他曾经提醒列宁注意恩格斯的一句十分正确的话:对于一个阶级来说,最大的具有历史意义的灾难莫过于由于不可克服的客观条件而不能达到它的最终目的的时候就夺取政权。不用说,这样的提醒是不可能开导具有现代无政府主义情绪的列宁的。他把所有那些在工兵代表苏维埃里反驳过他的人一概叫作接受资产阶级影响并把这种影响带给无产阶级的机会主义者。这又是无政府主义者的口吻。如果读者愿意费一点气力翻翻米·亚·巴枯宁的《国家制度与无政府状态》这本旧书的话,那就会看到,这位俄国无政府主义之父曾经把马克思本人看作是接受资产阶级影响并把它的影响带给无产阶级的机会主义者。而且也不能不这样。无政府主义也有自己的逻辑。列宁的全部提纲完全符合这种逻辑。整个问题在于:俄国无产阶级是否同意接受这种逻辑。要是俄国无产阶级同意接受它,那就不得不承认我们三十多年来在俄国努力宣传马克思的思想这个工作是没有成效的。然而我坚信,不会有这样的情况,我国工人会看出,列宁关于和德国人联欢,关于推翻临时政府,关于夺取政权等等的号召究竟有什么实际意义,换言之,他们会看出,这些号召乃是在俄国土地上散播无政府主义混乱状态的一种极其有害的疯狂企图。

俄国的无产阶级和俄国的革命军队不会忘记,如果他们不立即坚决地和严厉地对这种极其有害的疯狂企图进行反击,那么我们政治自由的幼小而娇嫩的树将会被它连根拔除掉。

# 几封公开信[①]

## 致俄国教师

(一九一七年四月十五日《统一报》第十四号)

致全俄教师代表大会主席。

主席公民！我十分遗憾，健康情况不允许我今天上午出席你们的代表大会。因此我只好通过您向到会代表发表下面几点意见。

首先，我要感谢他们对我的欢迎，其次，我要向他们表示一种期望，现在，不仅我，当然还有整个俄国，都对教师们，即对年青一代这些真正的教育者、这些向人民传播知识的人寄予期望。

我国的旧制度曾经大大地限制了教师们的教育活动。现在它被推翻了。目前教师们具有进行自由的和极其崇高的劳动的宽广场所。凡是珍重祖国命运的人，都衷心地祝愿他们成功。

由于种种不利条件，俄国放松了教育方面的工作，需要补一补课。其次，德国强加给我们的战争，使我们的祖国负担着巨大的债

---

[①] 格·瓦·普列汉诺夫在到达彼得格勒之后的头几天就因感冒而卧病在床。因此他不能亲自直接参加争先恐后地向他发出邀请的各种社会组织的活动。他给其中的某些组织写了一些公开信。——编者注

务。为了能够挑起这个债务的重担，它必须高度地发展自己的生产力。而教育是一切国家生产力发展的最必要的条件之一。这种情况更加扩大了教师工作的意义。最后，我国人民需要教育，这样他们才能合理地利用已经取得的政治自由。这一切都使得解放了的俄国不能不把你们这些俄罗斯土地上的教育工作者看成是自己将来经济繁荣和政治昌明的最重要的因素之一。

你们是我国知识界的一部分，是这个社会阶层最重要的组成部分之一。你们应该帮助形成正确的舆论。请你们指导舆论走上可以使我们巩固我们对国内外敌人的胜利成果的那条道路吧。

对国内敌人的胜利一定要用对国外敌人的胜利来补充。如果我们在同德国的斗争中遭到了彻底的失败，那么我们很快就不得不同我们已经取得的自由分手，也许还得同跟我们结盟的民主国家分手。

你们可以看得出来，这已经是政治，而不是教育了。然而要正确地进行教育工作，没有一定的社会条件是不能设想的。根据过去的经验，你们自己是清楚地了解这一点的。

深切同情你们的工作的<br>格·普列汉诺夫

# 铁路员工和革命

（一九一七年四月十七日《统一报》第十六号）

对出席全俄铁路代表会议的同志们讲的几句话。

敬爱的同志们！

我从气候温和的意大利突然来到气候恶劣的彼得格勒，因有轻微的感冒而不能出门。尤其使我遗憾的是,我本来很想亲自向你们致词,并且衷心祝贺你们今后在为祖国服务的工作中获得成功。

铁路是一切文明国家的血液循环系统。凡是破坏这个系统的行为,都会损害国家的健康,有时候简直有致它于死命的危险,特别是在当前这样的危急时期。

这就决定你们的工作对于整个俄国的巨大意义。我确信,你们绝对不会忽视这一点,你们会善于批判地对待散播混乱现象的人,不管他们是谁。混乱现象会使我国刚刚诞生的自由毁灭。我们大家都应当把自己本身的力量组织起来,齐心协力地团结在我国临时政府的周围,这个政府的纲领广泛而且鲜明地表达了整个民主俄国当前最迫切的利益。

我当然知道,临时政府不是某一个社会阶级的政府。但是这种情况并不会使我这个早就坚持无产阶级观点的人感到不安。你们也不应该因此感到不安。当代俄国无产阶级最幸运的地方就在于:现在,在保卫新制度的斗争中,它的阶级利益和所有想要永远消灭旧制度残余的那些居民阶层的利益是一致的。

如果俄国无产阶级懂得这个道理,它今后就不应该提出会使得自己同这些阶层分离的政策,而要提出使两者团结起来的政策。它的政策不应当是充满宗派精神的一个或一些小集团的政策,而应当是一个对自己的伟大历史使命有深刻而且广泛的认识的阶级的政策。只要它坚持这种政策,它多半就会成为解放者。它就可以获得除开那些挥舞皮鞭、棍棒和背叛民族的骑士以外的全体俄国居民的同情。

这就使它成为不可战胜的了,并且有可能牢固地保障本阶级的利益,同时可以同样牢固地保障整个国家的独立、繁荣和幸福。

致热烈的同志的敬礼

你们的格奥尔基·普列汉诺夫

## 致 军 队

（一九一七年四月十七日《统一报》第十六号）

致电工营委员会,对邀请参加在米海洛夫斯基剧院举行的音乐会的答复。

军队帮助人民完成了革命。历史永远不会忘记它这条伟大的功绩。可是必须使军队所完成的好事不要得到一个坏结果。如果革命破坏了军队的纪律,这将是整个国家的最大不幸。没有纪律的军队就不是军队,而是野蛮的、道德败坏的乌合之众。自觉地履行自己对祖国的义务的革命军队完全不应该有这种乌合之众的情况。士兵和军官公民们,你们有责任用一切力量保持纪律。我坚信,你们将神圣地履行这个伟大的职责。我们正在进行一场德国强迫我们进行的残酷的战争。如果德国战胜了我们,那就会大大延缓我国的整个发展,并且会根本损害我们新得到的自由。然而如果我们的军队由于纪律破坏而陷入瓦解,德国人无疑就会战胜我们。因此,士兵和军官公民们,你们的口号应该是保持军队的纪律,以便保卫我们新得到的自由不受国内敌人的侵犯,保卫我们大家所珍贵的祖国不受国外敌人的侵犯。

我们的革命军队万岁!

我们的自由俄国万岁!

## 致 大 学 生

（一九一七年四月十七日《统一报》第十六号）

致社会主义大学生联合会，对邀请参加
五一群众大会的答复。

亲爱的同志们！很遗憾，病况（但愿为期不久）不允许我亲自向你们表达自己的同情。但这真是没有办法啦。我只好同你们作书面谈话。对于国际无产阶级解放运动来说，使更多受过高等教育的人参加这个运动，是非常重要的。教育能帮助人们了解各种现象和用历史的观点评价它们。在同以你们为代表的正在进行学习的人谈话的时候，我想请你们注意下面这个有重大意义的情况：

庆祝五一是一八八九年巴黎国际社会主义者代表大会做出的决定。出席这届大会的有来自许多资本主义国家的代表，当时这些国家即已处在比俄国现在所达到的阶段更高一些的经济发展阶段。无政府主义者建议代表大会号召无产阶级进行社会革命。马克思主义者占多数的这届代表大会则主张无产阶级争取八小时工作日。大会懂得，社会革命——更确切些说，社会主义革命——是以在工人阶级中间进行长期的教育工作和组织工作为前提的。现在，我国某些人忘记了这一点，他们号召俄国劳动群众夺取政权，而不知道，只有在进行社会革命所必需的客观条件业已具备时，夺取政权才是有意义的。目前，这许多条件还不存在，因此，你们这些熟悉科学方法的人应该尽可能常常向所有应该知道的人提醒这一点。俄国各左翼政党的任务，就在于不断巩固刚刚完成的革命所获得的阵地。为了解决这个任务，它们不应该像某些政治上的狂热分子所希望的那样去推翻临时政府，而应该齐心协力地支持它。

格·普列汉诺夫

## 我们的策略

（一九一七年四月二十日《统一报》第十八号）

在《统一报》派所组织的五一群众大会上宣读致该派的信。

亲爱的同志们！

过去曾有一个时期，由于警察的迫害，我不能亲自参加俄国无产阶级庆祝五一节的活动。现在，我的健康情况又妨碍我参加这种活动。根据我直接的印象，后一种障碍也许比前一种更令人难受。不过就客观意义说，我这点病只是一件小事，虽然也是一件使我很不痛快的小事，而消除阻塞俄国工人运动道路的警察障碍这个事实，却具有非常重大的历史意义。我十分高兴地意识到，以你们为代表的同志们正确地估计了这个事实的意义。

《统一报》派的策略的第一个观点是提醒俄国无产阶级注意，对它来说首先必须巩固自己用光荣的三月革命的代价所取得的那个政治自由。为了巩固这个自由，它应当领导居民中间所有那些由于恢复旧制度而会使利益遭到破坏的阶级和阶层。

在它的政治言论和声明中，现在应该提到首要地位的，不是会使得自己同这些阶级和阶层各行其是的观点，而是会使自己同它们联合起来的观点。有人对我们说，它这样做就会背叛自己的阶级利益。恰恰相反，它这样做的结果会建立一种政治制度，在这种制度下，它将更加容易更加便利地保卫住自己的阶级利益。

现在落在俄国无产阶级肩上的伟大政治作用也就在这里：它毫不自私地为全体俄国居民（反动分子除外）的幸福而工作，从而也就是为自身幸福而工作。

谁不明白上述两种利益的这种巧妙而富有成效的结合，他就不理解目前这个历史时刻的意义。

我们策略的第二个观点是不断地提醒俄国工人阶级注意：德国征服的严重危险日益笼罩在我国的上空。我十分愉快地相信，我在这里没有必要向你们证明我们策略的第二个观点是无可争辩的真理。只有不可救药的空想主义者才会以为，仿佛把关于和平的优越性、关于战争的可怕等等的甜言蜜语同德国帝国主义者的装甲突击兵团对立起来，就可以消除我所指出的危险性。拥有装甲突击兵团的人只会用轻蔑的态度嘲笑这类甜言蜜语。不错，德国产生了一个新的、或多或少有点坚决地谴责战争的社会主义政党。但是要知道，德意志帝国庞大的和组织得非常好的军事力量并不在这个党的手里，而在威廉及其走狗们——直到谢德曼之流的人的手里。而且你们清楚地懂得，在年轻的自由的俄罗斯这里，再没有比德国皇帝及其为数众多的帮凶更加危险的敌人了。假使中欧诸帝国战胜了我们和我们的同盟者，那么不用说我国的旧制度可能恢复，它们还会强迫我们接受对于发展我国生产力十分不利的条件，从而相应地延缓我国工人阶级在数量上和文化上的进一步发展。而这反过来就会大大地延缓工人运动达到最终的目的，即达到社会主义。

俄国无产阶级积极参加目前的战争,这并不会背叛自己的阶级利益,相反,而是手执武器来捍卫这个利益。

谁不懂得这个道理,谁就还不了解当前这个历史时刻的意义。

让我们一起努力向俄国工人说明我们策略的意义吧。

作这种说明现在正是我们国家的一个政治任务。一旦工人阶级认识了我们策略的正确性,其他一切就都好办了。

亲爱的同志们,请接受我热烈的祝贺,我衷心希望你们在工作中取得成就。

你们的格·瓦·普列汉诺夫

# 雇佣劳动的世界性节日

（一九一七年四月十五日《统一报》第十四号）

五月一日向来都是全世界觉悟的无产者的节日①。这当然丝毫也不奇怪。这一天，每一个文明国家里的每一个觉悟的工人，都特别具体地感觉到他自己是和他有同样觉悟、共同追求一个最终目标的劳动者的国际大家庭中的一员。这种感情使他不再陷于日常生活忙碌的平淡无味，而变得高尚起来；这种感情使他的心灵充满了如此崇高的自豪心理，同时也使他的心灵充满了如此广博的人道精神，这些都是节日情绪的真正源泉。如果将来的历史学家想说明目前这个历史时期最重要的心理特征是什么，那么他一定要研究一下全世界雇佣劳动者在五月一日这一天所具有的庄严的节日情绪。以前的历史时代没有过任何与这种心理特征类似的东西。

自从社会产生了划分为阶级的现象那个遥远的时代以来，就有了一个阶级对另一个阶级的剥削。古代希腊人和罗马人辉煌的文化（各个近代的民族都要多多感谢这种文化）完全建立在奴隶劳动的基础上。在中世纪逐渐建立了农奴制的生产方式。无论是古

---

① 我说的只是从一八八九年起到目前这次战争开始时为止的那一段时期。——作者注

代的奴隶或者是中世纪的农奴，都常常手执武器起来反抗自己的主人。

不过这些起义很少是自觉的。它们的视野非常狭窄，所以在这种视野的范围内不可能容纳关于全世界被剥削者解放运动的伟大思想。而且在当时的经济关系下也不可能产生这种思想。只有产生了资本主义生产方式的最近的历史时期才建立了迅速提高工人阶级的觉悟所必需的物质条件。只有在这个时期内才可能发出"全世界无产者联合起来！"这个著名的口号。当发出这个口号的时候，当先进国家的工人们加入马克思所建立的国际的队伍来响应这个口号的时候，人类的精神史上就开始了一个新的时代：从前民族概念是人们在逐渐超越了自己个人的利己主义利益以后所想到的那些概念中间最广泛的概念。现在民族概念为更广泛的国际概念所补充，也就是为每一个文明国家的每一个觉悟公民对于所有其他国家的种种义务的概念所补充。有些人非常错误地以为，似乎只要一个人成了国际主义者，他就没有任何民族义务了，因此他的民族是独立生存还是处在外国侵略者的桎梏之下，大概对他来说反正都是一样。如果真是这样，那么"国际"一词本身就会失去任何意义。就像任何一种国际关系的体系都要以各个民族的存在为前提一样，国际也同样要以各个民族的存在为前提。国际主义者不是那种从自己的心灵里除掉一切民族感情的人，而是善于使这种感情受自己的、提高到国际概念水平的理性控制的人。

一个视野局限于民族概念的人，即使在自己民族侵犯其他民族的权利的时候，例如在破坏它们独立生存的权利的时候，也会甘愿支持自己的民族。这种人的格言是："我的国家对也好不对也好，它是我的，所以我要跟它走"。

相反，一个善于使自己的民族感情受更高的国际概念控制的人则要区别正当的行为（在国际方面）和不正当的行为。当他的民族打算压迫自己的一个或一些邻居时，他不仅不会支持这种意图，而且要千方百计地使自己的同胞拒绝它。所以往往发生一些极端的情况：即如果自己的国家不倾听他的呼声，而坚持它那不正当的意图，那时他就会反对它。

早在国际工人协会产生之前就发生过这样的事。例如大家知道，一八六三年有些俄国人在亚历山大·伊凡诺维奇·赫尔岑的宣传影响下加入了企图使自己的祖国获得独立的波兰起义者的队伍。可是在国际产生以前的时代，这样的情况乃是只证实一般规则的一些例外。撇开这些少有的例外，就不得不承认，各文明国家所有其余的居民当时都支持了上面所提到的那句格言："我的国家对也好不对也好，它是我的，所以我要跟它走"。只有国际产生以后，越来越深入到有组织的无产阶级队伍中去的国际观念才开始得到了广泛的传播。

一九〇六年在里摩日举行的法国社会党代表大会就战争问题通过了一项决议，决议说，任何一国政府如果没有犯下反对另一个民族、反对它的工人阶级和反对全世界无产阶级的罪行，就不可能威胁另一个民族的独立。

在这些值得注意的话里非常恰当地表现了国际无产阶级认识到在涉及争取各个民族的独立的斗争的问题上它们的利益是一致的。

里摩日决议中谈到"独立遭受危险的国家的人民和工人阶级

一定要保卫这种独立,并且有权指望全世界工人阶级的援助"①的这几行话也同样值得注意。法国社会党在里摩日通过的关于战争的决议,对于其他各国社会主义者来说当然不是秘密。然而除了像古斯塔夫·爱尔威(第一种式样的)及其实际上不是社会主义者而是无政府工团主义者的少数信徒这样一些乌托邦式的怪人之外,社会主义者中间谁也没有反对过这个决议。里摩日决议恰当地表现了在国际无产阶级先进代表的头脑里开始建立起来的民族主义和国际主义之间的那种相互关系。这种关系已经达到这样的地步,即当里摩日代表大会之后不久瑞典想用武力征服脱离它而独立的挪威的时候,瑞典社会主义者曾经用总罢工来威胁自己的政府,而挪威社会主义者则声明自己准备手执武器来捍卫自己的国家,我们可以看到,两国社会主义者都采取了符合里摩日决议精神的行动。而且瑞典工人表示决心按照这项决议的精神行动这一事实,乃是现代文化史上最令人可喜的现象之一。这个事实说明,整个国家(在这个场合就是瑞典)有组织的工人阶级能够把觉悟提高到这样的程度,使得对祖国的责任感受到对其他国家即对全人类的义务的认识的控制。无产阶级怎么能不以自己的国际而自豪呢?它怎么能不把使它想到它的国际权利和义务的五一这一天当作自己的节日呢?

但是,从一九一五年开始,五月一日已经不能成为国际无产阶级节日情绪的源泉了。

去年八月,一个被认为是全世界无产阶级的先锋队并且拥有

---

① 关于这一点详见我的小册子《国际主义和国际》。——作者注

最强大的工会组织和政治组织的党，背叛了国际的事业，决定支持德国容克地主和"工业舰长"即大企业家的侵略计划。

它在自己的国际政策中接受了这种彻头彻尾的民族主义的格言："我的国家对也好不对也好，它是我的，所以我要跟它走"。上层阶级的思想家们指望德国党的这次背叛会给国际社会主义以致命的打击。这当然是错误的，是历史条件的力量把德国垄断组织在世界市场上的诱人前景放在德国无产阶级面前，从而将后者推入帝国主义者的怀抱，也正是这种力量会迫使德国无产阶级觉醒过来，并且回到旧旗帜下（顺便说说，这要通过党的分裂）。然而暂时，整个社会主义世界由于德国无产阶级的背叛而受到损害，所以应该用适当的行动来回答这种背叛。

无论如何决不能把有助于停止战争的宣传算作这样的行动。立即缔结和约将会是对于那些轻率地高喊"打倒战争！"的人希望与之斗争的那个军国主义和帝国主义的一次最大的效劳。在当前作战地区力量对比的条件下缔结和约，并不是和平，而只是对一九一四年遭到德国侵犯的那些国家极端危险的休战。它会使德国军国主义得到机会恢复元气和重新组织必要的力量再度试图实现侵略计划。这就是说，"打倒战争"的口号按其实际后果而言完全等于"德国军国主义万岁"这个早已成为一切军国主义典范的口号。

为了用持久和平结束当前的战争，必须根据各国人民能够自行处理其命运的条件实行和解。然而威廉及其帮凶暂时还十分强大，而不会同意类似的条件。只有盟国坚决地继续作战才能迫使他们接受和解。

这就是俄国工人在自己每年一度的节日这一天所应该考虑的问题。国际团结是伟大的事情。可是那种对和平的愚蠢爱好(按其本性来说完全是资产阶级的)则是根本不伟大和极端有害的现象:这种爱好将使国际无产阶级的概念混乱,妨碍它对横在真正实现国际团结道路上的障碍给予坚决的武装反击。

# 非常好的现象

（一九一七年四月二十日《统一报》第十八号）

彼得格勒电讯社报道说：

"敖德萨各派无政府主义者的组织会议通过了一项决议。决议说：无政府主义者在当前政治形势下提出建立民主制度作为自己的任务，并且放弃一切反对临时政府的积极行动，除非临时政府侵犯人民所获得的权利。

无政府主义者号召积极支持劳动群众将在立宪会议上提出的要求。

无政府主义者声明，他们是任何兄弟相残的战争的坚决反对者，但是既然这次战争在俄国变成了一次革命，无政府主义者为了保卫自由，为了防止会给俄国造成内部反动的外部危险，准备忍受一切牺牲，同时谋求以国际无产阶级的努力来停止战争。"

这真是非常好。在我国所完成的革命的影响下，至少在俄国的某些地方，一切派别的无政府主义者都特别地聪明起来了，可是列宁派的社会民主党人（的确，他们过去在自己的政治活动中也并没有表现出很大的智慧）却迅速而且坚决地走上了与一切派别的无政府主义者所选定的方向正相反的方向。

有位诗人说过，俄国人有特殊的体格，不能用一般的尺寸来量它，难道这位诗人说对了吗？

# 我们到底应该停止什么？

（一九一七年四月二十一日《统一报》第十九号）

在刚刚出版的马·高尔基先生的《新生活报》的第一号上，约·哥登别尔格同志发表了一篇文章，题目叫做《该停止了》，文章顺便向《统一报》发出了呼吁。我认为回答这个呼吁是有益的。

在约·哥登别尔格同志的文章里谈到《真理报》和《统一报》之间展开的论战。哥登别尔格同志认为，这场论战起源于恶劣的感情冲动，因此应该停止。可是停止这场并非由《统一报》发动的论战是不是《统一报》的事呢？哥登别尔格同志愿意作公正的人。这很好。然而要作公正的人，任何人都应该常常重视自己的记忆力，没有记忆力的帮忙是无法弄清楚"目前时机"的意义的。看来，哥登别尔格同志不认为有这样做的必要，因此他忽略了《统一报》上登载的论战文章是什么人和什么事情引起的。

我回到俄国的第二天，《真理报》写了一首很少会给它的文学风格与政治才能增添光彩的诗来欢迎我。读完这首诗我只耸了耸肩膀。可是《真理报》不愿意让我过太平日子。它登了一篇文章，把我在一八九三年苏黎世国际社会主义者代表大会上的发言向读者作了一篇纯系虚假的报道。这么一来我就无法缄默了，因为俄国读书界对国际的历史知识太差了。于是我被迫写了一篇小文章替法国社会党代表团说话,因为《真理报》对他们也说了某些和实际情况不符的话。哥登别尔格同志本人应该会同意,我没有攻击过,我只是捍卫自己或自己在政治上的同志。我们的论战是《真理报》挑起来的,继续论战还是停止论战也要由《真理报》来决定。它宁愿继续论战,甚至发展到这样的地步:列宁为了一篇根本不是我写的简讯而猛烈地攻击我,并且断然宣布说,我完全不善于辩论。假使这种意见没有比我的辩论才能问题具有更加重要得多的那种思想作基础的话,我是决不会反驳的。《统一报》的一位记者曾经把列宁在国家杜马大厅举行的社会民主党各派联席会议上的第一篇演说称为梦话。列宁反驳了这种看法,说会议无论如何不会听取梦话式的演说。而他那个说我不善于辩论的结论,也就是以这种观点为根据的。我完全准备迎合列宁的心愿,随时接受关于我的文学才能的那种最不使人高兴的见解。但是为了维护真理,我曾经不得不提醒我的论敌说,往往有一些梦话式的演说不能不用极长时间给以很大的注意。为了证实我的话(这又只是为了维护真理),我援引了果戈理的《狂人日记》和契诃夫的《第六号病室》。而既然列宁在他那篇的确是梦话式的演说中涉及了一些很重要的政治问题和社会问题,所以我认为自己有责任对他的提纲进行剖析。哥登别尔格同志也分析过它,虽然据我所知,他只是在讲话中,而不是在报刊上作这种分析的。而且如果我没有弄错的话,他的结论几乎和我的结论一样是不利于这个提纲的。我认为,哥登别尔格同志出来批判提纲只是履行了自己的公民义务。我也可以大胆认为,我的公民义务也不允许我对它保持沉默。哥登别尔格同志能责备我什么呢？而且，我到底该停止什么呢？是停止我以政论家的资格敢于对他所不喜欢的那些意见进行批判的言论吗？唉！只有坟墓才能治好驼背。当我还能执笔的时候，我就不会放弃这些言论。向我提出这种要求无异于（请哥登别尔格同志原谅我）做出不可容许的不公正行为。

或者，也许哥登别尔格同志不喜欢我的批判言论的语调吧？对于这一点我要告诉他，我现在写文章的语调，也就是从《我们的意见分歧》的时代起我所写文章的那种语调。这种语调曾经引起了各方面的许多攻击。然而一想到哥登别尔格同志在很长一段时期内曾经认为这些攻击是可笑的和荒谬的，我就觉得十分愉快。看来，现在他本人却发现我的语调令人不愉快。这是他的权利。在这里我不想争论和反驳。我只要指出一点。我的文章里有不少嘲笑我的论敌们的话。然而我始终只是嘲笑那种见解。我从来不让自己进行任何人身攻击。我总是尽量让自己相信，我的论敌本身都是一些非常非常好的人，而且

"虽然叫声有些刺耳，
但是到底不会使人兴奋"。

我最大的遗憾是往往发生这样的事，这些非常非常好的人不能驳倒我的观点，却疯狂地对我进行人身攻击。这对他们更糟糕。

如果我谈到自己，那只是因为迄今为止我不得不比我的同志当中的任何人都更经常地反驳《真理报》的攻击。

我应该承认，在我们的机关报上有时也出现了一些写得相当

尖锐，或者可以说是非常尖锐的文章。我自己也觉得，最好避免尖锐，因为冷嘲热讽总是比尖锐的攻击更强烈地影响读者。但这已经是气质和文学习惯的问题了。事实是：甚至在《统一报》的撰稿人反对《真理报》的那些尖锐的文章里，也丝毫没有对我们的论敌进行过任何人身攻击。而且无论如何其中决没有任何暴行的号召，这一点就连哥登别尔格同志本人也是同意的。为什么《真理报》要叫嚷什么暴行呢？完全不可理解。大概是为了使"文章华丽"吧。

哥登别尔格同志写道："难道《统一报》不懂得，列宁过去和现在一直决定着《真理报》的路线，而且警察司名册上的奸细们已经沾了这条路线的光，就像如果命运使得《统一报》的路线有朝一日变成最激进、最左倾的路线的话，他们也会沾《统一报》路线的光？"

我要请问哥登别尔格同志：谁是最激进最左倾的政治活动家，是社会民主党人威廉·李卜克内西呢，还是无政府共产主义者约翰·莫斯特？

如果哥登别尔格同志愿意严肃地回答我，他就会说，这里不可能有任何比较，因为李卜克内西的观点无法同莫斯特的观点比较。这样他就说对了。

然而尽管李卜克内西的观点和莫斯特的观点无法比较，但这没有妨碍警察从自己的特殊观点来确定它们的"价值"。它发现莫斯特要激进得多、左倾得多，因此它才重视莫斯特。俾斯麦有一次在议会里坦率地说过："比起老成持重的李卜克内西来，我比较喜欢坦白的莫斯特。"由此可以明显地看出，铁血宰相的警察局密探们对于钻进坦白的莫斯特的信徒们的小集团，比钻进老成持重的李卜克内西的队伍远要合乎心愿。德国警察局认为它的奸细们在莫斯特分子中间的活动将给现存制度带来大得无可比拟的利益,这不是没有根据的。

我还可以把这个寓言继续说下去,可是我生性谦和,我不愿意使鹅生气……

末尾,再问一句:

"我们到底该停止什么?"

# 论四月二十日至二十一日的政府危机

（一九一七年四月二十一日《统一报》第十九号社论）

目睹四月二十日至二十一日事件的读者都知道，形势的确危急。我们面临着一触即发的国内战争①。

如果列宁派控制了工兵代表苏维埃，那么苏维埃只要仍然忠实于自己，就可能并且一定会认为这次危机是所希望的和有成效的，它就会指望危机将直接导致推翻资产阶级政府。

然而工兵代表苏维埃至今都是由另一派控制着，同时我们愿意设想：在苏维埃将通过的最后决定里，这一派会显示出自己的全部力量。

讨论当前这次十分危险的局势是谁造成的问题是完全无益的。

必须从这种局势中寻找出路。

为了避免国内战争，工兵代表苏维埃应该和临时政府达成协议。

整个国家的利益、俄国劳动居民的利益、光荣的俄国革命的利益，都要求它这样做。

---

① 格·瓦·普列汉诺夫这里指的是由于外交部长巴·米留可夫发给盟国的一份照会而于四月二十日在彼得格勒爆发的事件。这一天，在某些布尔什维克的倡议下，发生了反对临时政府的第一次武装示威游行。——编者注

为了寻找出路,它应该选择哪一派呢?

工兵代表苏维埃全俄会议通过的战争决议,明白地确定了这个派别。例如这个决议说(这也是决议最重要的地方),"当战争继续进行的时候,俄国民主派认为,军队的崩溃、军队坚忍精神和巩固程度的削弱,对于自由事业将是最大的打击。"

其次,"为了最有力地保卫革命的俄国不受外部的任何侵犯,为了最坚决地反击一切妨害革命继续取得胜利的图谋",决议"号召俄国民主派动员国家在国民生活一切部门中的全部有生力量来巩固前线和后方"。

如果现在在彼得格勒具有这样大影响的工兵代表苏维埃不能防止无疑会瓦解后方和前线,并且会对伟大俄国革命的胜利构成可怕的威胁的国内战争,这些至理名言就始终会是一些空话,它们将成为俄国无产阶级和我们整个国家的笑柄。

我们向鼓舞着工兵代表苏维埃代表们的革命感情呼吁,我们相信他们有健全的理智,我们期望,明天他们会做出不愧是有觉悟的工人阶级而且能够使得大概因为昨天彼得格勒的事件而痛苦地深感不安的国家平静下来的决议。

# 宣　　言

（一九一七年四月二十二日《统一报》第二十号）

男女公民们！

祖国在危急中。

不要国内战争。

国内战争会毁灭我们年轻的自由。

工兵代表苏维埃必须同临时政府达成协议。

我们不要侵略，可是我们不应该让德国人征服俄国。

每个民族都有权自由支配自己的命运。

德国的威廉和奥地利的卡尔是决不会同意这种看法的。我们和他们作战就是为了保卫自己的和别人的自由。

俄国不能背叛自己的盟国。

这样做是可耻的，并会受到整个民主的欧洲理所当然的愤慨和蔑视。

格·瓦·普列汉诺夫

列·格·德依奇

维·伊·查苏利奇

# 但愿一切顺利

（一九一七年四月二十二日《统一报》第二十号）

在昨天的《统一报》上我们曾经表示，希望工兵代表苏维埃执行委员会本着革命的利益调解它和我国临时政府之间发生的尖锐冲突。

值得庆幸的是我们的希望实现了。协议已经成立。执行委员会在一份特别呼吁书中号召人民安居乐业。这很好。当电讯把这个可喜的消息告诉俄国千百万觉悟的儿女的时候，他们心头就放下了沉重的包袱。俄国有句谚语说："坏的和平胜过好的争吵"。这句格言所反映的人民的思想很片面。实际上，好的争吵往往胜过坏的和平。不过在这个场合可以和人民一起重申：即使是坏的和平也比哪怕是好的争吵强。

这尤其是因为四月二十日和二十一日彼得格勒所取得的沉痛的经验无疑会促使双方彻底弄清也许暂时还存在于它们之间的那些误会。

执委会在自己的告人民书中说，目前，每一个轻率的步骤都会招致巨大的灾难。这是完全正确的。而且这句话越是正确，我们这些珍视革命利益的革命者就越应该竭力避免采取任何轻率的步骤。如果某些不负责任的人居然随心所欲地把武装部队开上街去，那就显然必须采取种种能够消灭这些人的疯狂举动的坚决措施。同样明显的是，通过工兵代表苏维埃和临时政府的一致努力，这些措施是能够而且应该制定出来并且付诸实施的。在相反的情况下，这些措施本身也许可能成为新冲突和不负责任的人的新发动的根源，这些人是善于混水摸鱼的（我们现在清楚地知道这一点）。我们刚刚经历过的苏维埃和政府的冲突，是由于政府给我们盟国的一份著名照会而引起的。既然战争还在继续，而且既然关于和平的问题还将不止一次地引起社会的注意，那么凡是不希望现在发生内战的人都有责任尽力不使在这方面一度达成的协议重新遭到破坏。

首先，应该坚决不移地批驳一切关于俄国和中央列强单独媾和的谣传。这样的和平不仅会是俄国的耻辱，它会使俄国遭到巨大的，也许是无法补救的损失。除了某些始终不负责任的人以外我们谁也不希望这种和平。这样将比较容易从这方面避免任何误会。

另一方面，只要有某种善良的愿望，和平的拥护者们将不难相信，"不割地不赔款的和平"这个公式包含着不明确的内容，这就需要作一些新的和相当长的解释。它可以方便地用下面这个明确得多和正确得多的公式来代替：以各民族自由的自决原则为基础的和平。众所周知，这个原则乃是一座可以用来指导，也应该用来指导全世界觉悟无产者的国际政策的灯塔。

# 同志们，不要上圈套！

（一九一七年四月二十五日《统一报》第二十二号）

丹麦的柏同志①同工兵代表会议执行委员会就后者参加应在斯德哥尔摩举行的所谓国际社会主义者代表会议进行了谈判。

把丹麦的柏同志以往的活动会在何种程度上证明他对目前正在交战的各国的国家制度采取公正的态度这个问题完全撇开不谈，我认为自己有责任请同志们注意下列情况：

比利时和法国的社会主义政党以及绝大多数有组织的英国无产阶级一定不会参加斯德哥尔摩代表会议。然而谢德曼及其同伙将参加这次会议。这些德国的多数派分子至今都不肯让希望同法国合并的阿尔萨斯和洛林的居民得到这种合并的权利，从这里我们可以十分清楚地看出他们目前的意图如何。

同时他们声明说，他们决不否定民族自决权。这里我们又遇到了过去谢德曼之流一直力图利用来掩盖他们的帝国主义政策和欺骗天真的傻瓜的那一套口是心非的空谈。无论同他们进行什么谈判，都意味着背叛国际的全部传统和容忍早已向革命的国际社会主义宣布了不可调和的战争的德国修正主义。同他们一起出席

---

① 指柏格别尔格。——编者注

代表会议,无异于在必须使国际无产阶级具有最明确的认识的时刻模糊他们的认识。

为了恢复国际并不需要同那些用行动坚决否定国际的优良遗训的人联欢,恰恰相反,而是要大声地直接地对他们说:"国际里没有你们的地位"。彻底拥护革命社会主义的人只能对他们采取这种态度。

同志们,不要上圈套!不要犯无法挽救的错误!

# 战争与和平

(一九一七年四月十五日、十六日、二十五至二十八日
《统一报》第十四、十五、二十二至二十五号)

## 第一篇文章

  几天以前,德国社会民主党(谢德曼和其他德国"布尔什维克分子"那一派的)代表会议通过了一项关于和平的决议。正像早就应该预料到的那样,这项决议在整个欧洲的社会主义报刊和资产阶级报刊上引起了许多议论。

  这个决议值得仔细研究。

  其中最值得注意的是下面这段话:

  "德国社会党完全像所有其他国家的社会主义者一样,正在进行反对幻想取得统治权、反对各国政府野心勃勃的沙文主义的斗争,力求迫使它们明确地放弃任何掠夺政策,并且在此基础上尽快开始进行彻底的和平谈判。"

  德国社会党是从什么时候开始进行这个斗争的呢?无论如何不是从战争爆发时开始的。一九一四年九月我在日内瓦(当时我住在那里)曾经见到一位相当著名的德国社会民主党人克瓦尔克。

他到达那里以后,曾经向法国社会党成员爱德华·米利奥,向日内瓦社会党领袖让·西格,向我,以及向我国各民族其他一些同志解释了"八月四日策略"。

他对我们讲了一次相当长的话,归结起来简单的意思是说,他的党现在已经是世界上最强大的社会主义政党了。如果战争顺利结束,使德国获得比现在更有利的经济发展条件,那么这个党将会更加强大,所有其他国家的社会主义运动将因此得到许多好处。

这意味着,德国社会民主党人曾经有意识地支持过帝国主义的政策,同时他们天真地希望,其他各国的社会主义政党会顺从地赞成他们的侵略计划。克瓦尔克的公开承认是这样的突然,使得他的听众中的某些人感到惊讶和惶惑不安。其中有一个人不知道该怎样来理解克瓦尔克的话,他说,从历史唯物主义的观点来看克瓦尔克也许是对的,可是其他各国的社会主义者不可能为这种理论而牺牲自己民族的利益。当时本文作者曾经要求发言,并且指出,他认为必须替克瓦尔克同志辩白,因为前面这位发言人诽谤了他,不过这种诽谤当然不是预先想好的图谋。

我说:"她把克瓦尔克叫作历史唯物主义的信徒。这完全是没有根据的责难。克瓦尔克说过的话同卡尔·马克思和弗里德里希·恩格斯阐明过的历史唯物主义理论没有任何共同点。他向我们描绘的远景完全是以一种也许只能称之为历史犬儒主义思想的预期胜利为依据的,而现代资产阶级的帝国主义就浸透了这种历史犬儒主义的精神。卡尔·马克思的范例最好地证明,事实的确如此。大家知道,马克思是侵略政策的坚决的敌人。他在他建立的第一国际的第一篇宣言里,曾经请求无产阶级把自己的国际政策建立在道德和正义的原则上。"

"犬儒主义"一词使克瓦尔克同志有些恼火,他毫不客气地反驳说:我的议论不科学,因为无可怀疑,马克思的某些观点已经过时了,应该从每一个特定时代的需要的观点来探讨这个时代的各种问题。这种说法本身当然是对的。糟糕的只是从克瓦尔克往后的议论中可以比以前更加清楚地得出结论说,他坚持要通过德国帝国主义的眼镜来看当前这个时代的各种需要。

显然,继续争论是毫无用处的:我们这些记住了第一国际和第二国际的遗训的人,决不可能同这种人谈得拢。我们也同样不可能继续把他当作自己的同志:我们站在两个完全不同的立场上。我最后一次发言的时候,只限于肯定这样一个事实:克瓦尔克的议论明显地表现了现代德国修正主义的性质,同样也明显地表现了臭名远扬的"八月四日策略"的性质。为了替这个政策辩护,必然要宣布马克思的理论过时了。反之,为了继续忠实于马克思主义,就必须坚决拒绝修正主义,同时也必须拒绝"八月四日策略"。

人们也许会对我说,无论当时克瓦尔克所说的想法多么值得加以谴责,也不能要整个德国社会民主党对这些想法负责。在答复这种说法时,我要指出我在自己的第一本《论战争》的小册子里曾经加以分析的一封由休特古姆发表的弗朗克的著名信件。我引证了一系列用帝国主义精神写成的、刊登在修正主义者的杂志《社会主义月刊》上的文章。我提到了博学的亨利·库诺在同考茨基论战时怎样十分明确地出来为帝国主义辩护。最后,我问道,德国的工会曾经毅然决然地和(正像所看到的那样)完全自觉地支持本国政府的政策这一事实,如果不用德国无产阶级充满帝国主义的意图来解释，又能用什么来解释呢？因此毫无疑问，德国社会民主党不仅没有反对过本国政府的侵略政策，反而支持过它。

是时候了，早就是大胆正视可悲的现实的时候了。不应该像鸵鸟那样只要闭起眼睛，把自己的脑袋钻进沙里，就以为使它感到不愉快的现实不再存在了。对于我们社会主义者来说，不愉快的现实是：有组织的德国无产阶级曾经认为必须把德国放"在一切之上"，并且希望从这里为自己取得重大的经济利益。我们在当年的大不列颠就看到过某种类似的现象，那时英国工会从本国在世界市场上的垄断地位中得到了巨大的利益。不过英国的经济垄断地位并不是依靠英国无产阶级自觉的努力而建立的，因为尽管垄断地位大大地阻碍了英国无产阶级阶级觉悟的提高，但是它毕竟没有对英国无产阶级产生过那种腐化影响，即像德国无产阶级曾经有计划地支持过的帝国主义战争的胜利结局所一定会给予德国无产阶级的那种影响。仅仅根据这一点，每一个珍视社会主义利益，特别是珍视德国工人运动的成就的人，都不能不希望德国失败。

不言而喻，德国的失败同样也意味着德国无产阶级的失败。不过，只有在德国无产阶级抛弃了工人国际的旗帜而站到帝国主义者即剥削者的旗帜下的时候，德国的失败才会等于德国无产阶级的失败。在这种情况下同德国无产阶级作斗争乃是所有反对一个阶级剥削另一个阶级、同时也不能不反对一个国家剥削另一个国家的人的义务。

倍倍尔曾经说过，如果在战争的情况下我们不善于弄清楚战争的责任应该由谁来负，我们就会表明自己是很糟糕的政治家。

现在我们这里出现了很多这样的人，他们表面上热爱"国际"，实际上恰恰是这类糟糕的政治家,换言之,他们在使自己和别人相信,弄清楚当前战争的祸首问题是决不可能的。

这会使他们变得像把脑袋藏在沙堆里的鸵鸟。当存在着罪恶的时候,就不应该否定它的存在,而应该把它完全暴露出来。

谁不这样做,谁就是容忍罪恶,也就是像机会主义者一样行事。俄国工人(其他一切国家的工人当然也都如此)不应该听命于机会主义者。

这就是我认为必须就德国社会民主党代表会议通过的决议的最重要之点所说的话。

在下一篇文章里我将要谈到同一个决议的另一些值得注意的地方。

# 第二篇文章

这就是说,曾经有一个时期(相当长的一个时期)以"修正主义者"为代表的德国社会民主党有意识地支持过帝国主义的政策。诚然,整个的党过去和现在都不是由"修正主义者"组成。可是,当目前这次国际冲突爆发时,修正主义者还是把党的多数派吸引到自己一边来了,而这就完全足以使他们能够确定党的全部政策的方向。这一政策变成了侵略政策。因此才开始了规模空前的屠杀人类的事件。德国社会民主党人的双手沾满了鲜血。阿拉伯的一切香料都无法消除这种恶臭的气味。因此,当这些社会民主党人向全世界的工人提出恢复国际的建议时,我就怀着痛苦的沉思扪心自问:难道我们又要同谢德曼、艾伯特、海涅、休特古姆之流的人物结为兄弟吗?

难道我们要去握他们那双沾满鲜血的手吗？难道国际无产阶级不懂得德国社会民主党的多数派分子出席国际代表大会（不管这次代表大会将通过怎样的决议）就会是德国"修正主义"的胜利吗？要知道这种胜利会在长期内大大削弱国际在道义上和政治上的伟大意义。

有人说：不要分裂国际；要恢复国际。有人又补充说，只有依靠工人群众的国际才能促使无产者的国际友爱得到恢复，为了证明这个思想他们就援引马克思的话，说马克思在建立第一国际时曾经准备进行妥协，只要不使工人的队伍分裂①。所有这些议论里有许多正确的东西。遗憾的是不得不在这里写上"但是"这两个大字。

马克思建立第一国际时准备进行的妥协完全不是这样一种性质的妥协，即如果我们决定去握谢德曼先生及其同伙的沾满鲜血的双手我们就应当去进行的那种妥协。马克思所写的第一国际的章程不同于《共产党宣言》（大家知道，《宣言》也是出于同一位马克思和他的朋友恩格斯的手笔）的地方首先就在于：第一国际的章程里没有从自己牢固地建立起来的社会主义的基本前提中得出某些结论。马克思认为，只要站在国际的旗帜下，工人自己就会在经济发展的客观逻辑的影响下逐渐得出所有那些从上述前提中推断出来的结论。他只是力求缩短国际无产阶级对这些前提进行思考的推理过程，及时地在国际总委员会会议和（通过该委员会）国际各次

---

① 参见一九一七年四月十四日的《工人报》。——作者注

代表大会上做出必要的解释。但是在本身无可争辩地包含着某种没有说出来的东西的第一国际章程里，根本没有任何思想会同《共产党宣言》中确定不移前后一贯地阐述过的那些原则发生丝毫的矛盾。一般来说，我们要想在马克思的著作中寻求这一类的矛盾，那是徒劳无益的。这是一个完全没有自相矛盾这种劣根性的人。

然而遗憾的是这种劣根性在人类中散播得极为广泛。同时我们要指出，如果我们想同谢德曼以及他的天使们结盟，大自然就会用这种劣根性大大地嘉奖我们。

这些先生正是把马克思用来给国际奠定基础的那些原则当作无用的破布，当作无法实现的空想而加以抛弃。马克思号召全世界雇佣工人齐心协力地团结在反资本斗争的旗帜下。恰恰相反，谢德曼一伙人则有计划地把德国工人阶级推上了剥削其他国家工人的侵略政策的道路。

即使我们有一分钟想假定马克思能承认这些人是自己的同志，那也是对于纪念马克思的侮辱。不管他多么讨厌那些老是提出（用他自己的话来说）分裂工人而不是团结工人的主张的宗派主义者，但是他却善于坚决地摒弃那些他认为不可能和他们达成协议的人。他就是这样抛弃那些号召工人放弃政治活动的无政府主义者的。只要他一看到（要知道他有非常敏锐的眼光）今天德国的"多数派分子"变成了帝国主义的奴仆，他完全会同样地抛弃他们。

其次，我们有没有任何理由相信谢德曼和他的天使们的真诚呢？对于这个问题只有一个答复：我们没有丝毫理由相信这一点。

德国的多数派分子（他们的意图至少是在某个时期决定了德国社会民主党的一切活动）自觉地支持了帝国主义的政策，同时还拼命叫喊,说他们的目的只是保卫似乎有受外国侵略的危险的祖国。

他们在著名的一九一四年八月四日德国国会会议上就发表了这样的言论。这些言论里充满着伪善(而且还是有计划的、德国式的一本正经的伪善!),所以他们现在开始谈论他们爱好和平时,如果我们用轻信的态度对待他们的保证,我们就会暴露出自己政治上的幼稚。

谢德曼在上届德国社会民主党代表会议上说:"当然,我们希望普遍和平,但是如果办不到,我们将接受单独媾和"。同谁单独媾和呢?这一点从谢德曼后来的一些说明中可以看得十分清楚,他指的是俄国。这就是说,德国多数派领袖表示,如果俄国向德国提出单独媾和,它准备宽宏大量地接受这种和平。居然能够向我们国家表示这种态度,这一点本身就是对我国的严重侮辱。当然,如果谢德曼的这套议论不是根据耶稣会教徒那条"为了达到目的可以不择手段"的老规矩,那么他决不敢对革命的俄国说,它可以背着自己的盟国去干对自己有利的卑鄙勾当。

不过我们且忘掉这套议论所产生的愤怒情绪,让我们看看如果我们听从了这位爱好和平的德国雅各[①]阴险的劝告会发生什么事情吧。德国可以轻易得多地对付自己的其他敌人。而且它可以同样轻易实现自己的帝国主义意图。而这些意图的实现反过来又会帮助德国多数派分子实现他们的"社会改革"计划,那些计划是他们近年来完全根据下面这个假定而建立起来的:如果德国在这次战争中取得胜利,它就可以把经济剥削的绞索套在被它战胜的

---

[①] 雅各,《圣经》中的人物,惯使阴谋诡计。——译者注

各国人民的颈上。换言之,谢德曼一伙人现在还认为这些计划是十分诱人的。如果他们开始承认大概最好是放弃这些计划,那只是因为他们不再相信德国会取得胜利。

怎么能够靠这样"现实的政治家"的殷勤帮助来恢复国际呢?

有人对我们说,可是要知道,德国社会民主党内并非只有一个多数派。那里还有反对派。这个反对派正在变得越来越强大,因此按照福音书的说法,很快最后的会变成最先的,而最先的则变成最后的,换句话说,多数派会变成少数派,而少数派则变成多数派。

关于这个问题下一篇文章再谈。

# 第三篇文章

谁仔细考虑一下我国当前的形势,他很快就会相信,战争问题现在在我国是比其他问题更引起社会的注意、比其他问题更强烈地激起社会热情的那些问题之一。几天以前我们所经历的事件[①]就是和这个问题最紧密地联系在一起的。

这在一个正和组织得很好而又残酷无情的敌人作战的国家里是毫不奇怪的。谁生什么病,谁就老谈什么病。但是战争也同社会生活中其他一切事情一样,一定要根据它的各种现实条件来研究,而不要根据在变成了偏见的忠实奴隶的人的幻想中所产生的那种人为的、虚构的环境去研究。不是思维决定存在,而是存在决定思维。忘记这一点,我们就很可能陷入种种荒谬的、有时也是可

---

① 指四月二十日的事件。——编者注

笑的矛盾的迷宫,怎么也走不出来。

前不久我回到俄国以后,曾经不止一次地遇到一些在战场上证明他们具有极英勇的精神的军人。可是真奇怪!这些勇敢的人不敢大声地说出我们要把这一次战争坚决进行到彻底胜利为止的愿望。他们不怕敌人的刺刀和炮弹,而怕一句话:为什么?因为在他们看来,"彻底战胜敌人"这句话表明俄国怀有某些恶意的、对于全体进步人类极端有害的野心。但是要知道这完完全全没有根据。

一个由于这种或那种想法而"不接受战争"的人,也会拒绝"接受"作战到彻底胜利,这是完全可以理解的。这里有自己的逻辑:谁说了"一",谁就应该接着说"二"。可是如果我们说了"一"而害怕说"二",那只是表明我们不善于作合乎逻辑的推论。

对于我们来说,这次战争(其实任何其他战争也都如此)只有四种可以想象得到的结局:

一、我们取得彻底胜利;

二、我们遭到彻底失败;

三、我们取得的胜利仍然是不彻底的;

四、敌人使我们遭到不彻底的失败。

只要不是失败主义者(现在不知道为什么看不见失败主义者了:他们不是由于自然的死亡而绝迹,就是获得了新的"保护色"),谁都不可能希望俄国遭到彻底的或不彻底的失败。这就是说,在四种可以想象得到的战争结局中只剩下两种:

一、彻底的胜利;

二、不彻底的胜利。

试问,怎么能得出结论说,希望俄国获得不彻底的胜利的人比力求使俄国取得彻底胜利的人具有更好的愿望呢？正常的逻辑认为：决不能得出这种结论。

如果我为正义的事业而斗争，那么，我越是努力争取彻底的胜利，我对这一事业所作的贡献就会越大，而且也越会令人信服地证明自己意图的良好。为什么我要削弱自己的打击力量呢？为什么我要饶恕敌人呢？为什么要陷入即使意味着同邪恶部分地和解的机会主义呢？

也许有人会说，就是自己的敌人也应该饶恕。这是对的，但是一定要有一个条件：只有在敌人手里的武器已经被打落，而不再危及我的事业的时候，怜悯敌人才是适当的。

难道德国是处在这种情况下吗？决不是！威廉及其走狗手里的武器不仅没有被打落，而且德国军队很快就能在俄国战线上转入进攻，使我们受到这样的打击，结果我们和我们的盟国最后也许连对于中央王朝的任何不彻底的胜利也都得不到。这就是说，现在我们应该关心的不是饶恕敌人，而是拯救俄国土地和年轻的俄国的自由不受敌人的侵害。换言之：为了不变得自相矛盾，为了不破坏自己的努力的意义，我们应该千方百计地争取彻底战胜敌人，把关于不彻底的胜利的一切论据当作可笑的和可怜的诡辩加以摈弃。

整个问题在于我们能不能把自己的事业称作正义的事业？我们能不能认为它是那种应该为之奋不顾身地坚持到底，坚持到最后一口气的事业？

这个问题已经由生活本身确定不移地解决了。的确，请看一看各民族的这场大冲突现在具有什么意义吧。

一方面是欧洲的民主国家，它们是整个文明世界在卓有成效的政治进步事业中的教师。和它们并肩战斗的有刚刚把本国旧制度打得粉碎的革命的俄国。曾经用自己的独立宣言宣布人类历史开始了解放的新纪元的伟大的北美民主共和国,也越过辽阔的海洋向他们伸出强有力的援助之手。

反对他们的则是现在成为半专制制度的支柱并且同真正代表着社会停滞和政治野蛮势力的土耳其结成盟国的中央王朝。

怎么能有即使是片刻的怀疑呢?怎么能不希望奥国和德国彻底失败呢?怎么能不希望俄国及其民主的盟国取得同样彻底的胜利呢?

的确,我不止一次地听到有人引证说,德国有一个党对威廉的同谋者的侵略计划采取反对立场。这就是哈阿兹、伯恩施坦和他的同道们的党,这个党现在已经组成一个特殊的社会民主主义组织。不能不希望它获得成就。不能不希望它推翻威廉,就像俄国推翻了尼古拉一样。当电讯给我们带来它获得了这个伟大成就的消息的那一天,全世界一切真正进步人士都将一致高呼:现在可以结束可怕的流血事件了;现在应该同革命的德国达成协议。可是这个欢乐的日子什么时候才会来临呢?可惜,我们不知道这一点!我还要说:我们甚至不知道将来它是否会来临。但是在太阳升起之前,露水是会伤坏眼睛的。在哈阿兹和伯恩施坦的党打倒威廉之前,后者会给俄国及其盟国造成许多灾难。德国以及同它结盟的那些击溃了比利时、塞尔维亚和部分罗马尼亚,蹂躏了法国、波兰和部分俄国西部地区的强国,可能在摇篮中扼杀我国新生的政治自由。我们全都应该清楚地懂得和牢牢地记住,今后俄国在和德国的冲突中所遭到的军事失败,将会动摇刚刚奠定基础的新制度,增加旧制度复辟的机会①。

由此可见,我们在这方面目前只能有一个口号:

"坚决把战争进行到彻底胜利"。

没有必要重复我以前不止说过一次的话:如果我们想给德国安排好它如此有计划地给俄国和它的各盟国准备过的那种命运,我们就会背叛自己原有的理想。我们不希望破坏德意志民族的统一,我们不希望把经济剥削的桎梏加在它身上。我们只希望获得建立在各民族自由安排自己命运的绝对权利的基础上的和平。

只有不可救药的空想家才会以为:似乎除了采取坚决有力的军事措施,彻底战胜德国、奥国和土耳其的反动势力以外,还有别的办法可以保证获得这种和平。

# 第四篇文章

正像我在前一篇文章里说过的,不知道为什么现在我们这里完全听不到关于失败主义者的话了。然而如果现在我们这里没有失败主义者了(更正确地说,如果他们不愿意以自己的"真面目"出现),那么拥护不彻底地战胜敌人的人就多得像海岸上的沙子一样,而且他们可以毫不困难地提出任何一种奇怪的论据来捍卫自

---

① 在写完这几行以后,报纸上出现了由二十五个德国最大的农业和工商业协会就和平条件签署的声明。

声明说:

"本身不包括割地和赔款的和平,不会改善德国人民的经济状况,而会长时期地加剧粮食的困难。领土的获得和赔款将保障帝国的优势及其进一步发展的可能性。"——作者注

己的不彻底性。

例如他们有时说,当然必须保卫自己的国家,但是不应该转入进攻。有时甚至士兵们也发表这种思想,不过他们把问题看成这样:他们坐在战壕里防御着向他们进攻的敌人,可是自己却拒绝转入进攻。

这使我回忆起我国革命运动的民粹主义时期的历史中的一段故事。

大家知道,七十年代的民粹主义者曾经把很大的希望寄托在分裂派教徒和教派分子身上。他们希望,那些和占统治地位的教会决裂甚至受到它的迫害的人将会理解革命者,并且支持他们争取美好未来的斗争。当时著名的亚·季·米海洛夫特别强烈地充满了这种信念,并且采取了力所能及的一切措施同分裂派教徒取得密切的联系。有一次他遇到了几个我已经不记得究竟是哪一个反神甫"教派"的代表。他们在同他谈话时表明自己是当时存在着的制度的死对头。这使得我们这位民粹主义者又高兴又惊讶。他急忙做出结论,并且向对方说,既然如此,他们应该参加革命运动。

他们反驳说:"不,我们认为要用言论来战斗,而革命者却想用武器进行战斗。"

米海洛夫提醒他们说,索洛维茨的长老们曾经在好几年里用武器同莫斯科沙皇的特种常备兵进行过战斗。但是这个例子丝毫没有使他们感到不安。按照他们的说法,索洛维茨的长老们只允许自己把特种常备兵赶离寺院的围墙,他们自己从来没有攻击过这些士兵。这种说法和现在流传得相当广泛的那种关于防御战策略的简单化的概念如出一辙:我们要把德国人赶离我们的战壕,可是自己决不能转入进攻。

无庸赘言,从军事观点来看这种策略简直是荒谬的。很容易理解,即使在防御战中进攻也是必要的。然而十分值得注意的是这样一种情况:现代国际主义者中间有些人居然产生了只有在愚昧的"崇古派"分子落后的头脑中才是适当的那些思想。

不言而喻,这种思想一般来说同国际社会主义,特别是同马克思的学说完全没有任何必然的逻辑联系。当时一位同马克思通讯的人在普法战争时期问他是不是认为受到攻击的国家有权采取进攻策略的时候,马克思曾经毫不犹豫地回答说:是。马克思在给另一个通讯人的信里曾经告诉他这个问题,并且补充说,所有这一类的怀疑和议论都表现出缺少辩证法。缺少辩证法的确是他们的主要特点。人们都按照"是就是是,非就是非,除此之外,都是鬼话"的公式进行推论。他们没有能力研究一个概念向另一个概念的转化;对他们来说,思想的细微差别是不存在的,他们拼命地砍,有时甚至砍断他们本来想要坐在上面的那根树枝。在这种情况下他们经常尖锐地自相矛盾,这有什么可奇怪的呢?

有人说:"必须恢复国际"。这当然正确:一定要恢复国际。可是谁特别热心特别卖力地为恢复国际而奔走呢?有时恰恰是否定它的根本原则的那些人。

大家知道,瑞士社会主义者普拉廷在一次演说里曾经直接地公然宣称,第二国际建立在腐朽的基础上。他把无产阶级在自己国家遭到攻击时有责任保卫祖国这个原则看成是第二国际的腐朽的基础。由此可见,当普拉廷"同志"谈论恢复国际时,他的意思就是完全,而且彻底地破坏国际。不错,他想在国际的旧大厦的原址上建立起风格完全不同的新大厦。不过这完全是另一回事。事实终归是事实:普拉廷对于无产阶级国际政策的要求和第二国际对它的要求是针锋相对的。因此当普拉廷谴责我们背叛国际时,我们完全有权回答他说:

> 不必去细数朋友了,
> 顶好还是先瞧瞧你自己吧!①

然而那些拯救国际的人中间有多少这样的普拉廷呢？并不是所有这些拯救者都具有普拉廷那种独特的思想上的一贯性。可是他们全都像他一样朝同一个方向走去,只不过他们是同一类型的不同变种。他们在思想方法上不是接近李卜克内西、倍倍尔、盖德、伊格列西亚斯、海德门以及欧洲各国其他的马克思主义宣传家,而是更加接近无政府工团主义者多美拉·纽文胡斯得多,纽文胡斯早在一八九三年苏黎世国际社会主义者代表大会上就公开宣布说,第二国际领袖们的策略大有使社会主义受到威胁的危险(纽文胡斯培养出了普拉廷和他的弟兄)。

这一点也可以用下面这个不知人们为什么至今一直很少加以注意的事实来证明:上面这些西欧各国的马克思主义宣传家、这些真正的国际社会民主党的奠基人,由于自己对待当前战争的态度受到了纽文胡斯精神上的子孙们的种种责难。受到这些责难的有法国的茹尔·盖德、西班牙的伊格列西亚斯、英国的海德门、格鲁

---

① 参见《克雷洛夫寓言》,新文艺出版社一九五四年版,第160页。——译者注

吉亚的饶尔丹尼亚等等。

国际的拯救者们力图破坏它的真正的基础,——这真是大笑话,不过我们倾听从现在的所谓国际主义者中间发出来的各种口号时应该注意这个大笑话。在这些口号里无政府主义要比由于马克思、恩格斯的理论著作和实际活动而形成的那种形态的现代国际社会主义多得无可比拟。

如果需要新的例子来证明这种说法,那是无须到很远的地方去找的。被殷勤的普拉廷送回俄国的列宁,在自己的《提纲》里曾经宣布说,应该"联欢",即俄国士兵同德国士兵联欢。列宁笔下的这一条提纲并不那么令人信服。但是它却适合许多坚决反对《真理报》现在这位领导者的其余几条提纲的人的口味。《工人报》开始用同情的口吻谈到了俄国士兵同德国士兵的"联欢",而且(纸里包不住火!)在我国西线有些地方已经开始实行联欢了。

这会产生什么结果呢?

如果整个俄国军队同所有正对着俄国战线的德国和奥国士兵进行联欢,那么,这就无异于俄国同德、奥单独媾和。我们那些国际的拯救者是不是希望这种和平呢?不,他们肯定地说,他们中间谁也不希望这种和平。可是既然他们不希望这种和平,那么他们就不应该鼓吹"联欢"的思想,因为这种思想如果完全实现,结果恰恰就会出现这样的和平。

然而不完全地实现"联欢"思想又会产生什么结果呢?结果就是:德国总参谋部利用俄国人在"联欢"时的麻痹大意,获得机会把自己相当大的一部分力量调去对付英国人和法国人。换言之,不完全地实现"联欢"思想等于部分地实现我们那些国际的拯救者自己所鄙弃的单独媾和的思想。由此可见，在我设想的这两种情况中，"联欢"思想都应该当作一种按其内容毫无根据而按其实际结果则极其有害的思想加以摒弃。

多美拉·纽文胡斯在一八九三年苏黎世社会主义者代表大会上曾经建议，如果发生国际冲突就举行军事罢工，而军事罢工的一种形式就是列宁和所有半列宁所如此盼望的"联欢"。代表大会是怎样对待纽文胡斯的建议的呢？它把这个建议当作经不起社会主义批判的东西而加以拒绝。

我要请我国社会主义者中间那些没有彻底陷于《真理报》的列宁和《工人报》的半列宁辈的影响下的人记住这一点。

# 第五篇文章

从来没有而且也不可能有一种参战者不谋求和平的战争。整个问题在于，参加这次战争的人同意在什么样的条件下缔结和约。

重复说"德国当权的统治阶层"（与那个著名的公式相反）希望强迫协约国接受附有"对自己的帝国有利的"大量割地以及也是对它有利的巨额赔款条件的和平，是没有好处的。德国社会民主党多数派长时期来根本不反对德国"统治阶层"所制订的仁爱的计划。相反，他们自觉地和顽强地支持了这些计划。现在他们想使我们相信，他们被人误解了，实际上他们从来没有背叛过国际的原则，他们丝毫没有怀疑过每个民族自由安排自己命运的权利。如果这不是伪善，那就很好了。

我决不赞成马·高尔基先生的《新生活报》宣扬的那些关于战

争的观点。在这里我要愉快地指出,就连这家机关报也不相信德国多数派分子的"国际主义"。

斯捷克洛夫同志在第七号《新生活报》上就谢德曼的党所拟定并由丹麦社会主义者柏格别尔格通知彼得格勒工兵代表苏维埃执行委员会的和平条件提出了以下的意见。

他说:"根据丹麦同志的报告判断,谢德曼分子大体上准备以《告世界人民书》所拟定的原则为基础。似乎为了满足法国社会主义者的要求,他们并不为自己的建议保守秘密,而声明同意公布它,这就使它具有一种积极的性质。只有一点不明确:他们打算用什么方法来实现自己的和平纲领。大家知道,这个纲领远没有得到德国帝国主义的领导集团的赞同。后者大概不会自愿放弃自己的侵略意图,而谢德曼分子迄今没有表示过同自己的政府反目的特别决心。因此对这样重要的问题保持沉默不能不认为是他们纲领的一个相当严重的缺点。"

对于这个意见只有一点使人遗憾,就是:

斯捷克洛夫同志的这个实质上正确的思想,不知道为什么要采取这样一种温和的表现形式,从而大大地降低自己的分量。

谢德曼分子迄今没有表示过同威廉二世政府反目的特别决心!这句话说得太外交辞令化了。他们的确没有表示过同它反目的任何决心。这种情况证明他们的"纲领"毫不中用,而不只是其中有"相当严重的缺点"。而且,如果我们不希望在像"谢德曼分子"的和平纲领这样重要的问题上把俄国无产阶级引入歧途,我们就必须直接地和明确地向它指出这一点。

斯捷克洛夫同志继续说道:

"不过这不是德国社会民主党多数派行动纲领的唯一缺点。在执行委员会会议上已经指出,谢德曼分子口头上所承认的民族自决权在进一步具体说明他们的和平纲领时受到很大的限制。社会主义者一般公认,民族自决权包括政治独立和国家独立的权利。但是上述纲领把民族自决权仅仅归结为民族文化自治的权利。不言而喻,社会主义者,特别是发表了《告世界人民书》的俄国革命民主派,大概不会同意对这一概念作这种限制性的解释。"

对的就是对的!革命民主派(特别是革命社会民主党)决不能容忍对这个成为而且一定要成为整个国际政策的基础的概念作限制性的解释。凡是这样或那样力求对这种概念作限制性解释的人,都会由于这个或那个原因而背叛国际。而背叛国际乃是一种应该无情地公开揭露的严重罪行。在这种场合下,玩弄外交辞令本身就是对国际工人运动的圣灵的一种不小的罪过。

斯捷克洛夫同志说得很对,例如他说,谢德曼分子慷慨地让俄属波兰充分自由地选择如何安排自己的命运。但是对属于德国和奥国的那部分波兰,他们的纲领却保持着明智的沉默。

可是为什么会这样呢?对,这正是因为他们没有同自己的政府反目的特别决心(并不总是温和的斯捷克洛夫同志说得多么温和啊)。为了不刺激德国帝国主义这只鹅,"谢德曼分子"(他们自己过去是而且今后也会真诚地为它服务)居然牺牲其他民族……所热爱的原则和权利。如果他们不敢直接地和明确地说:"阿尔萨斯和洛林可以按照它们的愿望进行安排"(这一点也没有逃过这次甚至表现得温和的斯捷克洛夫同志的注意),那么这又是因为他们早就把觉悟的无产阶级国际政策的基本原则当作无用的破布抛弃了。终于是明白地认识这个问题的时候了！是坦率地、不转弯抹角地说出这一点的时候了！

根据斯捷克洛夫同志目前的整个思想方式判断，我认为他应该同情柏格别尔格公民所捍卫的关于召开斯德哥尔摩国际社会主义者代表会议的方案。不过我要问问他：谢德曼的党出席这次代表会议会有什么意义呢？他是否认为，公开承认各民族自决的充分权利的社会主义者能够使谢德曼分子回到正确的道路上来呢？这种想法未免太天真了：只有坟墓才能医治驼背。然而如果不能使谢德曼分子回到正确的道路上来，那么为什么要邀请他们出席代表会议呢？为什么要装作我们没有看到他们背叛了国际的基本原则呢？为什么要把天鹅和虾子套在一辆车上呢[1]？

谁希望恢复国际，谁就应该从国际中清除所有否定它的指导原则的人。谁没有这样做的决心，谁就最好不要去着手恢复国际，因为从他那懦弱的企图中是得不到什么好结果的。

只有当斯德哥尔摩社会主义者代表会议的发起人有勇气不邀请谢德曼的党出席会议的时候，这个会议才会给国际工人运动带来益处，只有在那个时候它才会使和平早日到来。在这种情况下，我们多半会在代表会议上看到比利时社会党、法国社会党多数派以及有组织的英国无产阶级的代表[2]。不过，斯德哥尔摩代表会

---

[1] 参见《克雷洛夫寓言》，第126页。——译者注

[2] 大概将出席斯德哥尔摩会议的所谓英国独立工党，从西方的观点看来实际上不是一个党，而只是爱好和平的宗派主义者一个不大的组织，这个组织不久以前还被"阶级斗争"一词吓破了胆。——作者注

议组织者的机会主义精神太十足了,他们不敢采取我指出的这个步骤……

## 第六篇文章

彼得格勒工兵代表苏维埃根据自己的执行委员会的建议决定负责召集国际社会主义者代表会议。它号召无产阶级国际的一切派别和政党都参加会议。这就是说,也号召谢德曼的党参加会议,这个党所奉行的"策略"否定了这个国际的基本原理。一切民族都有充分的和自由的自决权利。

执行委员会引证了什么论据来证明自己的建议呢？

这个题目的报告人斯柯别列夫同志在自己的结束语里说,为了恢复国际和停止战争他准备和任何人会晤。

真奇怪。

争论的问题是:谢德曼的党参加国际社会主义者代表会议会不会促进国际的恢复。一些人说会;另一些人(例如和我志同道合的人)说不会。可是斯柯别列夫同志预先假定问题得到了肯定的解决,并且根据这个未经证明的假定郑重地宣布,不应该不让谢德曼的党出席代表会议。老实说,只有思想根本不开窍的人才会认为这种诡辩是可信的,要知道从远古以来所有逻辑学教科书都揭露了这种诡辩的真正本性。

斯柯别列夫同志还引证了已故的倍倍尔的一句名言:如果有必要,我将同魔鬼甚至同魔鬼的外婆一起行动。

我不知道,在斯柯别列夫同志看来谢德曼的党究竟是什么人:

是魔鬼呢还是魔鬼的外婆。但这并不重要。主要问题是：在这种场合下引证倍倍尔经不起任何批评。

这位伟大的德国社会民主党人具有那样深刻而正确的政治本能，他在说明自己的思想时曾经补充说，我们每个人在和魔鬼打交道时首先应该问自己：谁骑谁，我骑魔鬼，还是魔鬼骑我？如果发现被骑的是我，而不是魔鬼，那我就一定要拒绝和他打交道。不用说，倍倍尔对于和魔鬼的外婆打交道也作了同样的保留。由于他这样谨慎，他才掌握了真正明智的策略，在这种策略里既没有狭隘的宗派主义，也没有模糊的机会主义。这种明智的策略使得他根本不可能同无政府工团主义者或者同修正主义者"联欢"。然而，只是偶然听说倍倍尔发表过一个什么思想并且对这个极为深刻的思想只理解了一半的斯柯别列夫同志并没有想到要问一问自己：究竟是谁骑着谁到斯德哥尔摩去：是他骑谢德曼还是谢德曼骑他？

由于就代表会议问题作报告的人头脑迟钝这个值得深深惋惜的原因，现在已经十分清楚，扮演马这个角色的注定是他斯柯别列夫同志，而扮演骑手角色的将是谢德曼或他的外婆。

请回想一下哲学班学生霍马·布鲁特（果戈理的《地鬼》）是怎样背走老太婆的吧（应该认为，她就是魔鬼的外婆）。

"老太婆向他走来，把他的双手交叠在一起，使他的头偏倒，像猫一样迅速地跳上他的背脊，用扫帚往他的腰眼里打，于是他就像一匹骏马似的，把她背在肩上跳了起来。这一切发生得这样快，哲学班学生好容易才清醒过来，双手抱住自己的膝盖，想把两条腿按住；可是使他大吃一惊的是，两条腿竟不听使唤，腾空跃起，比契尔克斯产的骏马跑得还要快①"。

在我们这位如此不成功地引证倍倍尔的可怜的斯柯别列夫同志那里也会发生这种情况,等到魔鬼的外婆(或者魔鬼本人,这完全是一样)骑在他身上的时候,他就很难清醒过来了。而且即使他会清醒过来,即使他抱住膝盖,可是他的两条腿不听使唤,腾空跃起,比契尔克斯产的骏马更快地背着谢德曼,奔向现在谢德曼在以亲德主义出名的柏格别尔格公民的殷勤帮助下所追求的那种目的。

对于谢德曼的目的是不能有丝毫怀疑的。每一个活过二十岁的人都懂得,谢德曼力图对"不割地不赔款"的公式作这样一种解释:受德国人控制的民族今后继续要受他们控制,而被德国军队从他们所占领的地方的居民那里征收去的赔款不是根本不归还给他们就是仅仅归还一部分②。

至于德国在巴尔干各国所取得的而且可以导致"柏林—巴格达"这个帝国主义计划的实现的地位,谢德曼(他拒绝把阿尔萨斯、洛林、波兹南、西里西亚等地从普鲁士德国的鹰爪下夺出来)当然会根据同一个"不割地的和平"的原则来捍卫它。我认为斯柯别列夫同志根本没有考虑过问题的这一方面。

斯柯别列夫同志也许会反驳说,代表德国社会民主党出席斯德哥尔摩会议的将不只是谢德曼一伙人。据说,一些谴责谢德曼

---

① 参见果戈理:《密尔格拉得》,孟十还译,第257页。——译者注

② 我国某些爱好和平的人说,受到敌人侵略的国家的损失应该由所有愿意缔结和约的政府负责赔偿。我不理解,为什么梁赞的农民要对威廉二世的士兵的功绩付出代价,即使是付出部分的代价吧。难道是由于涅克拉索夫下面这个具有讽刺意义的说法:"不要紧,庄稼汉会忍受得了的,因为这是支配我们的天命所指示的,而且他已经习惯了"。——作者注

的策略的社会民主党人将派遣哈阿兹、伯恩施坦、霍夫曼和考茨基到斯德哥尔摩去。可是即使我非常尊敬考茨基,我也不能对他的毅力寄予过高的希望,因为他在这次战争期间的行为恰恰是以极其缺乏毅力著称。至于德国修正主义的鼻祖伯恩施坦(他是谢德曼的接受忏悔的牧师),那我宁愿对他保持沉默,虽然他有某种前后不一贯的功绩。我也不会谈到把刀子交给贝特曼-霍尔威克去屠杀毫无罪过的比利时的哈阿兹。

无论如何,只要法国的多数派①、英国有组织的无产阶级、比利时的社会主义政党以及相当大一部分俄国社会主义者(换言之大概是多数派)不出席,代表会议就必然会具有对德国有利的那种片面的性质。所以我再三说,不是斯柯别列夫同志骑着魔鬼的外婆到斯德哥尔摩去,而是魔鬼的外婆骑着斯柯别列夫同志到斯德哥尔摩去。

《工人报》讥笑我对待斯德哥尔摩代表会议的态度同列宁一致。可是我并没有被派别精神支使到当列宁说二二得四的时候也要加以反驳的地步。其实,我只是在对德国多数派的看法上和列宁一致。在对待法国问题的观点上我们是截然不同的。不过如果必须在列宁和《工人报》的和平爱好者之间进行选择,那么我宁愿选择列宁这个更大胆和更彻底的人。

拉萨尔曾经对进步党党员们说过:我坚持同俾斯麦的观点直接对立的观点。但是我仍然不能不承认,俾斯麦是一个有毅力的

---

① 格·瓦·普列汉诺夫在这里把以盖德和托马等人为首的法国社会党多数派的拥护者叫作法国的多数派。必须指出,普列汉诺夫常常在这种意义下使用"多数派"这个名词;例如,他把谢德曼的拥护者称为德国的多数派。——编者注

人，而你们则是一些老太婆。

鄙人不想仿效拉萨尔说刻薄话，我要用另一种方式来表达，我要这样说：

我的观点同列宁的观点是正相反的，但是我不能不看到，他是一个完整的典型，可是你们这些《工人报》的可敬的同志们，过去是而且现在仍旧只是……一些半列宁。

彼得格勒工兵代表苏维埃由于接受了自己执行委员会的建议从而大大地违背了全世界无产阶级的利益。……

一九一七年五月

# 论所谓斯德哥尔摩国际社会主义者代表会议问题

（一九一七年五月二日《统一报》第二十八号）

瑞典报刊刊登了梅林致尼·谢·齐赫泽的公开信。公开信说：

"我们决不参加将有德国社会民主党多数派出席的代表会议。不应该把他们看成是社会主义的代表，而只应该把他们看成是德国政府及其利益的代表。这个多数派参加代表会议对国际社会主义思想本身会是一次沉重的打击。本声明表达德国国际派的意见，而且我确信，我可以用现在监禁中的我的朋友罗莎·卢森堡和卡尔·李卜克内西的名义表示同样的意见。"

梅林对德国社会民主党多数派的看法，同这次大战一开始我就不止一次地在我的一些文章中发表过的那个看法是完全一致的。看到这种一致，看到德国社会民主党的优秀代表能够不上我曾经向我们的同志们（可惜不是完全有效）指出过的圈套，我感到十分愉快。

其次，王德威尔德路过克立斯坦尼亚①时曾在和一个记者的

---

① 克立斯坦尼亚，是挪威首都奥斯陆在一六二四年到一九二五年的旧名。——译者注

谈话中声明说：

"我们可以和左翼社会民主党人举行谈判，不过我们知道他们是少数。至于右翼多数派，我们坦白承认，当另一只手伸向德国皇帝的时候是很难接受向我们伸来的这只手的。"

王德威尔德谈到兼并的时候发表了下面一个完全正确的思想：

"难道可以认为无缘无故地被卷入战争，并且遭到种种破坏的比利时却不能因此得到赔偿的这种和平是公正的吗？难道可以认为解放亚美尼亚，把阿尔萨斯—洛林归还法国以及把特仑的诺归还意大利是兼并吗？恰恰相反，这只是对以前粗暴的兼并作一次必要的纠正罢了。"

最后，法国社会党全国委员会通过了一项决议，决议说：

"新的国际社会主义者会议是可以召开的，但是有一个条件，就是：德国社会主义者要预先放弃帝国主义，并且承认德国必须进行民主革命。全国委员会打算向国际会议提出追究德国和奥匈帝国社会民主党代表背叛社会主义原则这一罪行的责任。"

然而斯柯别列夫同志还是要背着谢德曼"同志"和魔鬼的外婆到斯德哥尔摩去。怎么办呢？由他去吧。但愿他在斯德哥尔摩不致把自己革命的过去忘得一干二净。但愿他不致过分地和德国的多数派"联欢"，要知道这个多数派在向他伸出友谊之手的同时（照王德威尔德的说法）又会去握德国皇帝的手的。

斯德哥尔摩会议除了使国际分裂以外，不会产生任何结果……

# 祖国在危急中

(一九一七年五月二日《统一报》第二十八号)


我知道，我这篇文章的题目本身就已经给嘲笑提供了口实："他谈祖国；他爱祖国；他是社会民主党人！"但是我过去从来不怕，将来也决不害怕这类嘲笑。它们只会使我经常想起涅克拉索夫的诗句：

笨蛋想要嘲笑什么，
就是想要使什么感情庸俗化！

我这个老国际主义者清楚地知道，如果现代社会主义力求建立某种符合它的基本前提的文明世界一切国家之间的关系的体系，那完全不是说，它要求一般地蔑视个别国家的利益，特别是蔑视自己祖国的利益。它只是说，应该把每一个个别国家的正当利益同不正当的利益区别开来。如果不是这样，那么在马克思这位现代科学社会主义之父的积极参与下产生的国际工人协会，也许就要叫作反民族，而不是国际了。国际力求在各民族之间建立种种密切的关系，这根本不是以消灭民族为前提，而是以民族存在为前提。如果我不应该容忍破坏任何个别民族的正当利益（更不应该容忍消灭任何个别民族），那么由此可以得出结论说，我也没有任何权利轻视自己国家的正当利益。如果不这样看，我就会从国际主义者变成反民族主义者，就是说我会像格里姆或普拉廷之流的齐美尔瓦尔得分子一样，硬说社会主义者一旦起来保卫祖国就会背叛自己。但愿奥林普山不死的诸神不使我这样头脑不清！

总之，我不怕我国那些由于误会而混进国际的反民族主义者软弱无力的嘲笑，我认为自己有责任捍卫自己祖国的正当利益，并且请《统一报》读者注意这个可怕的情况：现在俄国正遭遇着致命的危险。

不是我一个人这样说。除我之外，极不相同的各个社会思想派别的人都这样说。

我国军事实力正在迅速地趋于崩溃；我国军队正在瓦解，而且军队瓦解的过程已经达到使俄国濒临灭亡的地步。

我国陆海军部长亚·伊·古契可夫在所有四届国家杜马庄严的会议上都曾经这样说过。

这些演说像宣布灾难和呼吁援助的警钟。只可惜亚·伊·古契可夫完全不恰当地使自己的演说具有某种论战攻击的性质，这就削弱了演说的忧郁气氛，并且使人以为他夸大了威胁着我们国家的危险。可是过了几天，我国司法部长在前线代表的代表大会上也说过在精神上和古契可夫完全相同的话，虽然多少是从另一个角度来谈这个题目的。

亚·费·克伦斯基也承认："我感到遗憾的是两个月以前没有死掉。那时我会怀着这样一种伟大的梦想死去：俄国已经毫无问题地开始了沸腾的新生活，我们会在没有皮鞭与木棍的情况下彼此互相尊重,会用不同于以往暴君的那种方式管理自己的国家。"

现在,革命顺利发展时在他心里产生的那种乐观的信念已经离开了他,现在,他满怀忧虑,所以他现在公开地大声宣称:

"如果现在大家还没有认识到局势的悲惨和没有出路,如果大家还不了解他们现在担负着什么责任,如果我们的国家机构不像装配得很好的机械那样正常地活动,那时我们梦想过的、我们追求过的全部事业就会倒退若干年,也许还会被鲜血所淹没。"

这是可怕的真理,可惜这个真理是绝对不容争辩的。只是应该用稍微不同的方式来表达亚·费·克伦斯基这个最正确不过的思想。也许这样说会更确切一些:

如果司法部长所指出的那些条件并不存在,那么我们梦想过的、我们追求过的全部事业就会被鲜血所淹没,并且不只是倒退若干年,而是倒退很长的——怎么知道呢?——也许是极长的时间。

现在,反动派获胜的机会在很大程度上由于我们自己的错误正在迅速地增大,这种反动活动一旦开始就会在对俄国最不利的,甚至简直可耻的外部条件下进行——我们目前处境的悲剧性也就在这里。

亚·伊·古契可夫似乎想证实亚·费·克伦斯基指出的担心确有根据,所以在同一次代表大会上报告说,他已经辞职了。

彼得格勒军区首长科尔尼洛夫几乎和他同时辞职了。

这样一来,由于俄国士兵和德国士兵在前线举行臭名远扬的联欢而开始的军队瓦解,又加上了指挥人员的辞职。无须证明,在这种情况下俄国的军事实力将在最短期间遭到最终的消灭。凡是不在彻头彻尾的失败主义者之列的人,都必须考虑这样一个问题:

为了制止俄国军事抵抗力量走向彻底的毁灭（这对俄国是极其危险的），应该做些什么呢？

为此首先必须消灭只对德国人有利而且实际上只有俄国士兵才实行的联欢。工兵代表苏维埃执行委员会刚刚在特别呼吁书中表示过这种意见。晚做总比不做好！其次，为此必须把我国军队的最高指挥员放在一种使他们能够执行自己的职责的地位上。

暂时他们还没有处在这种地位。

如果彼得格勒军区部队首长不得到工兵代表苏维埃执行委员会的许可连一营人，甚至连一排人也不能调出兵营，那他除了自动卸职以外也就别无他法了。

当然，科尔尼洛夫的职务可能由某个拉夫连齐也夫或彼得罗夫来担任。可是新的军区首长越是严肃地对待自己的职责，他就会更快地得出这样的结论：他只有模仿自己前任的榜样。一句话，将开始讲老一套的故事。

为了结束这个荒谬的故事（俄国要是听下去就可能遭到灭亡），彼得格勒工兵代表苏维埃一定会把军权彻底抓到自己手中。

彼得格勒工兵代表苏维埃一旦把军权抓到自己手中就会为列宁分子所谈论的无产阶级专政奠定基础，然而迄今为止其他各派的代表们都认为这种专政是不合时宜的，因而是有害的。

而且这种专政将是最不完备的，因为它只是彼得格勒工兵代表苏维埃执行委员会的单独专政。

那时我们面前将不是工人阶级专政，而是几十个人的专政。

如果在当前的社会政治条件下，工人阶级专政对俄国（尤其是对俄国劳动居民的利益）不适宜，因而是有害的，那么几十个人的专政就更不适宜和更加有害了。

也许有人读了这一段话以后要生气,然而他只要想一想,就会承认,我说的是真理。彼得格勒工兵代表苏维埃要是没有丧失政治理解力,就不能力求把军权夺到自己手里来。而要是它不能力求夺取军权,那它就应该立即采取一切措施,让最高军事指挥员能够执行自己的职责。

为了做到这一点,最好的办法是组成一个有劳动群众的代表参加的联合内阁。可是在这方面我们又同彼得格勒苏维埃执行委员会的决议相冲突,因为决议认为不应该组成这样的内阁。

只要这个决议继续有效,老一套的故事将继续下去,而使威廉二世的臣民和我们本国的失败主义者感到最高兴的是我国军事实力将等于零。试问,这个决议会长久有效吗?

这个决议是在八票弃权的情况下以二十三票对二十二票通过的。对于那些不敢投票的人,我们可以毫不夸大地用但丁的话说:"看一看就走"①。至于投票的人,可以说联合内阁的组成是由一票否决的。这就是说,对俄国既无聊而又极其有害的老一套故事,在决定联合内阁命运的那一票没有改变自己的意见以前将继续拖延下去。等着瞧吧!不过,既然认识到我们祖国处在危急中,等待是痛苦的。因此我们不应该毫无作为。

所有极左翼政党的成员只要认为俄国已经到了应该走出目前这个死胡同的最后时刻,都应该尽可能地互相接近,并且开始进行孜孜不倦的有组织有计划的宣传鼓动,以便在劳动群众中传播自

---

① 参见《神曲·地狱篇》,新文艺出版社一九五四年版,第21页。——译者注

己的观点。

对于使徒保罗来说,并没有犹太人和希腊人的分别,也没有已行割礼者和未行割礼者的分别,而只存在拥护他的基督教观点的人。同样,对于我们来说,在这个问题上不应该有孟什维克、布尔什维克和《统一报》组织的成员的分别,社会民主党人和社会革命党人的分别,而只应该存在认识到他们的祖国处于危急中和认识到为了拯救祖国必须有一股能够把我们提高到超出宗派分子的教条主义和党派间的偏见之上的强大革命毅力的人。

而且不只在这个问题上。不应该忘记,亚·费·克伦斯基虽然发表了一篇热情的演说,谈到俄国现在正经历着极大的困难。但是他的处境很矛盾,因为他一方面是现内阁的成员,另一方面又属于那个认为这违反自己原则的政党。

这一切都需要解释清楚,这一切都需要消除矛盾,这一切都需要得到协调,这样才能使所有那些不希望在决定性的时刻玷辱公民称号的极左翼政党成员的努力,成为有计划的、始终如一的和步调一致的!

# 基 本 问 题

事变发展得很快。不过在前几天彼得格勒工兵代表苏维埃执行委员会还表示反对各极左翼政党的代表参加联合内阁。而且不止是它表示反对。莫斯科的《人民权力报》第三号（一九一七年四月三十日）报道说：

"昨天，在俄国社会民主工党孟什维克派莫斯科各区委员会的代表会议上讨论了联合内阁问题。伊·亚·奇斯托夫和亚·尼·波特列索夫作了报告。

大多数意见认为，社会民主党参加临时政府是不适宜的。"

现在彼得格勒苏维埃执行委员会改变了自己的看法。它在五月一日夜间的一次非常会议上做出了这样的结论："只有在革命民主派的积极参加下才能在国内建立能够消除经济崩溃、组织前线保卫工作和加速在国际范围内缔结和约的新政权"。这很好。非常希望今后事变亦将如此迅速地发展，也就是说希望这个工兵代表苏维埃的执行委员会继续表现出改正本身错误的决心。我们希望其他城市的社会主义组织也能抛弃以前的错误认识。在等待这个幸运时刻的时候，让我们来看看在和约问题上情况如何。

这样做是比较适当的，因为根据策烈铁里同志在前线代表的代表大会上的演说中所发表的意见，对待战争的态度是当前这个历史时刻的基本问题。

我们要能够促使更快地缔结和约,首先必须对这次战争的真正性质有正确的,即符合实际情况的认识,而不是符合我们主观情绪的认识。然而彼得格勒工兵代表苏维埃执行委员会暂时还没有这样的认识。

承认这一点我感到很痛苦;可是有什么办法呢!即使朋友是柏拉图,但真理高于朋友。

刚才登出来的《告世界社会主义者》的呼吁书(《彼得格勒工兵代表苏维埃消息报》第五十五号)说:

"无论战争的命运要经过怎样的波折,全世界的帝国主义者在这次战争中都同样会是胜利者:战争已经并且还在使他们得到骇人听闻的利润,使他们手上积累着巨大的资本,使他们对劳动者的人格、劳动和生命具有空前的权力。"

说战争帮助许多为战争需要而开工的企业主获得骇人听闻的利润,这当然是无可怀疑的。但是可能对他们的骇人听闻的利润征收相应的捐税。这种可能性向现实性的转变,取决于每个特定国家的力量对比关系。民主派占统治地位的国家(例如英国)就比容克地主和大企业主占统治的国家容易实现这种转变。关于限制"工业舰长"对工人人格、劳动和生命的权力,也应该这样说,因为工人阶级有巨大政治力量的国家比工人阶级没有这种力量的国家容易实现这种限制。你们可以把同一个英国和革命前的俄国作一番比较。

所以说,认为全世界的帝国主义者在这次战争中都同样会是胜利者,这个论断是不正确的。然而这还不是一切。

按照我所分析的这篇呼吁书的作者的意见,不管战争的命运要经过怎样的波折,全世界的帝国主义者在这次战争中都同样会是胜利者。如果这个意见是对的,那就完全无法理解,为什么协约国的帝国主义者要尽一切力量使战争的命运对自己有利,而中央列强的帝国主义者则坚决不容许德国和奥匈帝国失败的想法。难道是因为双方都没有理解自己的利益吗?如果这样,那就可以想象得到,执行委员会发表的告世界社会主义者书最后会启发全世界的帝国主义者去考虑他们的真正利益,那时他们就会完全失去自己的好战热情。当然,呼吁书的作者甚至没有想到它的发表会产生如此令人高兴的结果。因此他们的意外高兴就会更加生动。

至于我,老实说,我无法设想,例如德国帝国主义者有朝一日会相信,无论德国在这次战争中获得胜利还是遭到失败似乎对他们反正都一样。

他们不会相信这一点,原因虽然简单,却十分充分,因为实际上这对他们决不是无关紧要的。

假定战争的命运有利于中央两君主国。那就是说,德国和奥匈帝国经济进一步发展的条件对于这两个君主国的资本家比对协约国的资本家更加有利。也就是说,德国和奥地利的资本家将比法国和英国的资本家更容易获得"骇人听闻的利润"。归根到底就是说,如果协约国失败,英国和法国的资本家根本不是像奥地利和德国的企业主一样的"胜利者"。为什么硬要肯定没有而且也不可能有的东西呢?

然而这也还不是一切。

呼吁书的作者在进一步发挥自己的主要思想时说道:

"然而正因为如此(即根据只在他们的想象中存在的原因——格·普),全世界的劳动者在这次战争中都同样是失败者。"用来证明这种说法的理由是:劳动者到处都拿自己的生命、财产和自由向帝国主义的祭坛上供献出无数的祭品,他们承受着不可言状的贫困。不过这个理由很少使人信服。即使互相斗争的双方都忍受着同样的贫困,也还不能由此得出结论说,每一方都一定是失败者。绝对不能得出这样的结论! 他们中间的一方可能成为胜利者,另一方则不得不受它的统治。为什么要说出每一个稍为关心逻辑的人一眼就能看出的毫无根据的论点呢?

德国有组织的工人不仅拿自己的生命、自由和财产向帝国主义的祭坛供献了无数的祭品。他们拿自己固有的帝国主义欲望,换句话说,即拿自己固有的剥削其他国家工人的意图这种华丽的花圈来装饰祭坛。这次战争一开始我就这样说过。现在,极左翼的德国社会民主党人、十分著名的弗兰茨·梅林也这样说。呼吁书的作者不愿意注意这个事实。然而不考虑事实并不能使我们改变事情的真实面貌。事情的真实面貌是:对于追随谢德曼、列金之流的德国有组织的工人来说,他们的国家是否成为这次国际冲突的胜利者,远不是完全一样的,因为成为剥削者会使他们感觉到比成为被剥削者要高兴得无可比拟,而被剥削者这种角色必然地将由帝国主义战争中的失败者来担任。

可是正因为被剥削者这个不愉快的角色将必然地落在失败者的身上,所以对于其他国家的工人来说,例如对于俄国工人来说,战争的命运有利于哪一方面也就不是完全一样的了。在一八七〇——一八七一年的战争中被德国打败的法国付给了德国五十亿法郎。这笔钱是从法国劳动居民的口袋里掏出来的。这种情况不用说丝毫无助于他们经济生活的改善。我掌握的数字证明，法国在一八七〇——八七一年所遭到的失败，使法国工人阶级每年交给法国资产阶级的那部分剩余价值大约增加了七亿到八亿。这似乎是奇谈怪论。但是（再说一遍！），我可以用数学的方式证明这一点，而从这种似乎是奇谈怪论中可以得出结论说，法国工人阶级同德国军队作斗争，同时也就是捍卫自己对法国资产阶级的立场，即继续进行自己对法国资产阶级的阶级斗争。这些真理无论在齐美尔瓦尔得还是在昆塔尔都没有人讲。可是这并不妨碍它们成为真理，而且凡是不能够或者不愿意理解它们的人都一定会同经济现实发生矛盾。

我们打开窗子说亮话吧。呼吁书的作者是站在齐美尔瓦尔得-昆塔尔观点上的。这使我感到惋惜，因为我认为这种观点是错误的。不过，如果把齐美尔瓦尔得-昆塔尔观点付诸实施的企图没有使我们这个多灾多难的祖国受到新的、极其危险的危机的威胁，我是不会把它看成大灾难的。

策烈铁里同志说，对待战争的态度是目前这个时刻的基本问题。这句话在他的口里意味着，他和他所有最亲密的同道们一样将把主要的力量用来实现齐美尔瓦尔得-昆塔尔所通过的关于战争问题的决议。

一个具有他那种观点的人自然要努力达到这个目的。不过请看一看这种努力会使我们得到什么结果。

现在工兵代表苏维埃执行委员会肯定地解决了革命民主派的代表参加联合内阁的问题。这种参加当然不可能是无条件的。然而如果它的基本条件是我国临时政府接受齐美尔瓦尔得-昆塔尔的观点，那就丝毫无异于彼得格勒苏维埃执行委员会向目前的临时政府所代表的俄国提出了最后通牒：

要么接受齐美尔瓦尔得-昆塔尔的决议，要么让目前这种使俄国陷于灭亡边缘的无政府状态继续下去。

其次，如果目前临时政府所代表的俄国在接到这个最后通牒后回答说：我接受齐美尔瓦尔得-昆塔尔的决议，那么，始终保持本色的策烈铁里和他最亲密的同道们就会要求俄国做到使全体协约国都接受同样一些决议。

可是，齐美尔瓦尔得-昆塔尔的决议是些什么东西呢？

这是第二国际中间某一部分人，而且远非大多数人所通过的决议。在通过这些决议的人物中间，有些人（格里姆、普拉廷等）当时表现了同这个国际所宣传的各民族有权进行自卫的思想背道而驰的观点。

齐美尔瓦尔得-昆塔尔所通过的决议在理论上是毫无根据的。只要引证一下上文所分析的、执行委员会呼吁书作者的论据就足以证明这一点。从齐美尔瓦尔得-昆塔尔武库里搬来的这些论据简直不值一驳。

齐美尔瓦尔得-昆塔尔通过的关于战争的决议在实践方面有一个弱点，就是这些决议所提出的要求彼此很难协调一致。例如，只有加上一长串附带条件才能使"不赔款不割地的和平"同民族自决权原则相一致。无论如何，我们那些具有齐美尔瓦尔得-昆塔尔思想方式的同志，在国际中顶多也不过是一个宗派。要求整个国际接受某个宗派的观点，那是完全不公正的。力求使所有的协约国都转而采取这种观点,那就更加无比地不公正了。认为这种转变是当前这个历史时刻的基本任务,无异于沉醉在空想中,而这种空想能够使俄国处于无法忍受的国际地位,并且能够对它的全部切身利益,包括它那刚刚诞生的自由,造成无法补救的损失。但愿策烈铁里同志和他最亲密的同道们好好考虑这一点……。

# 在前线代表大会上的演说

(一九一七年五月四日《统一报》第三十号)

首先请允许我感谢你们的热情欢迎并且向你们祝贺已经在俄国建立起来的新制度。

不久以前,我们还被官方认为是俄国沙皇的忠顺臣民。现在没有沙皇了,我们不是臣民,我们是自由的公民。我们用长期的顽强斗争和无数牺牲的代价所获得的公民称号,使我们具有巨大的权利,但也给我们加上了重大的义务。我们的头一项义务就是保卫我们的自由,保卫革命。第二项义务就是对于我们的各个盟国的义务。

现在我们所经历的这一个过渡时刻,总是同普遍的经济破坏相联系的。到处弥漫着无政府状态,为了自由的利益、为了革命的利益,我们必须同它作斗争。我们现在所需要的不是无政府状态(анархия),而是非无政府状态(панархия),不是无人掌握政权(безвластие),而是全民掌握政权(всевластие)——全体俄国人民的政权。我们需要一个民主共和国。

当我听到前面的一个发言人号召你们斗争到胜利时,我感觉到那是我高兴的时刻。我从来认为,我们所进行的正义斗争应该以最后胜利而告终。

既然我们被卷进了不是由我们发动的战争，我们就不能够设想另外的结局。决定性的胜利并不意味着击溃敌人。在我们的旗帜上所写的不是压迫，不是奴役任何人，而是各国人民自由的自决。这就是我们的旗帜，俄国革命所举起的新旗帜。我们在前线的任务，就是要竭尽全力来提高军队的士气，提高它的战斗力，直到我们粉碎敌人的各种侵略意图为止，直到我们能够保障我们的自由不受任何外来的侵犯为止。在这种条件下能不能谈得上什么联欢呢？某些人号召你们举行的这种联欢是什么样的东西呢？德国狗鱼跑到俄国鲫鱼这里来，以联欢为口实，刺探军事秘密，窥测你们的阵地，为的是便于自己占领阵地。

有人问我，民主政权应该是怎样的。我回答说：这应该是受到人民充分信任的政权，这应该是足以防止无政府状态的任何可能性的强有力的政权。在什么样的条件下这种强有力的民主政权才能建立起来呢？我认为，这就需要凡是不愿意恢复旧秩序的一切居民阶层都有代表参加政府。需要一个联合内阁。我刚刚踏上祖国土地时就谈过这一点，可是当时我在自己的同志之中几乎是孑然一人。我高兴的是：现在他们也赞成这一观点，而联合内阁如果不是今天的问题，那么就是明天的问题。（鼓掌）社会主义者的同志在承认参加政府的必要性的同时，可以而且应当提出一定的要求。但是不应该有为其他阶级的代表、为居民中其他阶层利益的表达者所不能接受的要求。我认为要求公布同我们的盟国所缔结的条约就是这样的要求。这不是原则问题，而是适当与否的问题。在目前这个时刻，实现这个要求就可能把我们引上错误的道路，即单独媾和的道路，而在我们当中是没有人赞成单独媾和的。（暴风雨般的掌声）我们同民主的法国有条约……（座位上有人喊道："资产阶级的"）……对,同志们,资产阶级的,但是请回忆一下,谢德林就说过：每一个爱祖国的俄国人都有两个祖国——俄国和法国。你们只是在不久以前才不再唱"上帝保佑沙皇",而你们用什么代替了它呢？——法国的"马赛曲"。对,法国是一个高度发展的资产阶级国家,可是马克思和恩格斯曾经向我们证明,资产阶级,特别是法国资产阶级,在历史上起了何等革命的作用。请回忆一下战争开始的时刻吧。德国驻巴黎的大使曾向法国政府声明,如果法国拒绝支援俄国,德国就不会发动对法国的战争。但是法国政府坚决拒绝同德国大使谈判,而忠实地履行了和正在履行着对俄国的义务。请想一想：在现今这个时刻与盟国决裂意味着也许在最近时期内将可耻地同威廉勾结起来对盟国作战。

旧政府不善于也不愿意进行这场战争。反复证明这一点,就是重复人所共知的事实。俄国的著名历史学家克柳切夫斯基说过：俄国的王公是俄国土地的雇佣的守卫者。这些雇佣的仆从逐渐侵占了俄国的土地,可是他们至少有一项功绩：他们善于抵御敌人保卫土地。不过这些雇佣的守卫者所获得的权力越多,他们甚至在保卫俄国抵御外敌方面也变得越发不中用了。俄国土地的最后一个雇佣的守卫者——过去的沙皇——完全不适宜于担任这个角色,于是他就被推翻了。现在自由的人民应该自己捍卫自己。

我感到遗憾的是,在你们这样一个有来自前线的人参加的代表大会上,我的思想竟然遭到某种不满。但是我还是要把自己的思想彻底讲出来……。我想,现在我们只能有一种情绪,一个意志——走向胜利的意志,因为这个意志同时也就是保卫我们的自

由的坚强意志。(暴风雨般的经久不息的掌声)

恢复"status quo"(原状)并非我们所谋求的和平,而只是停战。这样的和平只会导致军国主义的进一步发展。德国为了实现它在这次战争中所追求的帝国主义的理想,是无论遇到什么事情也不会停止的,而其他各国的人民都将争先恐后地力图用自己的武装打垮德国。

关于对待英国殖民政策的态度问题,每一个接受各国人民自由自决原则的人都是很清楚的。殖民地不是沙漠,而是有人居住的地区,因此必须给殖民地居民以自由地决定自己命运的权利。当然,俄国不能为了别的什么人的侵略意图而战。但使我吃惊的是,当俄国的十六个省正在遭受德国蹂躏的时候,在俄国竟提出了割地问题。对德国的利益这样关怀备至,我是不能理解的。这使我想起了冯维辛喜剧中的米特罗法努什卡,当他梦见妈妈打爸爸的时候,他所担心的不是爸爸被打痛了,而是不让妈妈打爸爸打累了。对于直到现在还在压迫比利时、掠夺法国、消灭塞尔维亚和罗马尼亚的德国的这种怜悯心,我是不能理解的。

一九○六年秋,威廉曾准备把自己的军队开往当时革命的俄国,我曾问过德国社会民主党的同志们:"如果威廉宣布对俄国作战,你们怎么办呢?"倍倍尔在曼海姆代表大会上答复了我的这个问题。他向代表大会提出了一旦同俄国发生战争就宣布总罢工的决议案。但是这个决议案没有通过——工会的成员反对它。这一事实我们不应忘记。当时倍倍尔不得不撤消原议而提出另一个决议案。那时考茨基和罗莎·卢森堡对倍倍尔的行为不满。可是我问过考茨基:"有没有一种能不顾工人的意愿而举行总罢工的方法?"如果没有这种方法,那么倍倍尔也就毫无办法。假使一九〇六年威廉把他的大军开往俄国的话,德国工人大概会袖手旁观,而不去制止那场血腥的屠杀。一九一四年九月的事情更糟糕。《法兰克福人民之声报》编辑克瓦尔克同志曾经到日内瓦找我们,向我们解释德国社会民主党在这一战争中的纲领。这是一个纯粹的帝国主义的纲领。克瓦尔克同志竟有勇气向我们证明:德国在这一战争中的胜利将是德国工人阶级、德国社会民主党的胜利,因而也就是社会主义的胜利。有人驳斥克瓦尔克,向他证明说,从历史唯物主义的观点来看,他也有可能是对的,但社会民主党的代表无论如何也不能提出这样的纲领。我则回答克瓦尔克同志说,他胡说八道,他不是历史唯物主义者,他所建议的东西是资产阶级的历史犬儒主义。你们的党是最强大的党,但也是最软弱的党,因为它抛弃了国际的原则。而且令人十分遗憾的是,直到现在德国多数工会还在跟着谢德曼、大卫等人走,——而他们在国际中是没有容身之地的。

　　如果军队已经瓦解到了再也不能抵抗下去的程度——请你们公开地说出这一点吧——,那么,就把革命的俄国人民的脖子伸出去让德国军国主义套上枷锁吧。但是如果还有力量,就继续战斗吧!决定俄国命运的责任落在你们的肩上。你们没有权力让德国皇帝瞧着你们举起白旗。(暴风雨般的掌声)我们的军队还没有被击溃,它还是很强大的,只是需要提高士气,这就是你们应当做的工作。你们就是为此而来到这里,你们不应有其他的想法。(暴风雨般的掌声)战争已经使我们付出了重大的代价,但是,没有胜利的和平将使我们遭受更大的牺牲。完全停滞的状态正威胁着我们,中国的命运正威胁着我们。

(有人提出问题:他是否把强有力的政权理解为将派遣武装队伍去镇压农民的政权,格·瓦·普列汉诺夫指出:)

——我没有表示过能给人提供借口说我希望这种政权的思想。(鼓掌)好在你们当中没有人愿意充当镇压者和刽手子。(鼓掌)我只是说不能容许无政府状态。不能容许擅自解决那些将提交立宪会议去解决的问题。为此我们只须对一切制造混乱的人施加强烈而有力的道义影响就行了。

联合政府只能受整个民主俄国的监督,而不能受一些个别政党的监督。联合政府应该得到全体人民的非常的信任。它所需要的不是捣乱,而是坚决支持。(鼓掌)

祝你们幸福,并祝在争取国际法中民主原则的胜利的斗争中获得成功。(暴风雨般的掌声)

请记住,当人们进行斗争时,当然,会有牺牲,有些人可能倒下;但是那些能够回来的人,在回来的时候,将骄傲地感到自己履行了对俄国的天职。(鼓掌)自由的俄国和它的胜利的革命军队万岁!(暴风雨般的经久不息的掌声)

# 愚昧无知的人的来信

(一九一七年五月五日《统一报》第三十一号)

我收到下面这样一封信:

"普列汉诺夫同志!

我读了您的《统一报》,看到您号召'全世界无产者联合起来',我真想建议您写'全世界资产阶级联合起来',因为您的报纸的全部思想是同工农阶级相对立的。我老实说,您这个人已经把自己的良心出卖给资本家了。同志,请您注意,除了资产阶级之外谁也不会跟着您走。

我说得很坦率而且大胆。

波罗的海舰队水兵<br>斯捷潘·科科齐科<br>一九一七年四月二十四日于列维里城。"

当我出版《我们的意见分歧》时,甚至在受过教育的人中间也有人相信所谓我已经把自己出卖给政府的看法。现在认为我卖身投靠的只有一些极其愚昧无知的人了。可见俄国毕竟在前进,虽然速度不如想象的那么快。

# 要讲一点逻辑！

(一九一七年五月六日《统一报》第三十二号)

《彼得格勒工兵代表苏维埃消息报》(第五十八号)报导了经过德国到达斯德哥尔摩的巴·波·阿克雪里罗得在同记者的谈话中所阐述的对于当前这次战争的意见。

原来巴·波·阿克雪里罗得坚决否定关于俄国和中央两君主国单独媾和的想法。在他看来，这种和平就会是"人们过去谴责沙皇制度的那种罪行，即可耻地背叛被德国击溃的法国、比利时、罗马尼亚和塞尔维亚，概言之，即背叛所有那些在反对德国奴役意图的共同斗争中被命运的意志以某种连环保的形式结合在一起的人"。

这种背叛损害了无产阶级的威信。此外，它将把革命的角色派给政府(显然也就是派给我国的临时政府，因为它在这次危机之前已经存在了)，而把反动的角色派给我们这些无产阶级的拥护者，因为"德国的每一个胜利，即使是最小的胜利，都会是半专制国家对于革命国家的胜利，特别是这种胜利会使德国政府得到反对左派社会民主党人的斗争武器"。

巴·波·阿克雪里罗得坚决谴责英国政府和法国政府的许多行为。但是，他认为不能闭眼不看英国和法国的高度的民主文明。

这一切都是完全正确的。可是接着巴·波·阿克雪里罗得发表了同上述意见颇不一致的想法。

他断言,革命民主派的首要任务是为和平而斗争。这个斗争应该用下面的方式进行。

首先,必须"要求政府坚决力争盟国一致同意开始和平谈判,或缔结停战协定"。

如果巴·波·阿克雪里罗得所规定的革命民主派的首要任务得到了这样的解决,即如果我们的政府争得了盟国的同意而开始和平谈判,那会有什么结果呢?

结果就是斗争的一方被另一方"击溃"而求和时所常有的那种情况。那时胜利属于谁就会水落石出,而且战胜国将强迫战败国接受自己的条件。巴·波·阿克雪里罗得希望这种事情吗?他是否希望被德国"击溃的"(巴·波·阿克雪里罗得自己的说法)法国、比利时、罗马尼亚等国向战胜者卑躬屈膝呢?看来不希望。因为他自己就说过,德国的每一个胜利,即使是最小的胜利,都会是对于民主派和革命的胜利。如果这样,那又为什么要力争开始和平谈判呢?奇怪!非常奇怪!

在巴·波·阿克雪里罗得的头脑里,这样怪事可以用下面这个保留条件来解释:

"为此(大概是说,为了能够在开始谈判以后防止德国彻底战胜被它'击溃的'法国、比利时等),必须组织无产阶级群众对一切政府施加广泛的国际压力。"巴·波·阿克雪里罗得在国际一词上用了黑体字。他指出,"压力应该产生于所有交战国家中"。

好的。假定在所有交战国家中都产生了"压力"。这种压力在每一个个别国家中会有什么结果呢?这是谁也不能确切预言的。

无论如何谁也不能保证,"压力"会使各交战国家处于同等的条件下,换言之,谁也不能保证法国、比利时、罗马尼亚等国不再处于(用巴·波·阿克雪里罗得自己的说法)被德国击溃的国家的地位。如果谁也不能保证这一点,那么我们就可以担心"压力"会使被德国击溃的国家变得更加被击溃。如果可以担心这种可悲的结局,那就很明显:第一,开始进行巴·波·阿克雪里罗得所主张的争取和平的宣传鼓动,那就无异于轻举妄动;第二,如果轻举妄动,我们就有给我们希望与之斗争的那个军国主义以非常需要的大帮忙的危险;第三,阿克雪里罗得所加的保留条件消除不了任何困难。

再往下说。我们在《消息报》上读到:"阿克雪里罗得认为,最正确的是让俄国工兵代表苏维埃(现在全世界都在倾听它的声音)和所有俄国社会主义政党中央组织共同发起,在某个中立国家建立一个专门的委员会,以便和盟国或者敌国的一切社会主义政党联系。"

如果"俄国工兵代表苏维埃"采取这个步骤,那么我国军队就会认为这是和谈的开始,这样就会更加削弱军队(本来就不很大的)抵抗敌人的力量。这无异于单独媾和。德国人就会利用这种局面把比目前已经调动的更大得多的兵力调到西线去,那时德国在西线大概就不会只是得到"最小的"胜利,而是很大的胜利。看来有必要补充说,这种胜利一定会给民主派造成极其可悲的后果,巴·波·阿克雪里罗得本人就曾经对这些后果作过很好的说明(见上文)。

我现在所说的话完全没有任何新东西。我在一八九三年苏黎世代表大会上驳斥多·纽文胡斯的时候就这样说过。当时巴·波·阿克雪里罗得认为我的论据是令人信服的。现在他自己却像多·纽文胡斯一样议论了。这是怎么回事！古人有言：时代变了，我们也应当随之而改变。不过我们到底不妨稍微注意一下逻辑的要求。

# 新政府的声明

（一九一七年五月七日《统一报》第三十三号）

终于成功了！十天以前我国多数社会主义者认为对革命极其有害的那个措施，已经成了事实：我国有了联合临时政府，五个社会主义者参加了这个政府①。我国社会主义者中间至今还有一些怪人认为这样的政府是"某种根本不能容忍的东西"。可是俄国社会生活没有理睬这些理论领会得很差的西麦昂·斯托尔普尼克之流，而终于走上了革命一开始就被革命本身发展的内在逻辑把它推上的那条道路。我们希望，它再也不会脱离这条道路。

任何联合政府的产生都是互相让步的结果。这些让步表现在多少有一点长的一系列公式上，这些公式的总和决定着新政权的面貌。我们可以在目前我国临时政府的声明中找到这样一系列的公式。

根据当前情况来看，其中最值得注意的是声明的第一段所包含的公式。它说：

"临时政府在对外政策中和全体人民一道拒绝任何关于单独

---

① 亚·费·克伦斯基、伊·格·策烈铁里、维·米·切尔诺夫、马·伊·斯柯别列夫、阿·瓦·彼舍霍诺夫。——编者注

媾和的想法，它公开提出自己的目的在于尽快达到不以统治其他民族，剥夺其国民财产，或用暴力占领别国领土为任务的普遍和平，即根据民族自决原则的不割地不赔款的和平。临时政府确信，随着沙皇制度在俄国的崩溃和内外政策中民主原则的确立，为各盟国的民主派造成了谋求持久和平和民族友爱的新因素，因此它将采取准备步骤，以便根据临时政府三月二十七日声明同各盟国达成协议。"

这很好。但是在即将根据三月二十七日声明采取准备步骤时我国改组后的政府本来应该说得更确切一些。

我们已经不止一次地提请《统一报》的读者注意，"不割地不赔款的和平"的概念同"根据民族自决原则的和平"的概念是决不相符的。如果现在属于土耳其帝国的亚美尼亚那个部分愿意脱离土耳其帝国而归并于从沙皇制度下解放出来的俄国，那么我们的革命政府将怎样对待这个意愿呢？公式："根据各民族自由自决的原则的和平"回答说："我们和我们的盟国应该支持土耳其亚美尼亚人的这一意愿"。相反，公式："不割地不赔款的和平"则迫使我们谴责这个意愿，因为如果这个意愿实现了，那就意味着把迄今为止属于专制的土耳其的一部分土地"割"①给自由的俄国。怎么解决这个矛盾呢？改组后的政府的声明对于这一点绝口不谈。然而不回答这个问题，也就不能采取准备步骤同各盟国达成协议，因为各盟国一定会要求我国外交官员们把概念弄得更明确。对，我说的

---

① 还可以用俄语告诉不懂得外国话的俄国民主派政府，"аннексия"一词译成俄语即为兼并他人的土地这样一句话。——作者注

是:要求。英国通过自己最重要的一位政治活动家的口已经提出了要求。

"赔款"么!① 德国经常抢劫被它侵占的对方土地,而且最后把它抢得净光,以致如果它现在居然缔结了"不赔款的和平",那么,这样的和平实际上等于对德国有利的赔款的和平。

当前我国政府是否愿意缔结这样的和平呢?

如果是,那我们就不懂得它的这种意愿从何而来。俄国人民完全不是为了这样或那样地 pour le roi de Prusse② 工作才进行革命的。

如果不是(可以想象得到,它其实并没有这种愿望),那么它就应该坦率地和大声地说,"不割地不赔款的和平"这个公式完全不排斥德国向被它掠夺的地区支付战争赔偿③。可是很遗憾,它在自己的声明中没有说过这个话。

难道是由于声明应该是互相让步的结果这种情况而妨碍这样做吗?但是,在这种情况下,又是谁要求不谈对德国所破坏的国家进行赔偿呢?社会主义者吗?什么理由呢?这种要求同任何一种社会主义都不相符合。

宣言的第二段写得比第一段好得多。它说:

"临时政府确信,俄国及其盟国的失败不仅会是人民最大的灾

---

① "контрибуция"一词在俄语的意思是战争赔偿。——作者注

② 替普鲁士国王。"替普鲁士国王工作"意为枉费心机或徒劳无益;此处为双关语。——译者注

③ 一位政论家得出了这样一种天才的思想:这种赔偿应该由中立国家支付。可惜他没有说明不通过战争能不能迫使它们这样做。而战争则是他所不喜欢的。——作者注

难的根源,而且还将推迟根据上述原则缔结普遍和约或者使得缔结这种和约成为不可能,它坚决相信,俄国的革命军队不会容许德军击溃我们的西方盟国,然后用它的全部武力来攻击我们。巩固军队民主化原则、组织和巩固军队在防御或进攻时的战斗力,将是临时政府最重要的任务。"

这段相当长的话的简单意思就是:第一,如果我们希望和平,那就一定要进行战争;第二,要进行胜利的战争,我们必须转入进攻。对的就是对的! 现在必须进行战争(并且转入进攻)首先正是为了和平。然而如果我国新政府着手起草它的声明时就明确地认识了这个真理,那么非常令人遗憾的是新政府只是在对它所追求的那种和平作了一番前后不连贯的矛盾的声明之后才谈到这个真理。如果它把这个真理摆在自己声明的首要地位,那就会使这个声明具有无比严谨刚毅的性质。而主要的是它的声明就不会有使我们的军队产生那种最错误不过的印象的危险,好像现在的主要问题是和平,而战争则可以马马虎虎地进行,只要"抛开"敌人就成,根本不用转入进攻。假使声明真的给军队造成这样的印象,那么我们的事业就会很糟:那时俄国及其盟国就可能失败,甚至必然要失败,这种失败的最悲惨的后果(直到不可能根据民族自决原则缔结和约)在声明的第二段里清楚地预见到了。

巴·尼·米留可夫在纪念亚·伊·赫尔岑的集会上指出过社会主义者现在参加我国政府这个事实的巨大历史意义。这个事实的巨大意义是无可争辩的。但是马克思和恩格斯曾经在《共产党宣言》第三章中指明,社会主义有不少种类。只有未来才能告诉我们现在加入临时政府的是哪一种社会主义:空想社会主义还是别的社会主义……

而这一点恰恰可以从参加政府的社会主义者怎样解释政府声明的第一段中看出来。

如果俄国及其盟国由于空想主义思想的失算而不得不付出代价的话，那是很可悲的。

政府声明的其余各段不会引起异议。凡是不想搞反动活动或制造无政府状态的人都会同意，作为民主国家的公民，他在道义上有责任用一切力量帮助新政府达到这样一些目的：消灭经济崩溃，全面保护劳动，根据民主原则改革财政制度，等等。

# 鸟 和 人

(比较心理学的一次小试验)

(一九一七年五月九日《统一报》第三十四号)

　　罗希福尔在他的《街灯》中讲过一只鹦鹉的故事。这只鹦鹉在一八四八年法国革命时期听惯了"共和国万岁"的口号,所以记得很牢,甚至到第二共和国已经让位给第二帝国时还不断地重复它。一个警察署长要求这只危险的鸟的主人进行解释。鸟主人回答说,他不止一次地企图使自己的鹦鹉相信帝国的优越性,可是正像所看到的那样,它已经超过了容易改变信念的那个年龄,所以才固执地喊"共和国万岁"!拿破仑第三的警察局不敢把这只危险的鸟放到被告席上,就偷偷地把它毒死了。

　　我觉得鹦鹉的主人是硬把鹦鹉所没有的长处加在它身上。要一只鸟具有深思熟虑的政治信念,的确是难以想象的。如果鹦鹉不断地大声祝福共和国,那么,这是由于它幸而有记忆力,而根本不是由于它有敏锐的智力。我可以拿人来作证明。

　　人的智力比鸟大得多。这是谁也不否认的。然而人们经常反复地重弹旧调却完全不是由于深思熟虑的信念,而唯一只是由于习惯。人们的记忆力也比智力幸运得多。

　　试举一例。

我国某些社会主义报刊的一些撰稿人责备我憎恶谢德曼和他的社会民主主义的(哼！哼！)同道们。不久前《工人报》就说我对这位同志发动了一次名副其实的迫害。而斯塔·沃尔斯基在《新生活报》上硬说《统一报》在社会主义世界制造分裂，责备我们进行"迫害"以及责备我们制造"分裂"的根据是：我曾经声明不容许谢德曼派的德国社会民主党人参加拟议中的国际社会主义者代表会议。可是我越是仔细考虑这些责备，我就越是深信我的论敌们根本不仔细考虑他们自己的话，而是不动脑筋地重复他们过去在完全不同的情况下背得烂熟的话。

"共和国万岁！"这句话不可磨灭地铭刻在罗希福尔那只鹦鹉的记忆里，所以它不断地这样高呼。至于为什么需要以及谁需要共和国万岁，这却是它没有想过的。我的论敌们也发生了和这完全相同的情况。他们记住了"全世界无产者联合起来！"这句著名的口号，于是他们就用团结国际无产阶级力量的名义严厉谴责似乎在制造分裂的《统一报》。使全世界无产者必须和有可能联合起来的那个根本的先决条件(如果没有这个条件，他们的联合就会失去意义)是什么呢？这一点，骂我们进行"迫害"的人很少考虑，就像罗希福尔的鹦鹉很少考虑过共和制度无可怀疑的优越性一样。可是，凡是没有仔细思考过上述那种条件的人，也就根本不可能对符合当前条件的工人阶级国际团结的要求做出多少有一点合理的判断。

工人的国际团结所必需的先决条件在于每个个别国家的无产者力求摆脱资本的压迫，同时并不企图用这种或那种方式剥削其他国家的无产者。但是谢德曼和所有跟在他后面跑的德国无产者却否认这个必要的先决条件。他公开支持贝特曼-霍尔威克的帝国主义政策，从而离开了被剥削者的国际阵营，转到剥削者阵营中去了。既然他转到剥削者阵营中去了，他就不得不支持德国当局开始对妨碍他们去达到他们的帝国主义目的的一切事物进行"迫害"。这种迫害有时是多么残酷，不幸的比利时和同样不幸的塞尔维亚的命运就可以作证明。因此如果我开始对迫害者进行迫害，那就是说我在对否定进行否定，也就是说我在捍卫一切民族自由自决的权利。而这是一切真诚的和觉悟的国际社会主义者所义不容辞的。

所谓"分裂"也是一样。我所宣传的分裂只是刽子手同他的牺牲者分裂，掠夺者同他们所掠夺的人分裂。在这里我也是对否定进行否定；在这里我的宣传也具有保卫被剥削者反对剥削者、保卫被压迫者反对压迫者、保卫那些受到打击的人反对打击别人的人的肯定的性质；在这里我也要严格地履行自己作为真诚的和有觉悟的社会主义者的义务。

我的论敌们还谴责我，说我建议俄国劳动居民对那些企图把经济剥削的套索加在他们脖子上的德国剥削者进行武装反击时忘记了阶级斗争。这里又表现出他们的记忆力的幸运和智力的不幸。

伊凡有两个敌人——彼得和斯捷潘。目前他应该集中主要力量打击哪一个呢？除了考虑这时的一切具体条件之外就不可能对这个问题做出合理的回答：也许伊凡现在应该主要同斯捷潘战斗，也许他现在应该主要同彼得战斗。假设他决定着重打击彼得，并且对自己说，打赢了彼得就比较容易对付斯捷潘了。当然，在这种情况下他可能弄错，因为完全可能，实际上对他更有利的也许正是先打斯捷潘。这是一个盘算的问题。然而硬说伊凡拒绝为自己的利益而斗争,那无异于嘲弄逻辑:真是岂有此理!他完全不是拒绝为自己的利益而斗争,而只是力求使这个斗争成为深思熟虑的、适宜的、因而也就是富有成效的斗争。

可是他为什么不用同样的力量同时进攻两个敌人呢?

这又是一个盘算的问题,而不是原则问题。如果伊凡估计一下自己的力量,发现他经不住同时跟两个敌人作斗争,那么在这种情况下也许可以说他盘算错了,然而责备他忘掉了自己的利益则是荒谬的。

谁懂得这个例子的意思,谁就不难理解我在战争问题上的策略。我肯定地认为,目前对我国无产阶级更有利的是集中主要力量反对国外敌人。也许可以证明,恰恰相反,现在对我国无产阶级更有利的是猛烈地攻击国内敌人。列宁就是这样干的[1]。可是决不能说我忘掉了工人阶级的利益。真是岂有此理!要知道工人阶级的利益是我的全部策略见解的出发点。

我的论敌们不理解这一点。不过这不会使我受到损害。他们反复谈论"阶级斗争",却根本不仔细想想这些字眼表示什么意思,这不是我的过错。

为了比较心理学这门科学,现在我又要回到罗希福尔的鹦鹉上来。如果它的主人说它具有深思熟虑的共和国信心并未弄错,那么结果就会是某些鸟要比某些人聪明。不知道读者您以为如何,然而我,"从人类的观点来看",我是不能同意这种说法的。

---

[1] 其实列宁什么也没有证明,他只是发号施令,并且在他的命令上加添些咄咄逼人的谩骂。——作者注

# 给人民宫群众大会参加者的信

（一九一七年五月九日《统一报》第三十四号）

亲爱的同志们！

我非常遗憾，不能到彼得格勒来参加你们的大会。本来除了可以愉快地同你们谈话以外，今天还可以愉快地同我的比利时朋友王德威尔德、德-曼和德-布留凯尔见面。他们全都是工人国际中久经考验的老成员。至于其中的王德威尔德，他做过社会主义国际局主席，我们曾经把他简称为国际主席。我确信所有这些比利时的同志都将受到你们最热烈的接待。国际力求在一定的经济基础上建立各国人民之间的世界友谊。现在每个国家的觉悟工人，只要其他每个国家的工人不破坏自己对别国无产阶级的义务，都是把他们看成兄弟。遗憾的是德国大多数无产阶级破坏了自己的义务。这一点必须知道和记住。如果我们闭眼不看这个当然是极其可悲的事实，那么我们就会采取根本错误的国际政策。如果我们忘掉比利时人民（特别是比利时的劳动居民）在一九一四年八月里片刻也没有动摇，而且神圣地和彻底地履行了自己对其他民族的义务，我们也同样会采取根本错误的国际政策。

作为中立国的比利时，没有权利让交战双方中任何一方通过自己的领土。当德国猛烈攻击法国的时候，比利时人民不可能不知道,他们的力量同数不清的一大帮德国军队的力量比较起来是多么软弱,可是他们仍然万众一心地奋起反抗,他们流血牺牲,手执武器地挡住了德国侵略者的道路。这是世界史上仅有的最光荣的伟绩之一。你们知道在费尔莫比尔附近阵亡的希腊将士公墓纪念碑上刻的是什么题词吗?

"过路的人啊,告诉希腊,我们在履行对她的天职时已经全体阵亡了。"

在这次战争中阵亡的比利时将士的公墓纪念碑上也应该刻上类似的题词:

"过路的人啊,告诉欧洲,告诉能够尊重国际条约的那个文明的欧洲,我们在履行对她的义务时阵亡了。"

遗憾的是这次战争中阵亡的比利时子弟太多了,无法把他们合葬在一个阵亡将士公墓里。不过这个国家遭受的损失越多,我们对它的功绩就应该估价得越高。

现在有人反复谈论不割地不赔款的和平。然而德国已经从被它打败的比利时征收了无数的赔款。难道德国没有义务把它从比利时夺来的东西归还给比利时吗?可是德国只有在人们用暴力强迫它这样做时,才会同意归还夺来的东西。这就是为什么我在一心希望和平的同时还热烈地欢迎新政府声明中提醒俄国军队注意进攻的必要性的那些话。

胜利最后会使各民族有可能实现民族自由自决的权利,胜利万岁!

# 马克思主义还是巴枯宁主义

（一九一七年五月十日《统一报》第三十五号）

——我想，从民意党运动的基本原则出发，我们之间就容易达成协议。

当时是民意党执行委员会委员的列夫·吉霍米罗夫，八七年代初到达国外时曾经这样对我说过。

——我们拿现代社会主义的基本原则作出发点岂不更好吗？——我问他。

他回答说，不好；他用"民意党运动"是比社会主义更广泛的概念作理由解释了他的思想。所以在他看来，不应该从社会主义的观点判断"民意党运动"，相反，应该从民意党运动的观点判断社会主义。而且在他最亲密的同志中间，当时我没有遇到过任何一个人怀疑过这种指责的正确性。

现在大概没有谁会想到用"民意党运动"作为评价现代社会主义的标准了。看来现在大家都懂得，这个运动只是多少有一点正确地理解了的现代社会主义各项原理的暂时的、同时也是极不稳固的结合，这是我国当时历史条件的特点所产生的。但是无容争辩，在相当长的时期中，俄国社会主义者对"民意党运动"的信仰阻碍了他们的社会主义思想的进一步发展。

我担心，未来研究俄国社会主义运动的历史学家关于我国现今大多数社会民主党人的信仰，像布尔什维主义和孟什维主义这样一些概念的这种暂时结合，也不得不这样说。在我看来，这种结合现在已经是解决俄国社会民主党刻不容缓的理论任务和实践任务道路上一个极大的障碍。

依万和彼得两人同属于孟什维克派，虽然现在他们只在孟什维主义比布尔什维主义好这一点上才是彼此一致的。依万认为，我国社会民主党应该捍卫遭到德国攻击的俄国。彼得则因此而骂他是社会爱国派，他宣布自己是国际主义者，同时声称民族自卫是资产阶级的事。依万确信，为了最快地缔结和约，俄国军队应该转入进攻。彼得则鼓吹俄国部队和德国人联欢。依万捍卫联合内阁。彼得则重复说，社会主义者参加这种内阁就是背叛无产阶级的事业。依万认为，"全世界无产者联合起来"这个著名的口号暗含着这样一个坚决的建议："全世界的工人们，立刻抛弃你们那些站在资本帝国主义旗帜下的人吧！"彼得对于接受这个建议从而抛弃谢德曼之流的那些人深为愤恨，因为他认为这是破坏国际社会主义团结的行为。

如果依万和彼得不属于同一个组织，那么他们之间早就斗争起来了。可是既然他们两人都参加了孟什维克组织，所以他们对自己说："我们相互斗争也许会使列宁的拥护者和普列汉诺夫的伙伴高兴。普列汉诺夫是个怪人，他居然认为，整体的利益即党的利益似乎可以放在各个组成部分的利益即派别利益之上。"依万和彼得都不愿意让列宁这个恶魔或者普列汉诺夫这个恶魔开心，于是他们力求缓和自己的意见分歧，抹去自己思想的色彩，磨光自己概念的棱角。的确,彼得在这方面干得不像依万那样热心。因此,在他们合办的机关报(《工人报》)上彼得的声音听起来比依万的声音清楚得多:它鼓吹联欢,谴责对谢德曼的迫害等等。然而就是彼得也不敢彻底考虑自己的思想。至于依万,那么他从来也不能承认德国那句著名格言的正确性:"Wer A sagt, muss auch B Sagen"(谁说了一,也就应当说二)。如果有时很难得地他居然敢于低声说了"一",那么他对于"二"是连想也怕想的。不但如此,还往往发生这样的事情:他希望使严厉的彼得变得温和些的时候,他认为自己的功绩是一想到"二"就浑身发抖。那时他就说:"当然,我不想学普列汉诺夫的样,因为我老是说二,而不是只限于说一个'一'。这对他非常不好。"

我不知道,拿普列汉诺夫作为派别内部和平的祭坛上的牺牲品这种情况会使严厉的彼得温和到什么程度。然而我(难道只是我一个人吗?)清楚地知道,依万的那种对和平的爱好会使他软弱无力。依万——这是黑格尔式的在形成过程中的"事物":它存在同时又不存在。他存在,因为如果他不存在,他就不可能向彼得屈服。另一方面他又不存在,因为除了听命于彼得之外,他哪里也表现不出自己的存在。

这种克己精神的根源何在呢? 根源就在于,哪怕因此要使社会民主主义宣传和鼓动的利益大受损害,也要保持孟什维克组织的完整这种愿望。不是安息日为人而设,反而是人为安息日而生。

彻底拥护孟什维克组织的人就是这样论断的。彻底拥护布尔什维克组织的人也根据自己的观点作了完全相同的论断。反之,我决不会沾染上这种彻底性,因此某些同志发现我"在组织关系上不坚定"。我抱着异教徒的那种见解：如果把安息日提高得比人还高，安息日就会变成某种极端有害的东西；问题不在于孟什维主义的胜利（关于布尔什维主义我下面再谈），而在于社会民主主义的胜利。既然深信这种异端见解，所以我认为，如果我们的孟什维克依万拒绝为了讨好孟什维克彼得而阉割自己，那么俄国社会民主党就会得益不少。那时依万就会摆脱他目前这种软弱无力的状况，在说过"一"之后就再也不怕说"二"了，而且再也不会是胆怯地低声说这个"一"字了，而是怀着坚决勇敢的信念响亮地说这个字。

只有戴着狭窄的派别性眼镜来看事物的人才能设想，似乎我们党内的思想斗争可以归结为谁得胜的问题：是孟什维克得胜呢，还是布尔什维克得胜？实际上问题应该这样提：是马克思恩格斯学说所体现的现代社会主义得胜呢，还是迄今尚未被俄国革命思想铲除掉的、陈腐的巴枯宁社会主义得胜呢？

巴枯宁曾经把"马克思先生的爱国主义"和"俾斯麦公爵的爱国主义"相提并论[①]。在他对待马克思先生的爱国主义的这种态度上，很容易看出现在人们热心地指责我们有社会爱国主义那个现象的萌芽。

其次，巴枯宁硬说，马克思爱幻想，他想在资产阶级中间获得崇拜者和信徒，所以一直不断地促使无产阶级和资产阶级急进派同流合污[②]。列宁的门徒现在谴责我们把俄国工人阶级推入立宪民主党的怀抱，这同当时巴枯宁对马克思的那种谴责是一脉相承

---

① 《巴枯宁全集》，第二卷，第132、133页。——作者注
② 同上书，第222页。——作者注

的。巴枯宁向马克思提出这些谴责完全是真诚的。在他看来马克思一定是"社会爱国派"、立宪民主党的应声虫等等。马克思的信徒们很快就相信自己同巴枯宁和巴枯宁主义者不是走的一条路,他们也是同样真诚的。现在是当代俄国马克思主义者懂得他们同列宁式的现代巴枯宁主义者走的不是一条路的时候了。而且不但同典型的彻底的列宁分子走的不是一条路。寄居在《工人报》内的半列宁分子和马克思主义也没有任何共同点。其实我上面所说的孟什维克彼得就是一个半列宁分子。只要孟什维克依万力求同彼得一道走,他就不可能卓有成效地在我国无产者中间传播正确的社会主义思想。依万和彼得同流合污的结果只能起草出孟什维克代表会议刚刚通过的那些模糊的不彻底的决议。

再说一遍:问题不在于是我们的孟什维主义得胜还是布尔什维主义得胜。问题在于什么思想在我国社会主义者中间获得胜利:是马克思的思想,还是巴枯宁的思想。

# 告俄国工人

（一九一七年五月十一日《统一报》第三十六号）

西欧齐美尔瓦尔得派最著名的代表之一①到彼得格勒来了。这次国际冲突一开始，他就热心地鼓吹社会主义者不应该参加保卫自己国家的斗争，不管它是进攻还是防御。这正是当时的无政府工团主义者古斯塔夫·爱尔威在法国散布的那种思想。

倍倍尔说过："我们要有古斯塔夫·爱尔威，干脆就会把他开除出党。"可是现在某些天真的人却把罗·格里姆当作革命社会民主党人。据说，在孟什维克的代表会议上他受到了暴风雨般的掌声的欢迎。如果真是这样，那么对格里姆就太好了，然而……对孟什维克也就太糟了。

---

① 罗伯特·格里姆。——编者注

# 这是怎么一回事？怎么会这样？

（一九一七年五月十三日《统一报》第三十八号）

孟什维克代表会议有某些真值得遗憾的失策。而最大的失策无疑是关于恢复国际这个问题的决议。

这项决议说，代表会议欢迎工兵代表苏维埃执行委员会向全世界的社会主义政党建议召开国际社会主义者代表会议的倡议。这个会议的主要任务是根据不割地不赔款的和平等著名公式组织争取和平的国际斗争。这个斗争要求对所有那些不肯声明自己同意参加在上述基础上的和平谈判，并且不肯和那种与帝国主义的各阶级的所谓民族团结的政策决裂的各个政府进行坚决的斗争（我只叙述这个决议，它的文体我可不负责）。

什么是帝国主义阶级呢？是同资产阶级目前表现出来的意图无关的一般的资产阶级吗？如果不是，如果决议的作者所指的只是表现出某些帝国主义意图的资产阶级，那就恰恰应该谈意图，而不是谈"阶级"。如果应该同一般的资产阶级断绝关系，那么俄国工人阶级应该如何对待我国临时政府呢？我们大家都知道，这个政府的成员并非清一色的无产者。难道应该把策烈铁里同志和斯柯别列夫同志召回来吗？这真正是一个哈姆雷特式的问题。

其次，根据决议，应该同所有没有声明同意根据著名公式缔结和约的政府进行斗争。俄国政府已经声明它同意这样做。这就是说,不应该同它作斗争。然而哪些政府没有表示丝毫的愿望来考虑我们的爱好和平的公式呢?首先就是德国政府和奥匈帝国政府。因此决议所推荐的坚决斗争主要地恰恰应该针对它们。逻辑就是这样说的。

可是决议的说法却不完全这样。我们在决议中读到:

"顺利筹备国际社会党主义者代表会议的必要条件是在一切国家中进行广泛的群众性的宣传鼓动,以便培养无产阶级的革命意志,从而克服横在无产阶级争取和平斗争的国际团结的道路上的国内外障碍。"

这段话是很含糊的。诚然,这些话的意思可以解释为:俄国无产阶级应该用一切力量促使我国军队对德国军队发动胜利的进攻,因为蔑视我们的公式的德国是和平道路上最大的障碍之一。但是这段话也完全可以作根本不同的解释,即社会民主党(每个国家的)应该培养无产阶级争取和平的意志。

如果接受这种解释,那么结果就是,凡是社会民主党影响比较大的地方,无产阶级就会比社会民主党影响不那么大的地方更加爱好和平。不难预测,这会产生什么结果。

既然现在我国无产阶级处于社会民主党最强大的影响下,那么我国无产阶级就会比任何其他国家的无产阶级更加爱好和平。反过来它又会影响本来就不很愿意进攻的军队。这就会削弱俄国的战斗力。而俄国战斗力的削弱将增加德国的战斗力。这样,争取和平的宣传实际上是给德国军国主义效劳。

这就是根据齐美尔瓦尔得精神采取的所有爱好和平的行动的

必然的后果。

决议表示同情齐美尔瓦尔得。

因此,正是应该在这种意义上来理解决议:即这种宣传之所以需要,正像我指出过的那样,因为德国军国主义可以从中获得巨大的利益。

孟什维克"护国派"本来应该全力反对通过这个决议。

他们没有这样做。他们虽然没有说"谢谢",可是毕竟吞下去了,并且仔细地擦干净了匙子。

这是怎么一回事?怎么会这样?

# 保卫社会民主党

（一九一七年五月十四日《统一报》第三十九号）

在现在彼得格勒举行的全俄农民代表大会上，西伯利亚的一位代表古列维奇公民作了一次引起某些反对意见的发言。

他在反驳列宁分子季诺维也夫所发表的关于战争的意见时指出："季诺维也夫同志曾经指出，战争的原因是资本家之间的协议。可是正像我们所看到的，这是一种片面的说法。它根本没有解决需要哪种和平的问题。需要公正的和平，这就是说，每个民族应该摆脱外国的压迫而获得自由，应当实行自决。"在这一点上古列维奇公民是完全正确的。季诺维也夫"同志"所指出的战争的原因无疑是片面的。他也不可能提出另外的观点。他和他的同道们不愿意费力气去深入考虑引起这次国际冲突的那些现实条件，而只是重复一些抽象公式，就是抽象公式他们也理解得非常糟糕。说我们需要建立在各民族自由自决的基础上的和平，这也是正确的。古列维奇公民在进一步发挥自己的思想时说："暂时不可能缔结这样的和约。如果德国不接受我们的条件，我们将战斗。"不能不承认这种说法是正确的。只要对古列维奇公民的这句话作一点更正。他不应该用假定式说，而应该用叙述式说。不能说："如果德国不接受我们的条件"。应该说："因为德国不会接受我们的条件"。但是古列维奇公民的结论仍然是正确的。"我们将战斗"。对,我们一定要战斗,因为否则我们就会让我们国家以及它刚刚夺得的政治自由遭到毁灭。

再说一遍,到此为止古列维奇公民都是完全正确的,或者几乎是完全正确的。可是往下,他的发言里有时就会听到相当奇怪的调子。例如,他竭力喊道:"摊牌吧,社会民主党员先生们!我们认为,这是在进行一场骗人的牌戏。我们不怕说穿:我们在为市场而斗争,因为我们不愿意整个俄国变成德国的市场。"

在这里,我却可以用假定式说:"如果古列维奇公民认为所有的俄国社会民主党人都愿意俄国变成德国的市场,那么他就大错特错了。"在这个问题上他们中间有两类人:一类人被某些抽象公式限制了自己的视野,根本不考虑历史使我国的社会生产过程所处的那些条件。这类人只有听人谈到道德、法律等等的时候才想起"经济"。那时他们就愤慨地喊道:"哪里有什么道德!?哪里有什么法律!?马克思早就证明过只有一种经济。"光是把经济同意识形态对立起来这一点就清楚地表明,这样做的人对经济只有最混乱的概念。然而正是因为他们对经济有最混乱的概念,所以我们要想在他们那里找出对于俄国是否应该成为德国经济上的殖民地这个问题的多少有一点明确的观点,那是徒劳的。他们并不是对这个问题作了错误的解答,这里原因虽然简单却十分充足,因为他们根本不研究这个问题。

纸里包不住火!我们中间这类轻率的人的数目要比俄国工人运动的利益所能允许的多得多。

然而我们中间还有一些思想方式完全不同的人。他们不仅在名义上是马克思主义者，他们并不从自己的视野中排除具体的经济现实。他们一分钟也不会忘记，每个民族的经济发展是这个民族在生活的所有其他领域内取得进步的根源，因此德国对我们祖国的经济奴役将是我国文化停滞和政治反动的根源。这次战争一开始我国社会民主党的某些著作家就注意到了问题的这个方面。而且他们的呼声并非始终没有得到响应。整个说来俄国社会民主党人远不是没有认识到这样一个真理：即如果每个民族的自决权利不包括经济领域内的自决权，那就是一句空话。因此，把只是我国社会民主党的某一部分所犯的过错算在整个党的身上，那是不公正的。

至于季诺维也夫本人（他的讲话引起了古列维奇公民一篇雄辩的发言），那么不应该忘记，就像列宁一样，他本人不仅置身于俄国社会民主党之外，而且也置身于全世界一切社会民主党之外。他属于这样一类的革——革——革命者，这些人认为全世界的社会民主党都不够革——革——革命，因而他们就自称为共产主义者。

古列维奇公民在结语中说道："我们要把一切话都说出来，我们要说出自己的有力量的话，我们要把这些话放在历史的天秤上，如果需要进攻，我们就去攻击。"

这些话使人有理由担心，古列维奇公民还没有把一切话都说出来。当临时政府坚定地声明必须进攻的时候，当我国军队的优秀分子充分认识到必须进攻的时候，能不能说"如果必须进攻"呢？

# 不赔款的和平。不割地的和平

（一九一七年五月十六日《统一报》第四十号）

## 不赔款的和平

（请我国临时政府注意）

德国向俄国宣布的并且继续了将近三年的战争，大大增加了我们的国债。为这些债务支付利息就是加在俄国劳动居民身上的一个大负担。然而战争还没有结束；它给我国国民经济造成的破坏，只是现在才开始充分发生作用，这就使我们不得不再借越来越多的债，谁会借钱给我们呢？而且要根据什么条件呢？我国的政论家们不知道为什么极少考虑这些问题，然而德国的舆论却开始对这些问题感到兴趣。德国某些机关刊物列举了同德国单独媾和会给俄国带来什么好处，它们指出德国资本家可以根据比美国资本家更有利的条件贷款给我们。

这是十分令人愉快的远景！假定我们听信了我们这些善良的邻居好心的劝告，同他们缔结了不割地不赔款的和约（哪里是割地呀！哪里是赔款呀！），并且向德国借了新债，那会有什么结果呢？

当我问会有什么结果时，我只是专指使我感到兴趣的问题的经济方面。它的政治和道义方面是无须作任何说明的：我们在整个文明世界的心目中将成为应该受到蔑视的民族。然而在经济方面这里还可能有某些不清楚的地方。我们力求消除它们。

德国向我们宣战之后就使我们处于一种几乎进退维谷的困境。为了摆脱这种处境，我们同它单独媾和，请它提供财政援助。我们善良的邻居并不拒绝我们的请求。然而借钱并不等于接受馈赠。我们借了债，就必须向德国付利息。拿什么东西支付呢？归根到底是拿我国一部分国民产品。实际上这就等于德国人奴役我国一部分劳动居民。德国向我们宣战，战争使我们向德国借债，因此我们每年对这笔债付利息就等于每年向我们强大的邻居赔一次款。

由此可见，缔结不赔款的和约决不能保证我们不赔款。这些没有好好考虑过的公式根本不能保证人们不会遭到暂时潜藏在残酷的现实生活内部的不愉快的意外事件。

强大的条顿人很好地理解这个道理，并且预先仔细考虑了一些办法，可以使他们每年向我们榨取贡品。贷款给我们只是许多类似的手段中的一种手段。

结论。我们缔结不赔款的和约就会是赔款的……根源。甜会产生苦。假聪明会变成愚蠢。

也许有人反驳我说，要知道，俄国同它的盟国借款也必须付利息，换言之，即必须纳贡。这是对的。但是，什么迫使我们借这债呢？战争。谁向我们宣战呢？德国。可见，从这方面说归根到底使得我国经济贫困的原因恰恰是德国；可见，这里正是德国使我们必须每年赔一次款。这是可悲的，因为这些赔款应该由我国劳动居民、我国的农民和工人支付(尽管是不赔款的和平)。但是，不要泄气。

>    主要问题是让抽象的公式……感到满意。
>    没关系,庄稼汉会忍受的,
>    指引我们的上帝就是这样训示的……
>    而且庄稼汉也已经习惯了……
>    不赔款的和平万岁!

## 不割地的和平

### (请我国的和平爱好者注意)

兴登堡在回答德国工人爱国联盟时曾经说过:"边疆和内地的任何德国人,都应该用生命、鲜血和劳动来购买必要的生存权利。我们相信,我们的事业必将胜利,而且我们的目标是值得人民付出重大牺牲的。我答应你们:无论东方和西方,只要飘扬着我们胜利的旗帜的地方,都是你们的土地。我答应工人们,战后他们的大部分愿望都将得到满足。繁荣的德意志祖国将酬赏自己所有在战场上和机床旁出过力的儿女。我们将实现历代德意志皇帝的神圣遗训,并且要复兴它的领袖和全体人民用武力捍卫的神圣帝国。"

试问,德意志帝国拿什么来酬赏自己所有在战争中出过力的儿女呢?其实,这也许是不需要问的,因为兴登堡自己已经答复了:他说"我答应你们,无论东方和西方,只要飘扬着我们胜利的旗帜的地方,都是你们的土地。"

令人十分高兴的远景。不割地的和平万岁!

# 追不得已的声明

（一九一七年五月十六日《统一报》第四十号）

据悉我国某些借道德国回到祖国的侨民曾到《统一报》编辑部来打听我的住址。

请这些同志原谅,坦率地说,同他们会晤对我来说,在道义上是不可能的。

# 惊人的见解

（一九一七年五月十七日《统一报》第四十一号）

劳动部长马·伊·斯柯别列夫在五月十四日奇尼节里马戏院举行的庆贺社会主义者部长们的群众大会上说过：

"对革命感到兴奋和狂喜的蜜月过去了。革命的浪潮已经传到了遥远的茅屋。是理解革命不是过节日、而是一种艰巨的义务的时候了，应该懂得，不只我们部长们要对国家命运负责，全体公民和整个国家都要对国家命运负责。我们到这里来不是为了使你们惊慌和绝望，而是要坦率地和真实地告诉你们：我们正从刀尖上走过深渊，我们的面前是一片漆黑。俄国要得救不是几个人的事，而是全体俄国人民的事，是全体俄国有生力量的事。我们应该真诚而且大胆地指出俄国革命已经进入自己发展的最危急的时期。"

这一切都是正确的，不对的只有这样一句话：革命的浪潮已经传到了遥远的茅屋。根据报上的消息可以看出，我国有一些地方暂时革命还只是正在向那里传去。但这是枝节问题。在其余一切方面我们不能不同意我国劳动部长的说法。特别值得注意的是他认为我们正从刀尖上走过深渊，我们的面前是一片漆黑。我们假定这种看法并不新鲜。它就是我们报纸上早就说过的一句话："祖国在危急中"。不过马·伊·斯柯别列夫说出这种不很新鲜的看法，就表明新政府的全体成员都已经明白我国处境的危急。不久以前还不完全是这样。当策烈铁里同志听到关于我国军队瓦解的可悲的叙述时，他平心静气地回答说："我不信有这种事"。他凭什么不相信——始终不得而知。

然而十分明显的是，如果临时政府充满了我们这位高加索的同志的乐观精神，那它就永远担负不起自己的使命。可以赞扬策烈铁里同志的是，应该说，看来他现在的情绪已经不那么乐观了。斯柯别列夫同志声明说："我们正在从刀尖上越过深渊"。如果谁想谴责他的情绪过分悲观，我可以回答说，马·伊·斯柯别列夫的情绪完全符合可悲的现实。而且如果在斯柯别列夫同志的悲观主义中有某种过分的东西，那么要知道，处在负责地位的人希望得到良好结局时做出的估计比他们假定环境不利时做出的估计容易犯的错误要多得多。这一点拿破仑第一在分析军事问题时早就说明清楚了。

总之，斯柯别列夫同志正确地说明了我们多灾多难的祖国极其困难的处境。我们正在刀尖上走过深渊。我们跟着我们的执政者走，也跟着他们中间这位斯柯别列夫同志走。我们越是清楚地认识到每一分钟都可能坠入深渊底层，我们就越要仔细观察我们领袖们的步伐。可是斯柯别列夫同志却做出某些完全出乎意料的，而且看来完全不恰当的动作，使我们大吃一惊。

他走过刀尖的时候，大概是想保持平衡才摇晃木杆，而这根木杆原来不是别人，正是齐美尔瓦尔得代表会议的主席、瑞士社会民主党人罗伯特·格里姆。你们不相信吗？然而事实的确如此。

斯柯别列夫同志在工兵代表苏维埃会议上（五月十三日）反驳

托洛茨基对克伦斯基的荒谬攻击时说过:"同志们,你们有权把他(即克伦斯基——格·普列汉诺夫)叫来,而且他也不会拒绝向你们作解释。不过克伦斯基同志现在所从事的工作是一件重要的工作,这件工作就是使军队革命化。克伦斯基同志拥护工兵代表苏维埃多数派所拥护的同一种观点。齐美尔瓦尔得代表会议主席、瑞士社会民主党人罗·格里姆也拥护这种观点。"

马·伊·斯柯别列夫的结束语就是这样登在《言论报》上的。在《工兵代表苏维埃消息报》上我没有找到表明克伦斯基和罗·格里姆一致的地方。因此我要问:马·伊·斯柯别列夫真的谈到了这种一致吗?《言论报》的记者有没有听错呢?

如果没有听错,如果马·伊·斯柯别列夫真的说过克伦斯基拥护罗伯特·格里姆的观点,那么我们祖国的处境就会比他在奇尼节里马戏院的演说里所说的更加危急。

在第二国际几次代表大会上扮演着到首都来的偏僻的外省"伟大人物"这个根本不重要的角色的罗·格里姆,早在这次战争刚开始的时候就由于鼓吹古斯塔夫·爱尔威所谓保卫祖国同忠于国际社会主义不相容的那种陈腐的、当然也是极其错误的见解而获得了并不光彩的声誉。如果克伦斯基公民真的拥护爱尔威的(对不起,即格里姆的)观点,那么怎么理解他说的俄国唯一的得救之道就是进攻这句话呢?

他决定背叛国际社会主义吗?还是他在仍然忠实于国际社会主义的同时只是谈谈进攻,而实际上根本不认为必须保卫俄国呢?

我没有亲自认识克伦斯基公民的荣幸,可是当我读他的演说词时,我在其中没有看到任何一种语调可以使任何人有权怀疑他背叛了自己的信念。同样,我也没有感觉到其中有任何伪善的地方。我相信,它对所有其他的读者也会产生完全相同的印象。

怎样理解马·伊·斯柯别列夫所谓亚·费·克伦斯基拥护格里姆的观点那句话呢?

再说一遍,《工兵代表苏维埃消息报》上没有这句话。因此我们可以假定,在《言论报》上报导这句话的那个记者听错了。

然而如果记者没有听错,那么马·伊·斯柯别列夫就大大地冤枉了克伦斯基,而这种冤枉(应该坦率地说!)乃是犯罪的行为。

的确,只有进攻才会使俄国得救。现在就是眼光很短浅的人也看到了这一点。可是正当必须进攻的思想在俄国大地迅速散布开来的时候,一位政府成员却发言宣称,我国陆海军部长拥护罗·格里姆的观点,即认为保卫祖国就是背叛社会主义事业。如果国家没有相信克伦斯基公民十分忠诚的根据,那么国家一定会感到非常的不安。但是既然它相信亚·费·克伦斯基,所以它只好不相信马·伊·斯柯别列夫。然而即使不相信斯柯别列夫,它也不能完全安心。要知道,社会主义者斯柯别列夫本人是政府成员,而且如果(用他自己的话来说)俄国"正在从刀尖上越过深渊",那么当他相信自己的一位社会主义者部长赞成罗·格里姆的观点,即认为社会主义者不应该致力于保卫祖国的时候,它是不能放心的。而一旦它知道了斯柯别列夫关于克伦斯基所说的这句话,它一定会相信这一点。

它一定会对自己说:"假定他对克伦斯基是完全弄错了。可是为什么会错呢?——显然是因为他把他自己的观点加到我国陆海军部长头上去了。

由此可见，我这种从刀尖上越过深渊的极端危险的行动，至少会在一种非常不利的条件下进行。目前政府里即使只有一位部长拥护不应该保卫祖国的观点，也会是对于我的自卫事业的一个大危险。"

　　如果俄国在知道马·伊·斯柯别列夫这句话（再说一遍，我用的是假定式，即假定曾经说过这样一句话）以后这样对自己说，那么所有没有受教条主义迷惑的人都会同意它的看法，并且会用老伽图的话喊道：

　　执政官们，当心啊，别让共和国受到了损害！
　　. . . . . . . . . . . . . . . . . .

# 仓促的短评

（一九一七年五月二十、二十一日《统一报》第四十四、四十五号）

## 海军上将高尔察克仍然在自己的岗位上

今后将出名的黑海代表团的主席巴特金给彼得堡电讯社发来了一则关于塞瓦斯托波尔发生的事情的消息，消息说：

"在塞瓦斯托波尔，在海军上将高尔察克同陆海军和工人代表苏维埃中央委员会之间没有任何冲突。由于互相不了解，曾经发生过一次小小的意见分歧。但是一分钟也没有破坏过团结。现在一切都解释清楚了，而且大家所尊敬的海军上将高尔察克仍旧是我们亲爱的首长，他依靠我们的信任，并且知道，我们会跟随他勇敢地进攻祖国自由的敌人，因为我们热爱祖国。黑海的水兵、士兵、军官和工人由于互相信任和一致热爱自由的祖国而团结起来了，他们组成一个强大的家庭，谁也不能把他们拆开。我们用那些为了革命的胜利而洒出了自己神圣的热血的人的名义，用那些在光荣的战场上英勇牺牲的人所遗留下来的孤儿寡妇的名义，以及用我们对自由祖国无限热爱的感情,恳求强大的俄国的全体公民保持团结,因为这将永远巩固宣布自由、平等和博爱的我国同胞已经夺得的一切成果。

黑海代表团主席、水兵巴特金。"

一切结尾好的事情都是好的!

## 禁止酗酒的措施

我国临时政府就酗酒及因此而引起的暴行通过了一项命令。

这项命令对于在公共场所出现酗酒行为将予以惩罚。惩罚可以达到十八个月的监禁。

如果在发生这类犯罪行为的同时还发生下列"заксцесс"①(请读者原谅,我们到现在还不会说俄国话),如"用暴力侵犯人身、盗窃与损坏他人财物,闯入他人住宅以及企图进行这一类违法行为而未遂者均将治罪:有违法行为者褫夺一切公权,并处以六年至八年的苦役流放,图谋未遂者褫夺一切公权,并处以四年至六年的苦役流放"。

这是严厉的,虽然也是正确的。现在在我国对于清醒时的违法行为的惩罚就轻得多。例如,假使你们用武力摧毁了和夺取了别人的庄园,并宣布它脱离俄国政府而独立,那么最坏也不过是派几个工兵代表苏维埃执行委员会的代表到你们那儿去。那些代表将对你们发表一些规劝性的演说。他们的演说可能是有趣的,然

---

① 拉丁文为 excessus,意即破坏社会秩序的行为。——译者注

而也可能很枯燥。听一篇很枯燥的演说乃是一种不折不扣的惩罚。但是这种惩罚毕竟不像六年至八年的苦役流放那么大。因此,没有失去理智的违法分子今后可以严格遵循这样一句聪明的规则:胡作非为吧,不过要永远保持清醒。

## 论 天 真

刚才我收到下面这封标明五月七日的信。

"尊敬的编辑同志!

如果水兵中间有一个放肆的人写信给您,责备您似乎把自己的良心出卖给资本家,请您相信,我们海员中间这种人是很少的,因此请您不要做出结论说,我们会赞成那封对我们来说带有侮辱性的信的作者的意见。出名的工农利益专家、水兵科科齐科,想必是在自己的旗帜上写着'抢夺'的那个爱民党的牺牲者之一。

我认为,当科科齐科精心挑选他那封信的词句时,他思想上丝毫没有认识到整个俄国所珍视的荣誉的义务和尊重人格的义务。

在结束这封信的时候,请接受我对您编辑的《统一报》的巨大谢忱,我祈求命运,在祖国经受伟大考验的时期多一些有用的普列汉诺夫们,少一些无用的科科齐科们。

对水兵科科齐科,我也可以大胆而坦率地说,他(即科科齐科)看来要么是一个非常缺心眼的人,要么是一个没有伟大俄国所有正直人士都有的那种品德的人。

'新人'号舰队驱击舰水兵、水雷手亚·亚历山大罗夫

一九一七年五月七日。"

我很难描绘这封信多么深深地感动了我。我衷心感谢亚历山大罗夫同志对我的同情。不过他这样强烈地攻击科科齐科是徒劳无益的。这是一个瞎子，他自己也不知道他写的是些什么胡说八道。使我十分遗憾的是俄国有许多这样的瞎子，而且当他们还没有恢复视力和拒绝让他们现在那些独眼的领导人牵着鼻子走的时候，他们能给它（即给俄国人民，也就是说给自己）造成许多损害。不过这些愚昧无知的人对我个人的恶毒攻击从来没有使我感到难受，而且也不可能使我感到难受。

请亚历山大罗夫同志允许我告诉他一个历史传说。

很久很久以前（一四一五年七月），根据在康斯坦茨举行的天主教会议的判决，一位捷克的传道者扬·胡斯由于"异端邪说"（主要是他认为福音书是基督教教义唯一可信的文献资料）被烧死在火堆上。在行刑的那一天，当被绑起来的胡斯已经站到火堆上时，他看见一个老太婆抱着一捆劈柴哼哼着向他走来。原来这个老太婆是想给行将烧死胡斯的那堆火加添劈柴。然而这位伟大的捷克人并没有生她的气，而只是带着怜悯的微笑喊道："多么天真啊！"他知道，也许是用最后一点钱买来一捆劈柴的这个老妇人，由于愚昧无知才在希望削弱罪恶势力的善良动机的推动下，干出了这种坏事。我们大家在同科科齐科之流的人发生冲突时也应该学他的榜样。我们应该记住，他们中间有许多人一心想行善，结果却作了恶。我们并不责怪他们在他们周围一片愚昧的情况下仍然是愚昧无知的人，所以当我们听到他们"满口恶言"，怀疑我们做了我们从来没有做过的事情时，我们仍旧要心平气和：要想到，在他们的愚蠢中往往有天真。

## 制管工厂的内讧

前天,《真理报》的拥护者在制管工厂进行了下届区苏维埃代表选举的宣传活动,他们在同自己的论敌争论时变得如此残暴,甚至准备把工长会议的成员之一、社会革命党人卡巴尼茨基扔进炉子("熔铁炉")里去。后来这个仁慈的意图打消了,而采取另一个同样温和的打算:决定用手推独轮小车把卡巴尼茨基运出去淹死在河里。幸而另一些工人把他夺回来了。冲突难免没有牺牲。

《真理报》曾经称我们是暴徒。把制管工厂发生的这桩可悲事件同我们没有烧死过任何人也没有淹死过任何人的众所周知的情况对照一下,我们有充分的权利用克雷洛夫的话对列宁分子的机关报说:

"不必去细数朋友了,
　顶好还是先瞧瞧你自己吧!"①

---

① 参见《克雷洛夫寓言》,第160页。——译者注

# 雇佣劳动同资本的斗争
（请有觉悟的工人们注意）

## 第一篇文章

（一九一七年五月二十日《统一报》第四十四号）

雇佣劳动的利益同资本的利益是对立的。这是大卫·李嘉图早就认识了的真理。

在十九世纪二十年代英国社会主义者的著作中，尤其是在卡尔·马克思的一些典范著作中，这个真理已经得到深刻的研究和全面的阐述。但正因为它现在可能被人认为讲得很清楚了，觉悟的无产阶级就不应当满足于对它的肤浅的和片面的了解。这种了解也是同自己的利益背道而驰的。

什么叫作雇佣劳动的利益同资本的利益是对立的呢？我们来分析一下这个问题。

假定一百个雇佣工人在某个企业中劳动。在一定的时间（例如一年）内，这些工人用劳动创造出价值三百单位的产品（究竟什么单位——这没有关系）。这个价值在资本家和他所雇佣的工人之间进行分配。如果在三百单位之中资本家拿一百五十，那么分给工人的就是其余的一百五十。如果资本家占去二百单位,那么工人就只能得到一百,等等。资本家拿得越多,剩下给工人的就越少。这是显而易见的事。

雇佣劳动同资本的斗争的经济基础就是如此。这个斗争就是:工人想方设法通过齐心协力的和有组织的努力来提高自己的工资,即增加他们的劳动所创造出来的产品当中分配给他们的部分[①]。

现在要问:工资的提高可以达到怎样一个限度呢?拿我们所举的例子来说,提高工资的最高限度是三百(单位)。如果工人的劳动所创造的三百单位的价值全部归自己的话,资本家就一无所得了。

当然,我们这个企业的工人可能要求把他们的工资提高到四百、五百、六百等单位的价值。不过这将是一种毫无根据的要求。我们所能获得的或者能够给予别人的只是存在着的东西,而在我们的这个例子中,只存在三百单位的价值。

企业的资本既然不再给企业主带来利润,那么他怎么办呢?谁也不愿意干没有利益的事。所以资本家就会关闭自己的工厂。那时会发生怎样的情况呢?

我们假定说,国家把工厂"归公"。但是,第一,即使国家也不能给工人以比他们用自己的劳动所创造出来的更多的东西。第二,只要资本主义还存在,就只能把个别企业,或者,在万不得已的情况下,把国民生产中的个别部门"归公"。那些被厂主关闭而又

---

[①] 关于这种斗争所经历的各个阶段,卡尔·马克思和弗里得里希·恩格斯已经在著名的宣言中作了出色的描写。——作者注

没有"归公"的工厂里的工人又怎么办呢？他们根本领不到工资，就是说，会忍饥挨饿。这是第一个，而不是最后一个不幸。如果工人们用自己的劳动所创造的产品是整个国家所需要的（例如战时的枪炮子弹或者日用必需品），那么企业的关闭就会对整个国家，也就是对全体人民造成不良的影响。这第二个不幸决不比第一个更小。

我已经说过，只要存在着资本主义，就不可能把一切私人企业归公。可以反驳这一点说：除了资本家，谁需要资本主义呢？为什么不结束资本主义、不按照社会主义原则来改造社会呢？现在某些鼓动家常常这样说。但这也是毫无根据的。

并不是在任何特定的时候都能按照社会主义原则来改造社会的。社会主义制度至少要以两个必不可少的条件为前提：（一）生产力（所谓技术）高度发展；（二）国内劳动居民具有极高的觉悟水平。在不具备这两个必要条件的地方，根本谈不上组织社会主义的生产方式。在不具备上述条件的时候如果工人企图组织这种生产方式，那么他们的企图决不会得到好结果。他们所能组织的只是饥饿——这里不妨用一下法国最早的社会主义者之一（圣西门）的一个强烈的字眼。"组织饥饿"的必然后果就是残酷的经济危机，而在危机之后，工人就会陷入比实现他们的企图之前更加不利得多的处境。

现在，我们的觉悟工人周密地考虑到这一切，将是很有益处的，因为有些人正在号召他们实行社会主义革命，另一些人正在劝告他们向资本家提出越来越高的经济要求。

在现今的俄国大谈组织社会主义社会，就是陷于十足的而且极其有害的空想之中。

至于提出很高的要求，那么，当然，工人应该有力地捍卫自己的利益。这是他们本身所需要的；这是他们的儿女所需要的；这是整个国家所需要的。但是这里也应该不脱离实际，小心谨慎地避免各种危险的空想。如果我们的无产阶级向资本家提出这样一些要求，实现这些要求，就会使得把企业继续办下去成为没有目的（从资本家的观点来看）的，那么企业就会关闭，工人就领不到工资，国内就会出现饥饿。而这又是发生在我们的国家正在同强大的、贪婪的、残酷的敌人作战的时候。

我国觉悟的工人应当记住，他们对俄国担负着极其重大的责任。向无产阶级献媚的人——现在也有许多向俄国无产阶级献媚的人！——一定会向他们说另外一种话，不过献媚的人不是人，而是如老黑格尔所要说的——只有人的外形。

在我们现在所经历的这个可怕的历史关头，无产阶级的有觉悟的代表在同资本的斗争中应当像蛇一样地灵巧……

# 第二篇文章

（一九一七年五月二十五日《统一报》第四十七号）

在《统一报》第四十四号上所发表的文章中，我曾经假定：一百个雇佣工人在某一个企业中劳动，他们在一定的时间内用自己的劳动创造出价值为三百单位的产品。我曾经说，这个价值是在企业主（资本家）和他的雇佣工人之间进行分配。如果在三百单位的价值当中资本家拿一百五十，那么分给工人的就是其余的一百五十;如果资本家占去二百,那么就只剩下一百给工人,等等。工人同企业主的阶级斗争就在于:他们在分(分配)产品①时力图增加自己所得的产品份额。这是对企业主不利的,因为他也力图增加自己的份额,所以他的利益总是同工人的利益相对立的。

谁不明白这一点,谁就是不了解现代各国人民的社会和政治历史。

可是有人会问:难道工人的利益在任何时候和在一切方面都同资本家的利益相对立吗?难道在资本主义社会的经济史上没有这两种利益互相一致的情形吗?

有这样的情形。对问题的这个方面也应该加以分析。

在我们所举的例子中,工人用自己的劳动创造出三百单位的价值。这个价值具有什么样的形式呢?假定说,这是一台农业机器。要把一台机器分成两部分,以便一部分归工人,而另一部分归企业主,这是不可能的。资本家要有可能支付工人的工资以及把自己的利润装进口袋,必须首先把机器变成货币,换句话说,要在市场上销售掉。但是,有时候市场上某些东西太多了,以致无法按照它们的价值卖掉。那时,这些产品的卖价就要低于它们的价值。例如,在我们所举的例子中,可能发生这样的情形,资本家被迫,不是以三百,而只是以二百五十或者二百个单位的表现为货币的价

---

① 为了简单明了起见,我原来假定工人得不到的那一部分产品统统归资本家据为己有而成为他的利润。实际上,只是这个部分当中的一部分构成企业主的利润,而这个部分中的其他一些部分则成为商业利润、利息、地租等等。但是我前一篇文章中的基本思想(即任何斗争也不能给工人提供比他的劳动所创造的更多的东西)的正确性,决不因这一点而有丝毫的削弱。——作者注

值把机器卖掉。这件东西在市场上的卖价低于原来的价值，就会降低企业主的利润。因此，如果这种销售不是一种特殊现象的话，企业主就要缩减生产，即解雇工人。而这种解雇就将损害工人阶级的利益：因为对劳力的需求越小（按照经济科学的说法），工资就越低。

现在我们设想一下相反的情形。我们的资本家能够不是低于，而是高于机器的价值，即不是以三百，而是例如以三百五十或四百单位卖掉机器。这样一来利润就增加了。由于利润增加，假使这次有利的销售机器不是特殊现象的话，他就要扩大自己的企业。企业的扩大会引起对劳动力的需求的增加。而随着对劳动力的需求的增加，一般地说，工资也会提高。

由此可以看出，当谈到工业产品的销售时，雇佣工人的利益可以同企业主的利益相结合。这一点在国际关系方面看得特别明显。

如果资本主义的生产方式在一个国家内广泛地发展起来，那么它的国内市场再也不能吞下它的全部工业产品的时刻迟早会要到来。那时，把相当一部分工业产品向国外输出，就将成为经济上的必要。这就是每一个个别的资本主义国家的经济都成为世界经济的一部分的原因。但是某一个工业国在向国外输出自己的产品时，可能遇到各式各样的障碍。这种障碍当中最普通的一种，就是许多国家对由其他国家输入的商品所征收的关税。高额的关税能阻碍别国商品的输入。一个国家在向国外销售自己的产品时遇到的障碍越多，它的工业的发展进程就越慢。而这既损害企业主的利益，也损害工人的利益。换句话说，消除上述障碍（虽然往往不是在同样的程度上），对于这两个阶级都是有利的。因此就出现这样的情形:这两个阶级联合自己的力量来支持能够保证它们的国家顺利地向国外销售其工业产品的国际政策。

在目前的德国我们就可以看到这样的情形。它的多数有组织的工人直到现在还支持德帝国主义者的掠夺政策。他们所抱的希望是,如果德帝国主义者的计划能付诸实现,那么德国的工业就会发展得比现在更加美好。而整个德国的无产阶级也会因此而得到不少好处。

假使我们想用我们原来举的例子来解释德国工人的策略的话,那么我们大致应该这样说:

工人在一定的时间之内用自己的劳动创造了三百个单位的价值。但是在国内市场上他们的企业主已经无法销售掉他们的产品。只好把产品运到国外去。帝国主义者答应企业主争取到这样一些有利的销售条件,即可以把他们输出的产品不低于、而甚至高于其价值卖掉,也就是说,似乎我们的工人所创造的不是三百,而是三百五十或四百个单位的价值。这样的诺言对于企业主不可能不具有极大的诱惑力。他就向帝国主义者靠拢。

而工人们也看到这种诺言中有不少的诱惑力。他们对自己说:"如果我们的产品可以在国外高于自己的价值销售,那么企业主就能够在自己不吃亏的条件下付给我们比过去更多的工资。过去,当产品不低于、但也不高于其价值销售时,我们假定得一百五十单位,即我们用劳动所创造的一半。如果现在,按照帝国主义者所争到的新的有利条件向国外销售产品时,我们的主人所得的不是三百,而是四百单位的价值,他也照旧给我们一半的话,那么我们所得的就不是一百五十,而是二百。可见,帝国主义者的政策对我们也不是没有好处的。我们也要支持他们。"

现在许多有组织的德国工人跟着谢德曼以及德国宰相的其他仆从走,他们这种行为的全部秘密就在这个简单的打算里面。

如果某一个国家的人民把自己的产品高于其价值强行卖给其他国家的人民,那么他们就是剥削这些国家的人民。当有组织的德国工人开始支持帝国主义者的政策时,他们虽然在本国处于被剥削地位,但自觉地充当了剥削其他国家人民的角色的候补人。

这是对于国际的背叛,因为国际号召各国无产者团结起来,从而坚决谴责某一个国家的工人剥削自己的外国兄弟的任何企图。

德国的工人了解到他们是在背叛国际。但是他们的社会主义良心的呼声被物质利益的呼声压倒了。这是极其可悲的。但这是事实。而已经发生了的事情,按照德国的说法,是无法用空话搪塞过去的。

所以,再说一遍:在销售产品时雇佣工人的利益同企业主的利益一致是完全可能的。在这两种利益互相一致、双方又都了解到这一点的情况下,所发生的就不是阶级斗争,而是阶级合作。于是,产生一个问题:

是不是在任何时候这种合作所带来的都是我们在德国所看到的这种后果,即这个国家的工人背叛其他国家的工人呢?

这一点我们将在下一篇文章中看到[①]。

---

[①] 我们在收集到的《统一报》中没有找到这篇文章:可能根本没有写,也可能登载在我们没有收集到的第五十九号上。——编者注

# 答严厉的批评家

(一九一七年五月二十一日《统一报》第四十五号)

昨天我在《统一报》上发表了《雇佣劳动同资本的斗争》一文。按照我原来的计划,在这一篇文章之后紧接着应该还有一篇文章,在那篇文章里,我要从另一方面来考察同一个主题。现在我认为我不得不稍微改变自己的计划。我想在写《雇佣劳动同资本的斗争》的第二篇文章以前先写一篇文章,在回答某些攻击的同时,间接地回答我的论敌们对于昨天《统一报》上发表的文章可能有的反驳。

我是在读了《工人报》第六十一号以后才产生这种改变计划的想法的。这家报纸登了一篇文章不长、然而非常值得注意的反对《统一报》的短评。这篇短评的标题本身就够恶毒的了。标题仅仅是附有删节号的"不满分子"四字。显然,这个删节号一定会引起读者的思考:"什么样的'不满分子'?他们对什么不满?他们的不满会造成什么结果?这是不是会使他们变成不可靠的人呢?"

一个有怀疑情绪的读者浏览了这篇短评以后,他(只要大自然给了他一定数量的轻率)就不难产生这样一种信念:我们的确是些不可靠的人,而在相信了这一点以后,当然就会衷心谴责我们。

既然我昨天那篇文章容易使人向我提出类似的谴责,说我不可靠……(对不起,就是说我"不满"),所以我决定,在继续考察我的主题之前,先分析一下《工人报》对我提出的那些谴责有多少根据。

短评的作者说,《统一报》的命运是"老是抱怨俄国革命"。

这根本不对。我们从来没有"抱怨过"俄国革命。诚然,我往往不得不"抱怨"一些革命者。从我作为一个马克思主义者开始我的著述活动的最初年代起,我就沾染了这个坏习惯。当时我国的顽固保守的革命者曾经伤心地谴责我喜欢"老是抱怨革命"。我答复他们说,革命是一回事,革命者又是一回事。我还补充说过,革命者的观点远不是始终可以看成革命的观点的。《工人报》是不是同意这个看法呢?如果同意,那么它为什么歪曲真相,在我实际上只是"抱怨"革命者时责备我"抱怨"革命呢?如果不同意;如果革命者的思想永远是革命的思想;如果"抱怨"革命者就等于"抱怨"革命,那么试问《工人报》本身有什么根据可以"抱怨"《真理报》,责备这家(按照它的心愿,也是革命的)机关报一贯地爱撒谎,而更糟糕的是,责备它鼓吹对革命有害的策略呢?难道是因为《工人报》本身虽然认识到这种"抱怨"的全部罪孽,而命里注定要老是"抱怨"革命吗?难道它永远不能摆脱一位拉丁作家十分中肯地描述过的那种可悲的处境吗?他说:"我看到好的,就称赞它,而追随坏的"①。这真是可悲的命运。

其次,"抱怨"到底是什么意思呢?马克思和恩格斯的著述活动很大一部分是用来批判空想的社会主义和空想主义的策略

---

① 语出罗马作家奥维德(Publius Ovidius Naso,前43—17);《变形记》,第七章,第二十节。——译者注

的。这是不是说他们"抱怨过"社会主义呢？我看根本不是这个意思。

最后，即使我们"抱怨过"《真理报》（在某种程度上得到了《工人报》的支持），也"抱怨过"《工人报》（我们把它的编辑叫作"半列宁分子"），可是要知道《真理报》也用它固有的十分尖刻的词句"抱怨过"我们（在这些场合下《工人报》往往支持了《真理报》）。结果就像格·伊·乌斯宾斯基一篇短篇小说里的一个人物所说的那样，"抱怨"是相互的。为什么单单要把互相抱怨归罪于《统一报》呢？我不懂，不过也许是因为有这样一些人，他们喜欢攻击别人，而当自己受到攻击时，往往非常"不满"。大家知道，人类的弱点是非常多样化的。

请继续听。"在米留可夫先生发出四月照会的那些著名的日子里，《统一报》上找不到一句谴责这份照会的话。而对俄国民主派'不割地不赔款的和平'这个口号却写了一系列的文章，证明（在其他幌子下）不割地不赔款是行不通的。"

首先，我们要遵循各人的东西归各人这条原则。"不割地不赔款的和平"这个口号不是起源于俄国民主派。它是从西方搬到我国来的，在西方，它得到了谢德曼派的德国社会民主党人的充分同情。他们之所以同情这个口号，是因为它可以作各种各样的解释。当谢德曼和他的天使们谈论"不割地的和平"时，这在他们来说就意味着："我们无论如何不把阿尔萨斯和洛林还给法国"。请《工人报》原谅我，我可决不能赞成这个观点。作为马克思主义者，我绝对拥护马克思和恩格斯在普法战争时期所发表的那个意见，即法国无产者与德国无产者应该像对待没有任何合法意义（nul et non avenu①）的事件那样对待法国被迫把阿尔萨斯和洛林让给德国。我记得《工人报》有一次曾经唠叨不休地责备我迫害谢德曼。可是如果德国帝国主义者认为这种谴责是非常机智的，那么从革命的观点看来，它就是不……不很聪明的。因此对这种谴责也就用不着多费唇舌了，然而无论如何，我已经说过，并且还要重复说，"不割地不赔款的和平"这个公式是不明确的，甚至是矛盾的。

怎么，难道这是犯罪吗？我至今都认为，现在我们中间每一个人都可以大胆地持有自己的见解。让《工人报》去说我错了吧。

读者，请注意，我从来也没有断言，似乎在我们看来不割地不赔款是行不通的。我说的完全是另外一回事。我曾经肯定地认为，"不割地不赔款的和平"这个公式由于它不明确可以作这样的解释：结果德国既有割地又有赔款。让《工人报》向我证明我弄错了吧。那时我就不作声了。然而它什么也没有证明。它只是"抱怨"，并且暗示说，我在革命的态度上是一个不可靠的分子。然而这种手法既没有说服力，也不正派。

我一向拥护那个也为俄国民主派所接受的公式，就是"在自决基础上的和平"。这个公式排斥帝国主义的一切计划，所以当人们责备捍卫这个公式的人，说他同情什么人的帝国主义计划时，那他们就是做了一件不能容许的和明显的错事。

《工人报》不能理解，为什么"在四月那些著名的日子里"《统一报》一句话也没有谴责过巴·尼·米留可夫的照会。

---

① 法律上无效的。——译者注

然而凡是能够理解（即使是迟些日子）四月间发生的事件的可怕意义的人，都清楚这一点。当时我们处在国内战争的前夕，当时每一个觉悟的公民的责任不是强调刚刚共同推翻旧制度的那些政党之间的意见分歧，而是促使它们彼此之间建立和平，即使是坏的和平。《统一报》神圣地履行了这个责任。哪一个有理智的人能够因为这件事而责备它呢？

其次，这篇短评的作者谴责《统一报》，说它现在不满意这些社会主义者部长（"它不承认当局！"）。但是，作者本人应该承认，我们的机关报对待不同部长的态度是各不相同的。据他说："《统一报》还赞成亚·费·克伦斯基"。这又是完全不确切的。不能说我们"还"赞成亚·费·克伦斯基。我们坚决而且热烈地赞成他在组织军队方面所开展的工作。此外使我们惊奇的只有一点：为什么我们某些社会主义机关报用一种又酸又甜的口吻谈论这个工作。有一家社会主义机关报甚至谴责我国陆海军部长，说他不该模仿法国大革命的活动家。我们认为他没有模仿任何人，他仍然是他本人。即使他模仿过，这也不会是什么糟糕的事。有一次马克思很正确地说过，后代的革命者都要向法国国民议会的成员们学习。

我们的批评家不喜欢我们"不满意切尔诺夫同志那篇关于进攻的演说"。在这里他说了实话：真不满意！可是要知道，维·米·切尔诺夫声明过，他的一些演说报刊上转载得不正确。换言之，报纸把那些演说的面目弄得连作者也不满意。然而我们的批评家是否继续对它们感到满意呢？我们衷心祝贺他！

最后，我们的批评家对于我们不满意斯柯别列夫的齐美尔瓦尔得主义（"我绝对禁止这样的人到首都来！"）也是很不以为然地大摇其头。这又说对了。我们很不满意马·伊·斯柯别列夫。

真了不得！几乎整整三年俄国进行了德国对它宣布的、使人疲惫不堪的战争。战争已经使它耗费了好几十亿卢布和许多人的生命。现在如果德国胜利，我国自由的小树就有连根拔掉的危险。可是一位身为社会主义者的部长却大声宣称，他拥护罗伯特·格里姆的观点。大家知道，格里姆曾经断言，社会主义者捍卫自己的祖国就是背叛自己。这真是十足的悲剧。这是面临着日益增长的可怕危险的伟大民族的悲剧。我们怎么能不大声疾呼："执政官们，当心啊，别让共和国受到了损害?!"

对于我昨天的文章，一些像《工人报》撰稿人那样深思远虑、那样机智的人也许会大声疾呼："为什么他认为必须告诫工人，却没有找到一句告诫资本家的话呢？"

我可以预先回答说：因为工人阶级的利益要比企业主的利益对我更加亲切得多。既然在危机时期受害最多的正是工人阶级，所以我就对有觉悟的工人阶级代表说："你们应该尽力避免危机。"

此外，还有另一个思想在指导我。早在一八八九年巴黎国际社会主义者代表大会上我就说过，俄国革命运动只有作为工人阶级的运动才会胜利，否则根本不会胜利。事实的确是这样。我国的革命运动正是作为工人阶级的运动而取得了胜利①。

无产阶级成了局势的主人。可是一旦它做了主人，我们就非常自然地希望，它能够理解它要扮演的那个值得羡慕的具有历史

---

① 革命运动无疑有其他阶级参加，但这只是工人运动成功的间接后果。——作者注

意义的角色的伟大和任务的极端艰巨。我们非常自然地希望,它在扮演这个角色时不犯那些要付出重大代价并且会特别严重地损害它本身的错误。当它理解了它的特殊地位加在它身上的全部责任时,其余一切就迎刃而解了,那时它就容易对付过高的奢望了,无论这些奢望是从哪里来的。

这就是为什么我们几乎专门警告工人阶级的缘故。给谁的多,对他的要求也就多。

# 惊人的逻辑

（一九一七年五月二十五日《统一报》第四十七号）

《新生活报》第三十号上登载了尼·苏汉诺夫公民的《战略还是政策？》一文。文章中评价了亚·费·克伦斯基五月二十二日在工兵代表苏维埃上发表的演说。这个评价很能说明马克西姆·高尔基公民的机关报的特色，所以值得谈一谈。

苏汉诺夫公民赞成亚·费·克伦斯基这样的思想："进攻问题是战略问题，他（克伦斯基）唯一的任务是使军队有战斗力和作好消极军事行动和积极军事行动的准备。"

但同时他指出，亚·费·克伦斯基的活动有两个方面：即纯粹技术方面和政治方面。作为陆军部长，亚·费·克伦斯基是以我国陆海军的组织者的身份出现的。作为政治领袖，他发表演说时甚至必须使他的技术性活动具有政治色彩。苏汉诺夫公民不喜欢这种色彩。他说当亚·费·克伦斯基号召我国军队清除俄国土地上的敌军时，他就在竭力促使我国军队进行联合政府的纲领根本没有规定的纯政治活动。读者觉得莫名其妙。"怎么会是'没有规定的'呢？当一个国家遭到敌人的侵略时，它的政府有责任'规定'它避免这种不幸。当然，往往有一些政府不履行自己的这个职责，可是，这样的政府的成员如果不是因此而飞黄腾达，就是流落到冷落凄凉的地方去。彼特罗巴夫洛夫要塞的囚室里现在就关着一些由于这种'没有规定'而遗臭万年的绅士。我们希望,我国现政府的成员同这类绅士毫无共同之点。我们相信,他们很好地'规定了'清除俄国土地上的德国皇帝的大军。"

普通的读者就是这样议论的。可是苏汉诺夫这位不普通的公民却发表一套完全不同的议论(法律不是为他写的)。他说:"因为通过进攻清除国境内的敌军无异于把'完全胜利'作为和平的先决条件。所有的资产阶级报刊、整个反革命的资产阶级都认为进攻具有政治意义,因此资产阶级热烈欢迎陆军部长的活动,认为他是在为它工作。"

这就是说,资产阶级欢迎亚·费·克伦斯基,"认为"他力图清除俄国土地上的敌军是"为它工作"。可是苏汉诺夫公民本人是怎样"认为"的呢:是不是应该把这种清除看成是纯粹资产阶级的工作呢？他的结论是:应该通过进攻清除国境内的敌军(请看)意味着完全战胜敌人。然而他不希望得到作为和平先决条件的完全胜利。显然,他宁愿要不完全的胜利。根据以上所说也许可以假定,以不完全的胜利为目标的进攻是无产阶级应该做的工作。可是只要仔细考察一下就会发现这是不正确的。苏汉诺夫公民不反对清除俄国领土上的敌军,不过正像所看到的那样,他不愿意通过进攻,而要用某种别的办法做到这一点。究竟用什么办法呢？这仍然是不得而知的。无论如何要作一些假设。我觉得下面这个假设可能性最大。

我国的齐美尔瓦尔得分子(他们完全不正确地自称为国际主义者)会说出一大堆关于国际友谊和永久和平的好处的动人词句,

这套词句不仅会使谢德曼和他的德皇陛下御用的其他社会民主党人感动得流泪,也会使所有追随他们的那些有组织的德国工人感动得流泪。那时所有这些被感动得流泪的人都会拒绝支持德国帝国主义分子的侵略计划。那时无须我们作任何进攻,威廉也就不得不撤离我国领土。那时就会缔结大家早就盼望的和约。

这就是我们根据苏汉诺夫公民一些短得莫名其妙的话不得不做出的所有那些假设中最可能的假设。老实说,我觉得这个假设相当确切地表达了《新生活报》这位评论家的思想。

我继续坦率地说出我的看法。苏汉诺夫公民的思想(假如这真的是他的思想)并非没有某种诱惑力。正是这种思想的混乱性讨人喜欢。苏汉诺夫公民说明他的思想的时候很像某一个货郎,这个货郎在向顾客推荐他发明的消灭跳蚤的药粉时说道:

"捉住跳蚤,在它没有发笑以前,搔它的胳肢窝。等它笑起来了,把我的药粉撒一点在它的嘴里。跳蚤吞了药粉就会支撑不住,倒下去,最后死掉。"

顾客并没有买药粉,因为他发现可以用无比简单的办法消灭跳蚤。不管这个货郎多么机灵,他再也想不出反对的意见,说用简单的办法消灭寄生虫犯了资产阶级性的罪。如果他读过上面这篇苏汉诺夫公民的文章,他一定会提出这种反对意见的,而且那时,他多半可以把他的药粉硬塞在顾客的怀里。

《新生活报》的这位评论家确信,如果通过进攻把敌人的侵略赶出俄国领土,那么我国资产阶级的帝国主义意图以及其他协约国的资产阶级的帝国主义意图就会高奏凯歌。他没有想到问一问自己:我们不完全地战胜敌人,岂不等于不完全地解放我国领土,岂不意味着德国帝国主义的胜利吗？为什么会这样？我不知道……可是就连他的这种信念也毫无任何重要的根据。

从敌人手里解放自己的领土是一回事，夺取别人的土地则是另一回事。可以力求解放自己的土地，但是决不能力求夺取别人的土地。从敌人手里解放了自己的土地以后（同时还可以解放被敌人霸占的我们的盟国的土地），我们可以向他提议，根据临时政府很好地"规定的"民族自决原则缔结和约。如果它接受我们的条件（只有革命民主派才会提出这样的条件），战争就可以结束。如果不接受，我们就仍旧要"通过"苏汉诺夫公民所不喜欢的那种进攻使他变得温顺一些。其他的道路是没有的，也不可能有。

如果我国这位陆海军部长有什么可以责备的话，那就只能责备他现在谈到进攻时远不像当他巡视前线时谈得那么坚决。这是非常非常令人遗憾的。不过我暂时不打算多谈这一点。

末尾，我要问一问高尔基公民：他何苦要扮演不正常的果戈理那种角色呢？《死魂灵》的天才作者在他的《与友人通讯选录》中却是一个蹩脚透顶的政论家。高尔基公民的艺术才能当然远不像果戈理的才能那样大。但他毕竟有无可怀疑的才能。可是当你读阿列克塞·马克西莫维奇的政论时，你会为这种无可怀疑的才能感到非常难过。当然，这些政论在一定意义上同果戈理的政论是直接对立的。果戈理是一个反动分子，而马克西姆·高尔基则是一个真正的革——革——革命者。可是（请《玛尔华》的作者原谅我），他的政论作品中的智慧并不比果戈理的政论作品多。别林斯基曾经说过，果戈理的全部智慧都变成了才能。在马克西姆·高尔基身上也发生了同样的事情。他的《新生活报》就是《与友人通讯选录》,不过不正常。如果高尔基公民的智慧不是全部变成了才能,那么他在政论作品中还多少会是马克西姆·高尔基,可是现在,很遗憾,他越来越变成马克西姆·涅拉苏吉捷利里[①]了。的确,只有用他这个政论家极不理智才能说明为什么他的机关报上会出现这样一些文章:像纳哈姆凯斯论齐美尔瓦尔得的文章或苏汉诺夫这篇论克伦斯基的演说的文章。

---

① "马克西姆·高尔基"这个词在俄文中有"最大的痛苦"的意思;"马克西姆·涅拉苏吉捷利里"一词则作"最大的不理智"解。——译者注

# 陈腔滥调……

（一九一七年五月二十六日《统一报》第四十八号）

社会革命党人的省代表会议刚刚通过了一项关于战争的决议，开头是这样说的：

"在把战争危机变为革命危机这个神圣的事业中，把战线从对外转向对内的发动人的命运落到俄国革命人民的身上了。"

老实说，这个开头看来并不太好。它使人想起著名的多美拉·纽文胡斯在一八九一年布鲁塞尔国际社会主义者代表大会和一八九三年苏黎世国际社会主义者代表大会上的发言。他也肯定地说过，国际社会民主党的任务就在于变战争危机（如果这种危机开始发生了）为革命危机。可是国际社会民主党没有同意他的思想，因为它立即发觉这种思想中的一股强烈的无政府主义味道。我上面引证的这几行社会革命党人通过的关于战争的决议恰恰也使人感觉到同样的味道。

把战线从对外转向对内是什么意思呢？这是不是说，我们应该放弃抵御外敌的自卫斗争的思想，而集中全力同那些被我们看成是国内敌人的人斗争呢？多美拉说，是的。他认为对国外敌人作斗争决不应该是无产阶级的事情。无产阶级的任务在于同资产阶级即国内敌人作斗争。可是正是这一点国际社会民主党不能同意。在上述两届代表大会上，多美拉始终是微不足道的少数。

战争往往产生革命。但是在战争深重的苦难中完成革命的人民，绝不应该向敌人屈服。相反，人民通过变革恢复和增加自己的力量以后，可以也应该对敌人进行比以前更加有力得多的反击（试回想一下法国大革命吧），只要他们是为了正义的事业而向敌人作斗争。

因此整个问题在于俄国人民能不能说，他打退德国人就是保卫正义的事业。我们确信能够这样说，因为德国向俄国宣战是想使俄国受它的经济统治和（间接地说）政治统治。可是具有体现在我所分析的那个决议中的那种思想方式的社会革命党人却认为，在类似目前这种国际冲突的帝国主义战争中，你绝对分别不出哪一方面是正义的。因此他们的议论中也就根本不提正义的问题。由于同样的原因，他们简单地局限于重弹所谓必须把战线从对外转向对内那种纯粹无政府主义的论调。不过为了赞扬无政府主义者，应该说现在就是在他们中间也远非所有的人都认为这种论调是令人满意的。只要指出彼·阿·克鲁泡特金一封聪明而且高尚的信就够了。由此可见，社会革命党人的省代表会议上通过的决议，乃是重弹现在甚至在无政府主义者中间也逐渐弃而不弹的陈腔滥调。这决不证明决议的作者和拥护者思想灵活和机动。

决议继续说："俄国革命的胜利在国际关系方面的表现就是放弃沙皇制度的侵略政策。可是由于各协约国政府不顾本国民主派觉悟分子的呼声而忽视这个事实，所以我们在这次帝国主义战争中的作用实质上不会改变，而对所有交战的大国的民主派所作的号召也就不会发生作用。"

怎么理解决议向我们的盟国提出的、说它们忽视我们放弃侵略政策这个事实的指责呢？是否应该把这种指责解释为它们要继续进行侵略战争呢？而且这种指责能有什么根据呢？是不是因为它们厚颜无耻地破坏了比利时的中立，占领了法国的许多省份，摧毁了塞尔维亚和门的内哥罗，侵占了波兰、立陶宛、库尔兰吉亚以及白俄罗斯的不少土地呢？不，显然不是因为这些事情！所有这些业绩都不是协约国干出来的，而是中央列强干出来的。协约国暂时还只是力求把中央列强的军队从他们所侵占的别国土地上驱逐出去。

它们的帝国主义意图表现在哪里呢？暂时还没有在任何地方表现出来。即使这种意图存在，也没有在实际生活中发生影响。

这就是说，一方面存在着许许多多残酷的侵略行为，另一方面是进行防御战的积极活动，这种活动具有或多或少明确的和或多或少可能存在的帝国主义意图。

试问，这两方面中间哪一方面应该引起我们更大的不安呢？按照合理的逻辑判断：应该是有侵略行为的那一方，而不是我们仅仅怀疑有侵略的意图的这一方。可是决议的作者和拥护者得出了完全相反的结论。他们认为我们主要应该对协约国施加压力。

他们说："根据这个论点（即根据上面引证的那几行决议所阐述的论点——格·普），并且为了支持我们盟国的革命民主派，为了加强德、奥两国工人阶级同本国帝国主义掠夺者的斗争，我们要公开地和坚决地反对不顾国际政治形势无论如何要加紧进攻的那个运动，因为这个运动的明显目的就是要从日程上撤销关于战争的目的的问题，并且把革命的俄国变为肮脏的帝国主义计划的简单工具。"

大多数有组织的德国工人都跟着谢德曼走,而谢德曼又成了贝特曼-霍尔威克[①]宰相的尾巴。这是令人讨厌的。我们应该使他们对他们现在的盟友、"帝国主义掠夺者"的"斗争加强起来"。而为了达到这个目的,我们要坚决反对我们向德国人发动进攻。我们这样做就是履行自己对革命的义务。然而试问,要是德国人利用我们在前线上的毫无作为而战胜了我们的盟国呢?这不干我们的事!我们的任务是"把战线由对外转向对内"和把战争危机变为革命危机。

荷兰的无政府主义创始人多美拉·纽文胡斯也会说出完全相同的话来。

至于我们盟国的革命民主派,那么这里应该谈一谈这个术语。如果所谓革命民主派是指齐美尔瓦尔得的拥护者们,那么他们大概会感谢俄国社会革命党人反对进攻的……言论。我说:大概因为我不能说:一定。我觉得布里臧[②]本人把反对进攻的言论的后果仔细想想以后,可能会心惊胆战地喊道:不,同志们,你们把我们的思想弄到了荒谬的地步;你们会使自己的国家以及全体协约国遭到可怕的损失。停止吧,还来得及!

另一方面,没有被齐美尔瓦尔得分子的疯狂心理所控制的那些西方革命民主派,例如英国海德门的拥护者,他们当然只能用最

---

[①] 贝特曼-霍尔威克(1856—1921),1909—1917年时为德国宰相,残酷镇压工人运动,在发动第一次世界大战中起了积极作用。——译者注

[②] 布里臧(Brizon,Pierre,1878—1923),法国社会党人、右翼齐美尔瓦尔得首领之一。——译者注

严厉的斥责对待那些反对进攻的言论。

我们在决议里继续读到:"革命的俄国只能同赞成并且实行工兵代表苏维埃呼吁书所表述的基本革命原理的国家结成政治联盟。"

换句话说:如果我们的盟国不接受齐美尔瓦尔得的观点,我们就同它们决裂。这种疯狂的要求世界历史上也没有先例。

决议的作者说,他们反对任何单独媾和。可是实际上他们不仅不反对单独媾和,而且还用它来威胁协约国。

或者齐美尔瓦尔得或者单独媾和,在他们看来,这就是俄国政府应该向自己的盟国提出的二者择一。

公民们,当心啊,别让共和国受到了损害!

# 给全俄农民代表大会的信

（一九一七年五月二十八日《统一报》第五十号）

很遗憾，我的健康情况不允许我出席像你们这样的盛会。

不过这无关紧要。我认为我必须开诚布公地同你们谈谈。我要说，即使我身体康健，我恐怕也不会站在你们面前阐述我对不久以前革命所提出的我国土地问题的某些特点的看法。

我觉得，你们的情绪暂时使你们无法接受我的观点。因此在我看来，任何想说服你们的企图现在是毫无希望的。承蒙你们的代表大会派来了代表团，登门拜访，还对我说，你们想听听我的意见，并且邀请我出席讲话。我认为这是你们看得起我。但是身体不健康仍然妨碍我亲自出席。只好请你们听听我的书面意见。

如果这封信有什么地方不合你们的意思，那你们就只好怨自己吧：你们看得起我，提出了建议，我就不认为自己有权沉默了。

现在来谈问题吧。首先请让我祝贺你们，祝贺你们的代表大会在自由的政治条件下召开了。

几百年来，由于历史发展的种种不利条件俄国人民曾经在沙皇制度的压迫下呻吟。连一些小小的官吏也都不止一次地上书莫斯科政府："莫斯科的那种难以忍受的拖拉行为比土耳其人和鞑靼人更使我们遭到破产"。可是莫斯科的（后来是彼得堡的）拖拉行为以及我国的整个旧制度使俄国农民遭受了更多的苦难。多灾多难的俄国农民才真正是受折磨的阶层。尼·阿·涅克拉索夫在他的一篇名诗《大门口的沉思》中出色地描绘了俄国农民许多世纪以来的苦难：

> ……祖国的大地啊！
> 请告诉我一个住处，
> 这个住处是我没有见过的地方：
> 那里，你的播种者和守护人——
> 俄国的庄稼汉不会发出呻吟！
> 他们现在正在田野里呻吟，在道路上呻吟，
> 他们在牢房里呻吟，在监狱里呻吟，
> 他们戴着铁链在矿场上呻吟；
> 他们在谷物干燥房中呻吟，在干草垛下呻吟；
> 在草原过夜的时候，他们在大车底下呻吟；
> 他们还在自己那不见天日的陋室中呻吟；
> 他们在每一个偏僻的小城市里呻吟，
> 在法院和病房的大门口呻吟……

人民即主要是农民的处境就是这样。不仅在涅克拉索夫的时代如此，至少从莫斯科的君主们建立政权的时候起就是这样。然而在这些君主压迫下备受苦难的人民却信赖他们和热爱他们。我不打算在这里考察使人民的思想和情感产生这种错误的那些历史原因。我只要指出，这种错误不久以前还存在，而由于这种错误，

苦难受得最深的仍旧是那些农民。我们希望，我国人民已经不再回到这种错误上去，我们的立宪会议将在我国永远建立起民主共和国。

可是无论如何，你们全都知道，旧制度给人民留下了许多落后的意识。这些意识就是到处不时大量发生并且给全国人民的生活造成极大混乱的无秩序状态的原因。只有劳动居民本身才能消灭这种状态。当他们充分认识到无政府状态的增长可能把我国新兴的自由制度连根拔掉时，他们就会自动地力求同这种状态作斗争。你们这些有觉悟的农民代表可以为传播这种认识做许多工作。其实各地都开始传来一些令人愉快的消息，说明农民已经理解了自己的任务。唐波夫省的农民代表大会决定运送粮食供应军队和后方的需要。这个代表大会认为，擅自夺取土地和制造暴行是不能容许的。参加会议的人说："除了供应粮食以外，我们还要建立秩序"。当你读到这些消息时，你就会深信：人民的理智将消灭在俄国散播混乱的一切企图。

我想，我上面说的所有这些话没有一句会引起你们的异议。现在，我要谈一谈你们中间大多数人都不会像我这样考虑的问题。诚然，就是在这个问题上我们也不是在一切方面都不一致。而且我想，不久我们就会一致的。

农民需要土地。为了满足这一需要，你们想把一切国有的、寺院的、教会的和私有的土地都变成人民的财产，不付任何赎金而平均分配给劳动者使用。你们的决议就是这样说的。

在私有的土地中，当然地主的土地最多。可是目前不少农民也有私人地产。这些财产的数量多半都很小。难道你们要不付赎金而夺取这些私有者的土地吗？在我看来,这既不公正,也不合算。说不公正是因为占有土地的小农往往为这些土地支付过他们辛苦赚来的钱。说不合算是因为夺取了他们的土地,你们就有使他们成为我国新制度的敌人的危险。他们将对自己说:"以前谁也没有触犯过我们的土地;以前要好得多",并且他们会去支持那些力图恢复旧制度的人的阴谋。请你们相信,这样的人是有的,尽管他们在等待事态发展时还很少出头露面。

我觉得最好是作这样的决定:不超过多少俄亩的私有地产仍然是不可侵犯的。

究竟多少呢？这可以由立宪会议决定。立宪会议在研究这个问题时,一定要考虑各地的条件。不同地区不可侵犯的私有地产的最大面积应该不同,因为正像你们大家都很清楚的那样,各地的条件是完全不同的。

我再谈谈大地产。它现在面临着灭亡。甚至那些不久以前还抱着另一种想法的人都不会怀疑这一点。例如五月二十日,在国家杜马部分成员的会议上,谢·伊·施德洛夫斯基就说过:

"私有的大地产已经到了末日了。它不会再存在了。应该惋惜的是,一些眼光短浅的人并没有预见到这一点。我就在这些眼光短浅者之列。然而现在应该坦率地面对真理,应该承认,俄国再也不会有大面积的私有地产了。"

因此用不着多谈这个问题了。也许,不妨补充一点:当俄国农民表示他们相信地主的土地应该属于国家时,这说明他们对于私有制俄国的土地关系史只有模糊的、似乎是本能的认识。所以,不付赎金而夺取地主土地的主张始终遭到了反对。

假定一个大土地所有者，在占有大量土地时他是富人。然而只有当他的土地还没有被人夺去的时候，他才是富人。一旦人们不付赎金而征收了他的土地，他就成了赤贫者。诚然，他可能有钱存在银行里。如果……如果他的钱相当多，他是不会完蛋的。要是他没有钱，他就必然会变成穷人。其他极大多数的土地私有者也将如此。现在请你们告诉我：在俄国制造赤贫对你们是否有利呢？我看不利。这是违反你们的利益的，同样也违反整个国家的利益。因此，应该付给土地私有者一定的报酬。当然数目不大：俄国太穷了，无法向大地产所有者支付几百万，何况那些地产是他们的祖先们由于一些和人民的福利没有任何关系的劳务而获得的（只要回想一下叶卡捷琳娜二世的无数情人就够了），然而使以前的土地所有者得到少量报酬而不致变成赤贫者却是必要的。

我的这些话不会合你们的意。可是有什么办法！我不可能有别的想法。而且我相信，只要你们对这个问题好好考虑一下，你们自己以后也会认为我的想法是正确的。

你们胜利了。当胜利者的胸膛内跳动着一颗狮子的心而不是一颗豺狼的心的时候，他会是宽宏大量的。

公民们，请你们相信，凡是涉及我国农民正当利益的事情我都是十二分关怀的。

你们的格·普列汉诺夫

# 考虑不够周密的答复[①]

（一九一七年五月三十日《统一报》第五十一号）

> 反动派的仆人不是饶舌者，
> 
> 但愿进步方面有
> 
> 更多这样的仆人。
> 
> ——斐迪南·拉萨尔

彼得格勒工兵代表苏维埃刊登了（参见它的《消息报》第一百六十号）自己对大家已经知道的德国东方战线总司令的无线电报的答复。答复中有一些非常中肯的话，但是一般来说，它考虑得不够周密。作者提出的前提远不能证明这些作者由此做出的那些结论是正确的。不能不对这一点表示惋惜。现在我们正处在严重的危急时期，由于某种原因居于显要社会地位的人士的每一句考虑欠周的话，都有使我们整个国家遭到灾难的危险。

答复的作者用讽刺的态度对待兴登堡将军的那个保证：他为我国军队开辟一条通向正直的和平的道路。他们非常恰当地指

---

[①] 正像《统一报》上刊登的格·瓦·普列汉诺夫的其他著作一样，这篇文章里同样也有许多印错了的字；文章的标题本身就完全弄错了，印成了：《所得不够完全的答复》。格·瓦·普列汉诺夫紧接着本文之后特别写了一篇短评，谈到这些印错了的字。——编者注

出,这位德国将军没有进一步说明,他的所谓"正直的和平"一词同什么概念联系在一起。其次,他们嘲笑兴登堡的诺言,说他可以告诉我国军队一种行动方式,这种行动方式一方面等于停止我国军队的军事发动,另一方面又不意味着同我们的盟国决裂。答复的作者用理由充分的话说,如果德国总司令不是向我们提出单独媾和的建议,那么他至少是力求促使我们单独停战。他们也有充分的理由不相信德国总司令所谓单独停战对德国不利的声明。

他们用讽刺的口吻问道:"真是这样吗?让这位德国将军来回答这个问题吧,因为如果单独停战的建议没有纳入德国总参谋部的计划,他就不会进行这种挑拨离间了。"

好。好得很!只是不妨补充说,德国的军事长官们并不是昨天才开始搞挑拨离间的。一切所谓德国军队和俄国军队的联欢只不过是一种纯粹的和最无耻的挑拨离间罢了。

德国总司令向俄国军人摆出一副不在我国前线发动攻势的姿态。他想使他们相信,这种姿态是德国爱好和平的新证据。答复的作者也没有在这里上当。他们说:

"他忘记了俄国记得的东西——他忘记了斯托霍德。他忘记了俄国军队知道德国的师团和重炮连从我国前线撤到哪里去了。他忘记了俄国知道它的盟国的被击溃将是它自己的军队遭到击溃的开始。而自由俄国的革命军队的击溃不仅会出现新的阵亡将士公墓,而且也是革命的灭亡、自由的灭亡、俄国的灭亡。"

这也好极了!正是这样:随着盟国的被击溃我国军队也会被击溃,而我国军队的被击溃不仅会出现新的阵亡将士公墓,而且也意味着革命的灭亡、自由的灭亡、我们整个国家的灭亡。但是试问,答复的作者从这里以及从我前面所指出的前提中得出了什么结论呢?结论就是:俄国革命民主派为了不上德国总参谋部挑拨离间的当应该通过自己的特殊道路走向普遍和平。

如果终于夺得了政治自由的俄国忽然想通过挑拨离间者的圈套走向和平,那当然是十分奇怪的。可是让我们看看,答复的作者想引导俄国走上一条什么特殊道路。

首先我们从他们那里知道,俄国要达到自己的目的就必须"号召全体劳动者、全体被压迫者为和平而斗争"。

也不可能不这样:因为有最先进的政党的革命俄国坚持国际社会主义的观点。而国际社会主义早就在号召全世界的工人为和平而斗争。整个问题在于应该怎样理解这个号召。

在这个问题上,我们的作者对我们说了以下的话:"在这个斗争中它的同盟者是被奥地利法官判处死刑的弗烈德里希·阿德勒的朋友们以及坚定地同德国的各个帝国主义集团和为德国总参谋部效劳的那些集团作斗争的卡尔·李卜克内西、累德堡和哈阿兹。"

我们不妨指出,卡尔·李卜克内西根本不同意答复的作者对哈阿兹和累德堡的"坚定"的评价。如果他同意这种评价,他就会参加他们的党。但是他认为必须建立独立于党的派别。然而大家都知道,德国的命运根本不操在上面这三个德国社会民主党人及其同道们的手里。德国的命运操在答复的作者刚才有效地抨击的那位兴登堡的朋友们的手里。在奥地利我们也可以看到某种十分类似的事情。在那里,"弗烈德里希·阿德勒的朋友们"为数极少。考茨基在他的一篇文章里曾经出色地说明过,阿德勒图谋失败这个事实正好可以用人数少来解释。累德堡、哈阿兹、李卜克内西和

"弗烈德里希·阿德勒的朋友们"什么时候才能在他们的国家里取得占统治地位的影响呢？这是不得而知的。当然不会很快。

暂时革命的俄国还得同德国和奥国的帝国主义分子打交道。这些先生们不是饶舌者，而是实干的人。为了同他们进行胜利的斗争，俄国本身应该用十分明确而且非常坚决的行动，而不是用爱好和平的高谈阔论去反对他们。究竟是什么行动呢？现在已经有许多人肯定地说，俄国应该进攻。答复的作者们的论断可以间接地证明，这些人是正确的。

事实上他们已经向我们坚决声明："俄国军队知道德国的师团和重炮连从我国前线撤到哪里去了"。他们同样坚决地警告兴登堡说："英法战线上流血战斗的喊声传到了俄国。"如果真是这样，那么十分明显，只有小孩子才会仅仅把希望寄托在为数极少的"弗烈德里希·阿德勒的朋友们"和哈阿兹那些影响很小的朋友身上。俄国一定要进攻，因为否则中央列强就可以先击溃它的盟国，然后再击溃它自己。我们已经知道（又是从答复的那些作者那里知道的），这种情况会产生多么可悲的后果："革命的灭亡、自由的灭亡、俄国的灭亡"。我们的作者为什么不谈进攻呢？难道他们连大象也看不见吗？①

不过，让我们再听下去。"它的（即革命俄国的）同盟者是反对本国统治阶级的侵略意图的法国和英国的劳动者。"

"法国和英国的劳动者（显然也就是劳动居民阶层）"现在正在

---

① 语出俄国作家克雷洛夫的寓言《好奇心》（1814年）：一个参观展览馆的人，看到了微小的昆虫，却没有看见大象。这句话的意思相当于："明察秋毫而不见舆薪"。——译者注

战斗,正在反击德国的侵略。从我国前线撤走的"德国的师团和重炮连"现在正用来对付他们。他们真正是革命俄国的同盟者,而且还是多么珍贵的同盟者啊!面对着我国革命和我们国家有遭到灭亡的威胁,我们有责任支持他们,然而我们只能用坚决进攻来支持他们,答复的作者对这一点却一字不提。

他们为什么不谈这一点呢?原因如下:

"俄国革命民主派通过国际社会主义者代表会议以及通过自己所建立的政府直接和盟国政府交涉的道路,为人类开辟通往和平的途径。"

如果我懂得俄语,那么这就是说,现在俄国取得和平的道路不是通过进攻,而是通过国际社会主义者代表会议;顺便我要指出,德国社会民主党的优秀代表弗兰茨·梅林和他的朋友们已经拒绝参加这个会议。

此外,俄国请求它的盟国为人类开辟通往和平的途径。然而这些国家有充分的权利回答它的请求说:现在开辟通往和平的途径的唯一方法就是俄国发动强有力的进攻;否则,兴登堡、马肯晋和其他"戴尖顶钢盔的"泛日耳曼主义者们在把"师团和重炮连"调到英法战线和意大利前线之后,就会在那里获得彻底的胜利,然后回过头来反对俄国,并且会用它得胜的军队的沉重靴子踩死俄国革命运动。

进攻,进攻,再进攻——这就是我们的作者的前提。然而《答复》从这些前提中做出的结论却是:

"让军队用它的坚定精神使俄国民主派在同俄国结盟以及对俄国作战的国家面前的发言具有威力吧。"

这就令人万分诧异。看来我国军队应该用它的威力首先对我们的盟国,然后才对奸诈的兴登堡(答复的作者如此出色地把他痛骂了一番)以及他那些同样奸诈的伙伴们产生巨大的影响。我们到底是同谁打仗呢?如果我们不及时坚决地支持自己的盟国,就可能招致"革命的灭亡、自由的灭亡、俄国的灭亡",难道这不是像二二得四一样正确吗?

答复的作者愤慨地反对单独媾和和单独停战的主张。可是他们怎么会看不到:如果我们不进攻,而只是唠唠叨叨地谈论永久和平的优越性和国际兄弟情谊的美妙,那我们就会因此同中央列强成立真正应该受到任何人谴责的单独停战呢?

不,无论怎么说,答复的作者对自己的作品都考虑得不好,非常不好……

# 告读者朋友

（一九一七年五月三十一日《统一报》第五十二号）

从我经过长期流亡之后踏上俄罗斯土地以来，命运（不知道为什么！）就在残酷地迫害我，我的文章印错了许许多多的字。我对命运的迫害默默地忍受了很久，然而现在，我要向读者朋友呼吁，恳求他：当您在我的文章里遇到没有意义的话时，请不要以为我发了疯，而要想到，人世间的作家有一种叫作印错了字的严重不幸。例子不远。

在昨天的《统一报》（第五十一号）上，我那篇社论的标题登出来的是《所得不够完全的回答》，而手稿写的是《考虑不够周密的回答》。

同一篇社论的第三栏上端，不知为什么加上了《统一报》三字，跟着还有（我也不知道为什么）一长列的圆点。而尤其使人不痛快的是：第二栏的末尾印着"如果真是这样，那么十分明显，只有小孩子才会仅仅把希望寄托在为数极少的'弗烈德里希·阿德勒的朋友'身上。俄国一定要进攻哈阿兹那些影响很小的朋友，因为"等等。

人们可能以为，好像我如此残酷，竟然要俄国军队进攻这个可怜的、本来就已经在一九一四年八月四日那个灾难性的日子里遭到极大损害的哈阿兹。其实我是这样写的:"如果真是这样,那么十分明显,只有小孩子才会仅仅把希望寄托在为数极少的'弗烈德里希·阿德勒的朋友'和哈阿兹那些影响很小的朋友身上。俄国应该进攻,因为……"等等。

所以,我要像当年一位编年史家曾经请求过,而后来阿·康·托尔斯泰伯爵也在自己的诗篇《果斯托梅斯里的俄国史》中请求过的那样,请求读者朋友:

看在真理面上改一下吧,
不要咒骂写出来的东西。

# 揭露了不幸者

（一九一七年五月三十一日《统一报》第五十二号）

我曾经不止一次地在《统一报》上提请自己的读者注意，"不割地的和平"的公式是同"在民族自决的基础上的和平"的公式相矛盾的。我曾经问过，如果土耳其的亚美尼亚认为，对它来说并入自由的俄国比仍然受时常用空前残忍的手段屠杀它的居民的野蛮的土耳其的压迫要好得多，那该怎么办呢？土耳其的亚美尼亚并入俄国显然破坏了上述第一个公式，相反，却部分实现了第二个公式。同时我还补充过，在我国（算起来是第二届）临时政府的著名声明中，这两个公式似乎像互相拥抱的两姊妹并排地摆在一起。

我曾经请那个能够解除使我苦恼的疑虑的奥狄浦斯①指点我。现在这种疑虑由于下面这个情况而得到了解决。

《工兵代表苏维埃消息报》第七十八号登载了一篇报道，说该苏维埃执行委员会直属国际联络部给胡斯曼拍了一份电报，其中一个内容是：

"社会主义部长们是由苏维埃派到临时革命政府中去的，苏维

---

① 奥狄浦斯，古希腊神话中特维城的国王。据说他曾经猜出怪物司芬克斯所出的无人能猜的谜，因此他的名字成了很有智慧、会解决难题的人的代名词。——译者注

埃给他们明确的委托是通过各国人民的协商获致普遍和平,而不是继续延长帝国主义战争,以便用武力解放各民族。"

由此可见,如果土耳其及其盟国不接受这种会使亚美尼亚人民得到自决权利的和平,那么我们就应该为了最快地结束战争而牺牲这种权利。不过如果在涉及亚美尼亚人时我们牺牲了这种权利,那么当问题涉及其他被奴役的民族时,我们就不再有丝毫理由捍卫这种权利。打倒战争!我们要的是不割地、不赔款以及不要……民族自决的和平!

矛盾解决了。二律背反被执行委员会消除了,因为执行委员会大胆地折断了它的一只尖锐的角。现在一切都清楚了,一切都合逻辑了,要不是民族自决这个公式的命运使我感动得流泪,我就会说:一切都好了。要知道,不幸者可以说连骨灰都没有剩下。人们用我国枢密院在旧日黄金时代曾经用来揭露过因为某种原因会使沙皇的大臣们讨厌的法律的那种卓越技巧"揭露了"这个不幸者。死者永垂不朽!死者的确有许多好处!

"可是为什么要对它作这样残酷无情的揭露呢?"——读者会觉得莫名其妙。

我可以回答说:这很容易理解。各民族自决的公式就像格·伊·乌斯宾斯基的一篇短篇小说里的老太婆一样,"死于派别"。

这是怎么一种派别呢?就是有齐美尔瓦尔得-昆塔尔派的特点的那个派别。这个派别的特点是,拥护这个派别的同志不通过理解得糟糕的抽象公式的眼镜就看不到各民族现实的苦难与需要。从这一方面说,他们同尼·谢·列斯科夫在他的《迷人的巡礼者》里所描写的那些善良而勤奋的传教士一模一样。

这些传教士来到某个鞑靼汗国宣传他们的教义。这个汗国里有一个农奴出身的被俘的俄罗斯人,他在这里是奴隶,受尽折磨。他们的到来使他高兴,他希望这些传布"好消息"的人会把他从俘虏地位中救出来。然而他们却冷淡地回答他,说他们不能实现他的请求,并且建议他祈祷。

他说:"我祈祷过,可是我已经没有力量,我不再指望了。"

他们说:"可是你不要绝望,因为这是一项大罪!"

他说:"我当然不绝望,只是……你们怎么能这样……这样使我很难过,你们是俄国人,又是同乡,可是你们一点也不想帮我的忙。"

他们回答:"不,孩子,你不要拿这个来打扰我们,我们是基督徒,而基督徒是不分希腊人和犹太人的:所有听众都是我们的同乡。对我们来说所有的人都一样,所有的人都一样!!"

齐美尔瓦尔得-昆塔尔分子也是这样。他们的心灵对一切民族,不管是奴役别人的民族还是被别人奴役的民族,都充满着同样的热爱。对他们说来所有的人都一样,所有的人都一样!

一九一七年六月

# 轻率的对比

（一九一七年六月一日《统一报》第五十三号）

两天以前我分析了彼得格勒工兵代表苏维埃对德国东方战线总司令的电报的答复。在该苏维埃的同一号（第七十六号）《消息报》上登载了一篇旨在说明苏维埃对兴登堡的答复的意义的文章。文章也同样叫作《我们的答复》。我在分析那篇答复时，由于篇幅不够，没有谈到这篇文章。而且总的来说，这篇文章也不是那么有内容，值得对它进行研究。不过其中有一个地方使人产生令人失望的思考。我想在这里就谈谈这个问题。

文章的作者十分正确地指出，德国总司令很想"在需要把部队从东方（德国——格·普）战线调到西方战线的那个时候"促使我们悄悄地、秘密地单独停战。狡猾的德国帝国主义者的这种意图引起我们作者的愤慨。他断言：俄国革命不会落入这种"粗野地装上了休息、半作战、半停战之类的诱饵的圈套"。

真是豪言壮语。但是这里自然而然地产生一个问题：目前我国前线的状态，如果不是"休息、半作战、半停战"，那又是什么呢？要是知道我们的作者以及一般而言整个《工兵代表苏维埃消息报》编辑部对这个问题是怎么想的，倒是很有趣的。不过这是题外的话。此刻我感到兴趣的完全是另一个问题。

作者对兴登堡企图用"休息、半作战、半停战"诱惑我们感到愤慨,他写道:

"德国总司令就想不起这个例子了吗:在亚历山大一世时,我们和拿破仑一世结过盟,由于条约规定,我们应该同奥地利作战,而且我们装出了一副似乎在作战的样子:时而稍微进攻,时而稍微后撤,而更多的是原地踏步,因为亚历山大一世皇帝私下已经盘算将来同自己的同盟者拿破仑一世作战以及将来同他不得不对之作战的那个奥地利结盟了。然而德国总司令不妨知道,如果他还不知道这一点的话:革命的俄国不是能够弄虚作假和准备随时玩弄两面手法的沙皇俄国。"

这就是我所说的轻率的对比。

不错,我们过去作为拿破仑一世的同盟者对奥地利所进行的战争决不能证明当时我国君主是坦率的。同样不错,在这次战争的整个进程中,我们只是装成似乎在作战。七月二日在波德古日发生了一起被认为是一八〇九年俄奥战争时期所有战役中最重要的战役的事件,在这次事件中两名哥萨克兵死亡,两名军官受伤。这使人想到目前我们和德国人的联欢。可是为什么在那个战争时期我们的部队和奥地利的部队举行了联欢呢?

我们的作者喜欢用沙皇俄国所固有的虚伪作风来解释这一点。但这是万分肤浅的解释。虚伪一向是沙皇俄国所固有的,然而这个俄国远不是一向都以它在一八〇九年战争中所表现的那种令人惊讶的热爱和平著称。此外,作者说,亚历山大一世当时已经在盘算自己将来同拿破仑的冲突以及将来同奥地利的结盟了。正是这样。可是这也仍旧不足以说明问题。试问:是什么驱使亚历山大一世盘算同自己当时的同盟者拿破仑决裂呢？

驱使他这样做的首先是贵族阶层暗中反对，因为同拿破仑的联盟不利于这个阶层的经济利益，因为这个联盟使俄国的原料几乎无法向英国出口。但是亚历山大早在那个时期即所谓"改革时期"就很少有心绪去理会自己国内的舆论。

一八〇九年他已经不像他初登上沙皇宝座时那样害怕贵族阶层的反对了。同拿破仑的联盟之所以不合他的心意，主要是由于这个联盟和他那种想在欧洲扮演持久和平的"奠定者"的角色的意图相抵触。

为了说明这种谋求"持久和平"的意图不切实际，只要指出它引起了俄国在亚历山大一世统治时期所进行的几乎大多数战争就足够了。但是这一点必须承认：这种意图就其本身说是真诚的。如果说他只是用来掩饰俄国皇帝的侵略计划，那是不公正的。有例为证。俄国和它的当时的盟国普鲁士之间的巴尔腾什坦协定，答应给英国和奥地利新的土地（就是我们现在所说的"割地"），假使它们参加俄普同盟的话。至于俄国，那么俄国政府预先就放弃了它可以得到的任何利益。亚历山大一世满足于"持久和平"的奠定者的角色，甚至同意宣布当时俄国正好对之作战的土耳其的完整和独立。读者可以看出，即使亚历山大一世还没有想出"不割地不赔款的和平"的公式，那也很接近一百多年以后成为这个公式的基础的那个思想了。接近其实是在，而且只是在谈到它自己国家的利益的那个地方。然而毕竟是接近。

后来他就不再害怕"割地"了（即使不是"赔款"的话）。

在维也纳大会上，他以应该得到更好用场的顽强精神竭力使华沙公国并入了俄国。可是就在那时他也是遵循着自己固有的概念、理想和感情。在制定自己的外交政策的路线时,他根本没有考虑过俄国人民的实际利益。这一点西欧外交家们了解得很清楚。

一八〇七年斯塔季昂对拉祖莫夫斯基说过:"你们在为普鲁士作战"。他说得再正确不过了。

从这一方面说,亚历山大一世在俄国君主中间并非例外。他的父亲就欣赏过关于俄国军队是"高尚事业的伟大军队"的先锋队的思想。而他的继承人、不惜镇压匈牙利"暴动"的尼古拉一世则慷慨地拒绝为自己的部队从奥地利政府那里领取免费的粮食。于是,多灾多难的俄国农民就必须为自己高贵的君主们的理想的冲动付出代价。

这是可以理解的。沙皇们从小就养成了一种信念:即人民是为了满足他们的古怪念头而存在的。不过《我们的答复》一文的作者把亚历山大一世的外交政策和现时我国革命民主派的外交政策加以对比毕竟是轻率的。这个民主派的某一部分(可惜是相当大的一部分!)就像亚历山大一世一样实现不了俄国人民的迫切利益。他们像亚历山大一世一样,也丧尽天良地为了自己的理想而牺牲这些利益。不言而喻,他们的理想和亚历山大一世的理想并不相同。在某一方面这两种理想是互相对立的。然而它们有一个共同的特点,即在它们产生的过程中对于俄国实际情况及其迫切需要和合理要求的分析甚至没有起过最小的作用。比方说,一种理想是在波茨坦、在腓得烈大帝灵柩旁和在普鲁士王后露伊莎美丽的眼睛的强烈影响下产生的,或者,至少是加强了。另一种理想则是在格里姆和拉狄克二位"同志"同样美丽的眼睛的磁力作用下在齐美尔瓦尔得问世的。在这两种理想中的每一种理想看来,俄国部队应该成为"高尚事业的伟大军队"的先锋队。然而这两者都同样是空想。这两者都同样地脱离生活。这两者的基础都是极端忽视俄国军队为"高尚事业"服务对我们祖国劳动人民今后的经济和政治命运会发生怎样的影响这样一个问题。

命运真是奇怪地作弄人!既然我国齐美尔瓦尔得分子空想的理想在俄国部队中散布了影响,所以部队开始装作在作战,实际上只是原地踏步,而使我们的盟国陷于绝望。

这种原地踏步的做法可能使我们遇到新的、严重的军事困难。那时即使这两种理想本身不完全相似,它们的实际后果也将完全相似。

这就是为什么我认为我们的作者所作的对比是轻率的。由于这种对比,齐美尔瓦尔得的空想就以对它十分不利的形象出现在我们面前。

# 自治的乌克兰万岁！

（一九一七年六月二日《统一报》第五十四号）

　　乌克兰中央拉达向临时政府和工兵代表苏维埃执行委员会递交了一份备忘录，它在备忘录中谈到本地区的种种需要以及"俄罗斯"上层社会对这些需要的态度。按照备忘录的说法，这种态度并不深奥，并且给俄国的自由事业造成许多麻烦。就连真正的"俄罗斯"民主阶层也在担心乌克兰运动。"俄罗斯"民族想要统治乌克兰。它的这种意图使得"基辅工兵代表苏维埃主席在所有民族的社会主义组织的会议上信口提出了要用刺刀驱散乌克兰代表大会的恫吓"。

　　备忘录是这样说的。这里大概有某种误会：一个人没有说清楚，另一些人没有听清楚。然而即使基辅工兵代表苏维埃某些"俄罗斯"成员真的确信可以用刺刀的袭击来回答乌克兰小俄罗斯居民的要求，那么我们就要以民主派的坦率精神告诉他们，他们大错特错了。只有像接受了古斯塔夫·爱尔威的"旧作风"的罗伯特·格里姆那样的无政府工团主义者才能否认民族自卫的合法性。国际一向承认民族自决权，因而也承认一切民族都有保卫自己不受敌人侵犯的权利。难道小俄罗斯民族在这方面是普遍规则的例外吗？当然不是！同所有其他民族一样，小俄罗斯人也有自卫的权利。自卫权利这个概念包括它最主要的组成部分之一，即包括每个民族都有权从自己的道路上清除其他民族的非法要求所设立的那些障碍的概念。现在要问，以自己的专制政府为代表的"俄罗斯"民族在小俄罗斯民族文化发展的道路上设立过障碍吗？人人都知道，设立过！在欧·罗斯托普契娜女士的叙事诗《强迫的婚姻》里，由于不爱丈夫而被藩臣交付法庭审判的老男爵的妻子，除去引用其他理由替自己辩护以外，还提出这样的申诉：

他禁止我
用本族语言说话。

罗斯托普契娜的同时代人认为（而且看来有充分的根据），叛逆的妻子应该理解为波兰，老男爵应该理解为俄国沙皇。尼古拉一世本人就有过这样的看法。可是要知道，不只是波兰可以向我国政府提出不该禁止用本族语言说话的谴责。乌克兰人也被禁止用本族语言说话。难道只有这一种权利遭到"俄罗斯"沙皇制度的破坏吗？小俄罗斯可以毫不夸大地用叛逆的妻子的话对自己说：

我是囚犯，而不是妻子。

然而，当严厉的革命风暴席卷大俄罗斯、小俄罗斯和白俄罗斯，彻底摧毁了我国旧制度的畸形大厦，当每一个受侮辱受损害的人都怀着愉快的希望自言自语地说："统治者啊，现在释放你的奴隶吧"，这时，我们这些拥护自由新制度的大俄罗斯人竟会用刺刀来维护我们的小俄罗斯弟兄的旧枷锁,并且像我国以前那些使人民愚昧的部长们一样,禁止他们学习本族语言,禁止他们自由地自行处理自己本身的事务吗?不!这不可能!我们没有想压迫他们的任何意图,我们希望像自由人和自由人、平等人和平等人一样相亲相爱地同他们过和睦的生活。这同样既是他们的利益所在,也是我们的利益所在。对于整个俄国来说也同样是必要的。

我们绝大多数社会民主党人都远非极端联邦制的拥护者。我们深知联邦制的缺点。但同时我们也是陈腐不堪的集中制的坚决反对者,这种集中制的基础是力图把国内一部分人的语言和文化强加给所有其余的人。我们也深知整体的统一决不排除诸部分的自治。我们认为恰恰相反,诸部分的自治会加强整体的统一。

在乌克兰中央拉达的备忘录里提出了一些要求,俄国社会民主党现在应该承认这些要求是完全合法的。包括在下例几点中的要求就是如此:

第一:"临时政府应该在某项法令中说明对待乌克兰自治的原则性的善意的态度。"

第六:"把初等学校的乌克兰化扩大到高等学校和中等学校。"

第七:"由享有居民的信任、了解其语言、熟悉其生活习惯的人来接替乌克兰的负责职位。"

第九:"必须准许那些被非法地由自己的永久居住地驱逐到外国的乌克兰人回到祖国,以及改善被俘虏的乌克兰-加里西亚人①的境遇,把他们安置到乌克兰各省去。"

---

① 加里西亚,是十四世纪至十八世纪时属于波兰的一块地方,一七七二年波兰第一次被分割时归奥地利,为奥匈帝国的一州。其居民大多为波兰人和乌克兰人,由于信仰斯拉夫教而受到残酷的迫害。——译者注

另一些要求，我们认为只有立宪会议才能满足。包括在第五点（成立乌克兰人的独立部队）和第八点（从国库提出满足小俄罗斯的民族文化需要所必需的资金交由中央拉达支配）中的要求就是如此。第三点要求（在临时政府之下任命一个特别委员处理乌克兰的事务）如果实现，可能引起不少实际上不便之处，因为除了乌克兰的委员以外也许得增加三十至四十名俄国其他地区的委员。最后，第二点要求（小俄罗斯的代表参加未来的和平代表会议、乌克兰同外国联系的准备步骤）可能引起的只是某些局部的异议。

然而同作为备忘录的基础的总原则比较起来这一切都只是枝节问题。总原则是：

小俄罗斯应该自治！

"俄罗斯的"社会民主党人不能不支持这个原则。

# 这同马克思毫不相干

（一九一七年六月三日《统一报》第五十五号）

杜勃洛夫先生在《德国与革命》（一九一七年六月一日《交易所新闻》晚刊）一文中证明那些把希望寄托在德国革命身上的人是天真的。他是对的。这些人的希望没有重要的根据。可是当杜勃洛夫先生试图用逻辑的论据来证实自己的想法时，他表现出对西欧的社会主义，特别是对德国的社会主义完全无知，但是他却摆出一副学识渊博的专家面孔引证它的历史。正是因为他在这个问题上所犯的错误在俄国的（而且甚至国外的）广大读者中间流传很广，所以我认为必须在这里对它进行揭露。

杜勃洛夫先生叙述说："在卡尔·马克思的影响下，欧洲的社会主义者们，而主要是领导过国际的社会民主党员们，已经不再是过去那个意义下的革命者了。今后，'革命'一词不能理解为灾祸性的变革了，而要理解为长期的进化、工业的发展和无产阶级的成长，而且这一进化本身必然地要导致社会的变革，即导致社会主义的胜利。"

这里的每一句话至少都包括一个错误。

从上世纪末起，在德国社会民主党内开始出现了一个社会主义思想派别，这个派别的确连一点最浅淡的革命色彩也没有。拥护这个派别的人们曾经自称为而且至今还自称为修正主义者。

"修正主义者"一词来源于修正一词,用俄语来说就是修改。新派别的拥护者们想修改什么呢?马克思的学说。为什么呢?因为——他们说——这个学说具有革命性,而革命这个概念本身经不起严肃的批判。修正主义者继续说道,革命意味着飞跃,然而无论自然界还是历史都没有飞跃。马克思以为社会主义变革是大灾难,其实这个进程是通过缓慢的、几乎不知不觉的进化而完成的。

我不来证明这种对马克思学说的批判所根据的那些概念和观念本身就经不起批判。当时我一连串写了相当多的文章证明过这一点(这些文章后来汇编成一本完整的集子①)。在我来说,德国社会民主党人不是"在卡尔·马克思的影响下",而是违背了马克思才"不再是革命者"。换言之,实际上,社会主义思想在德国的发展过程,同极大一部分读者群众对这个过程所具有的而且杜勃洛夫先生还加以散布的那个观念是直接对立的。

只是由于德国社会民主党人不再是马克思主义者他们才"不再是革命者"。这一点,所有希望正确判断目前德国社会民主党内的局势的人一定应该懂得和记住。

以坚不可摧的刚毅精神起来反对泛日耳曼主义者的侵略政策的人是谁呢?卡尔·李卜克内西。他是谁?修正主义者吗?哪里是修正主义者啊!他是坚定彻底的马克思主义者。

拒绝参加为谢德曼、艾伯特、休特古姆、海涅以及所有"家伙们"(照意大利的著名说法)敞开大门的国际社会主义者代表会议

---

① 即《对于我们的批评家们的批评》。——编者注

的人是谁呢？弗朗茨·梅林。他是谁？修正主义者吗？哪里是修正主义者啊！他是坚定的和彻底的马克思主义者。

是谁千方百计地一定要搞出这次代表会议，让德国修正主义的"家伙们"在这次会议上以隐蔽的方式捍卫德国宰相的计划，即使不是全部计划也是某些计划呢？斯陶宁格、特鲁尔斯特拉和他们的同道。他们是谁？马克思主义者吗？哪里是马克思主义者啊！他们是死心塌地和彻头彻尾的修正主义者。

为什么要不懂装懂呢？

为什么要把那些德国社会民主党人罪恶的国际政策的责任推到马克思头上呢？这些社会民主党人在完全接受这种政策之前，就在整整十五年的期间内用自己的一切力量（当然，在理论方面是很软弱的），企图破坏马克思的革命学说，动摇德国无产阶级对它的信任。

作为真正的革命者和国际主义者，马克思和他的始终不渝的同志恩格斯坚持了这样的意见：即德国工人应该认为把阿尔萨斯和洛林强迫并入德国是不合法的，一有机会就应该促使这两个省归还法国。反之，谢德曼，和他一起的还有他的整个党，则极端坚决地反对迫使德意志之鹰从自己坚强的爪内放下它在一八七〇至一八七一年战争期间攫取的猎获物的任何想法。读者可以看出，马克思和恩格斯的国际政策同当前德国修正主义者即那个艾伯特、谢德曼之流的政策正相反。所以当我们听说马克思要对他的德皇陛下御用的社会民主党人可耻的业绩负责时，我们就回答说：这同马克思毫不相干。如果德国无产阶级仍然忠实于马克思学说的精神，那他就不会追随谢德曼，而会追随卡尔·李卜克内西了。

同样，当人们责备我们，说我们在对谢德曼进行"迫害"从而背叛了马克思所建立的国际的精神时，我们就反驳说，得了吧，亲爱的同志们！抨击谢德曼决不等于同马克思脱离关系。马克思排斥谢德曼，谢德曼排斥马克思。不是我们背叛马克思所建立的国际的精神，而是那些在国际友爱精神的幌子下向反对国际友爱精神的谢德曼伸出手去的人背叛这种精神。

杜勃洛夫先生还以为维·切尔诺夫在替自己的党敷设"通往马克思主义的小桥"。反驳这种说法是多余的。对此只能一笑置之。

# 罗·格里姆被逐,或者:真是糟糕极了

(一九一七年六月四日《统一报》第五十六号)

我国临时政府"决定建议罗伯特·格里姆离开俄国国境"。换句话说,这位自由的爱尔维修①的公民被驱逐出国了。

真是糟糕极了!为的是什么事呢?为了"不良行为"。您不信?请听!

我国临时政府从它认为可靠的方面得到如下的电报:

"政治司致彼得格勒奥吉耶先生,伯尔尼,一九一七年六月五日②。

联邦顾问霍夫曼委托您口头通知格里姆以下情况。

只要看来可能同俄国达成协议,德国就不采取任何进攻行动。在和一些著名人物作过多次谈话之后,我确信,德国和俄国正在寻求对双方都体面的和平,以便建立紧密的经济贸易关系以及从财政上为俄国的复兴提供援助。决不干涉俄国内政;签订关于波兰、立陶宛和库良吉亚的友好协定;承认各民族平等。归还所侵占的领土换取俄国归还所夺去的奥地利的一些省份③。

---

① 爱尔维修,瑞士西北部的古时名称。——译者注
② 这里用的是新历,《统一报》用的是旧历,两者相差十三天。——译者注
③ 原文如此。——译者注

我确信,只要俄国的盟国愿意,德国及其盟国准备立即开始和平谈判。关于德国作战的目的,请读一读《北德意志报》上的报道,这篇报道在表示同意阿斯克威特对割地问题的看法时肯定地说,德国不希望任何旨在扩大经济势力和政治势力的领土扩张。"

这样的电报所能引起的唯一合理的想法就是:似乎是为了宣传国际的思想而来到俄国的格里姆先生简直就是德国的间谍。显然,我们那些最温和不过的执政者也得出了这样合理的想法。他们的报道继续说:

"由于这一文件,临时政府已经委托临时政府委员伊·格·策烈铁里和马·伊·斯柯别列夫要求瑞士公民罗伯特·格里姆加以解释。解释以后,罗·格里姆交给伊·格·策烈铁里和马·伊·斯柯别列夫下面这份文件:

一、在我起程前不久,策烈铁里和斯柯别列夫两位部长通知我,似乎瑞士驻彼得格勒公使从伯尔尼收到了一份电报,电报的内容是委托他把德国的某些和平计划通知我。

我可以断定,瑞士公使既没有直接地,也没有通过任何中间人向我作过这样的通知。

二、必须把电报的内容看成是德国方面为了德国政府的利益,为了它的外交计划以及它所追求的单独媾和的利益而企图利用我在彼得格勒为恢复国际社会主义者的联系和普遍的和平所发表的演说。这个企图是一种拙劣的手段。

三、当我还在伯尔尼为了旅行所必需的护照而到德国大使馆去签证的时候,我就避开了任何政治性的谈话,而在旅行到斯德哥尔摩时,我甚至避免和德国社会党多数派的代表发生任何往来。

四、至于瑞士政府之参与这件事，那么我只有在当地才能查明真实的内幕情形。

五、作为社会民主党人，我不允许自己被人利用在各国政府之间传递帝国主义的和平计划。我将无情地揭露任何这类企图。

罗伯特·格里姆　彼得格勒<br>一九一七年五月三十一日<br>（六月十二日）

伊·格·策烈铁里和马·伊·斯柯别列夫认为这个解释不能令人满意。"

格里姆先生所作的解释"不能令人满意"，结果就使他被赶出俄国国境。这自然是容易理解的。然而，就是从肤浅的观点来看好像也有不完全清楚的地方：

一、格里姆先生硬说，奥吉耶先生（瑞士驻彼得格勒公使）没有向他作过根据奥吉耶先生从伯尔尼收到的电报所应该作的通知。可是要知道这里说的是"口头通知"，要否认"口头通知"是非常方便的。

二、格里姆先生把电报的内容看成是"德国方面为了德国政府的利益企图利用他在彼得格勒的演说"。姑且假定他不是德国的间谍；假设实际上一切都只是"德国方面的企图"。然而就是在这种情况下也必然地要产生一个问题：为什么这个"方面"（大家知道，这个方面决不以爱好空想著称，而总是根据冷静考虑的要求行事），为什么它认为为了自己的帝国主义计划的胜利可以利用格里姆先生在彼得格勒的演说呢？对于这个关键问题的答复是：这些演说对协约国是有害的，而对中央列强则是有益的。由此可以得出结论:即使格里姆先生不曾在德国任过职(也就是说,即使没有做过德国的间谍),他也给德国服务过。这就是说,在这里我们不得不从两种假设中间选择一种:

一、格里姆先生为了金钱给德国服务过;

二、格里姆先生无代价地给德国服务过,同时他却认为这是为国际服务。

读者,您对这种假设有什么看法呢?

在我看来:第一种假设会使格里姆先生政治上的诚实精神受到严重的怀疑;第二种假设证明他政治上的愚钝。我不知道,他发现这两种假设中间哪一种他比较乐于接受。可是为了真理的利益,我要在这里提一提下面的情况:格里姆先生是声名狼藉的"齐美尔瓦尔得"派的创始人之一。从自己"方面"说,他奠定了这一派的基本思想,即确信:凡是同意保卫自己的祖国不受敌人侵犯的社会主义者都是背叛自己的事业。当他接受这个思想的时候,他只是干了一桩抄袭行为(俄国话叫作著作上的剽窃行为),因为古斯塔夫·爱尔威远在他之前就说过同样的话。可是无论如何他使这种思想得到了传播,并且让它冒称是国际社会主义领域内的新发现。为了更有成效地宣传这种思想,他扮演了齐美尔瓦尔得代表会议组织者之一的角色。这次代表会议结束以后,他在自己的机关报《伯尔尼哨兵报》(*Berner Tagwacht*)上发表了关于会议的详细报告。我手头没有登载这个报告的那一号报纸,不过我记得很清楚,我读它的时候感到很惊奇:报告对待互相斗争的各国社会主义者没有采取公正的态度。报告的这位作者对于茹尔·盖德和其他法国社会主义者的批评比对谢德曼及其同道们的批评尖锐。例如，对于读者可能发生的为什么没有邀请德国多数派出席代表会议这个问题，他回答说：因为他们不赞同我们的观点。然而同一个问题问到法国社会党多数派身上时，他却拿出了更加严厉的答复：因为他们跟着资产阶级政府跑。如果真有这么回事，那结果就成了：同法国社会主义者相反，谢德曼及其一伙人完全没有跟着德国宰相跑。然而这是十分明显的谎话。

再说一遍：我手头没有我这里谈到的那一号报纸。因此，我不能逐字引证，我可以保证的只是我对于报告的作者对法国人的批评和对德国人的批评在性质上的区别所作的引证是正确的。当时我就在一篇为巴黎的《号召报》撰写的论齐美尔瓦尔得代表会议的文章中指出了这个区别。可是这篇文章却遭到了某种意外的命运。

我从日内瓦（我当时住在那里）寄往巴黎的这篇文章并没有送给指定的收件人。因为我是用挂号寄出的，所以我向日内瓦邮局局长提出了申诉。经过相当长时间的查询之后，他正式通知我，文章在法国邮局被军方的书信检查机关扣留了，检查机关拒绝把文章交还作者。因此《号召报》上始终没有这篇论齐美尔瓦尔得代表会议的文章。而在那个时候，我们的论敌在巴黎的俄文机关报则大肆吹捧代表会议的英明决定。

当然，神的道路是不可预知的。可是现在，在格里姆先生事件发生之后，我就要问问自己：这里没有什么"来自德国方面"的东西吗？好像是有……

当格里姆先生到达彼得格勒的时候，我曾经警告俄国工人要提防他。人们因此骂过我，然而无补于事，因为格里姆终于不得不为着"不良行为"而被逐。

且放下格里姆先生吧。最后，我想提请读者注意上述电报中的这样一句话："只要看来可能同俄国达成协议，德国就不采取进攻行动"，也就是说，只要我们不结束齐美尔瓦尔得主义的酒神节，德国就不采取进攻行动。Sapienti sat①。

可怜的劳动部长再一次使自己丢了丑。

就在不久以前，他想保护克伦斯基，因此宣布说，克伦斯基坚持瑞士社会民主党人罗·格里姆的观点。由此可以看出，正是他本人拥护这种观点。现在他却"不满意"这位曾经在齐美尔瓦尔得扮演如此重要角色而在昆塔尔则获得极像是新国际主席称号的公民所作的解释了。

孩子们啊，你们的年龄多么危险呀！

---

① 对聪明人不用多说。——译者注

# 再论罗伯特·格里姆

（一九一七年六月六日《统一报》第五十七号）

> "难道对值得尊敬的人谈一次就够了吗？难道不能再谈一次吗？不但能够，而且应该！这对朋友是一种安慰，对青年是一次教训。"
>
> ——摘自上世纪四十年代
> 一位俄国人的日记

关于罗伯特·格里姆这样一位值得尊敬的人，正是应该重复说：对青年是一次教训。他的历史对他本人来说是极为重要的，同时对于将永远和他的名字联系在一起的那个"社会主义"思想派别来说也是极为重要的。

不过不要对这个名字产生错觉。齐美尔瓦尔得-昆塔尔决议的拥护者们过去用而且至今还在用这样的话来谈论他，似乎这个名字在西欧工人运动的史册上是鼎鼎有名的。实际情况并不如此。无论在理论方面还是在实践方面，罗·格里姆从来没有站在为国际社会主义理想而斗争的战士的前列（我且不说：最前列）。这是一个根本没有受过多少广泛的教育而且绝对没有卓越的天赋才能的地方性的活动家。当德国人开始炮轰兰斯的著名教堂，当全世界受过教育的人们不分党派一致奋起反对德国的野蛮行为时,罗·格里姆却把他们的合乎道义的反抗算作是……资产阶级的伪善,从这一点上可以看出这个人的修养多么不够,他的理性所能理解的范围多么狭隘。这个结论即使对我们的"真理报分子"来说也是合适的!我当时就对格里姆说过:"您在自己的报纸上刊载关于兰斯教堂被毁的文章是白费气力的。和您的期望相反,这篇文章所证明的不是资产阶级是伪善的,而仅仅是您对艺术史一无所知。这是您的所短,而非您的所长,可是您却轻率从事,露出了您的短处,成为社会主义运动的敌人的笑柄。"格里姆因为这件事很生我的气,然而从他那些忿忿然的反驳中我看出,他对兰斯大教堂在西欧文化史上的意义实在一无所知。

替他辩护的人对于这个问题大概要说,一位社会主义杂志的编辑没有必要熟悉艺术史。就算这样吧。可是问题在于这位编辑是否应当有分寸,能够预防自己不致冒失地跑到不懂得的东西的领域里去。这个问题除了肯定地答复说"对,社会主义著作家应该有这样的分寸"以外,不可能有别的答复。然而格里姆并没有这样的分寸。

要不是格里姆失去了分寸,那我们就决不会看到我们的小编辑扮演国际的救世主的角色了。他就会明白,这种角色他完全不能胜任,因为甚至在社会主义领域内,他的知识也储存得极为有限。他懂得,雇佣劳动的利益和资本的利益是对立的,工人的解放应该是工人自身的事业,它要求一切资本主义国家的工人齐心协力等等。所有这些都是非常可敬的真理,然而这些真理可以理解得深刻,也可以理解得肤浅。格里姆只做到了对这些真理的极为肤浅的理解。他过去靠拢过国际的左翼,而且当然地自认为是马克思主义者。但是,他的议论往往使我想起果戈理笔下的一位厨师:他去准备午餐的时候常说:只要热,总会有某种味道出来的。格里姆议论的特点一向是热烈,而且无可争辩,总是具有某种味道,只不过不是马克思主义的味道。这位激进的"马克思主义者"对于国际运动种种问题的看法,很接近无政府工团主义。这也可以说明下面的事实:当这次战争爆发的时候,当各中立国的社会主义者首先应该讲话这一点已经变得很明显的时候,罗·格里姆却受到了无政府工团主义智慧的鼓舞,并且宣称,捍卫自己的祖国是国际的忠实的拥护者不应当做的事。这里没有必要重复说,他这种似乎新鲜的思想不过是早已受到严肃的马克思主义者嘲笑过的古斯塔夫·爱尔威的旧思想罢了。但有深刻的教育意义的是下面这个情况:这种思想在格里姆创立人们称为第三国际的齐美尔瓦尔得派时给他帮了很大的忙。

如果我们同意这样称呼齐美尔瓦尔得派,那么我们就有权作下列比较:第一国际是《资本论》的作者这样一位具有最深邃的智慧和最渊博的学识、在科学上做出了不少重大发现的人建立的。

第三国际的产生在很大程度上则要归功于一家小报的一个平庸的编辑,这个人只有最肤浅的智力和最微不足道的知识,一生中只做出了一种发现(与其说是理论性的发现,不如说是实践性的发现):即剽窃别人的思想有时是有利的。

仅此一点就足以了解"第三国际"同第一国际有多大的"差距"。

再分析下去。如果全世界的社会主义者真的都认为,他们中间任何人无论如何都不应该捍卫自己的祖国,那么一旦发生战争,就一定会出现这样的情况：

在社会主义者对工人阶级有巨大影响的地方，工人阶级就会拒绝捍卫自己的国家（这多少就像我们现在在某些东欧国家所看到的那样），相反，凡是社会主义者对工人阶级的影响微弱的地方，工人阶级在本国群众中就会是自己祖国的坚决捍卫者（就像我们现在在一个西欧国家所看到的那样）。

因此，比较落后的（就社会主义者对人民的影响而言）国家就会战胜比较先进的（在同一意义下）国家。

这就是说：社会主义的宣传会给军国主义大大地帮一次忙。

但是社会主义者是军国主义的死敌。全世界社会主义者必须具有妨碍他们达到目的的大量愚蠢才能在仍然作军国主义的敌人的同时给它帮忙。

这一切还在一八九三年苏黎世国际代表大会上我就证明过，在那次代表大会上多美拉·纽文胡斯曾经企图把"第二"国际变为类似现在的齐美尔瓦尔得派的某种东西。代表大会赞成我的观点，所以纽文胡斯的企图没有得逞。

不过我认为，除了苏黎世代表大会之外，当时德国总参谋部也同意我的看法。它了解德国，它不可能不考虑到，如果社会主义者（其他国家的）接受他们捍卫祖国总是背叛自己的那种思想，军国主义就会得到很多的好处。只要它考虑到这一点之后，它就不能不对这种思想的传播感到高兴。所以当罗·格里姆以最大的热情开始传播这种思想的时候，当这位"革新者"把这种思想作为"第三国际"的基础的时候，德国参谋部就只有抚掌称快了。它究竟采取了什么措施来帮助格里姆的事业，我不得而知。然而就像读者一样,我也很清楚,几天以前,格里姆为了某种"不良行为"被驱逐出了彼得格勒……

我丝毫不想断定说,似乎所有的齐美尔瓦尔得-昆塔尔派分子都会落到罗·格里姆的地位。根本不会的!只有罗·格里姆这号人才会落到这种不妙的地位。

可是如果策烈铁里同志在工兵代表苏维埃全俄代表大会上向马尔托夫提出齐美尔瓦尔得是否应对格里姆的业绩负责的问题,那我就要回答说:

它并不要对格里姆的特殊业绩负责,而是要对促进那些观点的传播负责,这些观点的主要代表之一就是这位瑞士公民。

因为就像上面所证明的,仅以上述观点的传播而言,就已经是对军国主义的一次大帮忙了。

# 对的就是对的

（一九一七年六月七日《统一报》第五十八号）

我读了在目前全俄工兵代表大会上所发表的演说。可惜所有这些演说远不能称为聪明的演说。看来列宁及其同道们已经彻底丧失了作健全推理的一切能力。我们新宗教的著名创始人安纳托里·卢那察尔斯基神父①也同样丧失了这种能力（可惜这种丧失绝对无法弥补！）。然而说实话，对这些人早就该置之不理。民谚说，从公羊身上怎么也挤不出奶来。我国的所谓极左派对临时政府的攻击充分证明这句谚语包含着完全无可辩驳的真理。

我们根本不认为临时政府没有犯过错误。它甚至还犯了很大的错误：试着回忆一下劳动部长的某些发言吧。但是政府的这些真正的错误，我国那些居然自称为社会民主党人的无政府工团主义者却始终看不见。这些政治上的黄口孺子倒是在政府多少做得合理的地方拼命攻击政府。例如他们对政府把德国间谍罗·格里姆驱逐出俄国国境愤懑不已。他们打算要求代表大会对这位绅士表示信任。策烈铁里同志在反驳他们的攻击时十分软弱无力，他的手脚至今都被齐美尔瓦尔得派的谬论束缚住了。不过他毕竟能

---

① 参见他的《社会主义与宗教》一书。——作者注

够使代表大会相信：政府不能不驱逐格里姆。

亚·费·克伦斯基说得几乎十分精彩,联欢的拥护者们被他逼得无路可走。值得注意的是,当克伦斯基对他们作了应有的驳斥,并且问出席代表中间谁拥护联欢时,甚至大呼小叫的列宁分子都鸦雀无声了。

不过这一切只是前哨战。主要的辩论是在李伯尔同志作了关于革命民主派和临时政府的报告之后开始的。策烈铁里同志对这个问题作了发言,其中有一段精彩的话。

"我国革命最大的不幸,就是在国内大转变的时刻发生了瓦解我国军队战斗机构的暂时的故障。凡是见过我国军队的人,凡是从战壕里回来的人都众口一词地对我们说,革命军队所处的状况使得它在同敌人发生冲突时不可能表现出自己的力量。同志们,在我国前线至今都可以看得到的那种消极无为的态度,不是加强了,而是削弱和瓦解了我们俄国的革命和站在俄国革命立场上的俄国军队。"

对的就是对的。我们早就这样说过。正因为我们这样说过,我们受到了无数最严厉的谴责。而当我们受到最严厉的谴责时,策烈铁里同志从来没有站出来替我们说过话。大概他也认为我们错了。就在前不久,他还大声宣布说,他不相信那些说我国军队战斗力衰落的人。现在他才明白,不相信这些人是不行了。迟相信比不相信好！

我怀着更加愉快的心情读完了维·米·切尔诺夫的演说。遗憾的是,我手头的《工兵代表苏维埃消息报》的第八十四号上没有报道这篇演说,所以我不得不根据《言论报》作引证。

在反驳有人谴责政府没有向法国和英国提出最后通牒（sic！①）时，他有力地指明，提出这种通牒并不困难，可是这样做不会有好结果："请问，如果他们回答我们说，对列强是不能用最后通牒式的语言谈话的呢？"这时候在座位上大声嚷嚷的卢那察尔斯基打断他的话说："啊，多么可怕呀！"对于安纳托里神父这个孩子气的狂妄举动，我国农垦部长作了非常机智的答复：

"问题不在于可怕还是不可怕，而在于所有盟国的民主派对我们的这种步骤会抱什么态度，——卢那察尔斯基先生是否知道这一点呢？如果知道，让他告诉我们，如果不知道，那么我建议他预先弄清楚这个问题，然后再说这可怕还是不可怕。"

对的就是对的，即使卢那察尔斯基不想（这是当然的）弄清这个问题，而是像以前那样在这个问题上轻率地大声嚷嚷。他小的时候被保姆碰伤了，所以从那时以后，他的一切议论都带有轻率的味道。

维·米·切尔诺夫出色地说明了列宁分子的策略。

他说："布尔什维克们所推荐的秘密接头—占领—分立—分居的道路通向最凶险的滑坡。他们谈论阶级政权。他们建议我们沿着旧制度的道路前进。从前有资格的俄国不承认我们，现在他们建议我们封住有资格的俄国的嘴。沿着这条路走很容易走向深渊。

"这是一条不断缩小革命力量所依据的基础的道路。这是分散力量的道路、犯罪的道路，因为沿着这条路走意味着替白马将军

---

① 原文如此！——译者注

扫清道路。只有准备孤注一掷的狂热的赌徒才会走这条路。俄国革命不会沿着这样的道路前进。"

对的就是对的！如果革命真正不走列宁分子号召它去走的那条道路,那该有多么好啊！可是要不发生这种事情,主要必须使维·米·切尔诺夫自己的信徒们从他的策略中清除掉大量侵入其中的那些列宁主义成分。不仅在列宁的党里有许多狂热的赌徒。而且一般来说,可怕的不是列宁。可怕的是半列宁派这股头脑迟钝、没有觉悟、毫无逻辑、然而在我国暂时(唉!)还有极大影响的巨大势力。

# Pons Asinorum[①]

（一九一七年六月九日《统一报》第六十号）

这两个词在古代的学校里表示一种说明问题的方法：当时的教师认为，用这种方法进行解释，就连脑筋最迟钝的学生也能懂得。在我看来，德国多数派对待他们怎样理解"不割地的和平"和"在民族自决的基础上的和平"的公式这个问题的态度，对于理解力不强的人来说，是可能成为类似的桥的。从他们的解释中可以看出，他们一致承认依赖协约国的那些民族有自决权，但是否认阿尔萨斯-洛林、普鲁士的波兰等地的居民有这种权利。至于这些地区，谢德曼的同道们则只准备对它们采用"不割地的和平"的公式。经过他们的解释，这个公式的意思就成了：领土一旦归并于德国的一个邦或整个德意志帝国以后，就永远失去了自由的权利。

现在就是理解力最差的人也一定看得清楚：我们的对手德国社会民主党多数派是货真价实的帝国主义者。要知道，至今还有很大一部分（如果不是大多数的话）德国无产阶级跟着他们走；显然，这一部分无产阶级也沾染上了帝国主义。

人们曾经责备我，说我"迫害"谢德曼。可是这种所谓迫害如果不是同帝国主义作斗争又是什么呢？

---

① 用俄国话讲，意思就是，供愚人使用的桥。——作者注

有些头脑有病的人不止一次地把我和我的同志与谢德曼和跟他打得火热的人相提并论。他们说,我们也是帝国主义者。我希望,德国多数派分子所杜撰出来的、关于"不割地的和平"和"民族自决"的公式的解释,会成为引导即使头脑最迟钝的人去理解事情真相的一座桥。我们是不会侵犯任何一个这样的民族的自由的,因为历史把这些民族的命运和俄国的命运联系在一起了。我们十分真诚地承认这些民族的自决权。帝国主义者的态度就不是这样。难道我们和谢德曼分子之间的区别现在还不明显吗?好啦,先生们,不要固执啦,别错过时机,通过这座供……脑筋迟钝的人使用的桥吧。

亚尔伯特·托马斯在同瑞典的《社会民主党人报》的代表们谈话中也说过:

"人们问我们,我们是否愿意为了阿尔萨斯-洛林而拒绝任何关于和平谈判的思想,并且让世界战争再打许多年。这类问题说明,人们没有好好地理解我们的出发点。"

的确,没有好好理解!要正确地提出这个问题,就应当这样提:

在行动中否定国际的最深刻的基础之一,即否定遭到谢德曼分子蹂躏的整个民族自决权的那些政治组织或工会组织能不能在国际中占一个地位呢?

我希望,我所推荐的这座桥在这里也能帮助我们的许多论敌。我希望,在这里他们终于会得到对问题的真正理解,并且满怀信心地说:

不,帝国主义者决不可能在以最坚决地否定帝国主义为基础的国际无产阶级组织中占任何地位。

# 一九一七年六月九日在工兵代表苏维埃代表大会上发表的演说[①]

首先请允许我感谢你们的热烈欢迎。大战期间人们不止一次地纷纷责备我,这使我感到可耻,不是觉得自己可耻,而是替责备我的人可耻。

我可以重复丹东的话说:我的名字算什么,让人家污蔑我好了,只要俄国革命不在德国军国主义的打击下毁灭就行!

托洛茨基公民谴责我,说我的名字不该签在"楷模"集团的呼吁书上。我是一个老战士。我的盾牌上布满了敌人的箭,我可以用拉萨尔的话说:增加一支不为多,减少一支不为少。可惜,托洛茨基公民向我发来的箭并不那么有力。

在我们看来,我国军队的战斗力正在下降。我们应该以身作则来提高士气。谁都可以这样作,何况如果这种做法同自我牺牲精神结合在一起。

据说,我国的军心并不是沮丧,而是疑惑。然则大批的逃兵又从何而来呢?某些人把这种现象解释为似乎逃兵不懂得战争的目

---

[①] 《统一报》(六月十日第六十一号)上登载的这篇演说的原文有一些明显的错误。因此我们采用《俄国言论报》(六月十日第一百三十号)所叙述的格·瓦·普列汉诺夫的演说,而且对照两种原文作了某些小的改动。——编者注

的，因此才离开军队。我看，他们根本就不想亲自参加战争。不能设想逃兵们回到农村老家是为了向自己的老婆打听战争的目的。遗憾的是革命没有消灭这种心理，所以我们人人都必须以身作则地向士兵们说明这个道理。

左派的策略不是提高认识，而是使认识模糊起来，于是产生了军队瓦解和丧失战斗力的现象。

我是社会主义者，我不可能成为帝国主义者。普遍的和平暂时只是遥远的目标。现在我们看到的是支离破碎、鲜血淋漓的比利时、塞尔维亚和波兰。战争把沉重的负担加在所有的人身上。但这并不是要我们什么事也不做。

应该抛掉敌人的枷锁。我确信，只有在这种条件下和平事业才会有牢靠的保障。这样，未来才会说，我们俄国人对这个事业做出了巨大的贡献。

（普列汉诺夫的演说赢得了暴风雨般的和经久不息的掌声。）

# 我们的机会主义
（使读者了解我们观点的一次新尝试）

（一九一七年六月十三、十五、十七和二十三日《统一报》第六十三、六十五、六十七和七十二号）

## 第一篇文章

彼得格勒有一家"自由"出版社。它在"人人政治丛书"的总标题下出版了一套小册子。这套丛书中占第二位的是一本题为《列宁和普列汉诺夫——论战概述》的小册子。出版社在这本小册子前面写了一篇简短的序言，说出版社希望所有感兴趣的人能够更好地了解我同列宁的意见分歧，所以它请M.A.安东诺夫用通俗的形式叙述这些分歧。

安东诺夫接受了这个请求，遵照出版社的意图十分客观地叙述了"双方的思想，而不预先从有利于他们中间哪一个人的观点来决定问题"。因此，只要得到上面说的这本小册子（每册一律定价为四十戈比），就可以毫不费力地弄清楚我在什么地方以及怎样同列宁发生意见分歧的。这个结论是从序言中得出来的。遗憾的是它没有根据。安东诺夫的确没有预先从对有利于我或者有利于列宁的观点来决定问题。如果这叫作客观态度，那么他是客观的。可是他的小册子毕竟没有满足自己的目的：它没有对"双方的思想"作必要的说明。为什么呢？原因简单，就是为了理解我和列宁之间存在的种种意见分歧，必须切实地了解社会主义理论。可是我们的作者没有这种了解。他说："如果学院式地进行推论，作为社会思潮的社会主义是不变的。"这是安东诺夫的根本原理。这个原理是完全错误的。"作为社会思潮的社会主义"有其漫长的历史。凡是有历史的东西都不会是不变的。社会主义也不是不变的。它已经经历了一些发展阶段。要是安东诺夫知道这些阶段互相区别的特点何在，那么他就容易理解为什么我不可能同列宁达成协议了。

然而他不了解这些特点，因此无论对列宁观点的真实本性还是对我的观点的真实本性，他都理解得很糟。

我不认为，"学院式地进行推论"是很大的不幸：也许安东诺夫不理解的东西还有很多，这是他个人的事。可是他扮演了广大读者的教师的角色。因此他的不理解就不再是他个人的事了。既然他着手教育广大读者时从这些读者那里因袭了他们对于俄国各派社会主义思想的偏见，所以分析他的小册子同时也就是消除这些偏见的一种尝试。我认为作这种尝试是有益的。

在说明我和列宁的意见分歧时，安东诺夫采用的是比较的方法。首先他把我和列宁可以说是作了总的对比。在这里他并不是没有某种艺术野心的。他所作的总的对比使我想起屠格涅夫在一篇著名的随笔里对于霍尔和卡里内奇的性格特征所作的对比：

"霍尔是积极的实际的人，有办事的头脑，是一个理性主义者；

卡里内奇同他相反,是属于理想家、浪漫主义者、狂热而好幻想的人物之类的。霍尔能理解现实,所以他建造房屋,积累钱财,跟主人和其他有权势的人和睦相处;卡里内奇则穿着草鞋,勉强度着艰苦的日子"等等①。

在我们这位作者那里也有某种类似的东西。他写道:

"列宁是一个狂热分子、教条主义者,他宣传社会主义原则时不考虑当地的条件。普列汉诺夫是另一个极端,他是一个讲究实际的机会主义者。列宁把社会主义的利益看得高于一切,他忘记社会主义应该在地上实现,而不是在云端实现。普列汉诺夫真诚地希望实现无论什么样的社会主义,心肠又软,所以决心对资产阶级作某些让步。列宁是直爽的、粗野的、严峻的、刚毅的人,他坚持自己的要求时是坚定不移的和铁面无情的,然而普列汉诺夫则是一位绅士,肯于让步、软弱、有女性的气质而且温柔。"

人们时常责备我辩论的方式尖锐,所以当我听到有人说我的特点是肯于让步、软弱、温柔,甚至还有女性的气质的时候,那是最使我高兴不过了。我担心的只是在分析安东诺夫的小册子时我不能保持他为我建立的崇高荣誉。有什么办法!真理高于一切。

安东诺夫想证明软弱使我产生机会主义,就是说使得我对资产阶级让步,他就引证了(例如)我给全俄铁路代表会议代表的公开信中的话:

"混乱现象会使我国刚刚诞生的自由毁灭。"

---

① 参见屠格涅夫:《猎人笔记》,人民文学出版社一九六二年版,第10页。——译者注

又如：

"当代俄国无产阶级最幸运的地方就在于：现在，在保卫新制度的斗争中，它的阶级利益和所有想要永远消灭旧制度残余的那些居民阶层的利益是一致的。如果俄国无产阶级懂得这个道理，它今后就不应该提出会使得自己同这些阶层分离的政策，而要提出使两者团结起来的政策。它的政策不应当是充满宗派精神的一个或一些小集团的政策，而应当是一个对自己的伟大历史使命有深刻而且广泛的认识的阶级的政策。"

我要问：在引证的这几行话里，难道不是清清楚楚地表现出我对当前俄国各阶级的利益的固有的看法吗？这种看法可能正确，也可能错误。如果它正确，那么每一个思想健全的人都应该承认它正确，这同气质软弱还是严峻毫无关系。如果它是错误的，那就应该揭露它的缺点。在这种场合应该以逻辑和政治考虑为依据，而不能满足于拿气质作借口。然而问题恰恰在于安东诺夫赞成流行于广大读者中间的、对于社会主义观点的机会主义和激进主义的一切偏见。谁说可以有无产阶级利益同整个资产阶级或者它的某些阶层的利益相一致的时候，谁就是机会主义者。反之，谁断言无产阶级利益任何时候都不会同资产阶级利益一致，谁就是激进派。广大的读者很少想到，这里的问题不在于机会主义还是激进主义，而仅仅在于政治上的（或经济上的）考虑，在于政治的（或经济的）算术。这一点安东诺夫也没有想到。

巴枯宁曾经竭力谴责马克思有机会主义。他作这种谴责的根据恰恰是：按照马克思的理论，在社会发展的某些时刻，无产阶级的某些极其重要的利益能够甚至必然要和资产阶级的某些极其重要的利益一致。巴枯宁坚决否认这种（请注意：暂时的）一致的必然性，并且因此自以为是激进派。同时广大的读者至今一直把他看成是具有比马克思更多得多的革命气质的活动家。然而实际上，他和马克思的区别根本不是决定于气质，而是决定于社会主义思维的方式。巴枯宁属于社会主义思想的空想阶段，而马克思却是科学社会主义的奠基人。

如果安东诺夫没有想过"社会主义是不变的"；如果他没有忘记社会主义有其漫长历史；如果他曾努力使自己弄清楚《国家制度与无政府状态》的作者所独具的激进主义的特征是什么，那么他就会立即看出，列宁的假革命策略是巴枯宁的假革命策略的亲生女儿。那时他就丝毫不需要拿列宁的粗野、严峻、直爽、坚定不移以及其他等等作借口了。他就不会向我们说明个性的特征，而是说明某种远为有价值的东西，即说明方法的特征。那时他也就不会把列宁归于"科学社会主义神殿"的祭司之类了。他就会懂得，列宁在其中举行宗教仪式的神殿坐落在乌托邦岛上。

值得注意的是被安东诺夫列入科学社会主义领域的列宁忘记（用同一位作者的话来说）社会主义应该在地上实现，而不是在云端实现。安东诺夫公民，别作孽了吧！这算什么科学社会主义呢？

上面我们已经看到，我们的作者进行比较时把我的观点和列宁的观点对立起来。现在我们又知道，列宁的社会主义的激进主义在于他希望在云端而不是在地上建立社会主义。

由此可见，我的机会主义在于我希望在地上而不是在云端建立社会主义。这个发现（我们完全应该把这个发现归功于我们这位作者的比较方法）就像说我"是一位绅士，肯于让步、软弱、有女性气质而且温柔"一样使我十分愉快。我只担心安东诺夫公民这完全是过分地恭维我。

不过,危险并不像乍看起来可能设想的那么大。安东诺夫公民在用赞扬的毒药伤害我的时候并不吝惜用谴责的解毒剂。他硬说,我和列宁的残酷斗争达到了"过于自尊的(sic!)①庸夫们的疯狂"的程度,而"我们(即读者们——格·普)有权从十分怀疑的观点出发来考察他们相互论战的诚意"。原来如此!你们看,尽管安东诺夫十分的温柔,但他没有犯批评的判词过分软弱的罪过。

不过这是第十件事,像巴扎洛夫(是《父与子》里的巴扎洛夫,而不是《新生活报》里的巴扎洛夫)说过的那样。重要的是现在读者可以亲自断定安东诺夫关于我们的机会主义的看法有多少根据。下一篇文章将用安东诺夫本人的话说明:这种所谓机会主义怎样表现在我们对待国际、对待当前战争等问题的态度上。

# 第二篇文章

现在继续同安东诺夫谈话,因为他的一本不大的小册子里包含着许许多多在庸人们中间广泛流传的关于俄国各派社会民主主义思想的偏见。

他硬要使人相信,"普列汉诺夫阵营中有:马斯洛夫、斯米尔诺夫、鲁巴诺维奇、切列万宁、阿克雪里罗得和德依奇等人"。他认为接近这个阵营的有:"谢德曼、休特古姆、海德曼(即海德门——格·

---

① 原文如此!——译者注

普)、王德威尔杰(即王德威尔德——格·普)、盖德、考茨基、比索拉提、阿德勒(大概是维克多——格·普)和萨克佐夫等人"。

被安东诺夫公民归入列宁阵营的俄国社会民主党人中有：季诺维也夫、别列宁、兹·李宾、齐姆林"等人"，"外国社会民主党人中则有：马克林、李卜克内西、卡尔·楚利布姆(?)、罗莎·卢森堡和布拉戈耶夫'等人'"。

这里真是一团惊人的混乱。各国社会民主党左翼的理论家、机会主义不可调和的敌人、西欧无产阶级应该感谢他们在自己的队伍里传播了科学社会主义思想的那些坚定的马克思主义者(海德门、盖德、考茨基)，被不分皂白地同休特古姆和谢德曼之流的真正的机会主义者混为一谈，这些机会主义者属于早就对马克思和恩格斯的社会主义观点进行"修改"的所谓修正主义者一类。安东诺夫先生在转而谈到列宁的国外阵营时用完全相同的糊涂观念款待读者。他把卡尔·李卜克内西同像楚利布姆这样一个毫无革命声誉的人物混为一谈。也许后者真的属于列宁分子的国外阵营，这一点我不了解。然而卡尔·李卜克内西始终属于以盖德、海德门和考茨基为其最出色的代表的那个社会主义思想派别，这是毫无疑问的。

我们的作者继续道："这两个阵营在一般策略问题上有原则性的分歧，所以它们在如何消除战争所引起的种种事件的问题上是不可调和的敌人。"

这又不对。

休特古姆"在一般策略问题上"始终是同考茨基有分歧的。可是我们的作者却把他们两人算在同一个阵营里。同样，卡尔·李卜克内西按其策略观点说非常接近于本文作者，而铁面无情的安东诺夫先生却把我们划进了两个不可调和的、互相敌视的策略阵营。

这是什么？无知吗？当然是无知。但是有各式各样的无知。有一种无知对于观察者大有教益。我们的作者正是暴露了这种无知。

广大读者的这位启蒙者把读者自己中间流布极广的偏见奉献给他们。作为启蒙者他完全不适合。但是，作为在策略、战争等类问题上流行的偏见的代表者，他却几乎是不可代替的。

"在一般策略问题上"他是一无所知的。但是他听说我国甚至有许多社会主义者把盖德、海德门和我当作休特古姆、谢德曼、维克多·阿德勒和萨克佐夫在策略上的同志。于是他就拿起笔来把他自己的偏见奉献给很少受教育的读者。他没有问问自己，这种偏见是从哪里来的。他甚至没有想到这是偏见。他认为偏见是完全正确的思想。但因此他也就使我们有义务说明偏见产生的过程。

当这次战争爆发时，德国社会民主党在难忘的一九一四年八月四日会议上通过哈阿兹的嘴巴声明说，这次战争具有防御的性质，因此全体德国社会民主党人必须积极参加战争。反之，法国社会党由于认为战争对法国是防卫的，也作了同样的声明。参加德国社会民主党的有谢德曼、休特古姆及其他机会主义者。属于法国社会党的则是盖德和他所有最亲密的同志。谢德曼站在自己党的右翼。反之，盖德派组成了法国社会主义的左翼，这是极其重要的区别。但是，当广大的读者听到盖德像谢德曼宣布自己决心手执武器捍卫德国一样声明自己决心保卫法国的消息时,他们就完全忽视了这个区别。他们把两种情况外在的相似性看成是它们内在的同一性。下面的例子可以说明他们这种由外及内的推论错误到了什么程度:

从列·托尔斯泰的观点来看,手执武器起来反对沙皇政府的革命者应该和这个政府本身一样受到谴责。为什么呢?因为革命者和执政者都使用了武力。列·托尔斯泰没有问过自己,一些人向自己提出了什么目的,另一些人又是追求什么目的。他没有区别防御者和进攻者、被压迫者和压迫者。在他看来,凡是用暴力抗恶的人都属于同一阵营,即属于使用暴力者的阵营。一个革命者越是要坚决地走上起义的道路,他在托尔斯泰心目中就越像一个驱使讨伐队逞凶肆虐的反动分子。无论前者或后者都是暴徒。他为什么而斗争是不重要的;重要的是他斗争时采不采取暴力手段。

当这次国际冲突开始时,广大群众就完全是这样判断法国社会主义者和德国社会主义者的。他们没有问问自己,一些人希望什么,另一些人追求什么。他们根本没有产生过关于目的的问题。他们满足于关于手段的问题。无论盖德或谢德曼都"同意战争"。这就是说,他们两人都属于同一阵营。什么阵营呢?广大群众认为,激进的社会党人无论如何"不会同意"战争。因此他们断定,盖德和谢德曼一样是属于机会主义者阵营的。既然他们听说,在齐美尔瓦尔得开会的人是"不同意"战争的,所以他们断定,这些人才是激进社会主义的真正代表。实际上,齐美尔瓦尔得决议中体现了多美拉·纽文胡斯之流的无政府工团主义者在第二国际的几次代表大会上提出来的那些思想。然而广大群众不熟悉国际的历史。他们受了齐美尔瓦尔得各项决议外表上的激进主义的欺骗，认为它们体现了不可调和的马克思主义的精神。

这完全不是说上述决议的假激进性质得到了群众的同情。不，在大多数情况下群众是同情"机会主义者"的，因为他们本身也倾向于"同意战争"。可是他们由于无知，竟把过去一直是而且现在仍然是机会主义不可调和的敌人的那些人（如盖德和海德门）同无疑属于机会主义者的人（如谢德曼和休特古姆）一起都算成了机会主义者。

实际上，盖德的情况同休特古姆和谢德曼的情况是根本不同的。谢德曼支持帝国主义政策，从而背叛了国际。盖德起来反对这个政策，从而遵循了国际工人协会的遗训。法国马克思主义者的这位领袖起来反对德国帝国主义，并且"同意战争"，这个情况完完全全是由于这个帝国主义已经手执武器地去达到自己的目的。

据说，这次帝国主义战争的责任一般来说要由所有资本主义国家来负，个别地说则由每一个资本主义国家来负。这又是广大群众中普遍流行的偏见之一。毫无疑问，帝国主义战争归根到底是由已经高度发展的资本主义的本性决定的。但是"归根到底"决定帝国主义战争的一般可能性是一回事，而使得一般可能性变为特定时刻痛苦的现实性的那些直接原因则是另一回事。这些直接原因总是一定国家或者一定的国家联盟的行为。因此当一个国家或一个国家联盟的某些行为引起国际军事冲突时，我们有充分的理由肯定说，这次冲突的责任应当由这个国家或国家联盟来负。

还在这次战争的前夕,德国(以及奥地利)社会民主党报刊曾经一致承认,战争的责任主要应由德国和奥国的帝国主义者来负。一九一四年八月四日以后,德国社会民主党大多数机关报开始说起某种相反的话来了。它们着手证明,德国只是防御敌人的进攻,换言之,战争的罪过主要在协约国。而这种观点的转变是和德国社会民主党向德国帝国主义方面的转变同时发生的。以后不久,就在德国民主党内产生了一个反对帝国主义政策的反对派,持反对立场的少数派机关报又开始发表(不过不大胆,也不坚决)原先的主张了。连伯恩施坦这个德国修正主义者的创始人也开始说,法国社会党处在完全不同于德国社会党的地位。这等于承认法国在防御,而德国在进攻。从作为修正主义之父的伯恩施坦方面来说,这是不合逻辑的。但是往往有舆论一时糊涂的时候,这时不合逻辑的现象本身就会变成功绩。在所有公正的人看来,这种不合逻辑的现象永远是伯恩施坦的功绩。

无论如何,还在马克思的时代国际就把防御战争和侵略战争区别开来了。法国社会党也在自己的里摩日代表大会(一九○六年)上坚决确认过完全符合国际精神的这种区别。

这次代表大会在关于战争的决议中曾经提醒"全世界工人阶级注意,任何一国政府如果不犯反对其他民族的罪行,不犯反对这个民族的工人阶级的罪行,不犯反对全世界无产阶级的罪行,就不能威胁这个民族的独立。"

同一个决议还说过,"一个国家的独立处在危急中,它的人民和工人阶级应该坚决保卫这种独立,并且有权期待全世界工人阶级的援助。"

当通过这个决议的时候(再说一遍,在一九〇六年),任何一国的任何一家社会主义机关报都没有提出过丝毫异议。唯有无政府工团主义者古斯塔夫·爱尔威谴责它是机会主义的决议。但是这没有使任何人感到奇怪,因为当时所有的人都懂得,无政府工团主义者不赞成社会主义者对待战争的看法,而且也不能赞成这种看法。

当一九一四年盖德"同意战争"时,当他开始号召法国无产阶级全力保卫自己的国家时,他完全是按照里摩日决议的精神行事的。

这个人的思想方式越是激进,他的气质越是革命,他必然会更加坚决地奋起反对德国帝国主义者犯下的、可惜得到谢德曼一伙人的支持的罪行。只有认为维·伊·查苏利奇(她曾经因为特列波夫下令惨无人道地拷打波戈留波夫而向特列波夫开过枪)同特列波夫属于一个阵营的人,才会根据这一点把盖德和谢德曼算进一个阵营。

# 第三篇文章

安东诺夫先生根本不了解社会主义的历史。难怪他毫不犹疑地把不可调和的马克思主义者盖德和不可救药的修正主义者谢德曼混为一谈。只要他对社会主义的历史有一点了解,即使是对它最近时期的历史有一点了解,他就会惊奇地问自己,怎么可能发生这样的事:不仅法国的盖德,而且英国的海德门、西班牙的伊格列西亚斯、格鲁吉亚的尼·饶尔丹尼亚,最后还有俄国的普列汉诺夫,这些原来在自己国家内都是正统马克思主义这种革命的代数学的主要宣传家,这些一向同机会主义进行激烈战斗的人突然像商量好了似的都转入了机会主义阵营呢?柏拉图早就说过:"惊奇是哲学之母"。如果安东诺夫先生对于在他看来似乎欧洲马克思主义的主要理论家们都转入了机会主义者阵营的那种现象感到了惊奇,那他就会开始仔细思考这种现象("寻根问底"),那时他对这种现象就可能有完全不同的看法。他也许会想到,实际上欧洲马克思主义的主要宣传家们根本没有转入机会主义阵营,而是他把情况表面上的相似性当作了本质上的同一性。我这样说并没有把握,而只是用假定语气:"可能"、"也许"。可惜没有充分的根据使我有把握。就连一些才识远胜过安东诺夫先生的人也未能理所当然地对盖德、海德门、伊格列西亚斯等人向机会主义的所谓转变"感到惊奇"。这里的主要障碍是西欧各交战国内缔结了"国内和平"。

人们把各政党之间达成协议,以便在战争时期完全停止或者至少是大大减弱在正常条件下这些政党之间发生的相互斗争称为"国内和平"。机会主义者通常都表现了一种同其他政党达成协议的倾向。马克思主义者坚决反对了这种倾向。可是当目前的国际冲突爆发时,一些马克思主义者(例如盖德)也认为这种协议是必要的。大家知道,盖德甚至作过短时期的部长(不管部)。广大群众正是由此得出结论说,盖德及其在其他进行自卫的国家中的同道们接受了机会主义的策略。然而这是错误的结论,它只能使思想最肤浅的人感到满意。战争产生了一些特殊的条件,要把和平时期的形式逻辑应用到这些特殊条件上去是再也不可能的了。

人们把"国内和平"看成是等于停止阶级斗争。自从以血缘亲族为基础的原始共产主义瓦解和社会中产生了阶级那个时候起阶级斗争就开始了。只有阶级不存在了，阶级斗争才会停止。各政党之间的协议是不足以削弱阶级斗争的。要长时期削弱阶级斗争就必须有下面两种情况中的一种情况：或者在这个国家中延缓经济发展的进程，或者这个国家处于可以剥削其他国家的特殊地位。

如果德国在它对法国宣布的侵略战争中取得了最后的胜利，那么德国一定会向法国提出延缓法国经济发展进程的种种条件。延缓经济发展进程意味着延缓无产阶级形成为社会阶级的过程，也意味着延缓无产阶级觉悟的提高。这一切总合起来就会削弱无产阶级在同资产阶级对抗中的地位。

不言而喻，法国的马克思主义者们无论如何不会喜欢这种削弱法国无产阶级地位的远景。为了避免这种情况，他们必须防止德国战胜法国。本着这种宗旨，他们同资产阶级政党达成了协议。协议向这些政党暗示，希望尽可能在战争时期取消会削弱法军战斗力从而会帮助德国帝国主义者实现计划的那些阶级斗争形式。

由此可见，缔结协议根本不是为了削弱阶级斗争，相反，而是为了取消将来一定会削弱阶级斗争的那些条件。这哪里是什么机会主义呢？一点机会主义的影子也没有，有的是某种同机会主义直接对立的东西：即每一个彻底的马克思主义者，必然力求从工人阶级的历史道路上，排除那种会使工人阶级反对资产阶级的斗争变得软弱无力的东西。

当然，从无政府主义者和无政府工团主义者的观点看来，甚至无产阶级代表同敌对社会阶级代表的临时协议都是不能接受的，无论这些协议将来会给无产阶级带来什么好处。但是马克思主义者们一向都否定无政府主义者和无政府工团主义者们的所谓激进策略，因为这种策略是建立在对社会主义原则的纯粹教条式的理解的基础上的。马克思和恩格斯早就在自己的宣言里极其辛辣地嘲笑过"德国真正的社会主义者"，因为这些人否定任何关于德国无产阶级支持当时正走上反专制主义斗争道路的资产阶级的思想。用宣言作者的话说，"德国真正的社会主义者"把社会主义的要求同资产阶级的政治运动对立起来，因循惯例地诅咒自由主义、代议制政体、资产阶级的竞争、资产阶级的言论自由、资产阶级的法律、资产阶级的自由和平等，并且向人民群众大力鼓吹，说什么在这个资产阶级运动中人民群众不仅一无所得，并且还有失掉一切的危险（同现在我国的布尔什维克分子一模一样！）。宣言补充说："德国的社会主义恰好忘记了，法国的批判（德国的社会主义不过是这种批判的可怜的回声）原是以现代的资产阶级社会和与它相适应的经济关系和政治组织为前提的，即正是以当时德国尚待争取的那些社会条件为前提的。"① 责备盖德忘记阶级斗争原则的那些轻率的批评家，本身很像受到马克思和恩格斯嘲笑的"德国真正的社会主义者"。他们不了解，正像我上面说过的那样，对于法国马克思主义者们来说，问题在于从法国的历史道路上消除德国帝国主义者企图制造的并且会长期大大延缓法国社会阶级斗争的发展进程的那些障碍。轻率地谴责盖德的那些人认为是机会主义

---

① 参见《马克思恩格斯全集》，第四卷，第 496 页。——译者注

的那种观点,实际上恰恰相反,是最周密、最彻底的社会主义激进主义的表现。

为什么在谴责盖德的策略的法国人当中我们看到像让·龙格这样一些同志呢?

这是因为这位同志尽管有一切无可争辩的长处,但他从来不是一个马克思主义者,而且始终属于机会主义者的阵营。

为什么在谴责海德门的策略的英国人当中我们看到像兰赛·麦克唐纳这样一些同志呢?(这个人从来不是阶级斗争的热烈拥护者,他之所以在英国出名,不是因为他发表了社会主义的演说,而是因为他星期天在教堂里讲了一些多少是有教益的基督教义问题。)这是因为他从来就是一个机会主义者,而且对马克思主义从来只有最混乱的概念。

可是既然如此,另一位敏慧的读者会说,谢德曼和休特古姆的策略不是也没有任何机会主义的影子吗?

我可以回答说,您错了。您之所以错了,又是因为您把情况表面的相似性当成它们实际的同一性。

盖德策略的宗旨是从法国的历史道路上消除那些很可能延缓法国阶级斗争发展的障碍。

谢德曼之流的策略的目的是为德国夺取一定会削弱德国国内阶级斗争的那些经济发展条件。

你们可以看出,这是"两个大有差别的东西"。我还要说:现在我们面前有两种彼此正相反的策略。

敏慧的读者继续问道:"可是从哪里可以看出谢德曼的策略会削弱德国国内的阶级斗争呢?"

这可以从事情的真正实质中看出来。谢德曼之流正在支持德国帝国主义者的策略。如果实现了帝国主义者的计划，德国无产阶级在剥削其他民族的事业中就会处于资产阶级和容克地主的帮凶的地位。为了保持这种有利的、然而可耻的地位，德国工人阶级就不得不千方百计地支持同统治阶级的联盟，即支持臭名远扬的一九一四年八月四日策略。谁参加对别人的剥削，谁就很难起来反对剥削者。简言之，在这种情况下我们面前就会出现一种独特的情况：一个国家的经济繁荣会削弱这个国家里的阶级斗争。为了灌输机会主义精神而重新"修改"社会主义学说，会削弱德国国内的阶级斗争。这一切总合起来就意味着，同德国社会民主党的领导人不是谢德曼、艾伯特和休特古姆而是李卜克内西、倍倍尔和金格尔的那个旧日黄金时代比较起来，德国国内阶级斗争的力量将远为软弱。

懂不懂这个道理呢，安东诺夫先生？我想是懂的，要知道这个道理像二二得四一样不能再简单了！

## 第四篇文章

我不是那种爱装出悲剧式的姿态，说空洞的革命大话的人。我记得恩格斯曾经警告过：在说革命的空话方面，无政府主义者早已打破了人类的纪录，因此我们在这方面绝不能同他们作任何竞争。如果我反驳关于我们的机会主义的广泛流行的见解，那完全不是因为我想在读者面前扮演极端激进派的角色。我追求的是根本不同的目的。我想说明，我们（被认为是机会主义者）同我们的论敌(被认为是激进主义者)的区别,比气质上的不一致要深刻得无可比拟。我们的思想方法和他们的方法根本不同;我们的革命概念同他们的概念完全无法比较。如果硬要拿我们同他们作比较,那也不能在空间上比较,而只能在时间上比较。换言之:不能说我们中间谁"比较左",谁"比较右",而要说按照自己的观点谁属于社会主义发展的比较早的时代,谁属于比较晚的时代。

安东诺夫先生本人就十分令人信服地证明了:列宁的社会主义不是建立在地上,而是建立在云端,换句话说,它同现代社会主义根本没有任何共同点。但是,这丝毫没有妨碍他称列宁为科学社会主义的"祭司",认为在社会思想领域中他是我的同时代人。他的主要错误就在于此。而且现在有许许多多的读者同他一起犯这种错误。

安东诺夫说:"普列汉诺夫从民族主义在合理的意义下可以同国际主义调和起来的原理出发,站在赞成战争的立场,即不反对延长战争。"

由此可以看出,安东诺夫先生丝毫不了解我们的方法。

我们的理论著作决不是"在合理的意义下"把各式各样的思想例如民族思想和国际思想调和起来。"调和"的方法只适用于熬多多少少容易消化的折衷主义稀粥。我们不会为了满足我们的气质,使我们产生的那些理论要求和实践要求而致力于"调和"各种思想。我们的方法在于研究现实。我们只是把历史过程的客观逻辑必然决定它们会调和的那些思想互相调和起来。

民族思想本身是这一过程许许多多极不相同的精神产物中的一种。曾经有过一个时期(请注意,一个非常长的时期)人类头脑里根本没有什么民族思想。生活在氏族生活方式的条件下的狩猎部落和游牧部落并不知道民族为何物。古代城邦的公民也还没有产生民族思想。更确切些说，这种思想的微弱萌芽只存在于少数古代思想方式的最先进的代表们的头脑里。例如我们在意大利各城市共和国中就可以看到这种情形。热那亚人热爱自己的热那亚，而且非常关心它的福利。可是离热那亚不远的比萨的福利对他们则毫不相干。相反，他们千方百计地力图损害比萨人，同他们进行残酷的战争。热那亚人根本没有想过：比萨人和他们一样也属于意大利民族。不用说，比萨人也没有过这种想法。祖国领土的观念不超出故乡城邦的观念。

这是有完全确定的经济原因的。我不准备在这里考察这些原因：因为那会使我离题太远。我只要指出下面这个众所周知的事实就够了：意大利的历史发展逐渐地把意大利民族统一的问题提上了日程。不言而喻，远不是全体意大利人都同时对这个问题感到兴趣。起初它只引起意大利人中间最敏锐和最高尚的代表人物的注意：不妨回想一下玛志尼和他的许多的同志。

玛志尼出生于热那亚，但他已经不是从热那亚的观点而是从全意大利的观点来看意大利问题。现在绝大多数意大利人都是从全意大利的观点来看这些问题的。

这就是说，历史发展的进程扩大了意大利人的眼界。现在热那亚人不会说应该破坏比萨，比萨人也不会力求破坏热那亚人。他们都会觉得要破坏这种思想本身就是犯罪的。可是这是不是说，现在热那亚人不爱热那亚，比萨人不爱比萨了呢？不！一般来说，热那亚人很爱热那亚，比萨人也很爱比萨。那么同中世纪和文艺复兴时代比较起来究竟发生了什么变化呢？对故乡城市的热爱的性质改变了。从前热那亚人只知道自己的热那亚，为了热那亚的利益他可以心安理得地牺牲意大利其他一切城市的利益。现在，热那亚人尊重意大利其他城市的合法利益；而且如果他真正达到了目前先进的意大利爱国主义的水平，那么只要自己的故乡城市企图破坏这些合法利益，他就会坚决地谴责它。一个现代的发达的比萨人、威尼斯人、米兰人等等也会这样做。

然而历史过程并没有因为人类头脑里产生了民族思想而且得到巩固就停止了。经济关系进一步发展的进程导致了国际思想的产生和传播。

如果说曾经作为最有觉悟的社会阶级的资产阶级是民族思想的主要代表和传播者的话，那么在先进国家里已经成为社会进步最强大的动力的无产阶级则是国际思想的主要代表和传播者。

如果民族思想的忠实仆人为了本民族的福利可以轻视其他民族的利益（像过去热那亚人轻视比萨人的利益，比萨人轻视热那亚人的利益一样），那么国际思想的忠实仆人的理解和做法就完全不同。他会把本民族的合法利益同不合法的利益区分开来，即同如果得到满足就无异于剥削和压迫其他民族的那些利益区分开来。现在我们面前又发生了和我们在现代意大利的例子上研究过的现象同样的现象：在意大利，正像我说过的，每个个别地区的觉悟公民力图把本地区的合法利益和不合法利益区分开来。区别只在于，在这两种现象中间，一种发生在个别民族的范围内，另一种发生在世界范围内。国际思想比民族思想广泛得不能相提并论。然而完全和民族思想不妨碍一个充满这种思想的人热爱自己故乡的城市一样，国际思想也不妨害一个具有这种思想的人热爱自己的民族。

如果不是这样，如果当前这个历史时期最伟大、最崇高的思想禁止一个具有这种思想的人热爱自己的民族，如果这种思想完全没有给民族主义留下地位，那么它就应该叫作反民族思想，而根本不是国际思想，因为国际思想的前提是民族间一定关系的体系。

社会发展的逻辑本身告诉国际主义者，任何一个民族的合法利益同不合法的利益的区别何在，这种区别决定他对待战争的态度。

国际主义者会"同意"（即使是迫不得已）那种以捍卫本民族合法利益为宗旨的战争；他不会同意那种以破坏其他民族合法利益为目的的战争。

如此而已。这就是我们解决战争和国际（Nнтернационал）问题的态度。我们用这种观点解决这个问题的时候，丝毫没有为了自己的主观偏好任意地"调和"什么。我们的观点和我们的策略只是不自觉的历史过程的自觉表现罢了。它们的主要优点就在这里。它们取得实际成效的保证就在这里。

# 革命民主派与战争

（一九一七年六月十四日《统一报》第六十四号）

全俄工兵代表大会以绝大多数票通过了由社会民主党孟什维克派和社会革命党人所提出的关于战争的决议。谁好好考虑一下各次代表大会通过的决议，谁就一定会看出，这些决议远不是始终具有思想内容十分明确的特点。谁亲自参加过各次代表大会的工作，谁就会懂得决议不够明确的原因何在。这些决议往往是代表大会上各主要集团之间协议的产物。不用说，这一次也不能没有协议。这种情况对于我国革命民主派代表大会上通过的关于战争的决议是不无影响的。但是为了公平起见必须指出，施加影响促使通过这一决议的那些政治集团，在对于当前战争的性质和可以使和平得到恢复的办法问题上是很少分歧的。因此它们无须彼此作重大让步就轻而易举地达成了协议。

然而即使它们不难达成协议，那也决不能由此得出结论说，从客观真理的观点看来，载入他们决议的一切原理都无可指摘。

我们不妨考察一下作为决议基础并且在极大程度上决定这个决议所发挥的思想内容的那个根本原理。这个原理说：

"目前的战争是在以夺取新市场并使弱小落后的国家屈服于自己的影响为宗旨的一切国家的统治阶级的帝国主义意图的基础

上产生的。"

接着是谈这次战争的一些极为有害的后果。战争使一切国家的经济处于全面衰落的境况，使俄国革命处于毁灭的边缘等等。我们很快就会看到，这种说法是正确的，虽然需要作某些解释。现在我要指出，上面这条基本原理用决议所赋予的那种形式来表现是完全不能令人满意的。

起初我们听说，战争是由"一切国家"的统治阶级的帝国主义意图引起的。接着人们告诉我们（在同一时候），"一切国家"的统治阶级都力求夺取新市场并使"弱小落后的国家"屈服于自己的经济影响和政治影响。于是，弱小落后的国家并不属于一切国家。

读者第一次遇到"一切国家"之外还有"弱小落后的国家"这样的论断时是会困惑莫解的。试问：为什么要使他碰到这种至少值得怀疑的论断呢？

决议的作者们会反驳我说："这是小事情；我们不过是表达得不好而已"。但我要用新的问题回答他们：为什么在你们应该表达得好的时候却表达得不好呢？

拉萨尔曾经说过，为人民写作要比为某一群学者写作困难得不可同日而语。这是对的。不过这只有对那些在向人民群众讲话时首先认为马马虎虎地表达是不允许的，并且竭力使自己的思想具有严格的秩序的作家说来才是正确的。至于上面分析的决议，那么十分遗憾，我在其总和是决议的理论基础的那些思想中没有看到很多的秩序。

俄国在"一切国家"之列。甚至最不可救药的怀疑主义者也不能怀疑这一点。然而它是否在"弱小"国家之列呢？不，显然不是。

那么能不能把它叫作"落后"国家呢？不仅能够，而且应该，至少在经济方面是如此。每一个甚至没有念过中学的人都知道，我国的生产力同西方各先进国家比较起来是很不发达的。由此应该得出什么结论呢？结论是这样的。

假使读者严肃地想一想决议的基本原理，那么他必然要产生一个问题：俄罗斯民族是不是属于"一切国家"的帝国主义者力图将剥削的桎梏加在它们身上的那些民族之列呢？这是一个非常严肃的问题。因为如果"一切国家"的帝国主义者都力图剥削俄罗斯民族，即使只是在经济方面，那么十分明显的是它应当自卫。即使它根本不可能保卫自己不受"一切国家"的帝国主义者的剥削，弄清目前究竟哪些帝国主义者对它更危险，对它来说毕竟是十分重要的：是那些武装进攻它的帝国主义者（德国和奥地利的帝国主义者）呢，还是那些暂时只准备通过卢布采取行动的帝国主义者（比方说英国或美国的帝国主义者）呢？但是，对于这个重要的问题决议没有作任何答复。我们所看到的决议的基本原理乃是一片理论上的昏暗，在那种昏暗状态中，所有的猫都是灰色的，而"一切国家"在这次战争中都是同样有罪的。

为什么需要这种昏暗状态呢？难道决议的作者们至今还抱着在帝国主义战争中就是警察局长也分不清是谁殴打谁那个信念吗？看来是有这种信念的。这对我们大家都是很大的不幸。然而如果知道比方德国和奥国社会民主党人不过在战争开始前的几天内关于战争的责任问题说过的那些话，这个不幸是不难解除的。我建议对这个问题真正感到兴趣的人去读一读爱·伯恩施坦的一本很有教益的著作：《工人阶级国际和欧洲战争》。他们可以从这本书里看到，早在战争前夕中央各帝国的社会民主党就公开而坚决地称自己的政府是文明世界面临的灾难的主要祸首。俄国无产阶级应该知道这一点。

也不妨让俄国无产阶级知道，当灾难爆发时，德国社会民主党的机会主义多数派决定利用这个灾难帮助无产阶级从政府和上层阶级那里获得某些让步。

为了这个目的，他们开始支持本国帝国主义者的政策。而且至少大多数德国工会都跟着它们走了。这是事实。不谈这个事实，避开这个事实，无异于不正视痛苦的真理，而接受使我们崇高起来的骗局。然而事实上"骗局"从来没有使任何人崇高过，所以我们这些社会主义者，我们这些劳动群众的领导者，应该把它当作最大的祸害来避免。

由于德国社会民主党多数派站到帝国主义者一边去了这个无可争辩的事实，我们没有权利断言这次战争的责任只落在"一切国家的统治阶级"身上。不，在一定程度上它同样也落在我上面所指出的那些德国工人身上。为什么要向俄国无产阶级隐讳这个事实呢？为什么要向它隐瞒甚至是极其痛苦的真理呢？

其次，十分正确：战争会使所有的国家和人民变得贫弱。然而某个国家越是贫困，战争就越会使它贫弱。俄国属于十分贫困的国家之列。这次战争将给它带来比英、法、德、美更加困难得多的经济后果。因此，俄国工人阶级有觉悟的代表首先主要应该考虑怎样尽快地停止这个经济上使得它十分疲惫而同时又不是由它发动的（我再一次援引上面提到的爱·伯恩施坦的书作证）战争。然而决议主要关心的问题却是如何使全世界的民主派转到齐美尔瓦尔得宗派的立场上去。如果俄国无产阶级的国际政策充满了这一决议的精神,那么它就很可能要犯许多的错误,并且给自己国家今后的经济发展造成不可克服的障碍。要知道经济发展是整个社会运动的主要原动力:不是意识决定存在,而是存在决定意识。因此,俄国无产阶级和农民错误的对外政策会给我国未来的全部文明以及未来的我国革命造成无法补救的损失。

不可能有不以和平为目的的战争。因此,决议研究关于和平条件的问题是极其自然的。这里我们看到的是"不割地的和平"之类的老公式。但是被迫应战的国家是不能仅仅幻想合于它的愿望的和平条件的。它应该清楚地指出一条可以实现它的幻想的道路。而决议对此却不置一词。不错,它也指出了更换外交部人员的必要性。可是说到进攻,我们只找到下面一句简短的话:

"在这方面,代表大会认为,关于进攻的问题应该仅仅从纯粹军事的和战略的观点出发加以解决。"

这是根本不正确的,因为关于进攻的问题也具有政治意义。要知道我们不是单独作战,我们有盟国,我国军队的毫无作为会给盟国增加不少困难。这是大家都知道的。

不过,如果每条法律都能扩大地解释,那么也可以修正地解释每项决议。我们希望,我国革命民主派有觉悟的代表们也会开始这样来解释决议。

附记。当晚报给我送来关于生活本身(不过不是俄国的生活,而是德国的生活)已经开始在修正地解释决议的消息时,这篇文章已经写好了。德国人开始向我国战线进攻了[①]。

---

[①] 这里提到的消息不确实:六月十二日到十四日德国人只限于在里加战线左翼发射了猛烈的炮火。——编者注

# 临时政府和乌克兰的运动

（一九一七年六月十六日《统一报》第六十六号）

乌克兰的运动具有一种使整个俄国受到可怕的灾难的威胁的性质。不言而喻，这是极可惋惜的。而且几乎我国所有的机关刊物，不分派别，都毫不犹豫地这样说。但是，应该公正。现在小俄罗斯发生的事件，不仅要由乌克兰中央拉达负责。我们的临时政府也应该和它一起分担这一责任。临时政府对乌克兰人的要求关怀得不够，因而在他们中间引起了非常危险的愤慨情绪。而更可悲的是痛苦的经验至今都没有使我们的执政者们比较关怀地对待这些要求。

乌克兰中央拉达曾经请求临时政府在一项特别法令中表示对于乌克兰自治原则的善意态度。这个请求至今仍然没有受到重视。而临时政府所属的法律会议竟说本政府无权重视这个请求，因为乌克兰自治的问题完全属于立宪会议的职权范围。

老实说，我完全不懂这个道理！

现在的问题是原则上承认乌克兰有自治权。然而我们却听到说，临时政府之所以拒绝原则上承认这种权利，是因为它怕越出自己的职权范围。可是既然如此，既然我国临时政府原则上赞成小俄罗斯人自治就会越出自己的职权，那么试问：我们应该怎样理解临时政府产生后立即颁布的那个声明呢？

声明中也曾断然说过，我们的新政府谋求以民族自决为基础的不割地不赔款的和平。谁认为自己有权原则上赞成一切民族整个实行自决，他也就是承认自己有权原则上承认加入俄国的这个或那个民族实行自治。

所以，二者必居其一：

要么是我们的现政府在它草拟的第一篇声明中超出了自己的职权；要么是它有责任满足我们的小俄罗斯兄弟们的要求。

政府大概不会承认它的第一篇声明超出了它的职权。

因此，令人不解的是为什么乌克兰人的请求被政府用官僚主义的冷酷无情的态度拒绝了，一般来说，这种态度是令人极不愉快的，而在当前的情况下，此外它还可能产生危险的心理后果。

也许人们会对我说，乌克兰中央拉达不只要求原则上承认小俄罗斯自治。除了原则上承认自治之外，拉达还想使政府采取一些具有实践性质、因而从俄国的观点看来可能不适宜的措施。

这一点我很清楚。不过如果乌克兰中央拉达在临时政府的答复中看到政府有决心实现它的基本愿望，那么毫无疑问，它在自己的实际要求上就会比较好商量了。那时，种种争论的问题都可以通过双方互相让步、互相信赖、彼此采取善意的态度而得到解决。那时乌克兰也就不会发生目前所发生的那种事件了[①]。

可是，如果临时政府要对乌克兰事件负很大一部分责任，那么

---

① 这里指乌克兰拉达发表"乌尼维尔萨尔"（一九一七年乌克兰反革命中央会议的宣言——译者注）以及与这一事件相关联的军队骚动、行政机关中的混乱状态等等。——编者注

另一部分，而且是同样大的责任就要由乌克兰中央拉达来负。

它决不应该立即采取极端手段。用合法的手段对政府施加压力的道路始终敞开在它的面前。最后，它可以而且应该向大俄罗斯人民呼吁，他们会迫使政府向乌克兰人做出种种必要的让步的。我觉得这种做法，比乌克兰中央拉达未经周密思考而选择的那种行动方式，更加适合小俄罗斯民主派的身份，也是比较正确的。

我把后一条道路称为比较正确的道路，不是因为我认为小俄罗斯反对俄国中央政府的起义是没有希望的。不是的。老实说：在目前的条件下这种起义很有成功的机会。然而即使乌克兰起义成功，也未必会对它今后的发展进程产生良好的影响。

但愿我们的小俄罗斯兄弟不要忘记，这次战争一开始，德国（同它一起的当然还有奥地利）总参谋部就梦想爆发这样的起义。而且不言而喻，它是有充分的根据作这样的梦想的。大俄罗斯人和小俄罗斯人之间兄弟残杀的战争，会使得俄国同德国军国主义作斗争时变得十分软弱无力。俄国将会遭到惨重的失败。胜利的德国会强迫它接受最屈辱的和最危险的和平条件。我国年轻的自由将被扼杀在摇篮中，而且未必会有复活的一天。也许大俄罗斯会退回到沙皇亚历克赛·米海洛维奇的时代。这就注定会使它在经济上和政治上处于停滞状态，这种状态必然地会造成精神上和道德上的极端堕落。

这对大俄罗斯来说无异于死刑判决。而乌克兰又能拿我们的死亡换得什么呢？依我看，除了经济上和（间接地）政治上依附于同一个兴登堡和威廉二世的德国那种极不令人高兴的结果之外，什么也得不到。

不行,不行,不行!

我们必须彼此达成协议。我们必须共同努力为独立的生存而斗争。我们必须像自由人和自由人、平等人和平等人那样,在紧密的和兄弟般的联盟中生活。

我们要力求尽量迅速地消除后果严重的误会。好好地考虑一下吧,现在还不晚!

# 革命民主派应该支持自己的政府

（一九一七年六月十八日《统一报》第六十八号）

如果相信报纸，我们的劳动部长马·依·斯柯别列夫在向莫斯科工兵代表苏维埃致词中说过这样的话：

"整个国家应该在临时政府所体现的理智的领导下组织起来。"

我要坦率地承认：我不同意如此推崇我们的现政府。无论整个这个政府，还是其中的马·依·斯柯别列夫，我都不认为是理智的化身。我知道，我们的执政者们无论在对内政策和（也许，甚至特别是）对外政策中都犯过不少错误。他们力图迫使我们的各个盟国转到齐美尔瓦尔得派的立场上去。这种意图应该受到严厉的谴责。然而，如果马·依·斯柯别列夫把临时政府称作理智的化身是显而易见的夸大，那么应该记住：自我欺骗是人们固有的（虽然程度有所不同），而在对自我欺骗作过必要的修正之后，我们可以在劳动部长的演说中找到最正确不过的思想。

例如，马·依·斯柯别列夫在答复向他提出的问题之一时（又是如果相信报上的消息）曾经声明：

"民主派的义务是老实承认俄国还没有作好走向社会主义的准备。为了自由的胜利，（显然是：觉悟的劳动群众。——格·普）必须同资产阶级各集团合作。"

这是神圣的真理,只有不可救药的空想主义者才能拒绝它。我国革命民主派的整个政策应当建立在对这个真理的认识的基础上。当然,无政府工团主义派的空想主义者曾经谴责而且还将谴责这个政策是机会主义。如果听到这种幼稚而荒唐的谴责就感到惶惑不安,那可真是耻辱。觉悟的社会民主党人的政策取决于他们在现实中所观察到的社会力量对比关系,而不取决于也许比较合乎他们的愿望和比较使他们称心的东西。他们不会忘记卡·马克思这段意义十分深刻的话:

"无论哪一个社会形态,在它们所能容纳的全部生产力发挥出来以前,是决不会灭亡的;而新的更高的生产关系,在它存在的物质条件在旧社会的胎胞里成熟以前,是决不会出现的。"①

在我国,资本主义生产方式所能容纳的全部生产力,还远没有发挥出来。更确切一些说:与其说我们吃资本主义的苦头,不如说我们吃资本主义不够发达的苦头。主要由于我国骇人听闻的经济落后状态而置我们于毁灭边缘的这次战争,最令人信服地证明了这一点。因此消灭资本主义生产方式决不可能成为我国当前的具有历史意义的问题。可以对此感到高兴;也可以对此感到伤心。但是凡属不是空想主义者的人都应该在自己的实践活动中以这个思想为指导。

认识到"为了自由的胜利必须同资产阶级各集团合作",这在目前对于我们社会民主党人来说,乃是政治上明智的开始。只要临时政府的政策是由这种认识决定的(马·依·斯柯别列夫的演

---

① 参见《马克思恩格斯全集》,第十三卷,第9页。——译者注

说——当然不只是这一篇演说——证明,临时政府的政策确实是由这种认识决定的),它就真正会成为拯救俄国"既避免反革命又避免专政或无政府混乱"(马·依·斯柯别列夫的话)的保证。

我们的劳动部长认为,不可能用示威游行和巷战来证明相反的观点,这种意见也是完全正确的。这里显然是暗指列宁分子的策略。而且在这一点上每一个珍视俄国自由的利益的人都会赞成马·伊·斯柯别列夫的意见。

马·伊·斯柯别列夫继续说道:"政府要采取坚决果断的感化措施反对无政府主义的发动。"

对此又只能鼓掌欢迎。可是在这里必须记住,采取坚决果断的感化措施要以实力为前提,而革命政府只有得到公民们深思熟虑的有计划的支持时才能成为真正强大的。所以我们每一个人都应该支持临时政府同无政府势力和反革命势力作斗争,同时给自己保留在民主制度下十分自然的批评政府某些个别错误的权利。

此外还应该记住一点。现在我国政府所依靠的是俄国有组织的民主派最广泛的阶层的充分同情。为了确信这一点,只要弄清楚参加目前正在彼得格勒举行的工兵代表苏维埃全俄代表大会的绝大多数代表的情绪就够了。

毫无疑问,这个多数派决心要尽一切力量支持这个政府。因此,用"打倒!"的口号反对政府,企图把政府推翻,这无异于在民主派队伍中间点起内战的火焰。然而民主派队伍中间的内讧只会有利于它的最凶恶的敌人:国内的敌人(我国旧制度的拥护者)和国外的敌人(德、奥帝国主义者)。凡是不希望帮助反动势力(我刚才指出的两种形式的反动势力)获得胜利的人,都不能不力求在我国有组织的民主派中间保持"国内和平",因此也就不会拒绝支持由民主派推荐的、反映民主派的意图和要求的政府。

我丝毫不想预言:我们未来会怎么样。但是,不管未来怎样,有一点我们可以满怀信心地说:

临时政府无论如何不会失去绝大多数有组织的民主派居民阶层的同情。

相反,任何反政府的暴力发动只会促使这些分子向政府靠拢。目前形势就是这样。而且这种形势是很好的。为了拯救自由,为了巩固革命事业,为了对付无政府状态和反革命势力,革命民主派应该不惜任何代价地一致支持自己的政府!

# 错误的逻辑

（一九一七年六月二十日《统一报》第六十九号）

>"一个人要吃馅饼，
>得先把麦子磨成面粉。"
>——莎士比亚的潘达勒斯
>（《特洛埃勒斯与克雷雪达》）①

错误有它的逻辑。这也是错误最讨厌的属性。往往有这样的情形：一个人早已超过了可能犯某种错误的年龄，而且连这种错误也记不得了，可是事变突然要求他为这个错误付出赔偿，还绝对准确地算出了利息，并且利上加利。错误的逻辑是生活确定不移的逻辑。

昨天当我站在马尔斯校场，看到从我身旁走过的无边无际的游行队伍时，这些思想就完全突然地出现在我的脑海中。

工兵代表苏维埃全俄代表大会表示了对我国临时政府的信任。六月十八日的示威游行是根据这个代表大会的决定进行的。看来它一定会有力地强调和大声地证实革命民主派这个最权威的

---

① 参见《莎士比亚戏剧集》，第十卷，人民文学出版社一九六二年版，第110页。——译者注

机关已经表示过的东西。

　　这自然是示威游行的任务之一。但是(我们不要害怕面对真理!),六月十八日的示威游行没有解决这个任务。许多红色横幅上写着:"打倒十个资本家部长!"。诚然,也有一些横幅上写着:"信任临时政府!"至于这些横幅引起了几群极少数的人的抗议,这也许还不那么了不得。然而事情竟弄到这样的地步:如此痛心地控诉"暴徒"的那些反政府的温和分子竟然无情地撕破了这些横幅,却往往没有遭到足够的反击。怎样解释这种现象呢?是否可以由此做出结论,说政府至少在彼得格勒没有得到民主派的信任呢?

　　我必须说,这种结论是完全不正确的。

　　的确,民主派是信任整个政府的。然而当他们听说应该推翻("打倒!")不属于各个社会主义政党的那些政府成员时,他们始终无动于衷。他们那些最有觉悟最有影响的代表默不作声,害怕犯同情资本主义的罪。可是从现政府中排除"资本家部长",无异于推翻这个政府,而代之以完全由各派社会主义组织的成员组成的新政府。列宁及其同道们早就建议这样做了。而且当他们力求排除现政府的资产阶级成员时,他们始终是完全忠实于自己的。然而我们那些一方面拒绝列宁的策略,另一方面却害怕向人民说明当政权立即转入社会主义者手中时我国将会发生什么事情的同志们,是不是始终忠实于自己呢?

　　这种转变无非是"无产阶级和农民"的专政。我国劳动群众还没有实行这种专政的准备。正像恩格斯指出过的,对于任何一个特定的阶级说来,最大的不幸莫过于在它还没有充分发展而不能适当地利用政权的时候就得到政权：因为在这种情况下它一定要遭到惨重的失败。至于我国劳动群众，那么，如果它夺取政权，它的失败也会是必然的，因为大家知道，俄国现在正遭到空前的经济破坏。谁同意这个观点（我国绝大多数有组织的民主派都是同意这个观点的），谁就一定要从他自己所承认的前提中做出正确的政治结论：他应该向劳动群众解释，俄国历史还没有磨好将来要用它烤成社会主义馅饼的那种面粉，因此当它还没有磨好这种面粉时，为了劳动者本身的利益必须让资产阶级参加国家管理。同时他还应该补充说，资产阶级参加国家管理，在目前这个十分特殊的时期是特别必要的。只要拒绝列宁策略的我国民主派本身还是半列宁分子（虽然他们不希望这样，也没有认识到这一点），只要他们还不能遏制那些完全执行列宁策略的人的破坏活动，他们就不会大胆地和公开地宣布这个观点，他们就不会在每一个适当的场合下反复不断地说明这个观点。

错误有它确定不移的逻辑。我国那些反对列宁的革命派分子的根本错误就在于他们不彻底：他们认为俄国还没有跨过资本主义发展阶段，因此他们发现资产阶级参加国家管理是必要的，但同时，他们自己又用一种促使和帮助群众接受"打倒资本家部长"这个口号的语言谈论"资产者"。这个错误的逻辑在六月十八日的示威游行中强烈地表现出来了。

蛊惑家们用各种各样的调子唱呀、叫呀、说呀，说我要社会主义者对资产阶级唱赞美歌。这当然是胡说八道。我们应该批判资产阶级，我们应该用一切力量捍卫工人阶级的利益不受资产阶级的侵犯。然而我们应该合理地和适当地进行这个工作；

我们应该当心,在想走进一间房子的时候别走进了另一间房子;我们应该这样进行自己的宣传鼓动工作,使得人民不致认为,好像他们现在除了试图进行社会主义革命之外再也没有别的事情做了。

再说一遍:错误有它的逻辑,而且这种逻辑是确定不移的,画十字架也好,拿槌子也好,你都摆脱不开它。

# 一九一七年六月十九日在喀山广场上发表的演说[①]

（一九一七年六月二十日《统一报》第六十九号）

公民们！如果我问你们今天是什么日子，你们会说，礼拜一。但是错了：今天是礼拜日，是我们国家的礼拜日，是全世界民主派的礼拜日。打碎了沙皇制度的枷锁的俄国决定要打碎敌人的枷锁。如果革命的俄国军队没有力量和胆量击退敌人，那将是它洗刷不掉的耻辱。许多人都担心俄国人民喝了自由这种饮料以后会忘其所以，但进攻表明并非如此。这次战争对于我们来说不是帝国主义战争，我们不想侵略，我们不想别人的东西，可是我们必须捍卫自己的东西。当德国向俄国宣战时，德国驻巴黎大使曾经问过：法国是否将支援俄国？这位德国政府的代表许诺说：如果法国保守中立，它就不会受到损害。但是法国拒绝了这种建议。它声明要履行自己的义务。如果法国不来帮助俄国，我们早就被击溃了。如果我们现在拒绝支援法国，那将是一种耻辱。谁不希望民

---

[①] 大家知道，六月十八日俄军转入攻势，关于这一事件的消息刚刚在彼得格勒散布开来，就有人在涅瓦大街组织了巨大的示威游行。最初游行队伍向《统一报》编辑部走去，在那里受到了列·格·德依奇和安东诺夫的欢迎。后来队伍走到了喀山广场，在那里格·瓦·普列汉诺夫向他们发表了这篇演说。——编者注

族自由，谁就不是革命者。难道三百年前能够团结起来保卫国家独立的俄国，现在就做不到这一点吗？不，俄罗斯不会受人奴役（喊声："这不可能！"）。我们保卫自己也就是保卫全世界。我们每个人都有责任保卫自己的祖国，并且力求取得胜利（掌声）。公民们，我感谢你们这种同情的态度，不过不要向我喊"乌拉"，而要向我国军队喊"乌拉"。他们为了保卫我们大家正在前线流血，他们要把保卫自己国家的事业进行到底，他们不仅要使俄国自由，而且要使俄国独立。我们要做自由人，我们要争取持久和平，我们要像平等人对待平等人一样向所有民族伸出手去。让侵犯我们的自由和独立的人倒霉吧！

# 必要的修正

（一九一七年六月二十二日《统一报》第七十一号）

《交易所新闻》（六月二十一日的那一号）上刊登了该报通讯记者阿·特洛波夫斯基公民关于他在斯德哥尔摩和卡·考茨基就社会主义者参加联合内阁一事的谈话的报道。我们从这则报道中得知，考茨基不认为就这个问题发表意见是适宜的，他不希望造成干涉俄国内政的印象。但是他指出，一九〇〇年巴黎国际代表大会曾经就这个问题通过了一项由考茨基起草的决议。决议承认在特殊情况下社会主义者参加内阁是可以容许的。当时俄国支部曾经反对过这个决议。法国支部本身有意见分歧。德国代表支持了这个终于为多数与会者所接受的决议。

这里的话很不确切：显然，考茨基完全记错了。

在一九〇〇年的巴黎国际社会主义者代表大会上，俄国支部的多数派是由我们那些赞成米勒兰参加当时法国内阁的同志们（勃·克里切夫斯基和其他"经济派分子"）组成的。如果我们的这些同志也反对过考茨基提出的决议，那唯一只是因为他们认为决议中没有足够有力的理由可以证明这种参加是对的。不过我记得，他们根本没有反对过这项决议。

诚然，俄国支部的少数派曾经认为考茨基的决议是不能令人满意的。但是他们之拒绝这个决议不是由于原则上的考虑，而是由于策略上的考虑。俄国支部的少数派认为米勒兰参加内阁对法国工人运动的进程起着非常有害的影响，所以他们怀着郁郁不乐的心情对考茨基外交式地提出这样的决议感到惊讶，因为根据这个决议既可以表示赞成米勒兰留在他所占住的部长职位上，又可以反对他留任。我当时就在代表大会政治委员会的一次会议上把这个决议称为意义暧昧的决议。但是即使如此，无论我或者参加俄国支部少数派的其他同志都没有原则上反对社会主义者参加资产阶级内阁。由我提出并且为代表大会通过的决议修正案就可资证明。根据修正案，参加资产阶级内阁在特殊情况下可能是必要的，但同时，这种必要性应该得到该国社会生活的发展已经把这个问题提上日程的那个国家里的社会主义政党的承认。人人都会同意，无条件反对考茨基决议的人是不可能对它提出这样的修正案来的。

代表大会以前很久我就在刊物上发表过这样的见解。巴黎《社会主义运动》(Le Mouvement socialiste)杂志编辑部曾经问过各国社会主义者，他们是否认为可以允许他们的同志参加由资产阶级政党代表组成的内阁。我属于被询问者之列。我答复说，这类问题不允许用绝对的办法解决，因为用绝对的办法解决会具有过于抽象的、形而上学的性质。一切都取决于时间和地点的种种情况，不过我补充说过，在当时法国的条件下米勒兰接受部长职位我认为会产生有害的后果。

当时曾经是茹尔·盖德最热烈的拥护者的泽瓦埃斯，在代表大会上遇到我的时候曾经向我承认，我的答复不合他的意。他指出:"您的话同我们相反"。我曾力求使他相信,我的答复不是反对盖德主义者的,在这种场合下我和他们是完全一致的,我所反对的唯一只是从马克思主义观点来看根本不能容忍的策略上的说教。但是我看得出来,泽瓦埃斯没有改变他对我的答复的看法。

当这次战争爆发的时候,法国的局势起了这样的根本变化,以致遣责米勒兰参加内阁的盖德本人不得不坐上了部长交椅。这证明了我是对的,即所有这类问题的确都要取决于时间和地点的条件。可是盖德主义者却对盖德的行为感到不安:他们用形而上学的态度解决策略问题,认为社会主义者参加联合内阁无论在什么时候或什么条件下都不能容忍。这个违反马克思学说全部精神的大错误,现在正使他们同无政府工团主义者接近起来。

米勒兰-饶勒斯的策略大大推动了给法国工人造成如此巨大的思想混乱的法国无政府工团主义的发展。

## 论我们的策略
### 致莫斯科市的觉悟工人

（一九一七年六月二十四日《统一报》第七十三号）

同志们！

六月二十五日就要进行莫斯科市杜马的选举了。全俄社会民主党《统一报》组织莫斯科分部提出了自己的候选人（第六号名单）。不过我们早就知道，对这个分部说来选举将在极其困难的情况下进行。在我国社会主义者中间对它积蓄了过多的成见。莫斯科工兵代表苏维埃不承认我们的名单是社会主义的，或者至少不承认应该支持这个名单。莫斯科的《前进报》曾经说过，我们的组织是一个无足轻重的、脱离了工人运动的知识分子集团，所以在选举中连一票也不要投给我们的名单。

我要唤起你们的健全理智和革命嗅觉来反对这些激烈的和广泛传播的成见。

我们的组织脱离工人运动要么是由于纲领，要么是由于策略，要么是由于组织。说到纲领，那么整个俄国社会民主党至今仍然坚持我早在一九〇二年起草，并且得到《统一报》组织完全承认的那个纲领的立场。说到策略，那么这个组织严格地遵循着整个俄国社会民主党的创始者"劳动解放社"的、经过几十年考验的旧策略。马克思的朋友和战友、现代科学社会主义奠基人之一弗里德里希·恩格斯在同我谈话时不止一次地赞同过这个策略的基本原理。我们永远忘不了的这位导师不止一次地反复对我说："你们要最忌讳宗派主义精神！""你们要尽最大的力量避免教条主义！"如果说《统一报》组织的策略手段有什么特点，那就在于这个组织在自己的活动中始终反对宗派精神，始终鄙视教条主义。它始终关怀着，不要把暂时使无产阶级各个不同的部分互相分开的东西提到首位，而要把使它们团结起来以及应该使它们在走向它们共同的历史目标的势不可当的运动中团结起来的东西提到首位。

现在，凡是谈到无产阶级对待其他非无产阶级政党的态度的地方，它都坚持同样的准则。

现在（我是说现在）工人政党的主要任务是巩固我国革命所夺得的自由。必须使反动派无法用新的反攻从革命人民今年二月和三月所夺得的阵地上打倒革命人民。无论如何必须不让一九〇五年年底革命胜利后很快就出现的那种局面重演。为了保持我们的阵地，我们应该巩固阵地。为了巩固阵地，我们应该保证自己得到所有那些不愿意恢复旧制度的社会阶级和阶层的支持。为了保证自己得到它们的支持，我们必须不强调使我们和它们分开的东西，而强调在当前情况下会使我们和它们接近起来的东西。当然，无产阶级在遵循这种策略时，必须要对这些阶级和阶层作某些让步。不过只有在这些让步可以保证它达到它现在给自己提出的主要目的，即可以巩固它夺得的政治阵地时，让步才会对它有利。

我们的策略的整个实质就在于此。这种策略一定会得到科学社会主义的奠基人的赞同。

人们责备我们，说我们在战争问题上违背了国际的遗训。然而违背这些遗训的不是我们，而恰恰是我们的论敌。为什么他们老是说："第三国际万岁"呢？因为他们觉得还在恩格斯生前就奠定了基础的第二国际对待战争的态度是错误的。

可是为什么他们认为这种态度是错误的呢？因为第二国际根本拒绝了无政府工团主义者多美拉·纽文胡斯在战争问题上的策略，这种策略通过古斯塔夫·爱尔威的头脑以后被罗伯特·格里姆拿来当作了第三国际的基础，而罗伯特·格里姆不仅对社会主义一无所知，而且原来还是德国帝国主义的间谍。

我们对待战争的态度正是站在当时被戏称为"神圣家族"的第二国际最权威的一些马克思主义者所遵循的那个观点上。我可以引盖德（法国）、海德门（英国）、伊格列西亚斯（西班牙）以及德国社会民主党反对派为证，后者（正像它最近的一些声明所表示的）在对战争的看法上同我们很接近，不过遗憾的是它还是向策略上的机会主义主张作了某些不可容许的让步。

然而在组织问题上又怎么样呢？那些把我们叫作组织方面的分裂派的人严重地歪曲了真相。

不是我们分裂了党。我们不得不承认在没有我们的参加下完成的并且使我们十分痛心的分裂这个极其可悲的事实。我们这些集合在统一的旗帜下的布尔什维克和孟什维克，分析了这个事实的心理原因，发现原因在于我们身上的派别精神占了党性精神的上风。我们谴责了派别分裂情绪，因此我们受到那些充满这种情绪的人的谴责。人们把我们这些反对分裂的人宣布为分裂的拥护者。我们没有要任何人脱离党组织。我们过去和现在都只要求为了党的利益而牺牲派别的利益。我们暂时还只找到不多的人愿意这样做。因此(而且仅仅因此)使党分裂的各个派别的拥护者以同样的热心攻击我们。他们到处千方百计地排挤我们,原因很简单,因为永远保存派别组织的意图,同建立统一而不可分割的党组织的意图是势不两立的。

只有不曾沾染我国那些知识分子和半知识分子职业革命家的偏见的觉悟工人才能消灭这种可悲的局面。一九〇六年春天我们党的统一就是在有组织的工人坚决要求的影响下恢复的。我希望,在不久的将来又会出现同样的情形。在等待这个幸运的时代的时候,我请求你们、莫斯科市的觉悟的无产者们,公正地对待那些不怕攻击,藐视诽谤,而且现在已经坚决走上了统一道路的"第一小时工作者"。

# 芬兰的政策

（一九一七年六月二十五日《统一报》第七十四号）


大约一年以前，我在巴黎的俄文机关报《号召报》上发表过这样一种信念：现时在（齐美尔瓦尔得派的）国际主义旗帜下，往往隐藏着对俄国不友好的民族主义感情。我们那些在国外的失败主义者们根据这一点大肆叫嚷，说我怀疑"异族人"。我没有答复这种荒唐的指责，就像我过去没有答复这一类货色的其他许多的指责一样。可是事变是按照自己的进程发展的。虽然，芬兰社会民主党人现在已经开始告诉那些甚至眼光最短浅的人：并不是所有高呼"国际！国际！"的人都善于和愿意履行自己对其他民族的义务的。

社会民主党在芬兰议会中占多数。如果它愿意，它可以轻而易举地阻止议会给俄国革命制造障碍。但是它不仅不阻止议会去玩这种把戏，而且看来连它自己也在为虎作伥。它不但不愿意在巩固自由制度这个艰巨的和极重要的事业中帮助俄国革命民主派，而且还嘲笑它。我之所以说"嘲笑"，因为芬兰据以同意给予我们一笔金额不大的贷款的那些条件，就是最恶毒不过的嘲笑。我们的处境非常困难。可惜这是实在情况。不过我们还没有到竟然要向最屈辱的条件低头的那个穷途末路。不管怎么样，就是没有我们慷慨的芬兰兄弟的帮助我们也能过得去。

要求俄国拿一块地、邮政和电报作贷款的抵押，这等于把它看作一个正在瓦解和时常成为各国帝国主义者手中的剥削对象的野蛮国家。芬兰对我们的看法恰恰就是这样。大声声明自己坚定不移地忠于国际遗训的芬兰社会民主党也正是这样看我们的。咳！我说对了：人们在国际主义的幌子下偷运不少民族主义的私货。

昨天的《日报》指出，芬兰认购自由公债的成绩微小：在那里这笔公债至今不过卖出了一百五十万卢布的债券。可是沙皇政府最后一次战时公债（一九一六年第二期）在芬兰却认购了一千万卢布。

这种现象令人深思。当我国还存在最近几十年来给芬兰造成了这么多损失的沙皇制度时，芬兰认为可以给俄国财政援助，认购俄国公债。而在俄国粉碎了沙皇制度的枷锁从而解放芬兰之后，它却断定不值得援助我们，或者只有在可以把我国置于从属于它的屈辱地位的那些条件下，才能贷给我们一笔数目较小的款项。

换句话说，当解放芬兰的俄国革命刚刚实现的时候，我们这个感恩报德的邻居就断定说，现在俄国进入了瓦解的过程，用各国帝国主义者对付各野蛮国家的那种讲求实效的掠夺精神对待俄国的时期到来了。芬兰（芬兰议会里占多数的是社会民主党人）就是这样强烈地同情俄国革命的！真可以说，芬兰所采取的宽大的决定使得我国整个民主派（一些"真理报分子"除外）大吃一惊。要知道，过去芬兰人民先进的代表们如此经常如此坚决地向我们担保说，他们同情我们的革命事业，他们准备竭尽他们所有的力量为它服务！哪怕只读过齐良库斯论俄国解放运动一书的人，都会自然而然地期待芬兰民主派，不致对我国那些同战争时期实现的政治制度根本变革自然联系在一起的困难，采取漠不关心的态度。

我们错了。芬兰民主派对我国的困难处境根本漠不关心。他们根本不想援助我们。他们站在某些资产阶级作家称为神圣的民族利己主义的那种立场上。他们准备在神圣的民族利己主义的祭坛上杀死同他们不相干的俄国革命利益，诚然，这个祭坛是用关于国际友谊的娓娓动听的话掩盖起来的。可是在目前的情况下，娓娓动听的话越是冠冕堂皇，就越发使人不愉快地感觉到民族利己主义考虑的冷酷无情。《统一报》的读者都知道，我从来不是齐美尔瓦尔得-昆塔尔派的"国际主义"的信徒。然而我觉得，甚至这种充满不可调和的内在矛盾的国际主义，也不可能成为支持芬兰社会民主党现在所采取的政策的论据。

芬兰社会民主党不相信我国革命的胜利是巩固的。正是因为它不相信这一点，它才认为必须这样处理自己的事情，使自己的祖国尽量从我们现在所经历的窘境中捞得更大的好处。人人管自己，人人为自己，上帝为大家。这就是芬兰"国际主义"的结论。可是一旦决定遵循民族利己主义的政策，一旦把自己的命运同加入俄罗斯帝国的所有其他民族的命运分开来，芬兰就必然要向自己提出一个问题："谁的胜利会给它带来更大的好处，是中央列强的胜利呢，还是协约国的胜利呢？"而既然它对俄国的态度绝不能证明它希望帮助协约国取得胜利，所以我必须忧虑地反躬自问："假使芬兰决定帮助中央列强，又将怎样？"只能设想一个答复："我们的处境将变得更加困难；在俄国革命的道路上将增加新的而且很大的障碍。可是革命的胜利是我们的最高法律。所以,如果芬兰的政策威胁这个胜利,我们就将被迫用我们所能有的一切手段对抗这种政策。革命的胜利是最高的法律。"

芬兰人不相信我国革命的胜利。他们把目前的俄国看作日趋瓦解、精疲力竭的国家。因此他们想到革命的俄国将采取什么手段进行自卫时并不害怕。要是他们错了呢?无论如何不容怀疑的是,革命者暂时还绝对没有对我国革命失掉信心,而且越往后走他们越会坚决地和有计划地捍卫我国革命的事业,逐渐抛弃他们从"第三国际"无政府工团主义者那里因袭来的种种政治偏见。

芬兰人对我们说:"请原谅,我们一定要保守中立!"

但是第一,有各式各样的中立,芬兰那种有利于德国的中立本身就等于芬兰反对协约国。第二,主要革命基地(彼得格勒)离芬兰国境如此接近的俄国,是否能满足于芬兰那种即使完全不偏不倚的中立呢?不能!比利时也曾经是中立的。它守中立时也没有偏袒于任何一方。可是这并没有防止法国人不受德国的入侵。由此可以得出结论说,俄国革命民主派决不能同意把它的军队立即撤出芬兰各要塞。

每一个民族都有无可怀疑的自决权。然而这个权利的实现要以国际团结为前提。"神圣的民族利己主义"的政策排斥民族自决的思想。十分遗憾,我不得不说:芬兰开始自决的时候忘记了国际团结,结果它的利己主义的自决成了对俄国各民族的革命自决的一种威胁。

附言。当我写这篇文章的时候,我心里并没有失去希望,希望电报会在最后一分钟带来关于芬兰社会民主党改变政策的消息。我将第一个对这种改变感到由衷的高兴。这无论对俄国或者对芬兰都是福音!然而我等不到这个惬意的消息,而不得不把文章送到印刷所去。它什么时候会来呢?希望它一定来。就是坏的和平也比好的争吵强。现在这是不言而喻的。

# 代表大会究竟起了什么作用？

（一九一七年六月二十七日《统一报》第七十五号）

工兵代表苏维埃对于我国各中心城市和工业中心的工人居民有着巨大的影响，这是众所周知的。因此，每一个关心俄国今后命运的人，都一定会密切注视工兵代表苏维埃全俄代表大会工作的进程。现在工作已经结束，因此自然产生一个问题：这些工作究竟得到了什么结果呢？代表大会对工人和士兵群众做出了什么原则性的指示？如果要我用不多的文字说明这些指示，我就请读者注意这样一个情况：它们很不合列宁派布尔什维克分子的意。不合意到甚至列宁分子轻蔑地骂它们是小资产阶级的。这个情况本身就很能够说明问题。但是这还不是最主要的。列宁分子用鄙薄的批评对代表大会上占统治地位的社会思想倾向表示不满，他们决定向人民申诉。为了达到这个目的，他们制定了在彼得格勒的和平居民中引起不少恐慌的武装示威游行的计划①。这个臭名远扬的计划同"真理报分子"在代表大会及其各个委员会的各次会议上的口头发动一样遭到了决定性的失败。但是失败没有使（而且当然也不可能使）列宁分子同代表大会上的多数派的"小资产阶级"

---

① 这里指的是布尔什维克分子策划在六月十日举行的示威游行。——编者注

意图妥协。恰恰相反，失败使他们对这些意图更加敌视。

反过来，代表大会的"小资产阶级"多数派也没有对列宁分子表现出很多的客气。列宁分子曾经不止一次地从他们口里听完相当痛苦的真理。外省的某些代表反对列宁分子的发言特别值得注意。他们的演说与其说是忿怒，毋宁说是失望：他们曾经希望看到彼得格勒的同志都是工人阶级最可靠最有觉悟的领导者；然而使他们大为痛心的是，他们确信，彼得格勒有许多最下流的蛊惑家。我不认为，外省代表从他们见到彼得格勒的列宁分子以后所得到的印象，会帮助列宁派的布尔什维主义加强在外省的影响。

问题在哪里呢？代表大会的多数派同列宁和他的信徒们的分歧的根本原因何在呢？

根本原因在于怎样看待当前这个历史时刻给俄国劳动人民提供的那些条件。

列宁分子确信，我国工人阶级现在已经可以同资本家的一切要求决裂（像他们的一位鼓舞者某次所说的那样）。换句更确切的话，这就是说，俄国已经作好了进入社会主义革命时期的准备。列宁的全部政策就决定于这种信念。当然，列宁和他的一切拥护者所固有的那种野蛮粗暴的因素在这个政策中历历可见。然而即使这种因素根本不再存在，即使（我是在作假设，我本人很清楚这种假设不可能有）列宁分子突然变成了文明的人，就是那时，他们也不可能同不赞成他们那种认为俄国作好了社会主义革命准备的信念的代表大会多数派达成协议。

这个多数派远不是清一色的成分。其中有几乎一切宗派的孟什维克分子、思想方式各色各样的社会革命党人和崩得分子。社会革命党人中间有许多人非常同情策略上的"最高纲领主义"。无论这些人或者一般来说所有的社会革命党人，前不久还认为俄国不能避免资本主义生产方式的这种思想是异端邪说。但是列宁分子关于我国已经到了社会主义革命的时刻的信念也把他们吓坏了。他们成了列宁分子的反对派，于是他们接近了没有在齐美尔瓦尔得的影响下完全丧失理智的那些孟什维克分子（这种人在孟什维克阵营里占多数），也靠拢了使列宁分子提出的决议草案"落选"的崩得分子。他们这样做就给俄国革命帮了一次大忙。

代表大会通过的决议使布尔什维克分子产生"小资产阶级的决议"的印象，这种情况清楚地说明：这些决议是有益的。但是完全不能由此得出结论，说应该承认它们是无可指摘的。我已经在《统一报》上分析过了关于战争的决议。我曾经指出，这个决议考虑得不够周密，甚至（说来可耻，不说又有罪！）还有文理不完全通顺的现象。关于土地问题的决议也没有应有的明确性。其他的决议也有缺点。我不想在这里分析它们，这首先是因为这样做会使我离题太远，其次是因为，代表大会通过的决议的缺点只是半个不幸。真正的不幸在于代表大会虽然拒绝了列宁的假革命的策略，本身却未能向工人阶级提出一个符合时间和地点的客观条件的真正革命的策略。尤其是代表大会的多数派虽然拒绝了列宁的假革命的策略，却往往过多地向这个"共产党人"作了种种根本不必要的，甚至简直是有害的策略上的让步。代表大会多数派的许多代表虽然谴责列宁分子的有害发动，却认为自己有责任同时抨击资产阶级的反革命阴谋。于是出现了许多故意制造和牵强附会的东西。结果看起来连发言者本人也并不那么了解到底是些什么阴谋,而他们之所以拼命攻击这些阴谋仅仅是为了平衡:以便不使听众以为,似乎他们这些发言者只是对列宁分子作战。其实多数派中间最有声望的演说家策烈铁里同志就很好地指出过,现在反革命主要是通过列宁主义的大门钻到我们中间来的。代表大会对这个十分正确的见解报以雷鸣般的声音。既然如此,看来就可以毫不犹疑地把主要的革命力量都调到这扇大门旁边来。可是实际情况并非如此。远不是所有那些发言反对列宁分子的人演说时都表明他们已经清楚地认识到,此刻关闭列宁主义大门就等于堵塞反革命的道路。

那些拒绝列宁策略的发言者都持这样的观点:即俄国社会主义革命的时钟还没有响。持这种观点就意味着认为我国资本主义发展时期尚未结束。谁认为我国还没有结束这个时期,谁就没有逻辑上的权利鄙视资产阶级,把它当作完全过时的、只会危害进步事业的社会阶级。然而那些拒绝列宁策略的发言者往往总是把话说成这样,似乎他们希望今后俄国可以根本不要资产阶级而通过资本主义发展时期。换句话说:听他们的口气可能会以为,他们希望一个没有资本家的资本主义。这种惊人的逻辑上不合理的现象,就表现在他们的策略体系的一系列的矛盾中。如果代表大会在一项决议中公开声明,是结束这种不合理的奇怪现象的时候了,那就做得好极了。然而令人遗憾的是,代表大会没有想到这一点。即使代表大会想到了这一点,也还有一个问题,就是它有没有足够的勇气大声说出自己的想法。很可能它的领导人会顾虑到自己的声望。

我们希望(希望是每一个人和每一个公民无可怀疑的权利),

工兵代表苏维埃下届代表大会善于也敢于做出现在已经结束工作的本届代表大会所未能或未敢做出的决议。在瞻望下届代表大会的时候，我们要指出，本届代表大会在制定我国革命民主派所固有的概念的过程中乃是一个极为重要的步骤。一个月以前也许还可以怀疑这个民主派的领导人敢不敢赞成我国军队发起进攻。在他们的头脑里齐美尔瓦尔得派的偏见还十二分的牢固。然而生活比偏见更加强大，因为不是意识决定存在，而是存在决定意识。生活坚决要求我国军队进攻；进攻取得了极大的胜利，同时代表大会不顾布尔什维克分子和以卢那察尔斯基为首的"国际主义者"的叫喊，而主要是撇开自己固有的从齐美尔瓦尔得搬来的成见，赞成了进攻。生活比成见更加强大，因为不是意识决定存在，而是存在决定意识。

拒绝布尔什维克分子的策略和削弱齐美尔瓦尔得教条的影响，这就是刚刚闭幕的代表大会的工作的主要成果。值得感谢！

# 致残废军人[①]

（一九一七年六月二十七日《统一报》第七十五号）

敬爱的公民们！

因为我失去了亲自参加你们的群众大会这个令人愉快的机会，所以我请你们允许我用书面向你们表达我对你们的功绩的最深刻的敬意。

你们为了保卫俄国人民的事业，进一步说，为了保卫全世界民主派的事业，已经洒出了自己的热血。你们可以心安理得地待在家里；谁也没有权利责备你们是可耻地无所作为。但是你们重新拿起了武器，决定把自己的全部力量毫无保留地献给祖国。光荣和荣誉属于你们！

当人们看到像你们这样的自我牺牲精神，当人们看到像不久前由波奇卡列娃女公民领导的俄国女志愿军开赴前线那种令人兴奋的场面的时候，他们就再不会怀疑俄国和它的盟国将战胜德奥帝国主义者了。无论这个帝国主义的那些有坚强组织的代理人干过些什么，无论他们不倦地在俄国土地上散播了多么大的混乱，他

---

[①] 人民宫残废军人群众大会的组织者邀请格·瓦·普列汉诺夫去发表演说。普列汉诺夫因故未能实现这个邀请，乃向残废军人致了一篇书面演说词，演说词转载在《统一报》上。——编者注

们也无法驱使我国人民去自杀。我国人民懂得,如果中央列强竟然战胜了我国和我们的盟国,那么整个文明世界将开始一个反动时期,那时,希望巩固刚刚夺得的自由就会变成不能实现的空想。我国人民确信自己的事业完全正确,三年来他们为了这个事业流出了大量的鲜血,所以他们会顶得住。请回忆一下涅克拉索夫曾经怎样清楚地描写人民在受到正义感的鼓舞时所具有的那种力量吧:

"无数的军队奋起,

它的力量不可摧毁。"

你们的榜样、所有那些发起组织义勇军同德奥强盗和反动分子作斗争的这种崇高的倡议的人的榜样,将大大有助于在俄国人民中间造成一种将使人民的力量变得真正不可摧毁的情绪。

再说一遍,光荣和荣誉属于你们!

请你们相信我对你们的最深刻的敬意。

格·普列汉诺夫

# 德国独立社会民主党谈和平的条件

（一九一七年六月二十八日《统一报》第七十六号）

德国独立社会民主党在斯德哥尔摩提出了一份备忘录，它在备忘录中谈到了自己的和平政策①。用它的话说，这个政策的依据是国际无产阶级的共同利益，即要求立即缔结和约。这个党认为普遍裁军协定是和平的必要条件之一。它在备忘录中说道："只有用这个方法才能消灭军国主义的统治。"

说为了巩固和平必须消灭军国主义的统治，这是正确的。说可以用普遍裁军来消灭军国主义的统治，也是同样正确的。然而试问，我们是否有权认为"立即缔结和约"就会导致普遍裁军呢？我认为没有。

目前军国主义的主要代表是中央列强。军国主义在这些强国中是如此强大，所以即使立即缔结和约，它们的政府实际上也完全可能断然拒绝任何关于普遍裁军的谈判。要使它们能在这方面让步，必须预先削弱军国主义对它们的统治。而革命就可能成为达到这个目的的一个手段。然而能不能指望革命运动很快就会在中

---

① 参见《统一报》第七十五号：《德国独立社会民主党人和他们的纲领》。——编者注

央列强取得胜利呢？大家知道，德国独立社会民主党根本没有指望这件事。而且它是对的。然而如果奥地利，特别是德国目前不可能发生革命，那么除了通过战争，就没有别的办法可以削弱德奥军国主义（一切军国主义中最危险的军国主义）和实现普遍裁军。

只有当中央列强军事上转入不利地位的时候，它们的政府才会作让步，才能同它们谈判普遍裁军。如果我没有弄错，这就是说，普遍裁军的思想将由于德国独立社会民主党人在他们的备忘录中要求"立即缔结和约"而大受损害。

我们在备忘录中的另一个地方读到："各国人民的民族解放和社会解放不能由各国政府之间的战争来解决，只能是由民主派来解决。"

这种说法不全对。为了便于分析，且把各国人民的社会解放问题存而不论。我认为，他们的民族解放往往正是"由各国政府之间的战争来解决的"。试以意大利和保加利亚为例。也许有人反驳我说，意大利和保加利亚的例子没有说服力，因为它属于过去的时代。目前的战争，帝国主义的战争，不能成为民族解放的手段。在列宁及其同道们的文章里我就遇到过这个论据。可是就连这个论据也不难驳倒。一九一四年由德国和奥匈帝国发动的帝国主义战争可能产生的后果之一，就是不得不承认至少波兰的某一部分得到程度不等的完全解放：不管波兰人所谓的康格列苏夫卡是否归还俄国，或者落于中央列强的势力范围，无论如何它将享有比迄今为止较多的自由。而且战争还没有结束。谁能向我们保证，战争的结束不会导致奥地利的这个或那个斯拉夫民族得到解放呢？我认为，与其说写备忘录的人讲的是当前情况下可能的事情，不如说他们讲的是他们所希望的情况。他们最希望立即缔结和约，因此他们硬要我们相信，战争根本不可能成为民族解放的手段。他们对于现代民族的实际要求的看法使得他们犯了一个理论错误。这种看法最明显地表现在这份备忘录的下面这段话里。

"如果我们不把国界看成是某种神圣的东西，因为它是侵略的结果，而且往往违反各民族的利益，那么我们无论如何都得绝对地否定战争，不承认它是解决这些边界问题的方式。这些问题应该在同它们有关的各民族的同意下加以解决。"

科学社会主义不承认可以绝对地解决实际问题。喜欢作绝对的解决是空想社会主义的一个特征。马克思和恩格斯从来没有绝对反对战争。诚然，大概是备忘录作者之一的伯恩施坦，是否认科学社会主义可能存在的。但是参加起草这份文件的人中间无疑也有一些马克思主义者。他们为什么赞成反映在文件中的那些违反马克思恩格斯学说的全部精神的思想呢？

其次，我们不能同意这样一种说法：即国界问题应该在同这些国界有关的各民族的同意下加以解决。可是波兹南公国的居民大概早就"同意"把他们从普鲁士的桎梏下解放出来了。然而这个桎梏现在还继续套在他们的脖子上。这该怎么办呢？如果波兹南的波兰人对我们说，他们不仅"同意"把他们解放出来，而且"同意"借助于军事力量实现他们的解放，我们将用什么论据来反驳他们呢？难道我们可以对他们说：为了其他民族的利益忍耐一下吧？可是忍耐的说教并不总是令人信服的。

"为阿尔萨斯-洛林问题而继续作战，今天意味着整个世界，包括阿尔萨斯-洛林在内，应该为了这些居民的民族要求所产生的争执而被毁灭。在这种场合,战场上被消灭的人要比阿尔萨斯-洛林居民多得多。"

备忘录的作者们就是这样议论的。为了探讨这套议论的意旨,我们设想一伙武装强盗攻击了一个无辜的过路人。一群强大得足以对付强盗的人目击了这种情景。但是他们不是赶去帮助过路人,而是写"备忘录",隆重地宣告,他们承认每个人都有自由决定自己在街上走路的方式的权利,并且原则上反对对自行决定这种方式的人进行任何攻击。他们并且补充说,他们不认为去援助这个不幸的遭难者是有益的,因为这可能导致冲突,结果攻击者和反对攻击的人也许都会有许多人被打死,况且牺牲许多人的生命不如牺牲一个人的生命。读者,您对于这样的爱好和平有什么看法呢?我认为,这种作风同革命的无产阶级是不相称的。只有对小心谨慎的桑乔-邦萨①才相称。

备忘录的作者继续说道:

"和恩格斯在一八九二年一样,我们现在也不会对下面这种情况闭起眼睛:一八七一年被强迫兼并过去的阿尔萨斯-洛林的居民,只要没有机会通过自由投票亲自直接地表示他们希望属于哪个国家,就不会得到安慰。"

很好!可是这一点大家早就知道了。全部问题在于阿尔萨斯-洛林的居民怎样才能真正充分自由地表达自己的愿望和同样自由地并入一个他们认为对自己比较合适的国家呢?备忘录对这个问题没有做出令人满意的答复。

---

① 塞万提斯的《堂吉诃德》一书中主角堂吉诃德的伴从。——译者注

它继续说道："如果这种投票能够在十分自由和平静的气氛下举行,例如在和约将指定的期限内举行,而且如果同时规定,预先都承认这次全民投票的结果即为这一争端的彻底解决,那时,半个世纪来使德法分隔,推动两国军国主义的发展,加重两国经济预算的负担和阻碍民主制度的进步的那种不幸的敌对状态就将消灭。那时欧洲(德国也一样)就会摆脱这个阴森的噩梦,德国人民就会在经济、政治和精神方面获得比它现在所失去的更多的东西,即使彻底的解决同他们的期望不一致也罢。"

的确,如果假定式变成叙述式,即如果备忘录中说得如此动人的所有那些"如果"都实现了,那就好极了。可是怎样实现这些动人的"如果"呢?备忘录也没有解决这个问题。不,其实它间接地解决了这个问题,不过是从这样的观点解决的:即阿尔萨斯-洛林的居民,应该耐心地等到德国民主派能够主宰自己国家的命运那个幸福的时刻。

这要到什么时候呢?这一点连备忘录的作者本人也不知道。但是按照他们的意见,谁要是以为德国国内状况现在和俄国国内的(革命的)状况相仿佛,谁就会犯很大的错误。德国独立的社会主义者在等待未来这个幸福的时刻的时候不能不承认,极大一部分德国人根本不愿意尊重其他民族的自决权利。其实他们自己就不止一次地说过,谢德曼的党(也是一个人数极多的党)正在追求帝国主义的目的。因此没有任何根据可以认为这个党会回到真理的道路上来,即使全世界的社会主义者都决定"绝对拒绝战争"。相反,他们的这种决定只会增加它的帝国主义野心。

备忘录的作者一方面非常含糊地谈论应该用什么方法切实保

障各民族的自决权利，另一方面却坚决要求"最充分的来往自由和国际贸易自由以及侨居的绝对自由"。

早在战争以前很久，德国社会民主党就在自己的历届代表大会上通过了拥护自由贸易的决议。但是它的一些先进的理论家在反对保护税率的时候曾经解释说，德国工业已经发展到这样的水平，这时它已经不需要保护关税了。有一次倍倍尔直接要求考茨基对有关这个问题的决议提出修正案，修正案认为，保护税率还是某些德国工业部门所需要的。由此可见，就连这个问题也不容许绝对的答案：因为有些国家的工业居民会由于立即实行充分自由的贸易而大受其害。俄国就是这样的国家。强迫它接受这种自由无异于为德国帝国主义者的事业服务。休特古姆、谢德曼之流大概一点也不会反对这种做法：因为他们不是无缘无故地为帝国主义真诚服务的。无可怀疑，德国独立社会民主党原则上是反对这种做法的。可是在这里，光只原则上谴责某些行为是不够的。应该考虑如何使这些行为不可能实现。

综上所述，我要指出，德国独立社会民主党没有在它这份关于和平的备忘录中表现出同谢德曼分子对德国无产阶级的腐蚀性影响进行有效斗争所必需的那种思想上的勇敢精神和彻底性。

# 聪明的话听起来也愉快

（一九一七年六月二十九日《统一报》第七十七号）

十分遗憾，我曾经不止一次地被迫出来反对我国劳动部长的某些言行。因此，有机会对他的告全俄工人书说几句十分真诚而且热烈的赞扬的话以表示欢迎，我更觉得高兴。

可以用两种语言对工人阶级讲话：第一种是蛊惑家的语言，第二种是认识到自己对工人阶级的伟大责任的、工人阶级的真正朋友的语言。

蛊惑家奉承工人阶级，力图用逢迎诌媚来确保工人阶级对他们的好感。他们不是去消除工人阶级的偏见，而是通过逢迎诌媚日益巩固这些偏见。古代的希腊人早就清楚地了解这一点。阿里斯托芬曾经辛辣地嘲笑过雅典的蛊惑家。在他的喜剧《骑士》里，他描写的一个厚颜无耻的蛊惑家克勒翁同某个由于更喜欢进行蛊惑宣传而出名的腊肠贩进行了一场滑稽可笑的比赛。

克勒翁喊道：德谟斯，我答应只给你"津贴"，什么事情也不叫你做。

腊肠贩喊得比克勒翁还响：

——我给你一瓶药，抹在你的腿疮上。

克勒翁：我要把你的白头发拔掉使你返老还童。

腊肠贩：这儿，请接受这一条兔子尾巴，揩揩你的眼屎。

克勒翁：德谟斯，你擤鼻涕，就在我的头上揩揩手指头。

腊肠贩：在我的头上，在我的头上！①

在另一场，腊肠贩对老百姓说："让我们赛跑，谁先跑到你跟前，就说明谁更爱你"。

建议被接受了。两个蛊惑家争先恐后地跑了起来，德谟斯看到他们那样热心，满意地自言自语说：

——这就是我的崇拜者，有了他们，我可以成为最幸福的人……②

在我国这样的人民崇拜者是多么的多啊！他们多么愿意在人民面前赛跑啊！而且有时他们多么顺利地蒙骗了人民啊！要是阿里斯托芬能够复活，而且住在彼得格勒，照旧从事喜剧作家的工作，无须在他的《骑士》上花很多气力就可以把它改写成十八世纪我国所谓"代表我们行为"的一部喜剧。当我阅读我国某些"著名"活动家的文章和听到他们的演说时，我的头脑里往往产生这种想法。

斯柯别列夫同志的功劳（现时的一件大功劳）在于他完全掌握了工人阶级严肃的思想家具有的那种同各式各样蛊惑人心的花言巧语毫不相干的语言。他在告工人书中既不奉承工人的偏见，也不玩弄他们的偏见；相反，他竭力警告他们避免他们中间某些人在蛊惑家的影响下可能产生的（而且是正在产生的）那些关于革命无产阶级的经济政策的偏见。他提醒他们注意我国严重的经济情况

---

① 参见《阿里斯托芬喜剧集》，人民文学出版社一九五四年版，第130页。——译者注

② 同上书，第141页。——译者注

以及他们对国家的责任。

　　他说得万分正确："工厂的生产率急剧下降,必需品的生产更加减少,农民始终没有工业品,新的粮食危机日益逼近,人民更加贫穷了。"

　　我们向来就贫穷。可是由于我国劳动生产率现在已经开始猛烈下降,所以我们很快就得真正背起讨饭的袋子。然而无产阶级运动发展最必要的条件是生产力的增长。因此我国工人阶级为了自身的利益必须努力使自己的劳动尽量更多地成为生产劳动。斯柯别列夫同志也说到这一点。

　　他在告工人书中写道："集中你们的力量尽可能迅速地修复几千辆坏机车和车厢,尽可能供给国家更多的煤、金属以及其他各种必需品吧。"

　　产品一旦制成,它的价值就在参加生产过程的那些人中间进行分配。工人们力求（当然也应该力求）从自己的劳动产品中获得尽可能较大的一份。他们同企业主的阶级斗争的意义就在于此。不过这个阶级斗争随无产阶级本身的觉悟程度而具有种种不同的形式。无产阶级的觉悟越高,阶级斗争就越具有更周密、更有组织和更有计划的性质。觉悟工人不会向自己的企业主提出由于时间和地点的种种客观条件而无法实现的那些要求。斯柯别列夫同志提醒俄国无产阶级注意这一切的时候没有忘记指出,现在俄国无产阶级的行动并不完全像国家利益,同样也就是他们自身利益所要求于他们的那样。

　　我们在告工人书中读到："自发的发动往往占了组织性的上风,而且你们有时不顾国家的一切条件,不考虑你们的企业的情况,采取损害无产阶级阶级运动的步骤,力求增加工资,可是工资的增加会破坏工业和使国库空虚,因为现在你们所生产的物品大部分是由国库的经费支付报酬的。"

其次,我们的劳动部长极其正确地指出,工人对待职员和经理的暴力行为是同革命民主派的称号根本不相称的,这种行为会使反革命阵营中的人很为高兴。他坚决要求工人们不但应该记住自己的权利,而且也应该记住自己的义务,不但应该记住自己的愿望,而且也应该记住每一个觉悟工人为了巩固革命和达到我们的最终目的应该做出种种牺牲。

我知道,斯柯别列夫同志的这些论断会受到我国那些在提高工人阶级觉悟的借口下模糊这种觉悟的蛊惑家的强烈谴责。他们会说,他把自己出卖给资产阶级了。不过我希望,蛊惑人心的攻击不会吓倒斯柯别列夫同志。要为无产阶级服务,首先必须对蛊惑家充满蔑视的感情。对他们充满蔑视的感情就是在政治上的明智方面迈进了一大步。另一方面,所有严肃的无产阶级思想家都会兴高采烈地欢迎斯柯别列夫同志这篇聪明的告俄国工人阶级书。

除了这篇告工人阶级书以外,还应该提到策烈铁里同志六月二十六日关于邮电部门为什么陷于完全混乱状态的通告。策烈铁里同志也警告自己这一部门的职员不要进行损害公共事业的轻率的发动。用他的话说,参加这些发动的人会专横地限制革命民主派所委任的部长的权力。

聪明的话听起来也愉快。

革命的政权是一种不能同损害革命事业的、专横的和没有秩序的发动和平相处的力量。它越是坚决地谴责这种发动,越是有力地同这些发动作斗争,它就能更好地履行自己对国家的义务。

一九一七年七月

# 一家聪明报纸的惊慌恐惧

（一九一七年七月一日《统一报》第七十八号）

《工人报》（一九一七年六月二十九日第九十八号）登了一篇题为《不能延搁》的社论。如果注意到它出现在俄国革命军队终于对苏丹、保加利亚君主和德奥两国皇帝的联军发起了强大攻势这样的时候，自然可以设想，社论的作者是向居民解释他们的神圣义务在于用一切力量反对"后方的紊乱"。同这种紊乱状态作斗争的确是刻不容缓的。在这种情况下，任何延搁都会是对我国那些身着军装、为祖国的独立而流血的农民和工人的背叛。但是逻辑规律不是为《工人报》而写的。进攻只是使它产生一种思想，即俄国革命民主派应该立即开始强大行动，以便（像这家报纸所认为的那样）加速缔结和约，然而实际上，这种行动只会消灭或者至少是大大削弱我国军队奋不顾身的努力所获得的成果。

《工人报》对进攻的胜利感到不安。它说，已经取得了相当巨大的战略效果。最后四个字被它加上引号。为什么？为了挖苦吗？但是如果这样，那么第一，在这里挖苦就显得是十分软弱无力和幼稚无知；第二，在这种场合下，《工人报》到底有什么可挖苦的呢？难道挖苦绝大多数俄国居民对于在红旗下坚决战斗的我国军人没有无谓地战死沙场这件事所表示的愉快心情吗？

总之,《工人报》是在惊慌不安地问自己说:"今后怎么办?"

在回答这个名副其实的哈姆雷特式的问题以前,它认为必须(大概是为了找灵感)向我们提出一个连它自己也非常清楚是毫无根据的责备。它硬说我们想要摧毁德国。

我们已经多次反复地说过,我们过去从来没有,现在没有,将来也不会有这种想法。当然,《工人报》不应该完全相信我们的话。它有权利假定我们这些反对它的人说的是一回事,而想的又是一回事。但是为了使这种假定不致弄得毫无根据,为了使这种假定不致成为谢德林嘲笑过的爱"猜测心思"的警察嗜好的简单结果,就必须通过多少严肃地批评我们对战争问题的态度来证明它是正确的。然而我们没有遇到过这样的批评,而且在以完全无能力作彻底思维为主要特点的这家机关报的版面上,当然也不会遇到这样的批评。读者还没有忘记:《工人报》曾经有个时期宣传过联欢;它高尚地庇护过曾被我采取(用它的话说)所谓与社会党人身份不相称的"陷害"措施来反对过的帝国主义分子谢德曼;还有,就在最近,这家聪明的机关报提出了在全线休战的要求,而后来它自己又慌慌张张地用一个十足可笑的借口放弃了这个要求。

我们不是帝国主义者。我们是帝国主义最坚决的敌人。因为俄国过去和现在都面临着成为德国帝国主义的野心的牺牲品的危险,所以我们说:它应该用它拥有的全部力量进行自卫。我们是用民族自决权的名义说这种话的,《工人报》当然也承认这种权利,不过看来它是按照这样一种独特的意义解释自决权的,即:虽然俄国必须同情世界上一切民族的自决权,不过它自己不应该作为一个摆脱德国帝国主义者的桎梏的自由国家而实行自决。

我们所希望的,不是俄国摧毁德国,而是德国不摧毁俄国。好吧,《工人报》就直率地对我们说吧:"如果德国人的挽轭套在俄国人的颈上,那并不是不幸"。从国际的观点看来(马克思和恩格斯的第一国际和第二国际,除开格里姆和克拉狄克之流的第三国际),这种思想应当受到最坚决的斥责。不过这个思想(也只有这样一个思想)给我们提供一条逻辑线索来弄清《不能延搁》一文作者的议论,它(而且只有它)告诉我们这位作者担的是什么心。当他不肯说出这个思想的时候,或者最正确地说,当这个思想还没有被他认识的时候,当他没有理解到这个思想就是他的全部议论和担心的真正基础的时候,我们就不得不分析这位高傲地自诩为工人阶级思想家而在任何一个不是毫无天赋的十二岁少年就可以轻易对付的那些矛盾中碰得焦头烂额的政论家的极端不高明的表演。

《工人报》希望和平。但是谁不希望和平呢?大家都知道,甚至最极端的德国帝国主义者都在热情地谋求和平。连俾斯麦也一贯冒充是极端爱好和平的人。问题不在于某个国家、某个政党、或某个世界政治活动家希望不希望和平,而在于和平的条件应该是怎样的。德国帝国主义者想强迫我们接受会成为我国经济、社会和政治发展道路上几乎不可克服的障碍的那些和平条件。任何一个有觉悟的俄国公民(只要他不属于永远不能忘记的斯提尤尔美尔①的党)在想到这些条件时都不能不感到震惊。因此我们应

---

① 斯提尤尔美尔(Щтюрмер, Борис Владимирович, 1848—1917),沙皇尼古拉二世的内务大臣和外交大臣,一九一六年任首相,有人提出控告,说他亲德和准备单独缔结和约,于是他被迫辞职。——译者注

该斗争。而谁要斗争,他就必然会力求取得胜利,而且同样必然会对自己的成功感到高兴。所以,如果《工人报》要对我们所取得的战略效果煽动性地挖苦一番,那他只不过是暴露他的不可救药的(虽然也许是不自觉的)失败主义情绪。

《不能延搁》一文的作者一本正经地宣布说:"它(即俄国革命。——格·普)对世界的主要希望不在加利奇城下的战场上,而在于英国和德国、法国和奥国的人民群众同本国帝国主义的会战。所以即使加利奇城下取得了最有决定意义的胜利,而民主派在后面这些会战中的失败仍将是俄国革命的失败,因为我们不会进行摧毁德国的战争。"

正如我上面已经说过的,现在的问题完全不是摧毁德国。问题在于俄国以及所有受到德国侵犯的国家进行自卫。要相信这一点,看一看德皇陛下的宰相如此经常和如此洋洋得意地引证过的军事行动地图就够了。"加利奇城下的战斗"和我国目前所有一般的进攻行动不过是完全合法的自卫行动。不关心那些自卫的国家应有的命运,而对进攻者即德国可能的遭遇却感到不安,这是十分奇怪的。不过我们且不谈这一点。

我们的作者一连串的论据中最薄弱的环节是这样一个论点:他硬说,俄国革命对世界的主要希望不在加利奇城下的战场上,而在全世界(包括奥国和德国在内)民主派的胜利。我们衷心希望德奥民主派,特别是社会民主党获得成功。但是希望德奥民主派成功是一回事,希望奥国和德国皇帝成功则是另一回事。在进行"加利奇城下的战斗"的同时使我们的后方陷于混乱(像《工人报》通过它的宣传所做的那样),正是意味着替全世界民主派应当与之作斗争的那种人服务。

当我们听到哈阿兹-伯恩施坦的社会民主党把德国的命运掌握在自己手里的时候,我们将非常高兴。但是这个党本身却极其审慎地对我们说,现时绝对不能指望这种事情。

对我们来说这个意思可以用另一句话来表达:太阳还没有升起,露水就伤坏了眼珠。现在德国的命运落在或多或少残酷的帝国主义者粗野的双手里。帝国主义者们厚颜无耻地嘲笑我们大家所承认的民族自决权。他们不问自己,能不能允许割地和赔款;而唯一只问自己,他们侵占别人的那些土地有多么辽阔以及他们从被他们征服的民族那里榨取的那些赔款有多么巨大。

根据他们坚定不移的信念,这个问题只有通过军事行动才能解决。他们信服的只有一个道理:即暴力。如果我们没有接受列·托尔斯泰的学说,如果用暴力反抗罪恶不受到我们的谴责,那我们就应当高兴地欢迎加利奇进攻的胜利。只有不愿意或者不善于为俄国革命事业服务,同时也为全世界民主派的事业服务的人,才会对这个胜利令人厌倦地老是抱怨,才会惊慌失措地问自己:"今后怎么办?"

让我国的军人去代替在加里西亚阵亡的战士的时候,不会因为这种令人厌倦的、可怜的怨言而感到不安。让他们知道,我国自由事业只有在它能够取得相当大的胜利的场合下才会巩固起来。让他们在马赛曲的乐声中急速投入战斗的时候回想起这首不朽的国歌的豪言壮语:

神圣的祖国号召我们,
向敌人复仇雪恨!
为了争取珍贵的自由,
我们要誓死战斗!……①

---

① 参见《外国名歌二百首续编》,音乐出版社一九六二年版,第174页。——译者注

# 论 国 际

(一九一七年七月四日《统一报》第八十号)

国际的思想由于当前的战争而遭到了彻底的破产。军事行动一开始,国外的某些政论家就反复不断地这样说。在俄国,人们也不止一次地——有时痛苦地、有时高兴地说到这一点。几天以前,别洛鲁索夫先生在他的文章《选择吧》中(六月三十日《俄罗斯新闻》)毫不犹豫地重弹了这种论调。

他不但重弹,而且还企图加以证明。

他说:"国际的思想之所以在一九一四年遭到了破产,不是因为它不能防止战争,而是因为无产阶级国际的那些思想家们一听到军号的声音就从国际那里逃跑了,并且站到自己民族的战斗旗帜下去了。"

《俄罗斯新闻》的这位政论家由此推论说,不应该口头上保卫那种实际上不能始终以忠实态度对待的思想。所以他觉得奇怪的是,尽管过去的教训在他看来十分令人信服,毕竟还有人决心保卫国际的思想。

的确,别洛鲁索夫先生本人并不是同国际主义完全格格不入的。他在自己的文章里坦率地声明了这点。但是他的国际"概念"同成为现代社会主义学说一个组成部分的那种概念是大有区别的。他所指的国际的发展不过是各个民族之间文化上的和政府方面的关系和义务的增长和巩固。

我们是最同情那个势不可当的和卓有成效的文化运动的。这个运动无情地破坏着不仅过去,而且可惜是直到现在仍然把一个民族和另一个民族分隔开来的整个万里长城。我们社会党人的希望同这个文化运动有着最密切的联系。但是如果有人对我们说,应该把整个国际"概念"都归结为这个文化运动的概念,我们就会回答说:请原谅,资本主义社会的先进阶级即无产阶级,不能受这个"概念"的限制。它一定要用无产阶级的国际的思想来补充这个概念。

为什么呢?因为现代社会的先进的无产阶级站在社会主义立场上,而社会主义的生产组织将是世界性的("国际的"),否则这种组织就根本不会存在。"全世界无产者联合起来!"这个著名的号召就是认识了这条无可争辩的真理而提出来的。

也许别洛鲁索夫先生以为,当前的战争也消灭了社会主义生产组织的思想。但这是一个错误。

当前的战争对社会党人的某些看法的确是一次沉重的打击。但是,究竟是对哪些看法呢?是对现代的社会主义活动家们从这个或那个空想社会主义的变种那里继承下来的那些看法。我们没有任何理由可以把社会主义生产组织的思想算作空想主义的残余。这个思想没有受到过战争的任何打击,根本没有受到过任何打击。完全相反!战争巩固了这个思想,再一次暴露了(不过自然是通过它那粗野的杀人的方式来暴露的)社会生产过程采取自觉的、有计划的方向具有伟大的重要意义。而如果说,我们没有丝毫的理由可以把我们的"最终目的"算作空想社会主义的残余,那么,我们就没有任何权利放弃我们原来的无产阶级国际思想。

当别洛鲁索夫先生说,战争一开始,无产阶级国际主义的思想家们就彼此散伙,并且站到"自己民族的战斗旗帜下"去了的时候,他只是重复着格里姆、拉狄克、巴拉巴诺娃、列宁、马尔托夫以及齐美尔瓦尔得-昆塔尔派学说的其他创始人提出来反对这些思想家的种种责难。其实他本想推翻这个学说,使它变成胡说八道。

怎么会产生这样的情形:希望同齐美尔瓦尔得主义者们战斗的别洛鲁索夫先生却重弹他们的调子,使用他们的论据和传播他们的"概念"呢?

很简单!《俄罗斯新闻》的这位政论家也像齐美尔瓦尔得-昆塔尔分子一样,对各国无产者在当前战争中的作用理解得十分肤浅。他对这种作用的观念只是齐美尔瓦尔得-昆塔尔对这种作用所制定的观念的反面。

他以为,如果盖得认为必须保卫法国,而哈阿兹(在一九一四年八月四日的会议上)公开宣布,他认为保卫德国是自己的义务,那么这里的全部问题都是出于民族感情。然而盖得所扮演的角色表面上虽说同哈阿兹扮演的角色毫无不同,实际上却是直接对立的。

盖得保卫的是受到攻击的国家,而哈阿兹却在每一个民族都有生存权利的伪善的借口下帮助自己的政府进攻其他民族,以达到政治上统治它们或经济上剥削它们的目的。一个人是帮助防御者的战争,而另一个人则是帮助征服者的战争。这两种战争之间的区别，在工人国际的成员看来永远是根本性的①。

由此应该得出结论说，盖得始终忠实于国际工人协会的思想，而哈阿兹则背叛了它。别洛鲁索夫先生（完全同齐美尔瓦尔得-昆塔尔分子一样）却得出结论说，两者都叛变了。这意味着满足于肤浅地考察现象。

当然，可以反驳我说，就算盖得没有背叛过国际，那么哈阿兹的背叛也完全足以给国际主义思想带来致命的创伤。这种反驳初看起来也似乎是相当令人信服的。但是只要我们对它作一番比较深刻的分析，它也就失去了它的说服力了。

最近二十五年以来，德国工业取得了这样巨大的进步，以致它的领导者（即它的舰长，像某些德国经济学家所说的那样）产生了一种为自己的国家取得对整个地球，或者几乎对整个地球的经济统治权的诱人的思想。工业舰长们深深地懂得，他们力求实现这种思想时，应该支持帝国政府和容克政党的征服政策。而他们是没有任何理由反对征服的。他们自己越来越充满了好战的精神。因此，欧洲的和平变得越来越不稳定了。一九一四年夏天，局势已经尖锐到战争的炮火声音已经响到文明和半文明的欧洲的大门口了。但是，假如德国无产阶级毫不犹豫地起来保卫和平，战争本来是可以避免的。遗憾的是，它也受到了德国在经济上可以统治其

---

① 例如参见耶克的《国际》一书，在该书俄译本第 154—157 页上（中译本参见耶克：《第一国际史》，三联书店一九六四年版，第 128—131 页。——译者注），可以清楚看出第一国际伦敦总委员会对待防御战争和征服战争之间的区别，以及对待当时"德国的征服政策对欧洲的危险性"的观点。大家都知道，第一国际是卡尔·马克思建立的，它的总委员会的几乎所有在原则方面有指导意义的文件，都是出自马克思的手笔。——作者注

他民族这种思想的诱惑。为了帮助实现这种思想,它决定背叛国际的遗训。

很难设想有什么事情比这种背叛更令人悲痛的了。但是决不能武断说,无产阶级国际关于上述思想的"概念"已经被粉碎。

这个概念过去和现在都是建立在唯物主义历史观的基础上的。不是意识决定存在,而是存在决定意识。如果一个人变成剥削者,那么,这种事情之所以发生,不是因为他的天性比被剥削者坏,而是简单地因为他所处的环境预先就使他要进行剥削。

假使我们希望阻止某一部分人变成剥削者,我们一定要消除这种环境。在着手消除这种环境时,我们应该同那些使剥削成为通常的生活来源的人进行斗争。同时,只要我们希望中止人剥削人的现象,我们就必须克服他们的反抗。

这也就是德国无产者目前的情况。按照他们的天性来说,他们既不比其他各国的无产者坏,也不比这些无产者好。可是最近二十五年以来德国经济发展的特殊进程使得他们处于这样一种环境下:在这种环境下他们那里已经可能出现剥削其他民族的倾向。而且这种倾向的确在他们身上出现了。哈阿兹已经放弃,但谢德曼却继续坚持的德国社会民主党"一九一四年八月四日政策"的全部秘密就在这里。为了同上述倾向进行斗争,首先应当阻止"八月四日政策"取得胜利,因为这种胜利恰恰会大大加强和长期巩固这样一种环境:在这种环境的影响下,德国无产者产生了剥削其他民族的倾向。然而这种倾向鼓舞了德国工人阶级积极参加征服战争。因此为了同这种倾向进行斗争,必须同样积极地参加防御战争。盖得、海德门和本文作者的政策的全部秘密就在这里。盖得等人这样或那样地参加防御战争，不仅没有背叛国际，恰恰相反，而是继续为它服务。而且他们越是坚决地这样为它服务，他们就越会有助于消灭这样一种环境：在这种环境的影响下，德国无产者曾经打算变成自己的外国兄弟的剥削者。现在形势有了很大的变化，不仅哈阿兹放弃了八月四日政策，就连谢德曼也在开始采取行动，使得这个政策也许将有可能得到改正……，只要协约国继续坚决进攻的话。

齐美尔瓦尔得-昆塔尔分子不理解盖得和他的外国同志们的政策。其实本来，他们根本什么也不理解。这是没有什么奇怪的。而奇怪的倒是别洛鲁索夫先生认为他们是国际思想的体现者。

可以看得出来，别洛鲁索夫先生根本不知道，齐美尔瓦尔得-昆塔尔分子由于他们现在所宣传的那种国际主义，他们就彻底离开了第二国际历届代表大会：他们居然挽着"国际主义者"的白手臂，并且客客气气地领他出去。对国际的历史毫无知识的别洛鲁索夫先生认为这不可信；但这是正确的。齐美尔瓦尔得-昆塔尔分子的国际主义是从出席过一八九一年布鲁塞尔代表大会和一八九三年苏黎世代表人会的无政府工团主义者多美拉·纽文胡斯那里直接继承来的。但在一八九六年伦敦代表大会以后，做出了不准无政府主义者出席国际代表大会的决定。当这些无政府主义者在大会出现的时候，他们就被赶走了。

别洛鲁索夫先生与之进行战斗的那个假国际主义的情况就是如此。他想埋葬真正的无产阶级国际思想，但是这种思想现在活着，将来也会活着，尽管一些人犯了错误，而另一些人也不怀好意。世界上没有一种力量能够粉碎这种思想。

# 怎 么 办？

（一九一七年七月五日《统一报》第八十一号）

在我国革命民主派中有一个窃据着布尔什维克派称号的少数派。这个称号是不正确的，因为幸而远不是所有布尔什维克都赞成这个少数派目前的策略。它其实是由列宁的拥护者组成的。因此它最好应该叫作列宁派。不过问题不在称号：无论我们给紫罗兰起个什么名字，它都会保持原有的气味。无论我们把我这里说到的那个少数派叫作什么，它也会保持自己的气味。它的气味非常特殊。在俄国社会民主工党组织还没有遭到破坏的时候（对于俄国革命运动说来，这种破坏是最大的损害），列宁的拥护者一到自己处在多数派的地位，就成了最忠实最坚决地维护纪律的人。那时他们坚定地要求少数派严格执行我党各次代表大会通过的一切决议。他们不仅把任何脱离这些决议的精神的现象，而且把任何脱离决议文字的现象当作无政府主义加以痛斥。但是一旦他们自己变成了少数派，情况就立即发生了变化。列宁分子就不再尊重多数派的意志，而且像最地道的无政府主义者那样行事。

以前，当我们不得不过"地下"革命生活的时候是这样。现在，在俄国全体人民的眼前又发生了同样的情形。

虽然列宁的拥护者在我国革命民主派中间只占少数,他们的策略遭到革命民主派的批驳,但是这并没有妨碍他们坚持要采取自己的策略手段,而且有时还企图通过武装的示威游行取得统治权。

这些企图至今都未能成功。

但是,第一,这些仍然未成功的企图却完全不是没有影响的。它们使居民感到惊骇万分,从而使他们产生了不信任革命政府的情绪,因之也就是产生了不信任革命的情绪。而这种不信任革命的情绪如果不是反革命情绪又是什么呢?

第二,谁能向我们保证,列宁分子所组织的武装示威游行中不会有一次以胜利告终呢?

绝对不能作这种保证。这有十分充分的理由。因为武装起来的少数人没有很大的困难便可以对付没有武装的多数人。老实说,我还不知道现在写这篇东西的时候彼得格勒所发生的,而且当然也是同样一些列宁分子所挑起的那些骚乱是怎样结束的。但是我们希望临时政府能对付它们。我们都在问自己:难道这些骚乱不会使以多数人为代表的我国革命民主派学到任何东西么?看来它们是很有教育意义的。的确如此。请看吧,请听吧。

列宁分子高喊:"全部政权归工人、士兵和雇农代表苏维埃!"但是,难道他们考虑过彼得格勒苏维埃的意志吗?不,他们只考虑自己所作的决议。难道他们尊重工兵代表苏维埃全俄代表大会选举出来的中央委员会的意志吗?不,他们只尊重自己的中央机构,只服从那里所发出的口号。

在他们的心目中，革命民主派的多数派只不过是这样一种力量，他们为了达到自己的目的，必须战胜这种力量的反抗。所以他们坚决地竭力运用他们所有的一切手段来战胜这种力量。

他们做出一副只图撤消临时政府中的"资本家部长"的姿态。然而，"资本家部长"完全是根据革命民主派多数派的意志而参加临时政府的。这个多数派深信，列宁所要求的无产阶级和农民的专政对我国是很大的灾难，因为在现今的条件下，专政会产生无政府状态，反革命势力很快就会随之而来。

这就是说，列宁的拥护者们名义上是用自己的火枪和机枪反对资本家部长，其实是瞄准着革命民主派多数派的策略。毫无疑问，如果列宁分子能够做到强迫我国革命民主派拒绝联合政府的思想，那时这个策略就会什么也没有了。

列宁分子在革命民主派队伍里的内讧面前并不罢手。

岂只"不罢手"！他们简直是在制造内讧。怎么办？

今天每一个有觉悟的革命者都会对内战的前途感到忧惧。内战无异于增加反革命势力取得胜利的机会。因此，革命民主派多数派竭尽一切努力来防止战争，这是做得非常好的。

他们这样做就是尽了自己对于工人阶级和整个国家的义务。但是，法国人常说：酒已经斟满，就应该喝掉。当列宁的拥护者发动内战的时候，民主派的多数派就必须捍卫自己的阵地和自己的政府。而当这个阵地和这个政府遭到武装进攻时，那就不能满足于提出一些维持社会治安的善良建议和发表一些关于社会平静的好处的精彩演说。凡是开始用武器进行批评的地方，批评的武器就会变得软弱无力。

在俄国这个处境困难的时期发动内战的人该死！除了说好话以外不会用任何东西回答暴力分子的人倒霉！

假使谁相信自己的事业是正义的，那么当他遭到别人进攻时，他就不能不自卫。

# 两周的考虑

（一九一七年七月七日《统一报》第八十三号）

由于人民自由党代表退出内阁而开始的危机不但没有结束，而且还尖锐化了①。只有彼列维尔节夫先生保留了自己的司法部长职务。这会产生什么结果呢？这一定会产生什么结果呢？

列宁的拥护者说：这一定会使全部政权转到工兵代表苏维埃手里来。

但是我们大家都知道，我国革命民主派只有少数人跟着列宁走。它的多数抱着什么情绪呢？

各工兵农代表执行委员会联席会议以多数票通过的一项决议对这个问题作了回答。

这项决议的意义首先就是：我们必须作忍耐的准备。各工兵农代表执行委员会同各地方的代表团举行了两周的会议。会议向我们提出：政府应该由什么人组成。

退出去的部长的职位暂时将由临时政府在同苏维埃执行委员

---

① 属于人民自由党的部长：曼努依洛夫、涅克拉索夫、斯捷潘诺夫、沙霍夫斯科伊公爵和盛加略夫，因为在同乌克兰拉达的协议问题上发生意见分歧，而于七月三日离开了临时政府。——编者注

会协商后所任命的主管人来代理。

最后,全部政权属于必须和同一些苏维埃采取一致行动的同一个政府。

从这项决议中可以看出,通过决议的同志们动摇了,他们不认为可以满怀信心地立即提出:我们现在到底需要什么样的政权。

从形式方面看,这种动摇是无法解释的,因为不久前举行的工兵代表苏维埃全俄代表大会曾经十分明确地表示拥护不仅有工兵农代表参加的联合政府。

但是必须承认,在这种场合决不能只从形式方面看问题。

属于人民自由党的一些部长的退出临时政府,使局势大大地改观了。这种行动似乎可以用来证明列宁的拥护者们所热心支持的"全部政权归工兵代表苏维埃"①的要求是正确的。

所以人民自由党对我们国家所犯的罪过也就在于:它从联合内阁中召回了自己的代表,从而增加了列宁的策略战胜我国社会民主党多数派的策略的机会。

多数派的策略远不是无可指摘的。其中有许多考虑不周和不彻底的地方。我已经不止一次地向读者指出过它的缺点,并且对这些缺点作了我觉得是完全正确的阐释。我说过,在它的拥护者中间有不少这样的人,他们朝离开列宁的方向走了一步以后,立即开始觉得或多或少受到良心的谴责,于是急急忙忙又朝列宁的方

---

① 显然,列宁的拥护者们这样说的唯一原因就在于简明,他们决不会反对让农民代表参加政权。——作者注

向后退。我曾经断言,半列宁派使我国革命民主派受到巨大的损害。但是两害相权,应该取其轻者。半列宁分子的策略,尽管有其完全不可争辩的一切缺点,归根到底,毕竟要比列宁的策略好一些。它同后者比较起来,主要的优点就在于:它正在逐渐地、不过也是很缓慢地完善起来,因为它的拥护者们正在从生活进程本身中学到某种东西,而列宁分子则在彻底发挥他们的策略的基本原理的同时,越来越热心地把这种策略变成有破坏性的、疯狂的和血腥的谬论。

如果立宪民主党人不遵守愈坏愈好的规则(而据我所知,他们至今并没有遵守过这个规则),那么他们自己将不得不承认他们犯了大错,便利了列宁分子的工作。

但是不管怎么样,现有的事实是:人民自由党的代表退出联合内阁便利了全部政权应当归工兵农代表苏维埃的思想在我国革命民主派中间传播开来。

这个事实必须估计到。这种思想越是容易传播开来,我们就越应该更加仔细地考虑它在实践方面取得的胜利所造成的那种危险性。

它的成功会等于列宁分子的胜利。我想谁也不会否认这一点。而列宁分子的胜利本身又会加速我们国内经济破产的到来,使一切作战地区更快地遭到最惨重的失败。如果这样,那就完全可以长期地破坏各社会主义政党在居民心目中的威信,换句话说,就会长期地保证反革命的胜利,而中欧列强那些在这方面非常殷勤的皇帝们当然是不会拒绝支持和加强反革命的。如果革命民主派没有得到其他敌视沙皇制度的分子的支持，就轻率地以本身的力量自动承担起无法实现的义务，即承担起恢复和整顿所有一定要恢复和整顿，然而已经被旧制度彻底破坏了的东西的义务，那它就是自杀，就会使整个俄国遭到不可估量的灾难。

我们那些经过两周以后将根据革命多数派的意志来解决我国临时政府的组成问题的同志们，应该知道和记住这一点。

# 革命活着

（一九一七年七月八日《统一报》第八十四号）

《彼得格勒工兵代表苏维埃消息报》（第十一期）用这样的标题刊登了一篇规定我国民主派在保卫革命的斗争中的任务的社论。社论作者说道，不过两天以前，革命的拥护者们曾经有理由对革命未来的命运深为不安。

我们在这篇文章中读到："看来，如此所向无敌、如此强大的俄国革命眼看就要被浑浊的无政府浪潮所冲掉，而暗藏的反动派将在它的废墟上幸灾乐祸地大开其血腥的追悼会的这个可怕的、不祥的时刻已经临近了。"

这是正确的。七月四日正是这样一天：我们可以问问自己：为反动派开辟直接的和可靠的道路的无政府状态是不是取得了胜利呢？这个可怕的一天过去了。革命战胜了无政府状态。革命活着。目前落在我国民主派身上的责任是采取一些措施，使革命的生命再不会受到新的危险。

《消息报》社论的作者正确地说道：

"每一个正直的革命者的义务就是尽一切力量不让七月三日和四日的流血事件重演，不让内战恢复"。

但是怎样防止继续进行内战呢？

对于这个问题，我们的作者首先指出，有全权的民主派多数派不要采取"暴力的手段对付自己的思想敌人"。这又是最正确不过的。如果我国革命民主派忽然想用暴力的手段进行思想斗争，那它就不高明。但是这个最正确不过的思想同《革命活着》一文所讨论的问题毫不相干。难道由于自己这种刚刚被制止的发动——用作者原来的话说——曾经使革命有沉没到浑浊的无政府浪潮中去的危险的那些人，同我国民主派革命的多数派进行过思想斗争么？难道他们的火枪、机枪和装甲车起过不同于任何暴力成分的、在理论争论中使用过的逻辑论据的作用么？没有！当然，武器是极有说服力的论据。但是，当人们使用这种论据的时候，他们就从思想斗争转到只有暴力才能决定结局的那种争论上去了。而当我们的敌人开始进行这种争论时，我们就应该从两条道路中作一选择：要么是尽可能迅速地向他们屈服，要么是尽可能坚决地用暴力对抗暴力。

我想，使我发生兴趣的这篇文章的作者也会同意这一点。要知道他本人就指出了，革命的多数派应该确定不移地坚持已经由苏维埃全俄代表大会拟定了原则的内外政策，并且补充说道：

"同时如果为了实现这种政策不仅恰恰需要说服的言论，而且还需要实力，那么革命民主派的机构就会去实现这种需要，因为这将是拯救革命的办法"。

很好，革命的胜利是最高的法律。但是我们的作者似乎觉得，来自革命多数派方面的说服言论对列宁的拥护者们还没有丧失自己的影响，而且用"实力"来对抗他们肆无忌惮地使用的那些暴力的时刻还没有到来。如果他真的这样想，那就大错特错了。七月三日和四日的事件已经清楚地告诉了甚至没有经验的和眼光短浅的人,列宁分子除了"实力"以外是不会向任何东西让步的,只有当他们看到革命多数派有这种力量作后盾,并且不怕实际使用这种力量的时候,才会停止他们那种使革命有沉没到浑浊的无政府浪潮中去的危险的"和平的和有组织的行动"。在他们继续藐视民主派的全权机关并且企图推翻它们以前,他们把希望寄托在这些机关的犹豫不决上面是有理由的。

从他们自己的声明中可以清楚地看出,他们完全不打算离开他们还在六月十日就已经企图走上的那条道路。我们在七月六日《真理小报》上读到:"示威游行结束了,坚持不懈地鼓动、教育落后群众、把各省都吸引到我们方面来的日子又开始了"。这是含有深意的。当列宁的拥护者们"教育好"新的工人居民阶层时,当他们取得各省对自己的某种支持时,他们就会重新拿着火枪、机枪,坐着装甲车冲上街头。可能他们还会利用"鼓动日"搜集若干炮兵武器。那时,流血的混乱现象就会重新以大大增长的规模开始,浑浊的无政府浪潮就会重新以新的力量"冲掉"俄国革命。我们的民主派多数派如果不决意毫无例外地使用它所能拥有的一切手段同无政府状态作斗争,并且大声疾呼地表示进行这种斗争的不可动摇的意愿,它就不能防止这种危险。这些手段是十分强大的,至少在可能性上是如此。为了使它们实际上变成十分强大的,我国民主派多数派必须认识到,革命不可能同无政府状态达成任何交易,它不可能同无政府状态有任何稳定的和平、任何短暂的休战,同时也必须——这当然是最主要的——按照这种认识行事。

如果革命不善于对付无政府状态,居民中间保守的和反动的分子就会主动倡议同这种状态进行斗争。国家就会支持他们,因为国家在无政府混乱状况下是不能生存的。而那时我们就没有权利说:"革命活着"。我们将不得不承认:它正在死去。

我们的作者发现,为了建立革命的秩序,首先必须采取"坚决的措施,以消除可能进行内战的客观基础"。

完全不清楚的是他怎样理解这些措施。就客观意义说,列宁的宣传鼓动之所以取得成功,首先是由于我国落后的经济阻碍着劳动群众政治觉悟的提高。不言而喻,必须采取坚决的措施来消除经济上的落后性。

但是这些措施的功效只有在多少比较长期的时间内才能表现出来。决不能指望它可以防止最近的将来就要重演的无政府主义行动。

必须采取迅速的和坚决的措施反对这些行动。目前一切可能的措施中最有效的措施,暂时就是用有组织的革命民主派力量同它们进行斗争。

附记。当我获悉我们在西方战线遭到了巨大不幸——也许是整个的大惨剧——的消息时,这篇文章已经写好了。在这个消息的沉重的印象下,我不由得想起了亚·费·克伦斯基的一句很出色的话:

"那些让无辜的鲜血在首都街道上横流的人该死。那些使自己在前线上流血牺牲的弟兄们始终得不到援助的叛徒和变节者该死。

在严酷的考验的日子里背叛祖国的那些人,该死。

# 新 内 阁

(一九一七年七月九日《统一报》第八十五号)

新内阁在彼得格勒街头互相射击的枪声中并在我们西方战线失利所造成的极端困难的印象下产生了[①]。新内阁的首脑是亚·费·克伦斯基。我记不得是哪一家报纸曾经用有些浪漫主义式地称呼他是"俄国革命的爱神"。与任命亚·费·克伦斯基为总理的消息同时，报刊上出现了他的下列电文：

"毫无疑问，彼得格勒的风潮是在德国政府的代理人的参与下组织起来的。现在风潮完全平息了。沾有同胞的鲜血和犯有反对祖国和革命的罪行的领导者和人士将被逮捕。破坏了公民义务和军人义务的海军官员也将被捕。我号召民主派的全体真实的儿子们团结在临时政府和全俄各民主派机关的周围，把祖国和革命从国外敌人和国内他们的同盟者手中拯救出来。"

这份通电决定着（或者至少本来应该决定）亚·费·克伦斯基所领导的新内阁的纲领。如果新内阁的首领不怀疑使得彼得格勒街头洒满鲜血的风潮是在德国政府代理人的参与下组织起来的，

---

[①] 格·瓦·普列汉诺夫这里所说的新内阁是在克伦斯基担任主席的情况下组成的；到写这篇文章为止参加内阁的有策烈铁里、普罗柯波维奇和涅克拉索夫。——编者注

那就很明显，新内阁就不可能对这种风潮采取像他认为风潮只是我国革命民主派中少数派策略错误的可悲结局时所应采取的那种态度。俄国首都街头发生的风潮，显然是俄国的国外敌人为了达到粉碎俄国的目的而拟定的计划的一个组成部分。因此，从自己方面说，坚决镇压这些风潮应当是俄国民族自卫计划的一个组成部分。对待风潮的任何软弱无力或犹疑不决的态度都会是对威廉二世不小的帮忙。不用说，我国政府没有任何权利为他效劳。而且大概它也没有丝毫愿望这样做。它正在逮捕风潮的领导者和"沾有同胞鲜血的人"。那些在德国政府的同意和帮助下，同时自然也是在德国总参谋部的赞许下组织风潮的人的活动，在亚·费·克伦斯基的电文中被称为"反对祖国和革命的罪行"。这是最正确不过的。削弱俄国民族自卫的事业，正是意味着犯了反对俄国革命，甚至反对全世界民主派的死罪。如果我们的新内阁认识了这个真理，在采取行动时始终以这种认识为指针，国家是会原谅它的许多过失的！

亚·费·克伦斯基号召全体真正的民主派团结在临时政府和全俄各个民主派组织的周围，把祖国和革命从国外敌人和国内他们的同盟者手中拯救出来。真是说得最好不过了。谁妨碍拯救祖国的事业，他就毫无疑问的是国外敌人的同盟者，而外敌的胜利就会是革命的灭亡。所以，亚·费·克伦斯基这些中肯的话当然就在所有真正的民主派的心里产生了热烈的共鸣。

古代罗马人曾说过，时代在变。他们没有说错。假革命者力求在工人阶级心目中贬低那些主张保卫祖国的人，称他们是"社会爱国派"的那个时期还刚刚过去不久。而现在，曾经一度把我们的

"社会爱国主义"算作我们的罪过的那个有公民参加的临时政府的首脑，正在用革命爱国主义的语言说话，并且力图向自己的下属说明，军事上保卫我们祖国的事业，同时也就是我国革命的事业。历时不长，而体会却多。生活的客观逻辑在发生作用。当伏尔泰老人说理性总是以揭露自己的正确性而告终结时，他大概就是指靠这个逻辑。

但是无论如何有一点是不容怀疑的：在把祖国和革命从国外敌人和国内他们的同盟者手中拯救出来的这个标志下产生的新内阁，可以指靠，也应该指靠所有那些懂得世界民主派，特别是俄国民主派的利益何在的人的积极的和奋不顾身的支持。不仅起来反对新内阁会成为对革命的犯罪行为，而且给革命造成任何最小的障碍也会是对革命的罪行，因为这种障碍会按照它由以产生的同一个标志来发生作用。

我只准备提出一个意见。亚·费·克伦斯克已经为俄国立下了许多意义十分重大的功劳。但是当我仔细回顾他的卓有成效的活动时，我有时觉得，他过于相信言论的力量。我愿意设想我的看法错了，我国现在的内阁总理很懂得言论的权力是有限的。当批评的武器把自己的地位让给以武器进行批评的时候，言论的权力就会中止。革命的政权就是革命政权。它的胜利是最高的法律。革命应该坚决地、立即地和无情地粉碎阻碍它的道路的一切东西。如果它不能对付我国亲德的无政府势力，它就会成为死了的胎儿，它很快就会被反革命势力所战胜。

# 发 生 了

（一九一七年七月十一日《统一报》第八十六号）

我们担心过的事情，我们预言过的事情（我们曾经衷心希望会成为假预言家）发生了。被关于战争和纪律的野蛮概念的不断宣传所败坏的军队，至少是它的某些部队已经丧失了自己的战斗力。士兵们抛掉枪杆逃跑了，有时这种情况甚至发生在敌人进攻他们以前。指靠这样的保卫者是不可能的。不久前才从沙皇制度的压迫下解放出来的俄国，又面临着丧失自由的可怕的危险。如果威廉二世获得了胜利，那就等于是俄国革命的覆亡。这会使得我国的旧制度或多或少地——甚至不是较少，而是较多地——完全恢复过来。面对着这种危险，除了同那些使我国走向失败的人的那样一种争执以外，应该停止一切争执；当这种危险临近的时候，除了热爱自由这样一种激情以外，一切激情都应该停止。革命的俄国应该挺直身子站立起来，用强大的意志力打退敌人的进攻。

有人主张临时政府实行专政；有人谈论临时政府要从法国大革命那里借用名称。不过问题不在名称。至于专政，则除了有组织的人民的革命专政以外，我们不承认任何别的专政。这种专政一定会胜过一切专政，比一切专政更加强大有力。

政府，不管我们怎样称呼它，应该成为人民自卫的政府。人民自卫政府本身应该具有坚固的和广泛的基础。为了使它具有这样的基础,一定要号召所有那些不愿意恢复旧制度的政党的代表都参加这个政府。把政府变成工兵农代表的政府,意味着实现列宁的训示(我们应该把我国的失败归咎于他的活动),也意味着缩小我国进行自卫的社会基础,从而大大减少自卫斗争获胜的机会。

是结束没有部长的内阁和没有内阁的部长这种现象的时候了! 早就应该组成名副其实,而不是徒有其名的联合政府。让那些用种种方式妨碍联合政府产生的人倒霉吧。国家决不会原谅他们的错误,不管造成这种错误的原因是什么:罪恶的意志、胆小怕事、背叛,最后或者是毫无希望的学理主义。

# 历史的证据

(一九一七年七月十一日《统一报》第八十六号)

我国的报刊早就不大喜欢列宁先生。自从他的"国际主义"显现出它的全部的确诱人的美色以来,可以说,这位臭名远扬的"提纲"的作者就把我国的报刊骚扰得无法安静。我当然不会有替他辩护的念头,因为这个人给俄国造成的惨重的,也许是根本无法补救的损失太多了。但是我要说,人们在谴责列宁时,远不总是好好地了解他的。就连我国那些似乎应该把各派社会主义思想好好弄清楚的定期出版物,也往往对他的观点做出完全没有根据的评论。例子不远。

在人民社会党的机关报上(七月五日《人民言论报》),亚历山大·西加尔公民力求说明"布尔什维克要夺取政权的几乎病态的企图"是社会民主主义关于无产阶级专政的学说对他们所产生的有害影响。他把这个概念同关于人民政权的学说对立起来,断言社会主义制度不顾多数人的愿望是不可能产生和存在的。

对于这个问题,必须首先指出,并不是全体布尔什维克都赞成列宁目前的活动。他们中间有些人正在同他进行顽强的斗争。这一点读者公众是很少知道的,但实际情况确是如此,而且忘记这一点就会不公平了。

不过主要问题在于：按照社会民主主义的学说，无产阶级专政只有在雇佣工人构成居民的多数时才是可能的和合乎愿望的。由是观之，亚·西加尔公民把关于人民政权的概念同关于无产阶级专政的概念对立起来是经不起批判的。

总的来说，凡是企图利用社会民主主义学说的这些或那些特点来说明列宁分子的行为的人，很有犯理论错误的巨大危险。

在社会民主主义学说中（我说的是学说），至今都是马克思和恩格斯的观点占有最主要最光荣的地位。试问，列宁的策略和这些观点有什么共同之处呢？没有，根本没有！列宁在某些方面是从布朗基那里来的，此外他同巴枯宁多少也有亲密的血缘关系。

请回忆一下巴枯宁过去怎样坚决地谴责马克思有爱国主义：他在这个问题上几乎拿马克思同俾斯麦等量齐观。还请回忆一下他过去怎样尖刻地提出臆造的指摘，说马克思想在资产阶级中间获得崇拜者和促使"无产阶级同资产阶级急进派勾结起来"①。

现在请把巴枯宁对马克思所加的这些责难，跟列宁因为当今我国某些《资本论》作者的信徒的"社会爱国主义"而不断对他们所加的谴责，以及因为同一些信徒的所谓对人民自由党的偏袒而不断对他们所加的那些咒骂比较一下。作过这一番比较，您就一定会同意，如果这位著名的科学社会主义奠基人从坟墓里走出来，并且埋名隐姓地开始宣传自己的策略观点，那么列宁就会立即把他革出教门，并且把他算作《统一报》的拥护者，即算作"资产者"，因

---

① 《国家制度和无政府状态。——国际工人协会内两党的斗争》，载《巴枯宁全集》，依·巴拉舍夫出版，第132—133、222页。——作者注

为《统一报》的拥护者和资产者是同一个东西：这一点像二二得四一样由《真理报》证明了。可怜的马克思死了，而没有活到蒙受这种耻辱的时候，该是多么好啊！

另一方面，毫无疑问，如果当马克思在世的时候列宁曾经进行过活动，那么马克思无论如何也不会承认他是自己在策略方面的学生。马克思会毫不犹豫地宣布他是布朗基主义者。的确会那样做。这一点，马克思的朋友和始终不渝的同志恩格斯对布朗基所作的下列评语就可以说明。

记得我已经两次向俄国读者介绍过这一段光辉的评语。但因为这已经是很久的事了①，而且因为从事政论这项事业难免不重复，所以我要在这篇文章里完整地再引用这一段话。

恩格斯对于布朗基曾经写过："他在自己的政治活动中其实是一个'实干家'，他相信，组织得好的、力求在适当的时机号召起义的少数人，能够通过最初的若干胜利把人民群众吸引到自己方面来，并且能够用这种办法实现革命……由于布朗基把任何革命都看成是少数革命家的事业，自然也就会产生胜利以后实行专政的必要性，当然，这种专政不是整个革命阶级即无产阶级的专政，而是那些发动了起义并且事先已经组织在一个人或几个人的独裁者权力下的少数人的专政。"②

亚历山大·西加尔公民现在可以看到，"布尔什维克要夺取政

---

① 最后一次我是在一九〇六年的《右倾在哪里，正统思想在哪里？》一文中谈到这一段评语的〔中译本参见《普列汉诺夫机会主义文选》，下册，第66—76页。——译者注〕，这篇文章最近几天将出新版。——作者注

② 参见《马克思恩格斯全集》，第十八卷，第580—581页。——译者注

权的几乎病态的企图",同马克思主义者所坚持的那个无产阶级专政的概念,是完全没有因果联系的。这种专政正是已成为多数人的整个革命阶级的专政。这种专政和列宁分子所追求的东西没有任何共同之处。列宁的夺取政权乃是科学社会主义产生以前那个"美好的旧时代"的策略手段。

列宁认为,夺取政权可以是,也应该是少数革命英雄好汉们的事业,他们的任务是率领暂时还没有觉悟的人民群众。所以他很久以来就力求成为这类英雄好汉中的一个独裁者。所有熟悉我们社会民主党的历史的人都知道,一九〇三年党内开始的分裂,由于列宁渴望在党内——当时它被迫处于秘密团体状态——取得独裁者的权力而得到了支持和加深。他曾把这种权力称为指挥棒。他心目中的党组织,使人想起亚列克赛·托尔斯泰在《关于满大人①的叙事诗》中所描绘的景象:

"汉人褚氏者,
坐于华盖下,
语诸满大人:
吾为汝君也"!

在另一个地方,恩格斯认为布朗基主义者是这样的人:他们力求"超过革命的发展过程,在其中引起人为的危机,当革命所必需

---

① 满大人(Мандалин),是过去葡萄牙人对清朝大员的称呼,后因以泛称中国封建朝代的高级官吏,或指专制、顽固、无知、守旧的人。——译者注

的条件还不具备的时候就制造革命……他们是革命的炼丹术士，他们的特点是，像旧时代的炼丹术士一样具有同样混乱的概念和同样狭隘的观点"。

可见必须承认我国的列宁分子也是这样的革命的炼丹术士。他们希望人为地加速历史进程，当社会主义革命所必需的条件还不具备的时候在俄国造成这种革命。他们的行动使俄国付出了很高的代价。因此必须尽量迅速地同他们划清界线。当他们说："不要摧残自己的朋友，我们一起工作吧"①的时候，革命民主派的多数派一定要坚决回答他们说：同你们一起工作只能造成俄国政府和俄国革命的灭亡。

但是列宁的策略是从布朗基的策略直接继承下来的，所以它同后者的区别主要就在于这样一些方面。

布朗基对自己国家的命运完全不是漠不关心的，像列宁所固有的那种态度一样。当德国军队进攻革命的法国的时候，他出版了报纸：《祖国在危险中！》他懂得，法国越是遭到更严重的失败，法国反动势力将有更多获得胜利的机会。列宁根本不可能理解：俄国的失败将是俄国的自由的失败。

这并不是全部区别。尽管布朗基的策略手段是落后的，但他从来不是蛊惑家。列宁是彻头彻尾的蛊惑家。在这一方面他更接近于巴枯宁，而不是接近于布朗基。

在巴枯宁的策略中有相当多的蛊惑成分。在自己的《国家制

---

① 这话是列宁分子诺根在七月九日道利达宫工兵代表苏维埃全俄委员会和全俄农民代表苏维埃执行委员会联席会议上讲的。——编者注

度和无政府状态》的最后一页上，例如他说，必须"把无所顾忌的干粗活的群氓组织起来"。在同书的另一个地方，他把"粗野的、挨饿的无产阶级"说成是社会主义思想的体现者。这当然是蛊惑宣传。但是在巴枯宁那里还是萌芽的东西，在列宁这里却产生了丰富的果实。在把"无所顾忌的干粗活的群氓"纠集在自己的旗帜下这一方面来说，列宁是无与伦比的大师；他把自己的全部假革命的计划都建立在"粗野的、挨饿的无产阶级"的落后性的基础上。

最后，不论是愿意或不愿意，不论是自觉或不自觉，他都在为德国帝国主义服务。这一点，我们既不能责备巴枯宁，也不能（完全不能）责备布朗基。就这方面来说，也许得把列宁算作某个别的什么人的亲属。不过这个问题以后另找时间来谈，因为这超出了我这篇历史证据的范围。

# 政党呢，或者只是派别？

（一九一七年七月十三日《统一报》第八十八号）

亚·尼·波特列索夫在他的《一个政论家的日记》（七月十二日《日报》）中回答瓦依涅尔同志时谈到我国社会民主党的发展问题，——按照他的说法是：可诅咒的题目。而他所谓的党并不是真正意义的政党，而只是我们许多派别中的一个派别，即所谓孟什维克派。这其实远不是一回事。

不用说，在一切组织得很好的政党中，过去和将来总是把分裂看作一种罪行。分裂是极有害的，必须加以避免。这是一般规则。但是没有一种规则没有例外。党的统一不可能是目的本身，如果统一有助于某些原则的传播和实现，统一是会变成非常有益的。而当它开始阻碍这些原则的实现和传播时，它就会变成十分有害的。不是人为安息日而生，而是安息日为人而设。哈阿兹在一九一四年八月四日这个非常不幸的日子里就忘记了这个道理。于是在他那个前此还是白璧无瑕的名字上，永远留下了甚至德意志帝国最有学问的化学家也消除不掉的污点。

不是人为安息日而生，而是安息日为人而设。假使在谈到政党的时候不妨回忆一下这个道理，那么在讨论派别时就尤其必须考虑这一点。和政党比较起来，派别尤其不能看作目的本身。作为对自己党员的根本信念来扩大自己的统治权的组织，派别实质上甚至不应该是组织。当派别变成这样的组织时，可以确信，党的情况是不顺利的。在党的情况正常的时候，派别不过是由于自己对当前迫切问题的观点相同而互相接近的一些同志的自由团体。这种团体是在党组织的范围内存在的。而且在同样的范围内存在着和它对立的其他团体、其他派别。如果一个严肃的人从一个政党转到另一个政党时精神上几乎总要经历某种急剧改变，那么从特定政党的一个派别转到另一派别，就会由于社会生活或党内生活中当前问题的转变而自然地和自由地实现。在德国社会民主党内，战争自然地和自由地把过去那些立场彼此相距很远的人联合成为一个派别。考茨基和伯恩施坦就是例子。

　　孟什维克不是政党。他们只是派别。这种说法是非常正确的，所以他们主要的委员会不叫中央委员会，而叫组织委员会，就是说它有责任帮助建立未来的政党。正是作为这样一个委员会，它才派遣代表出席了这次国际冲突开始前两个星期内在布鲁塞尔举行、由王德尔威尔得主持、而且有考茨基参加的统一代表会议。在这次会议上，我代表了布尔什维克和孟什维克党员的国外组织以及彼得格勒——当时还叫彼得堡——《统一报》团体。除了列宁分子以外，我们全体参加代表会议的人都认为必须恢复俄国社会民主工党，并且我们大家还签署了一篇用这种精神写成的宣言。由于种种考虑，最后地和正式地恢复我们的党的工作被延期到本来应该在三星期以后在维也纳举行的国际社会党人代表大会进行。战争妨碍了代表大会的召开，但是它决没有使我和我最亲密的同志们置身于布鲁塞尔代表会议所确定的我们未来的那个政党之外。如果组织委员会现在装作忘记这一点的样子,那么,唯一的原因就在于:它同所有拥护齐美尔瓦尔得-昆塔尔决议的人一样都敌视我们对战争的看法。如果(这是我确确实实地知道的)组织委员会使用了一切力量来关闭我们的代表们跨进工兵代表苏维埃执行委员会的入口,那么这(而尤其是:它成功地实现了自己的意图)又不过是齐美尔瓦尔得-昆塔尔派的残暴作风的产物。

不过尼·亚·波特列索夫并没有沾染上这种残暴作风,我们大家都知道这一点。然而为什么他把在战争问题和在其他重要策略问题上同意我们的观点的其他那些孟什维克同我们——社会民主党可能的成员——接近,说成是同这个党的破裂呢?在组织方面这里是谈不上同党破裂的。至于说到思想上的破裂,那么我不妨提醒亚·尼·波特列索夫注意,他的"党"(实际上是派别)至今都把我所写的(当然是为党写的,而不是为党内的某个派别写的),不过被列宁和马尔托夫的联合力量稍微弄坏了的那个纲领称为自己的纲领。

# 同反革命作斗争

（一九一七年七月十五日《统一报》第九十号）

我国社会主义的报刊上继续在谈论必须同反革命作斗争。不言而喻，任何一个思想健全的民主派都不会断言，似乎反革命的危险性不存在了。整个问题在于怎样同它进行斗争。

人们往往在巴·尼·米留可夫的钱袋里找反革命。那里是找不到反革命的。虽然立宪民主党人号召自己的党员退出联合内阁是犯了一次对反革命有利的错误，但是把他们算作力求恢复旧制度的社会力量是完全不正确的。只有被党派仇恨完全迷住了眼睛，才会认为，例如利彼茨克发生的流血的骚乱是立宪民主党唆使的结果。利彼茨克发动的唆使者和组织者完全不同情人民自由党的纲领，这是丝毫不容怀疑的。同时他们这些利彼茨克、耶列茨基等地的骚乱唆使者和组织者乃是最热衷于扮演反革命角色的人。当然，他们的利彼茨克和耶列茨基发动只是唆使无知的群众反对革命思想的代表者的最初尝试罢了。在这些最初的尝试以后接着就会有另一些尝试。不必是预言家都可以预言这一点。也不必是深谋远虑的政治家都会懂得，同那些醉心于这类尝试的人进行斗争时，任何软弱和犹豫的态度是多么有害。革命的胜利是最高的法律。革命应该无情地对待那些企图把它从它所占领的阵地上驱逐出去的人。

维尔霍夫斯基将军在制服利彼茨克和耶列茨基反革命暴动分子时并不害怕实际使用大炮。他是对的。在极端的情况下难免不采取最极端的手段。

反革命分子正在干他们的黑暗勾当，力图利用对他们有利的示威群众的情绪。当群众不再相信革命政权的力量时，他们将受到鼓舞。而当革命政权让任何一个组织完备的社会都不能容忍的那些行为（夺取别人的财富、对人身使用暴力、等等，等等）逍遥法外时，群众自然就会对这种力量失去信任。这些行为必然会引起的私刑证明，示威群众已经不指望得到革命政府的帮助了。而当群众不指望得到政府的帮助时，反革命分子的暗示就多少容易被他们接受了。"无政府主义者"长期无阻碍地居留在杜尔诺沃别墅，以及"共产党人"长期无阻碍地居留在克舍辛斯卡亚私邸，给彼得格勒的反革命活动帮过不少忙。这一点可惜是很难怀疑的。

为什么我国革命政府让具有一切犯罪特征的行为逍遥法外呢？因为它对自己的力量没有信心。为什么它对力量没有信心呢？因为每当它试图捍卫遭到"无政府主义者"或"共产党人"破坏的私人权利时，就会出现一片毫无道理的叫喊，说它侵犯了我们刚刚夺得的政治自由。政府知道，这种叫喊对彼得格勒的卫戍部队是有影响的，而没有这个部队的支持，在同"无政府主义者"和"共产党人"发生随便什么严重的冲突事情时，它就对付不了。政府担心彼得格勒的卫戍部队也怀疑它在侵犯我们的政治自由，并且会拒绝服从它，于是它动摇了，在本来必须毫不动摇地立即采取行动的时候慢吞吞地说空话。

可是，谁迫使政府用言语代替实际行动呢？谁妨碍了它采取坚决的行动反对破坏别人权利的人呢？当然，首先恰恰就是破坏过这些权利的那些人。要知道他们不是无缘无故穿上这种或那种式样的革命服装的。不过除了他们以外也还有另外一些人。有一些真诚的、正直的人，他们决不希望破坏别人的权利，他们对革命无限忠诚，但是他们同时又天真地以为，政府在同"无政府主义者"和"共产党人"进行斗争时如果使用暴力，那就是破坏自由。这些人甚至没有注意到，大家的自由是一回事，而个人的专横则是另一回事，所以在凡是有责任保卫自由的政府不能够用暴力镇压犯罪的专横行为的地方，都没有自由。

由此可见，对革命无限忠诚，并且准备为它服务到最后一口气的人本身就助长了——因为他们使革命政府失掉了活动能力——示威群众的那种对反革命分子如此有利的情绪。必须消灭这种现象。如果我们现在还不懂得，革命政府在同无政府状态进行单独决战时决不应该受到限制，或者换句话说，革命政府应该得到全部充分的权力，那就太可悲了。这在反对反革命的斗争中将是最有效的手段，因为——正如我已经不止一次地说过的——假使革命不粉碎无政府状态，无政府状态就会吃掉革命，像约瑟的梦境中干瘦的母牛吃掉了肥壮的母牛一样[1]，从而为旧制度的复辟开辟道路。所以，无政府状态更加有必要同国外敌人串通一气，而国外敌人则更必须支持无政府状态。怜惜无政府状态，意味着替国外敌人效劳。

---

[1] 参见《新旧约全书》《创世记》，第四十一章。——译者注

# 协议是必要的和可能的

（一九一七年七月十六日《统一报》第九十一号）

无论如何必须防止中欧帝国和它们的盟国的军队击溃俄国。俄国被击溃，就等于我国革命的破灭。革命的破灭首先而且主要就会损害劳动居民的利益。而且不仅在俄国本国是如此，在整个欧洲，可能还在全世界，也多少是如此。甚至被德国将在全世界取得经济统治权的远景所诱惑而同帝国主义者勾结起来的德国无产阶级（谢德曼的党），也会由于俄国恢复旧制度而受到许多损失。俄国革命巩固自己的胜利，就会大大推动其他各国经济和政治的发展。

如果这是对的（而这一点现在是很难反驳的），那就十分清楚，有觉悟的俄国无产阶级的全部战略和全部策略应该处处充满着巩固革命的思想，因此也就是处处充满着同德奥征服者作斗争的思想。

凡是可以防止俄国在军事上被击溃，巩固革命的胜利的政治战略，都是好的。凡是会削弱我国军事抵抗力量，从而为反动派的胜利准备条件的政治战略，都是坏的。对于策略也是如此。现在对我们革命者和社会主义者说来，全部智慧、"整个哲学的意义"就在这里。

像耶和华曾经告诉犹太人民一样,革命告诉我们说:"我是你的上帝,而且除了我以外你不会有别的上帝!"替那个名叫教条主义的上帝服务,对我们说来乃是特别巨大的罪过。我们有许多人准备为这个上帝而牺牲革命最根本的利益。需要有古代犹太预言家们全部充满热情的口才,才足以痛斥替教条主义的摩洛①服务的这种不可原谅的罪过。

所有这样的人都是在为教条主义的摩洛服务:他们一度掌握了政治战略或策略的某种手段,可是忘记了,任何这类手段并不是它自己本身重要,而只有在它合目的的范围内才是重要的。只要它不再合目的了,它就一定会被另一种手段所排斥和代替,因为这种手段在特定的时间和特定的地点条件下能够比其他手段更好地帮助达到目的。我国革命者在一九〇五年至一九〇七年革命高涨时期内所犯的大部分错误正是由于忘记了这条规则而产生的。

如果以为我们在俄国革命的命运处于决定关头的此刻会忘记这条规则,那就太可悲了。

只有把居民中一切生气勃勃的——即不是反动的——分子联合在自己周围的那个革命政权,才能把革命从破灭中挽救过来,才能把国家从暂时的溃败中挽救过来。可是并不是所有这些分子都希望实现社会主义纲领。因此如果觉悟的无产阶级的政党要求目前的政府实现这个纲领,那就会犯大错误。目前我国政府暂时还不可能是清一色的社会主义政府,也不应该这样。社会主义政府

---

① 摩洛,古代腓尼基等国以活烧儿童为祭的太阳神(参见《新旧约全书》《利未记》,第二十章)。——译者注

必然会是极不稳固的。它的寿命就会很短,它的垮台就会是反革命的胜利,而反革命的胜利主要就会使同一个无产阶级受到损害。

但是如果我国政府不应该是清一色的社会主义政府,那么它就应该是联合政府,也就是说,各社会主义政党同资产阶级政党一起参加的政府。我国第二届政府正是具有这种性质。但是组成政府的各政党相处得不好。众所周知,人民自由党的代表认为不可能同社会主义各政党的代表达成协议,完全退出了政府。他们这样做就采取了错误的步骤。社会主义者现在继续提醒他们注意这一点。但是,对于觉悟的俄国无产阶级来说,有可能谴责人民自由党犯了错误并不是值得慰藉的事。同不久前人民自由党所犯的错误类似的一些错误,危害着全国的利益。尤其是这些错误可能对我国民族自卫斗争的进程,因而也就是对俄国革命的命运发生致命的影响。所以,作为这个革命最强大的动力的觉悟的无产阶级,应该努力拟定一个使得它自己的代表和资产阶级的代表都能够得到舒适地位的"行动纲领"。

可不可以拟定这样的"行动纲领"呢?替教条主义的摩洛服务的人回答说:"不可以!觉悟的工人阶级应该站在社会主义立场上。社会主义运动的前提是阶级斗争。同资产阶级勾结会削弱这个斗争,或者会使它完全停止下来,虽然只是暂时停止。所以我们应该坚决抛弃这种做法。"

无可怀疑,社会主义者参加联合政府乃是同资产阶级各政党的代表进行勾结的行为。凡是不允许有这种勾结行为的人,都不能容忍联合政府的思想。列宁的拥护者们就否决过这种思想。当他们散布"打倒资本家部长!"的口号时,他们是忠实于自己的。但是列宁分子是我国革命民主派中的少数派。这个派的多数派却不认为社会主义者参加联合政府是一种罪过。因此多数派代表有义务拟定一个使得所有不希望恢复旧制度的政党的代表都可以各得其所的行动纲领。

老实说,他们至今都没有把这件事做好。我并不是说,只有他们才要对这个过错负责。不过无可怀疑的是,他们毕竟要负一部分责任。

他们曾经发现,列宁的那个认为同资本家的一切要求断绝关系的时代已经到来的"提纲"是错误的。他们曾经承认,我国二月革命是俄国资本主义史上新时代的开始。但是如果他们很轻易地容忍俄国资本主义的存在,那么要容忍俄国资本主义社会中存在资本家,对他们就非常困难了。他们似乎希望存在一个没有资产阶级的资产阶级生产方式。既然这是不可能的事,既然事变无条件地要求他们参加也有"资本家部长"出席的那个政府,所以他们就带着苦恼的沉思考虑这样一个问题:怎么处理阶级斗争的原则呢?他们害怕会背叛这个原则,于是决定在联合政府内部继续进行阶级斗争。联合政府里许多不幸的事就从这里产生了。

联合是协议。协议不是斗争。谁参加协议,谁就要在协议的范围内——请注意,我是说:在协议的范围内——放弃斗争。凡是继续斗争的人都是破坏协议。这里不可能有中间道路:不想要协议,就跟列宁走;不打算跟列宁走,就参加协议。

但是,无产阶级的代表参加进去而不会背叛无产阶级利益的那种协议可以设想么?当社会主义者参加一种保证他们可以比过去更好地捍卫无产阶级利益的协议时,他们就不是背叛这种利益。

恩格斯说:"如果甚至那些仍然受到某种生产方式的损害的人都会称赞这种生产方式,这时它就是处在自己发展的上升阶段。大工业产生时期英国工人的情况就是如此。"

为什么有这样的情况呢?英国工人曾经感觉到,如果他们中止了大工业的发展,使旧的生产方式永久存在下去,他们还会受到更多的损失。他们帮助资产阶级排除一切阻碍资本主义发展的障碍时丝毫没有背叛本阶级的利益。他们在政治领域内支持资产阶级的自由主义要求时也没有背叛这种利益。恰好相反。当他们拒绝支持这些要求时,他们就严重地破坏了自身的阶级利益。这就是说,往往有这样一些历史环境:在这种环境下,无产阶级的阶级利益不仅允许这个阶级同资产阶级达成协议,而且十分明显地要求达成协议。马克思和恩格斯在同否认可以达成这种协议的那些德国空想社会主义的教条主义者论争的时候已经出色地阐明了这一点。

俄国现在正处在自己经济史的过渡时期,在这个时期内,无产阶级可以在反对所有阻碍我国生产力发展的事物的共同斗争中跟资产阶级达成协议,这样做不仅没有害处,而且对自己有利。

既然旧制度的恢复会严重地阻碍这种发展,所以,如果无产阶级不愿意为了革命的胜利而同资产阶级达成协议,那就会表明自己是极端无远见的。

另一方面,如果我国的"工业舰长们"拒绝向无产阶级做出一切现时经济上可能的让步,他们就会暴露出同样的政治上的无远见。如果恢复束缚我国生产力的旧制度不利于工人阶级,那么对于资产阶级说来,这也是不利的,因为资产阶级的繁荣一定需要生产力的迅速发展。同时，如果俄国在经济发展道路上要取得相当大的成功，那就除非是把我国工人阶级的物质生活提升到比现在更高得多的水平。

最后，我国资产阶级有觉悟的代表应该懂得，俄国军事上的溃败对他们的阶级多么不利，因为这种溃败会使俄国变为德国的殖民地。

这就是协议既对无产阶级也对资产阶级有利的道理。既然协议对双方都有利，那就没有理由怀疑达成协议的可能性。

# 真是天晓得！

（一九一七年七月十八日《统一报》第九十二号）

我国报刊上流传一则消息，说跟瑞典社会民主党首领布兰亭和荷兰社会民主党首领弗利根相反，现在国外旅行的俄国社会主义者代表团发表了反对把当前战争的原因问题列入下届社会主义者代表会议的日程的言论。据说代表团认为代表会议如果着手讨论这个问题，就会妨碍解决实际任务，并且会给明白地提出阶级斗争问题造成困难。

如果真是这样（也许真相是这样），那么我们又要在这里同已经给我国革命造成了许多损害的那个偏见打交道。不过现在，旧的偏见是在新的政治环境下发表的，这个环境值得谈一谈。

在德国，谢德曼-埃伯尔特-休特古姆的党也要求不在国际社会主义者代表会议上提出当前战争的原因问题。反之，哈阿兹-考茨基-伯恩施坦的党则认为对这个问题作一番考察是有益的。我不知道，这个党是不是在这个意义上提出了正式的要求。不过，像大家所知道的那样，伯恩施坦和哈阿兹不止一次地在刊物上表示过自己的信念，相信社会主义者如果拒绝考察使世界可能发生一切灾难的那种军事冲突究竟要由谁来负责的问题，那就犯了错误。这当然是完全正确的。

满足于目前战争是帝国主义战争这个论点,无异于故意地或无意地停留在表面现象上。

世界上先进的(就这个词的经济意义说)国家正在经历帝国主义资本主义时代。这一点谁也不会否认。但是,只有根本不懂科学思维规则的人,才能从这里做出结论说,在每一个特定场合下,战争的责任都同等地落在所有参战国家身上。

阿·日·凯特列早在上世纪三四十年代就指出过,在特定社会制度下社会中注定会有特定数量特定种类的罪行。他的这个思想成了犯罪学说的一个十分重要的组成部分。我们这些唯物主义历史观的拥护者现在则说,目前社会的经济是一种基础,它的属性归根到底决定着现代犯罪人的"罪恶意志"。而且我们是对的。尽管如此,当发生某种罪行的时候,我们并不限于指出社会经济和犯罪行为之间的因果联系,而要问一问:罪行是谁犯的,而且是在什么情况下犯的?如果有人杀死了彼得的亲人,即便他是历史唯物主义最忠实的拥护者,他也决不会同意说,杀人的责任应该同样由他和凶手来担负。假如有人企图使他相信这种说法,那他就会认为,说服者不是自己参加过犯罪行为,便是急性癫狂症在发作。

在战争问题上情况也是如此。谁说当前的战争是帝国主义战争,谁就只是断定,经济原因是战争的基础。但是从经济原因是战争的基础这一点上说,绝对不能得出结论说,受到进攻的国家和实行进攻的国家是同样有过错的。如果有人发表这种武断的言论,我们有充分的理由假定,他要么是同进攻方面取得胜利有某种利害关系,要么是……毫无思维经验。

"战争是万物之父"。——"为和平操心,对于德国人民来说,意味着毒害他们的心灵"。——"按照我的意见,我们如果不拔剑出鞘,就不能履行我们的民族义务"。——"既然战争是必然的和不可避免的,我们就无论如何应该斗争到底"。——"我们不应该让英国要求接近的企图弄昏头脑。我们只能在我们没有确定的机会可以使必然的、不可避免的斗争取得成功的结局以前,利用这些企图"①。

著名的德国将军伯恩哈尔第早在世界大战开始以前两年就这样说过。另一名德国帝国主义者、也颇有相当名气的保尔·罗尔巴赫当弗兰茨·斐迪南在萨拉热窝遇刺以后曾经写道:

"我们不害怕战争,因为我们知道,对于我们说来,事情就在于战争,战争是不可避免的,它充其量只可能延期。但是,德国和它的敌人的力量对比,现在变得对我们较有利的那个时刻大概不会再次到来"②。

伯恩哈尔第和罗尔巴赫在德意志帝国的统治阶级中间决不是少见的人。保守派分子和民族自由派分子,即容克贵族的政党和大工业家的政党渗透了好战的帝国主义精神。在德国居民的其他阶层中,帝国主义也有许多崇拜者。德国的参谋总部自然是非常了解这一点的,因此它完全有理由深信大多数德国居民群众会以同情的态度响应军号的声音。它没有任何理由推延向俄国和法国发动进攻。于是它急急忙忙地宣战了。

---

① 我自己的藏书不在手头,伯恩哈尔第的这些格言是根据勃·伊什汉年一本十分有趣的书《军国主义和帝国主义在德国的发展》(彼得格勒,一九一七年,第35页)引证的。——作者注

② 同上书,第346页。——作者注

这一切都毫无疑问。爱德华·伯恩施坦在他的著作《工人国际和战争》中引用了许多材料，可以证明直到战争开始时为止德国社会民主党毫不犹豫地把战争的责任加在奥地利和德国身上。但是当军事风暴爆发时，这个党就犯了致命的错误：它考虑到德国的胜利可能给德国无产阶级带来的那些经济上和政治上的好处，竟然决定去支持政府的帝国主义政策。一旦德国社会民主党人犯了这个极端可悲的错误以后，他们就不愿意提到战争的祸首问题了，因为追究祸首一定要暴露他们自己的罪责。甚至很早就参加了自己党的左翼的累德堡，也在齐美尔瓦尔得代表大会上宣布过，既然战争是帝国主义，那么弄清楚谁发动了战争是没有益处的。

然而德国社会民主党内部已经逐渐开始认识到"八月四日政策"是极端错误的。起初这种认识使得党内产生了一个反对派，反对受到修正主义者有害影响的德国社会民主党进行可耻的政治勾结。后来事情的发展导致了分裂。在德国，形成了一个独立的社会民主党。

随着这个党的产生，战争的责任问题就进入了新的阶段。为了替自己退出旧党辩护，伯恩施坦、哈阿兹和他们的拥护者就需要揭露"八月四日政策"的错误性。如果依据像社会主义者"不能同意战争"、"不能接受资本主义"等等这类抽象的原则，他们便不能这样做。这样一些完全符合过去空想社会主义者和现今无政府工团主义者的观点的抽象原则，在过去没有白上过马克思的学校的德国社会民主党人那里，是得不到任何信任的。甚至伯恩施坦之流的那些背弃《资本论》的作者的德国修正主义者，也还是从他的科学方法中掌握了一点东西。他们懂得，社会政治问题一定要从它们的具体环境中来考察，因为否则除了空谈以外是得不出什么结果的。而在当前战争的具体环境中考察这次战争的问题，也就意味着解决谁该负战争的责任问题。所以伯恩施坦说，社会主义者必须解决这个问题。谢德曼硬说完全不必要这样做。他之所以作这样的武断，唯一的原因是他希望掩盖自己反对国际的滔天罪行的痕迹。看起来我国社会主义者代表团本应该出来反对谢德曼和支持伯恩施坦。它却反其道而行。而且这还是假借着明确地提出阶级斗争问题的名义。真是天晓得。

再说一遍：我并不完全相信，报纸上的消息正确地传达了俄国社会主义者代表团的意见。我很希望设想，意见传达得完全不正确。但是假如这里没有任何错误，那就不能不耸耸肩膀，对于俄国社会主义者代表团的难以置信的逻辑表示惊讶。

# 聋　子

（一九一七年七月十九日《统一报》第九十三号）

法国人有一句很形象的话："装聋子"。不用说，当一个人"装"聋子的时候，他总是有某种意图的。例如当乞乞科夫劝科罗皤契卡把死魂灵卖给他的时候，科罗皤契卡就"装"聋子：因为她不愿意在没有打听到自己商品的市场价格是多少以前就出售商品。她的这个"政策"使沉着的乞乞科夫再也忍耐不住了，并且诅咒她遭着恶魔，使她怕得要命①。我承认，我理解他。再没有比同预先决定根本不理会您的一切论据的人讨论问题更伤脑筋的了。

装聋子不仅在私生活中有。许多政界人士每当他们举不出理由来反驳自己的论敌时也装聋作哑。

就拿对待战争的态度问题来说吧。当我国现今的"国际主义者"——格里姆、拉狄克和加涅茨基的国际的成员——想起第二国际（即恩格斯、李卜克内西、倍倍尔、拉法格、海德门等人的国际）苏黎世代表大会上进行的关于战争问题的讨论时，他们就宁愿装聋子。

其实这些讨论是颇有教益的，而且如果"国际主义者"不愿意

---

① 参看果戈理：《死魂灵》，载《鲁迅译文集》，第九卷，第93页。——译者注

听这些讨论,那么对于没有沾染这些先生的偏见的读者说来,却可能对它们发生很大的兴趣。

有一次我在自己的几篇论战争与和平的文章中就援引过它们。但是我还是经不住考验要再一次提到它们。罗马人说得对:"温故而知新"。况且由于现在我国西南战线上发生的事情,一八九三年苏黎世国际代表大会上进行的讨论就获得一种新的意义。

曾经积极参加过这届代表大会的荷兰无政府工团主义者多美拉·纽文胡斯①建议:如果发生战争,社会主义者都要力求在各自的国家中号召进行军事罢工。当时所有国家的社会民主党人都坚决起来反对他的建议。作为战争问题委员会报告人的本文笔者在反驳纽文胡斯时这样说过:

"试设想两个交战国家。其中一个国家的居民,由于某种原因处在社会主义者的强有力的影响下,于是响应社会主义者的号召,并且实现军事罢工的思想。

在另一个国家里,人民群众却冷淡地对待社会主义者的号召,并且否定罢工的思想。结果会怎样呢?结果就是:社会主义者对人民有强大影响的国家,在同群众不会跟着社会主义者走的那个国家进行斗争时,会变得没有防御能力。这将是军国主义的胜利。既然国际社会主义者无论如何不能支持军国主义,所以他们一定要无条件地否决多美拉·纽文胡斯的建议。"

这项建议也真的被苏黎世代表大会否决了。

---

① 那时无政府主义者和无政府工团主义者还允许参加社会党人国际代表大会。一八九六年伦敦代表大会以后才通过了不允许他们参加大会的决定。——作者注

当我提醒"国际主义者"先生们注意这一点时,他们就装聋子。事情很清楚:这是反驳不了的。

不过,有一位同志告诉过我,在"国际主义者"的某一期定期刊物上(好像是在巴黎的《我们的言论》上),曾经登载了一篇所谓文章,作者企图反驳我在苏黎世国际代表大会上提出的一些论据。他硬说,如果某个国家决定不对进攻自己的敌人进行任何反抗,那么敌人就会主动地停止向它进攻了。

但是,第一,这纯粹是托尔斯泰式的论据。谁愿意费点气力翻一翻列·托尔斯泰叙述他的不用暴力抵抗罪恶的理论的那些著作,他就几乎可以在每一页上遇到这种论据。如果"国际主义者"先生们不得不接受不抵抗论者的论据,那就十分明显:他们拿不出东西来保卫自己的立场。这是精神贫困的特别证明。

第二,某个国家的全体居民群众都拒绝同敌人战斗的那种情况,只是极端的、假设的情况。实际上它任何时候都很少可能发生。可能性更加多得多的倒是另一种情况:只有或大或小的一部分人民不愿意抵抗敌人的攻击,进行自卫。在这种情况下,这个国家的军事力量将部分地被消灭。但是这对社会主义者说来是不值得慰藉的。响应他们的号召的那部分人民越多,国家的军事抵抗力量将越弱,而居民不认为或者不会认为有可能实行纽文胡斯所建议的罢工的那个国家的军队,就越容易战胜前一个国家。因此我们又看到同样的现象:这位荷兰无政府工团主义者的策略[①]原

---

[①] 在这个地方,原稿看来有一个附句,但是排印后附句被歪曲了,所以我们没有可能恢复它。——编者注

来是为军国主义服务的。

请看一看我们这里发生的情形吧。布尔什维克领头的"国际主义者"谴责了进攻的思想,宣扬联欢,并且一直最热情不过地实行多美拉·纽文胡斯的策略。相反,德国和奥国的社会民主党人不仅拒绝了他的策略(就这件事本身来说,只会给他们带来荣誉),而且决定(这就非常糟糕了)支持自己的国际主义者的掠夺计划。整个整个的团、师,甚至军团都响应了我国"国际主义者"的号召。这样就非常严重地削弱了我国军队的战斗力。德国和奥国社会民主党人的号召也得到了很大部分居民的响应。可是既然他们——所有这些谢德曼分子、艾伯特分子、休特古姆分子、别尔纳斯托尔菲尔分子、爱伦波坚分子及其他分子——没有号召居民实行军事罢工,而是号召居民支持德国帝国主义的计划,那么德国军队的战斗力就不仅没有降低,反而增长到这样的程度:如果社会民主党人仍然忠实于第一国际和第二国际的遗训,起来反对为了达到征服的目的而发动的战争并且积极参加防御战争的话,它是决不会达到这样的程度的。结果怎样呢?尽管个别部队具有善良的愿望,甚至发挥了英雄主义的精神,我国军队还是抵御不了德国威廉和奥国卡尔的军队。它被击溃了,而同它一起受到创伤的就是俄国革命。布尔什维克的无政府工团主义策略(我之所以再次这样说,是为了不去无聊地激怒这些鹅),为德奥军国主义带来了巨大的利益。

是考虑这个问题的时候了。是对国际的历史所教导的以及今天极端可悲的经验大声疾呼的真理,停止"装聋子"的时候了。

# 论当前战争的祸首问题

（一九一七年七月十九日《统一报》第九十三号）

电讯报道：

"《泰晤士报》作了一项极其重要的揭露。《泰晤士报》根据可靠的来源得知，一九一四年七月五日柏林举行过一次政治和军事会议，会上决定发动反对俄国、塞尔维亚和法国的战争。出席会议的有德皇、贝特曼-霍尔威克宰相、梯尔匹茨海军上将、法肯海恩将军、冯施杜姆、弗里德里希大公、奥匈帝国外交大臣、匈牙利首相蒂萨伯爵以及奥地利参谋总部首脑康拉德·冯·赫恩岑多尔夫。会议决定了送交塞尔维亚的最后通牒的全部最主要的各点。可能，会议甚至确定了动员日期。冯·雅霍夫和毛奇伯爵没有出席会议，这说明为什么冯·雅霍夫说他没有见过最后通牒的原文。德皇的挪威之行目的在于使协约国列强失去警惕性。三个星期以后，事情就明显了，英国不是始终守中立的，贝特曼-霍尔威克想退却，但是已经晚了。不久以前，议员哈阿兹在德国国会提到过七月五日这次会议，并且要求报告会议上做出的决定，但是德国政府拒绝作说明。"

难道这不是很有意思的么？

我国假革命的亲德分子大概会辩驳说，要知道关于七月五日会议的报道是出现在英国大资产阶级的机关报上，而这个阶级的利益促使它把当前战争的责任推到德国人头上。这种辩驳不可不考虑。当然，要诽谤像威廉二世、冯·施杜姆、法肯海恩和冯·梯尔匹茨这样的绅士是困难的。但是，由于某种热心的驱使，也可能把他们不曾干过的行为加在他们身上。有觉悟的国际无产阶级不应该不加批判地接受上述这类消息。

但是德国社会民主党人哈阿兹在德国国会谈到了七月五日会议却不是无缘无故的。显然，这里确有其事。而且正是因为这个缘故，我们不应该拒绝揭露真理，相反，而要用一切力量使真理变成众所周知的。马克思在国际的第一篇宣言中写过，工人应该深入了解国际政治的秘密。现在有人硬想使我们相信，力求深入了解这些秘密的社会主义者背叛了国际。上帝保佑，多大的转变啊！

# 新政府、资产阶级和革命民主派

(一九一七年七月二十六日《统一报》第九十九号)

政府危机终于停止了。我记不得这究竟是第几次危机。但是这一次拖得很久。不必说,正当西线遭到惨重的军事失败,国内本来已经十分严重的经济崩溃现象继续增长的时候,经历一次政府危机对国家是多么不利。但是不妨考虑一下迟迟才组成新政府的原因。

我国各左翼政党内许多人都认为,这些原因像白天一样明显,归结起来实质上就是:资产阶级恶意地力图进行反革命活动。这个解释很简单。可惜简单的东西往往是片面的。

我国资产阶级所有阶层现在全都对革命表露了失望的情绪,这一点大概是无可怀疑的。同样很难怀疑的是,我国企业主中间某一部分人由于对革命感到失望,因而开始用否定的态度对待政府在社会改革方面所采取的这样一些措施:这些措施不仅同资本主义生产方式的存在完全是一致的,而且是它在现代规模上广泛发展所绝对必需的。

资本主义的发展以生产力发展为前提。生产力越是迅速地增长,它在自己的发展中越是达到更大的高度,资本主义就越会充分地繁荣起来。当然,我们社会主义者确信,在资本主义生产方式的框框内会容纳不下现代高度发达的生产力,那时候资本主义一定要把自己的位置让给社会主义。但是对于俄国说来,这是比较遥远的未来的事情。现在的俄国与其说是苦于资本主义的发展,不如说是苦于它的不够发展,像我们不止一次重复过的那样。如此无情地揭露了我国可耻的技术上的软弱无力及由此而产生的可怕的经济落后现象的战争,以数学般的说服力证明了这一点。现在摆在我国历史日程上的首要问题是在资本主义的基础上发展生产力。这种形势在我国企业主面前展开着广阔的远景。鉴于战争造成的巨大困难,可能认为我在发表奇谈怪论。但是我说的话中根本没有任何怪诞的东西。战争所造成的巨大困难会过去。只要我们不被德国人击溃,我提到的这个远景当然是始终存在的。

具有无可比拟的实际技能的美国人预先感觉到了这一点。据悉,就是在现在这个空前未有的经济崩溃的危险时刻,他们也不怕把自己的资本投入俄国企业。但是如果在资本主义基础上发展生产力是我国历史日程上当前首要的问题,那么我国大资产阶级就不应该忘记,每个国家最珍贵的生产力就是它的劳动居民,为了提高他们的生活水平、为了对他们进行教育以及为了把他们组织起来而采取的一切措施,将在往后经济发展过程中得到绰绰有余的补偿。如果我国大资产阶级忘记这一点,它在经济领域内就会变成反革命派,那时我们的新的革命政府就一定会不顾它的反抗和偏见而实现自己的改革计划。

这是对的。不过这还没有完全解决资产阶级某些阶层为什么对革命产生失望情绪的问题。还得弄清楚,这种情绪是不是革命民主派的某些行动所引起的。

且拿跟着列宁走的那部分民主派来说吧。这是一个少数派。但是这个少数派却拼命地叫喊,喊得连多数派的声音也听不见了。此外,他们还同敌人有过勾搭(参见列宁案件的起诉书等等)。敌人的金币使他们富有毅力。可是这种情况却给俄国造成了许多严重的损失。如果说旧制度使得我国军队没有武器,那么列宁分子通过自己的起瓦解作用的影响逐渐使它变成了野蛮的、堕落的匪帮。我们要采取不偏不倚的态度,并且扪心自问:应该不应该让列宁分子在广大的各界居民中散布对革命的失望情绪的这种起腐蚀作用的活动存在呢?

这还不是最重要的。列宁分子不但腐蚀了军队,夺去了军队活生生的灵魂,他们还模糊工人阶级的认识,唆使工人阶级向企业主提出种种在经济上常常显然是根本不可能办到的要求。这些要求往往同威胁和暴力结合在一起。于是产生了许多加深经济崩溃现象的误会。我们要不偏不倚,并且扪心自问:应不应该让列宁在工人中间的鼓动向广大的各界居民——特别是向企业界——散布对革命的失望情绪呢?

大多数革命民主派都不赞成少数派的活动。有时它相当坚决地对少数派的无政府主义行动进行反击。六月九日那个具有历史意义的夜晚就发生了这样的事情。不过这种事情不常有。在多数派本身内部,存在着一种我曾经称之为半列宁主义的情绪。半列宁分子否定了列宁的结论,却接受了他的前提,从而帮助了列宁在实践中运用他的结论。

就拿列宁的著名口号"全部政权归工兵代表苏维埃"这个例子来说吧。实现这个口号就会等于实行无产阶级专政。革命民主派多数派懂得，实行这种专政的时代还没有来到。因此他们否定了列宁的口号。由于这个缘故，他们的某些代表在七月三—五日几乎遭到了枪杀。但是，有组织的革命多数派虽然否定了口号本身，却通过自己的各种名称的委员会对政府采取了这样的行动：好像政权已经属于工兵代表苏维埃。他们希望控制政府的行动。既然政府是联合的，那就不难设想：在这种情况下，参加政府的资产阶级各阶层的代表会有什么感觉。如果革命民主派多数派善于批评自己的行为（这比起向其他党派进行含有敌意的攻击来当然要困难得多），那么他们就会懂得，这是一种十分可悲的、绝对不应再犯的错误。

但是这个本来应该认识到而且绝对不应再犯的错误，我们的各种名称的委员会在谈判成立新政府的时候却没有认识到，并且重犯了。这是无可争辩的。各种名称的委员会在同亚·费·克伦斯基打交道的时候提出了许多苛刻的要求，这些要求只有用全部政权归工兵代表苏维埃的理论才能得到解释。这当然也是政府危机延续得很久的一个原因。而且这对新内阁的组成并不是没有影响的。在彼得格勒工兵代表苏维埃在亚历山大剧院举行的一次讨论解决政府危机的会议上，策烈铁里同志就说过："如果我们看到政府不是巩固民主，而是威胁革命和自由的事业，那时我们就会召回我们的代表，并且开始同政府斗争。"

不言而喻，革命的人民应该起来反对进行反革命活动的政府。但是严肃的人民代表只有在他们怀疑政府有反革命意图的时候才会说这种话。

策烈铁里同志有没有任何根据怀疑目前亚·费·克伦斯基政

府有这种意图呢？根本没有！然则为什么他还要妄谈可能举行反对这个政府的起义呢？因为他认为必须为蛊惑宣传的祭坛提供牺牲品。可是为什么他必须提供这种牺牲品呢？他必须安慰听众：他策烈铁里同志和执行委员会的其他成员经常在用自己的行为使听众习惯于这样的思想：即全部政权实际上（而不是在口头上）应该属于工兵代表苏维埃。现在这个政权正在从彼得格勒苏维埃手中，确切些说，即从它的执行委员会手中溜走，也在从各苏维埃代表大会所选举的委员会手中溜走。策烈铁里和他的听众们觉得不舒服。于是乎过去的这位部长为了安慰自己和自己的同志们，就发表一些可能引起广大居民群众不安情绪的言论。这些言论好像对刚刚生下来的婴儿念倒头经。可是给新政府念倒头经无异于在应该让它的力量和影响扩展到最大限度的时候削弱它的力量和影响。

难道我国革命的多数派不经过动摇就不能完整地掌握国家利益和革命利益迫切要求他们采取的那个政策么？

# 我们的一百号

（一九一七年七月二十七日《统一报》第一百号）

　　正像俄国所有的觉悟公民一样，我们《统一报》的编委和工作人员现在完全没有庆祝的心情。不过我还是拿起笔来为我们的机关报的一百号写一篇文章。我觉得有必要回顾一下我们至今所走过的道路。我希望，读者会发现，这种要求完全是可以原谅的。

　　首先，我要对我们的出版物技术上的缺点说两句话。这个出版物是在经济大破坏已经产生了后果的时候问世的。尽管同志们奋不顾身地努力把技术方面的工作主动担当起来，我们几乎每天都遇到了妨碍《统一报》正常出版的种种新障碍。其中许多障碍不是依靠个别人的意志可以消除的。

　　例如大家知道，最近几个月来俄国的邮政联系是多么困难。而邮政联系困难意味着报纸不能正常地送到订户手里。我们就收到过订户们不少抱怨这种现象的信件。我们十分诚恳地回答说，产生这种现象的原因完全不是编辑部所能左右的。我们要在我们的一百号里重申这一点。我们要请订户们相信：我们决不允许自己忽视订户们的利益；如果订户们今后仍然不能正常地收到《统一报》，而把这种使我们极为失望的现象的责任加在我们身上，那么他们就不公正了。

现在再谈问题的思想方面。我们机关报的出版在社会主义者中间受到了恶意的待遇，他们对待我们的这种态度，光是因为我们自己过去和现在也是社会主义者这个事实，就不能不引起我们的注意。有这样一些人，他们给自己提出的目的是经常在社会主义者中间散布最使我们不愉快的流言蜚语。在追求这个目的中最卖力的是已死亡的《真理报》。在这家一贯厚颜无耻地说谎的机关报的篇幅上，每天都向所有应该让他们知道这一点的人宣布：我把自己出卖给资产阶级了，并且成了立宪民主党人。只有一点始终弄不明白：我到底为了多少钱而放弃了自己的社会主义信念。我不知道，什么东西妨碍了这家机灵的报纸彻底调查这个问题。但是我认为，这一点并没有重要的意义。事实上，在我国引起了内部骚乱并且完全按照德国总参谋部的计划腐蚀了我国军队的那些《真理报》信徒，究竟从德国得到了多少百万马克不是反正一样吗？我的情况也是如此：究竟为了多少钱我才卖身投靠于资产阶级，这是一个不重要的问题；主要的是我卖身投靠了。而我之卖身投靠这件事，则是所有的加涅茨基辈、拉狄克辈、格里姆辈、阿普费尔包姆辈、罗增费尔德辈及其他具有如此白璧无瑕的名声的一伙人都确实知道的。于是这件事就从第三国际的一个挑拨是非的人不断地传到另一个挑拨是非的人那里。

但是我们是对的。这里的问题不仅在于对谣言的爱好，也不仅在于无论如何要尽可能伤害"异端分子"的恶劣意愿。这里的问题也在于不理解。我们的论敌反复说，无产阶级的利益同资产阶级的利益是对立的。他们从这里做出了一条简单化的结论，说工人阶级损害资产阶级也就是保障自己的某种利益。不管同敌人有什么往来,光是这个简单化的结论,就足足可以促使工人阶级进行发动,从而大大加快我国本来就很严重的经济崩溃。我们的论敌们一看到《统一报》坚决谴责这些发动,就做出一个新的,而且同样是简单化的结论,说我们已经转到资产阶级方面去了。

大概不必说,从资产阶级利益和无产阶级利益的对立中完全得不出结论说:好像损害资产阶级永远是对无产阶级有利的。

当暴动的工人们在自己发展的最初阶段毁坏工厂里的机器时,他们给资产阶级造成了损失,但同时也损害了自己,因为这样做延缓了本国生产力发展的进程。拖延把原料运到工厂区去的做法同样也会对企业主的利益产生十分不利的影响。但是,工人们如果采取给这种运输制造困难的"策略",那是十分不聪明的做法。缺乏原料会导致生产的停顿,而停顿生产又会导致失业,甚至有组织的无产阶级要同失业所造成的严重经济后果进行斗争也是很困难的。反过来:凡是便利于原料运输的措施都会符合企业主的利益,然而同时也是和雇佣工人的利益一致的。

刚才就原料问题所说的话,甚至应用于高度发展的资本主义社会也是完全正确的。在处于资本主义发展最初阶段之一的那种社会里,更容易看出无产阶级利益同资产阶级利益一致性的种种情况。其中最重要的应该承认是这样的情况:资产阶级和无产阶级正在同旧的前资本主义制度的保卫者们进行斗争。这种斗争逐渐扩大的结果,终于具有争取政治自由的斗争的性质。

空想社会主义者之所以谴责工人参加这种斗争,正是因为这种斗争的胜利对资产阶级有利,而在他们这些旧日幸福时代的社会主义者看来,对资产阶级有利永远等于对无产阶级有害。马克思驳斥了和嘲笑了这种空想主义的观念。他曾经指明，取得政治自由这个对资产阶级有利的事情，不仅不会妨害工人运动获得进一步的成功，而且是获得这些成功所绝对必要的。当俄国隆隆地响起了全民革命运动的雷声的时候，我们这些马克思的学生们不能忘记这条真理。不仅如此，我们还把它当作自己策略的基础。我们的论敌往往也自称为马克思主义者，但是他们对马克思的了解仅仅是粗枝大叶的、"杂乱无章的"。他们这些人实质上始终是空想主义者。他们以为我们根本不再关心无产阶级的利益了。于是马上就怀疑我们背叛了，并且编造出我们卖身投靠资产阶级的这种可笑的谣言。可见并不是这个谣言中的一切全都应该归罪于我们的论敌的罪恶意志。其中相当大的一部分也是因为他们生来脑筋迟钝，或者由于他们在社会主义理论方面的修养十分落后。

读者可以看得见，甚至对待那些在大庭广众中用下流的骂人话痛骂我们的人，我们也善于采取十分公正的态度。但是公正归公正，事业归事业。

回顾一下《统一报》第一号出版以来我们所走过的道路，我们可以自豪地说，事变完全证实了我们向俄国工人阶级觉悟分子推荐的那个策略。

我很不喜欢引证自己的话。但是为了不致重复起见，现在我不得不这样做。

在四月十八日晚上举行的《统一报》成立大会的祝词中，我在说明我们的策略时写过：

"《统一报》派策略的第一个观点就是提醒俄国无产阶级注意，对它来说首先必须巩固自己用光荣的三月革命的代价所取得的那个政治自由。为了巩固这个自由，它应当领导居民中间所有那些由于恢复旧制度而会使利益遭到破坏的阶级和阶层。

"在它的政治言论和声明中，现在应该提到首位的，不是会使得自己同这些阶级和阶层各行其是的观点，而是会使自己同它们联合起来的观点。有人对我们说，它这样做就会背叛自己的阶级利益。恰恰相反。它这样做的结果会建立一种政治制度，在这种制度下，它将更加容易更加便利地保卫住自己的阶级利益。

"现在落在俄国无产阶级肩上的伟大政治作用也就在这里：它毫不自私地为全体俄国居民（反动分子除外）的幸福而工作，从而也就是为自身幸福而工作。

"谁不明白上述两种利益的这种巧妙而富有成效的结合，他就不理解目前这个历史时刻的意义"。

我国那些死抱着空想主义旧概念并且天真地以为好像咒骂资产阶级就等于为无产阶级服务的社会主义者，直到现在还很难接受我们策略的这第一个观点。然而毕竟越来越明显的是：无产阶级如果脱离那些不希望恢复旧制度的其他阶级和阶层，就会缩小革命的社会基础和增加革命失败的机会。在七月二十四日夜晚举行的中央委员会和执行委员会联席会议上，农民曾钦说道：

"现在，当所有的阶级都可能灭亡的时候，用不着考虑阶级利益。

"当威廉手里拿着铁棍虎视眈眈地站在我们旁边的时候，你们的阶级利益又在哪里呢？"

接着，工人罗曼诺夫喊道："必须实行全民族的政策，而不是阶级政策的时刻已经来到了。民族的灭亡将是全体劳动者的灭亡"。

罗曼诺夫同志本来可以补充说（像我们一开始就补充过的那样），无产阶级实行全民族的政策，在现时也将是实行本阶级的政策。

看来罗曼诺夫同志还没有认识到这一点。但是十分明显，他的思想和我们的思想是朝同一个方向发展的。

也许他的思想只有在战争危险的有清醒作用的影响下才会朝这个方向发展。但是战争的危险从当前国际冲突的最初几天起就威胁了俄国，而且从革命时期起一分钟也没有停止过对它的威胁。

考虑这种危险照理一定应该算作决定俄国无产阶级当前策略的一个条件。我们懂得这个道理。

我在上面引证的在《统一报》成立大会上的祝词中继续说道："我们策略的第二个观点是不断地提醒俄国工人阶级注意：德国征服的严重危险日益笼罩在我国的上空。我十分愉快地相信，我在这里没有必要向你们证明我们策略的第二个观点是无可争辩的真理。只有不可救药的空想主义者才会以为，仿佛把关于和平的优越性、关于战争的可怕等等的甜言蜜语同德国帝国主义者的装甲突击兵团对立起来，就可以消除我所指出的危险性。拥有装甲突击兵团的人只会用轻蔑的态度嘲笑这类甜言蜜语。不错，德国产生了一个新的、或多或少有点坚决地谴责战争的社会主义政党。但是要知道，德意志帝国庞大的和组织得非常好的军事力量并不在这个党的手里，而在威廉及其走狗们——直到谢德曼之流的人的手里。而且你们清楚地懂得，在年轻的自由的俄罗斯这里，再没有比德国皇帝及其为数众多的帮凶更加危险的敌人了。假使中欧诸帝国战胜了我们和我们的同盟者，那么不用说我国的旧制度可能恢复，它们还会强迫我们接受对于发展我国生产力十分不利的条件，从而相应地延缓我国工人阶级在数量上和文化上的进一步发展。而这反过来就会大大延缓工人运动达到最终目的，即达到社会主义。

"俄国无产阶级积极参加目前的战争，这并不违背自己的阶级利益，相反，而是手执武器来捍卫这种利益"。

请读者判断：我应不应该收回我四月十八日所写的任何一句话呢？当然不应该！现在，我那时所发表的思想正在逐渐变成普遍的认识；现在，革命的人民自卫政府的呼吁书就是用我们的语言写成的。现在已经几乎听不到有人责骂我们是社会爱国主义者了。这也是容易明白的：现在所有的人——只除开最粗野的和最愚蠢的人——都开始谈论亲爱的祖国的利益，也就是说，所有的人都变成了社会爱国主义者。

迟到比不到好，早到更比迟到好。我们是"第一小时"的工作者，所以我们有充分的权利对我们的论敌们说：

你们终于会到我们所到的地方去。然而我们是面向我们的目的走去的，而你们则背向我们的目的走去。因此你们的步伐是扭扭捏捏的、摇摇摆摆的，我们的步伐则是自信的和轻快的。

# 一九一七年八月

# 是放胆的时候了！

（一九一七年八月三日《统一报》第一〇六号）

我面前放着两期《我们的思想》周报，它自称是俄国社会民主工党波勃鲁依斯克委员会的机关报。很难猜想这家报纸在宣布自己是上述党的机关报以后希望说什么。问题在于我们党早在战前很久就由于不断的和残酷的派别斗争而遭到破坏。自从它遭到破坏以来，列宁所建立的组织就把"俄国社会民主工党"这个名称据为己有。这是过去的党的全体成员都知道的。因此，当我们在什么声明或呼吁书下面读到：俄国社会民主工党中央委员会、或彼得格勒委员会、或莫斯科委员会的时候，我们就对自己说：这是列宁分子搞的。

既然《我们的思想》自称是"俄国社会民主工党波勃鲁依斯克委员会机关报"，我们就有充分的权利假定它是列宁派的组织。但是查对的结果表明，情况并不如此。该机关报第一期上登载的声明宣称：《我们的思想》——在自己微薄的力量和有限的条件范围内——将把我国革命民主派的力量纳入可以使争取劳动解放的斗争同健全的国家本能结合起来的那个轨道，即纳入孟什维主义的轨道。

"孟什维主义是自然的立场，站在这个立场上，工人阶级和革命民主派就可以巩固革命的成果。"

总之,以《我们的思想》为机关报的波勃鲁依斯克委员会自认为属于孟什维克派俄国社会民主工党。但这纯粹是一种误会。这样的党暂时还不存在。把各个孟什维克集团或多或少紧密地联合在自己周围的组织委员会之所以称自己为组织委员会,就因为它希望把社会民主党组织起来。但是第一,正像我们所看到的,这还只是将来的事情,第二,当我国真正恢复社会民主党的统一的时候,参加进去的就不止一些孟什维克。

从这一切应该得出结论说,在波勃鲁依斯克活动的孟什维克组织管自己叫俄国社会民主工党波勃鲁依斯克委员会是一种轻率的行为。再往下讲。

《我们的思想》站在孟什维主义的立场,它认为唯有孟什维主义才能巩固革命的成果。但是什么是"孟什维主义"呢?它是不是俄国社会民主党中多少确定的思潮呢?一点也不是。在整个接受了无政府工团主义的策略和许多观点的"国际主义者"马尔托夫,同彻底地、不过不是始终坚决地捍卫第二国际遗训的"护国派"波特列索夫之间,除了孟什维克这个头衔之外没有任何共同之点。同时请注意,无论马尔托夫或波特列索夫在孟什维克中间都有不少志同道合的人。自然,在以马尔托夫派为一方和以波特列索夫派为另一方之间有一些中间派别。但是这些派别不能认为是有"孟什维主义"特征的,其原因恰恰就在于它们是中间性质的。它们的特点仅仅在于它们没有特点。然而如果我们希望没有特点会帮助我们"巩固革命的成果",那是枉费心机的。决不可能!它只能搅乱一切,使一切都没有个性,经常——用莫里哀的说法——把白的变成黑的,今天谴责自己昨天说过的话,把改变意见当作时髦。

就拿有点像孟什维克中央机关报的《工人报》来说吧。有一个时候它捍卫了臭名远扬的联欢。现在它却谴责联欢。虽然沉默,但毕竟是谴责。就在最近不久,当我国军队占领加利奇的时候,它还表现出可耻的和可笑的惊慌情绪。现在它跟在别人后面坚决断言,我们应该保卫俄国抵抗德国人的进犯。在它身上除了逻辑以外什么都有。它的孟什维主义会"巩固革命的成果"?!

不,在这个问题上是不能相信《我们的思想》的。我可以满怀信心地这样说,因为波勃鲁依斯克委员会机关报站在"护国派"的立场上。根据它的一位撰稿人明白表达的思想,"不可能放弃每一个人(无论他占有怎样的地位,也无论他站在什么政治旗帜下)都如此珍贵的东西——他的祖国的荣誉和独立"①。

《我们的思想》的另一位撰稿人斯·克·哈尔禅科在七月十二日波勃鲁依斯克市公园发表的演说中喊道:

"同志们和公民们!

我们大家都怀着鄙视和愤怒的心情对待那些忘记自己对祖国的义务、胆怯地从前线逃跑的人"②。

对祖国的义务!如果孟什维克马尔托夫读了孟什维克哈尔禅科这些话,他就会愤怒地指出:这简直是真正的社会爱国主义!他是对的。这恰巧就是某些不聪明的人(这些人中间既有布尔什维克也有孟什维克)徒劳无益地企图用社会爱国主义这个名称加以

---

① 参见克·阿·卢日斯基的文章《三年》,载《我们的思想》第二期。——作者注
② 参见《我们的思想》第一期。——作者注

侮辱的那个思想。但是在这种场合,孟什维克哈尔禅科怎么会同孟什维克马尔托夫一起致力于"巩固革命的成果"呢?我承认我不懂。同时我觉得,应该用克雷洛夫的话对他们说:

> 同志们意见不一,
> 他们的事业就不会顺利,
> 定然是有凶无吉①。

"孟什维主义"内部没有一致的意见。因此它的事业不会顺利进行;它不会"巩固革命的成果"。然而巩固这些成果是绝对必要的。谁能做到这一点呢?对于这个问题《我们的思想》默不作答。它宁愿在"孟什维主义"周围原地踏步。但是原地踏步不仅不是前进,甚至不是散步,像某个时候阿·斯·霍米亚科夫说过的那样。不过我们希望波勃鲁依斯克社会民主党机关报编辑部在它以后编的某一期中,终于会大胆地朝正确解决这个有决定意义的问题的方向采取若干重大的步骤。是放胆的时候了!

---

① 参见《克雷洛夫寓言》,第126页。——译者注

# 论俄国社会民主党统一代表大会问题

（一九一七年八月四日《统一报》第一〇七号）

在社会民主主义报刊上，关于即将举行的、被称为俄国社会民主工党统一代表大会的这届代表大会，人们现在写了许多文章。同时人们对俄国社会民主党目前的状况发表了许多怨言。例如波勃鲁依斯克的《我们的思想》——我在我昨天的文章里已经谈到过它了——就用下列方式评论过"召开代表大会执行局"的意见："我们党已经分裂为许多敌对的流派。每一个流派都力图在人民群众的意识中单独地为自己开辟航道。这种情况归根到底破坏了党的创造力。党的精力分散了，力量也分散了，——党在国内失去了自己的势力"……①

可惜，这是最正确不过的！我国社会民主党的力量的确分散了。更可以说：它已经四分五裂了。但如果这是对的，那么我在我昨天的文章中指出孟什维克波勃鲁依斯克组织没有权利称自己是俄国社会民主工党波勃鲁依斯克委员会就是完全正确的。当俄国社会民主党的统一得到恢复的时候，我们也就会有作为统一组织，

---

① 参见斯·沃尔弗逊：《迎接社会民主党代表大会》，载《我们的思想》第一期。——作者注

而不是作为抽象思想的党。当我们有了统一的党组织的时候，我们也就会有类似各种委员会这样的党的机构等等。然而暂时我们还没有党的委员会。并且波勃鲁依斯克委员会——请它的成员们原谅我——有点像果戈理作品里的鼻子：大家知道，这只鼻子想不依赖身体的其余部分而独立存在，甚至沿着涅瓦大街散过步。

这当然是现在值得注意的细节。但它毕竟是细节。重要得多和可悲得多的是：《我们的思想》对俄国社会民主党力量发生极端有害的分裂所产生的抱怨是十分公正的。但是发表有根据的怨言还不等于说明了怎样帮助克服不幸的现象。《我们的思想》说：应该统一起来。

所有拥护迅速召开统一代表大会的人也都这样说。而且这是十分正确的思想：的确必须统一起来。但是为了实现统一，必须有一定的先决条件。而这些条件至今仍然阐释得很糟糕。

我们党的力量早在战争开始以前就四分五裂了。这是全世界经常坚决号召我们统一起来的社会主义者都知道的。我们的布鲁塞尔统一代表会议的召开不是没有受他们的影响，这次会议在德国把自己的最后通牒送交俄国以前几乎整整两个星期就结束了自己的工作。它是在王德威尔德主持以及胡斯曼和考茨基积极参加下举行的。我们的西方的同志有许多实际经验。他们懂得，不可能一下子把俄国社会民主党各种分散的力量统一起来。因此他们力图使布鲁塞尔代表会议具有仅仅为未来的统一铺平道路的单纯协商的性质。最后的统一即将在以后原打算过几个星期在维也纳举行的一次国际代表大会上实现。

不能不对我们的西方的同志们曾经用来警告我们在团结我们

各种分散的力量这个事业中绝不要过分匆促的那种态度表示惊奇。在下一届国际代表大会以前暂缓恢复我们党的统一的劝告，在这种场合是特别明智的。各国社会民主党代表通过自己那种公正无私的、同志式的、能起缓冲作用的影响，本来可以消除俄国社会民主党各个集团之间当然还继续存在的那些摩擦。而主要的是：有他们的监督，大概会使得各个集团和派别在我们的"统一代表大会"上（这样的大会已经开过不少次了），用以互相"暗中陷害"并因而造成新的分裂的那些圈套，在道义上不可能发生。

有了这样一些先决条件，现在的确很必需的统一实际上就会变成可能的了。同时我们大家都愿意实现统一，除了列宁分子以外，因为他们力图在饿汉想同一块面包统一起来的那个意义下，同其他组织统一起来，换句话说，他们无论如何要吃掉这些组织。不必考虑这些年轻人。

战争妨碍了在王德威尔德、胡斯曼和考茨基的帮助下在布鲁塞尔拟定的出色的统一计划的实现。总之，它使我党统一的恢复变得极端困难了。而且战争不仅在所有像我国一样现在存在党内不统一现象的地方妨碍了党内统一的恢复。战争还破坏了以自己的严密性和似乎不可摧毁的坚固性使全世界吃惊的德国党组织的统一。曾经一度用十分轻蔑的态度嘲笑我们力量分散的德国社会民主党人，本身就分裂成若干个组织。假如法国人向他们提出善意的劝告：统一起来吧，他们会怎样回答法国人呢？他们会对法国人说：我们对统一的价值知道得并不比你们差，也许还会比你们好；但是我们目前的处境是十分复杂的，所以任何立即统一起来的企图注定要遭到失败。

战争使俄国国内形势复杂化决不次于德国。诚然,战争是以另一种方式使它复杂化的,然而形势无疑是变得十分复杂了。在我国,除了战争产生了复杂化的影响以外,革命也产生了复杂化的影响。《我们的思想》正确地指出,我们正在经历一个可怕的思想混乱的时代。但是我们的思想混乱越是厉害,我们统一的尝试就越要周密考虑和谨慎。同时我们越应该更加仔细地对待那些先决条件:只有有了这些先决条件,这种尝试才可能产生多少有成效的结果。否则我们就举行不了统一代表大会,而会发生一系列散播分裂的互相倾轧。

>打上,钉上——这就是车轮,
>的确,坐上去——啊,是好好的!
>回头一看,——
>一些辐条掉了。

我们的人民对于我国乡间自学成功的木匠的速成作品就是这样讽刺的。当我清楚地看到人们如此竭尽心力地在我们的"统一"代表大会上散播的分裂发出松软的幼芽的时候,我常常不免要回想起民间的这首四行诗。几乎可以有信心地断言,考虑不够周密就在现在召开"统一"代表大会,这不会使我们得到任何结果,除了钉得不好的车轮以外,很快就只会留下一些辐条。

# 国际机会主义者的代表会议

（一九一七年八月五日《统一报》第一〇八号）

关于斯德哥尔摩代表会议的问题在很大的程度上已经接近于完满的解决了。大家知道，英国工党已经在自己的代表大会上以绝大多数票决定派遣代表参加代表会议。现在可以有充分的信心说，代表会议会举行。不错，同我们结盟的大多数国家的政府已经决定不把护照发给各有关党选出来将参加代表会议的那些人。但这并不是不可克服的困难。在各民主国家里（我们伟大的西欧盟国好久以来就是这样的国家），政府习惯于考虑有组织的无产阶级明白而且坚决地表达出来的意志。既然这种意志在法国和英国都倾向于参加代表会议，所以当地的政府很可能及时地做出必要的让步。

总之，斯德哥尔摩代表会议将举行。然则它一般来说对文明世界，特别是对俄国会造成什么影响呢？

首先，它给我们造成的影响是：会使士兵的头脑产生新的和危险的概念混乱。假定俄国政府宣布，斯德哥尔摩代表会议完全不是它倡议要开的，而纯粹是党内事务。然而俄国士兵未必会理解这个重要的区别。他听说，召开国际代表会议是为了进行保卫和平的斗争，却没有问问自己，到底会议是谁召开的，而以为仿佛战争很快就会完全停止。当他的脑子里出现类似的思想时,他自然就会失去继续同敌人进行坚决的武装斗争的嗜好。可是大家知道,现在在列宁分子的影响下我国军队的许多部队中这种嗜好几乎已经丧失殆尽了。关于斯德哥尔摩代表会议的消息更将促使它消失。因此,这届代表会议将按照列宁的拥护者们由以对俄国军队发生影响的那个方向来影响这个军队。大概大多数组织代表会议的俄国人对这一点都没有应有的认识。

这些人当然是受到最好的愿望的鼓舞。可惜的只是良好的愿望并不总是产生良好的行为。大家知道,整个地狱都是由良好的愿望铺成的。

不久以前,亚·费·克伦斯基在自己的一篇演说中说过,我们可能失去出产粮食的南方。不言而喻,如果这个担心得到证实,那么俄罗斯就会遭到敌人所给予它的一次最惨重的打击。为了避免威胁着它的这次打击,它应该调动自己的全部力量进行殊死的自卫斗争。

请读者判断一下,使俄国士兵的头脑中不知不觉地,然而必然地会产生斯德哥尔摩代表会议会促使迅速地缔结和约的错误想法,从而在这个艰难的时期削弱了俄国士兵的抵抗力量,这种做法在多少程度上是适当的。

不过,我们现在关于俄国说的是什么呢?我们只是再一次使自己受到有"社会爱国主义"的严厉谴责。在谈到世界社会主义的胜利的地方,究竟值得提出一个国家的利益这个问题吗?试从这种胜利的观点看一看事实。

荷兰社会民主党人的首领特鲁尔斯特拉过去和现在都是一个

召开国际斯德哥尔摩代表会议的最热烈拥护者。他一直是一个大机会主义者,不过这没有妨碍他表现出极大的能力。为数不多的荷兰马克思主义者关于他在同他们的斗争中所表现的那种能力,也许能给我们谈出不少有趣的东西。这种出色的能力也被他用到他对召开斯德哥尔摩代表会议的不倦的关怀上去了。为什么他需要这样做呢?为了社会主义原则的胜利吗?好像不是这样!

充满着机会主义精神和根本不喜欢理论著作的特鲁尔斯特拉,把原则看成是某种不值得认真注意的东西。问题究竟在哪里呢?在于荷兰已经从当前的战争中遭受了相当多的损失。继续采取军事行动会使它遭到新的而且也许是很严重的不幸。因此,特鲁尔斯特拉及其在荷兰社会民主党中的同道们决定用一切力量和办法谋求和平。战争停止得越快越好。当然,特鲁尔斯特拉毫不犹豫地主张在民族自决的基础上的和平。但这是一句"空话"。实际上他需要的不是在公平的基础上的和平,而是简简单单的和平,无论什么样的和平,不管个别国家,比方说,俄国或法国的利益会因此受到怎样的损失。只有适合于荷兰未来的命运,特鲁尔斯特拉才珍视在公平的基础上的和平。特鲁尔斯特拉站在自己祖国的观点上,他唯一只想到自己的祖国,他只是口头上反对把别的国家作为牺牲品送上……"国际"的祭坛罢了。

只有政治上的小孩子才会看不出这里有惊人的矛盾。同样,也只有"相当大年龄"的政治上的小孩子才能指望,像特鲁尔斯特拉一样站在个别民族的利己主义利益的观点上的人,愿意和能够做出什么有利于真正的国际社会民主主义原则的事情来。这号人过于"讲究实际"了,所以他们不可能珍视国际的遗训。

而且请您不要以为,这样的人不会很多。十分遗憾,不得不承认,几乎所有的中立国社会主义者,在战争时期表明他们对待国际运动的真正需要采取了漠不关心的态度。他们每个人对自己的国家想得很多,而对别的国家则很少关心。既然战争使中立国家遭到了很大的损失,所以在斯德哥尔摩代表会议上集会的这些国家的社会党代表为了迅速地缔结和约会做出任何原则性的让步。

当英国工党的领导人宣布自己不愿意在代表会议上讨论和平条件的时候(韩德逊),他们清楚地估计了社会党代表们的这种情绪。他们担心他们在斯德哥尔摩会被人强迫接受这样一些和平条件:这些条件在为国际服务的借口下却为德国和奥国的皇帝效劳。这种担心曾经促使他们要求代表会议的决议不具有强制的性质。

但是如果不在代表会议上谈和平的条件,像韩德逊所希望的这样,而且不涉及战争的祸首问题,像谢德曼和其他一些国家里某些深思的……傻瓜所希望的这样,那么试问:究竟为什么要到那里去呢?难道是为了同这个谢德曼作有教益的会见谈心吗?英国无产阶级的领袖们是很认真和很讲实际的人,他们不可能受这类谈话的远景的引诱。他们到斯德哥尔摩去不是为了空谈,而是有相当明确的实际目的。他们担心,他们的那些素来老实的"俄国朋友",在各中立国家爱好和平的利己主义者的影响下,会采取对俄国的同盟国有害的错误步骤。格·伊·乌斯宾斯基笔下的一个农民在同另一个农民一道走的时候说,他在自己的同路人那里"像女教师"。看来韩德逊的英国同道们在斯德哥尔摩也会"像女教师"。

我想,"女教师",而且还是一个具有约翰牛不折不挠的坚定性格的"女教师",可能很有用。但是我毕竟不知道,各国代表们会从斯德哥尔摩带来什么。我对国际社会主义者代表大会有十分可观的经验。我认为,除了两三项按其可伸缩性来说不是阐明,反而是模糊国际社会主义原则的橡皮性的决议以外,他们不会带来,而且也不可能带来任何东西。可是值得不值得为一些橡皮性的决议而远途跋涉呢?而且允许不允许为着这些决议而破坏本来就已经遭到相当大的破坏的俄国士兵的抵抗力量呢?这真正是哈姆莱特式的问题。

当我们俄国的斯德哥尔摩代表会议的拥护者将考虑这些哈姆莱特式的问题的时候(如果他们终于发现必须对它们稍加考虑的话),我提醒他们注意不久以前在《统一报》(第九十八号)上登载的,而且也值得大加注意的一个文件。

我这里指的是李卜克内西集团为了支持召开将有官方的德国社会民主党即谢德曼的党参加的斯德哥尔摩代表会议而进行的宣传鼓动所通过的决议。

下面是这项决议中两点极有教育意义的内容:

"(一)官方的德国社会民主党不过是同德国政府取得一致,并且根据德国军国主义的精神而为和平工作的。

(二)一九一四和一九一五年,社会民主党污辱了'和平'这个词,因为它当时以为和平会削弱德国。它现在接受这个词,因为德国政府本身(当然是为了德国的胜利准备条件)正在谈论和平。虽然这个政府甚至对资产阶级和平主义者的和平宣传也无情地加以迫害,而社会民主党的这种假和平的宣传却得到政府的支持,因为这种假和平的宣传可以提高士气[①]。"

---

[①] 说这种宣传可以提高士气,意思就是:它伪善地把德国说成是一个爱好和平然而受到自己邻国的欺侮的国家。——作者注

德国那些拥护李卜克内西的人在说明了我引证的决议以后补充说,他们把谢德曼派看成是间谍和强盗的党。他们指出:"很快国际社会主义者代表会议就会在斯德哥尔摩召开。允许这些卖身投靠的坏蛋参加这次会议对于国际社会主义以及对于整个文明世界来说都是一种耻辱和失节。允许屠杀他们的刽子手参加代表会议是对李卜克内西和那些蒙难的社会主义者的侮辱……德国政府公开吹嘘说,它将派遣社会民主党人作为自己的代表到斯德哥尔摩去。可以确信,这些间谍将立即把所听到的每一句话用密码电报向它报告"。

这一切都说得聪明、正确,而且很出色。但是代表会议毕竟会举行。同时谢德曼分子出席会议这个事实本身,毕竟会成为受到德奥帝国主义攻击的那些国家的社会主义者同这个"间谍和强盗的党"联欢的事实。这就是暂时还无法克服的国际机会主义的力量。先生们,这个世界上真无聊!

附记。有人可能反驳我说:大家知道法国社会主义者也要派遣自己的代表到斯德哥尔摩去,难道它是由机会主义者组成的么?我的答复是:和几乎到处的情况一样,法国党里也有两派。盖德派(法国的马克思主义者)曾经反对参加斯德哥尔摩代表会议,但是他们是少数,他们服从了党内多数派通过的决议。至于这个多数派,那么其中无疑是机会主义分子占优势。

# 莫斯科会议前夕

（一九一七年八月八日《统一报》第一一〇号）

　　力量对比关系决定着我国未来命运的这两种社会力量，就要在莫斯科会议上会晤了。工商业资产阶级，就要在这里同俄国革命民主派这样或那样组织起来的一部分人的代表相聚。这次会晤会产生什么结果呢？我不想扮演预言家的角色。然而莫斯科第二届工商业代表大会上发生的事情不由人不产生忧虑。这届代表大会上传出了这样一些言论：有人公正地把这些言论同布尔什维克的，即（更确切地说）列宁分子的言论相提并论。列布申斯基先生表现出他特别喜欢用列宁的语言说话。他的发言响彻了激烈的、几乎是歇斯底里的战斗号召。而且这篇发言博得了暴风雨般的掌声。显然，列布申斯基先生的听众们也充满着斗争的愿望，并且像他本人一样激烈地要求进行斗争。令人遗憾的是暂时还没有迹象可以使人有理由指望，到莫斯科会议举行的时候，我国工商业阶级的领导成员，对待民主派会充满不那么好战的情绪。怎么叫人不担忧呢？

　　斗争是好事情。没有斗争就没有生活。"晦涩的"爱菲斯思想家[①]早就说过：争论是万物之父。但是当承认斗争在社会生活发

---

　　① 指赫拉克利特。——译者注

展进程中的伟大进步意义的时候,必须记住,自觉地参加斗争的人,在每一个特定的场合,都应该力求在真正能够取得卓越成效的那些条件下才进行斗争。在不适当的时间和地点的条件下轻率地开始的"争论",结果可能成为像整个国家的毁灭这样一种可怕的事件之"父"。

如此大声宣告自己要出发远征的列布申斯基先生仿佛忘记了:奥德帝国主义的汉尼拔正站在我们的门口。他仿佛没有发现必须问问自己:我们这次反对民主派的远征是不是会帮助侵略者的事业?

每一个公正的人只要给自己提出这个问题,都可以立即肯定地解答它:是的,在我国,凡是增加国内战争爆发机会的事情,就会因此增加中欧各帝国胜利的可能性。它们的胜利会造成什么结果呢?这个问题现在已经人所共知了。首先,德国就会在经济上奴役俄国。还不用说,这种奴役对我们整个祖国会多么不利。十分明显,德国资产阶级会因此获得很多利益,而俄国资产阶级则会丧失很多东西。从这里可以像经过正确论证的数学结论一样必然地得出结论说,当我国工商业阶级通过自己领导人的口大声宣布自己要同民主派进行斗争的时候,它甚至没有考虑自己本身的利益。

我的意思完全不是说,这个阶级没有理由发牢骚。理由无疑是有的。民主派犯了许多错误。我经常指出过这种情况,甚至某些"头脑有病的"民主派开始怀疑我有"反革命"意图(参见马克西姆·涅拉苏吉捷利里①的机关报上一位撰稿人的一篇政论习作)。

---

① 指高尔基。——译者注

但是难道一定要用错误来回答论敌的错误吗？这是最糟糕的策略。其次，难道我国的工商业阶级以为它的账上似乎没有错误么？可惜有！而且很多！

我们所经历的这个艰难的历史时期的公正的历史学家应该承认，工人的许多错误，其根源都在于企业主的不正当的和毫无道理的行动。

我国工商业阶级已经发展到可以要求它具有自觉精神的那个阶段。但是这种精神最根本的和首要的特征是什么呢？就是善于用批评的眼光对待自己本身的行为。不错，这种本领得来很不容易。批评别人比批评自己要愉快无比。但是只有善于——而且不害怕！——自己批评自己的人，才有高度的自觉精神。应该说很遗憾，我国工商业阶级通过自己那些参加代表大会的代表对自我批评表现出很不感兴趣。这个阶级的充满热情的阿溪里斯①列布申斯基先生粗暴地攻击民主派，但是没有找到任何一句话，即使是一句最温和的话来指摘工商业的代表们。读完他这篇反对民主派的激烈的愤慨指责的演说以后，你会以为我国的商人和工厂主——用法国著名的话说——甚至不必忏悔就可以授予圣餐。但是真有这样的事吗？列布申斯基先生本人一定很清楚：没有。

然而自我批评对我国工商业阶级说来该是多么必要啊！俄国在促进我国工商业的发展方面做过许多牺牲。这些牺牲是在专制制度不健全的环境中做出的，因此我国工商业者养成了种种习惯，

---

① 阿溪里斯，《伊利亚特》中的英雄。据神话传说，他的母亲是海神，为了使他刀枪不入，曾持其脚后跟将他浸入斯蒂克斯河的圣水中，因此脚后跟未为水浸，后来即因脚后跟中箭而死。——译者注

不仅很不会满足更广大的居民阶层的需要，甚至也很不会满足正确理解的工商业的利益。现在，专制制度垮台了；俄国正在进入政治生活的新阶段，旧习惯已经过时了；必须有新的活动方式，必须用新的公式表达俄国的任务。而要做到这一切，首先和主要的是必须有健康的自我批评，这种批评，无论在列布申斯基先生的发言中，还是在特列齐雅柯夫先生的议论中，或者在布勃里柯夫先生的论据中，都一点也没有。

战争已经把一笔巨额的国债挂在俄国的脖子上：如果我们不能把我国的生产力提高到我国前所未有的水平，我们就会破产。这一点，第二届工商业代表大会的参加者们本来应该理解到。假使他们理解了这一点，他们就必然会写出新的经济活动的广泛纲领。这样一种纲领，可以说本身就会需要同样广泛的、符合工人阶级利益的改革纲领作为自己自然的补充。如果列布申斯基先生提出了这两个纲领，那么我国工商业阶级通过他可以表现出自己能够起极有成效的历史作用，从而为自己同革命民主派达成协议指出道路。列布申斯基先生宁愿恼怒和谩骂。俄国不会从我国工商业思想家那里期待到任何别的东西吗？在政府召开莫斯科会议前夕，这样想是过于令人伤心了。

我国得救之道不在于国内战争，而在于两大阶级达成自觉的、全面考虑的、有计划的和诚恳的协议，因为在当前具体条件下，为了恢复俄国的经济，它们的共同努力同样是必需的。让那些拒绝理解这个道理的空想主义者倒霉吧：无论他们属于哪一个阶级，反正一样。最好是在他们的脖子上系一块石头，并且把他丢到水里去。

# 还是这个问题

(一九一七年八月九日《统一报》第一一一号)

以前,当德国社会民主党还没有采取"八月四日政策"时,在它的各种定期刊物上时常可以遇到对威廉二世的相当辛辣的嘲笑。例如有一次,我不记得到底是哪家社会民主党的机关报,就指出过德意志帝国当今元首作为演说家的下列特点:普通的、不带王冠的演说家起初修改自己的演说稿,然后才把它登出来,而威廉二世却是先将它付印,只是到后来才修改。这种嘲笑之所以产生,是由于这位德国皇帝实际上常常是在自己的演说稿刊登出来,引起了读者公众的不满以后,才对它进行修正。我读完报纸上出现的关于列布申斯基先生的第二篇演说的消息以后,就想起了德国皇帝的这个可笑的习惯,因为列布申斯基先生的第二篇演说无疑是他的第一篇演说的修正。于是我对自己说:假使列布申斯基先生只发表一篇演说,起先修改它,然后拿到工商业代表大会上去讲,最后再付印,那他就会做得好一些。

不过人人都有自己的习惯。列布申斯基先生宁愿不作应有的修改就发表他的第一篇演说,而为了冲淡它所产生的不愉快的印象,他又发了一次言。这是他的事情。问题只在于列布申斯基先生的第二篇演说对第一篇演说作了多少修改。我不知道读者您觉得怎么样，我觉得他的第二篇演说并没有达到他给自己提出的那个目的。

的确，他在这篇演说里对极左派说过："一起走吧"。不能不同意这一句话。但是假使一个人打算同什么人一起走，又把整整一大堆不客气的话当作旅行备用品奉献给自己未来的旅伴，这种做法是完全不适当的。一家彼得格勒的机关报认为列布申斯基先生做得对，因为他必须说到底。然而说到底是一回事，而破口大骂则是另一回事。奇怪，这家彼得格勒的机关报怎么能够设想这是同一回事。

现在比过去任何时候都必须说到底，这是十分明显的。但是列布申斯基先生在他的第二篇演说中是不是说到底了呢？这值得怀疑。说值得怀疑，因为在我国这位工商业阶级思想家的头脑中，关于当前任务的概念大概不会限于对"一起走"的必要性的认识。在开始共同旅行之先，应该商量好共同旅行的种种条件。而列布申斯基先生很少表现出这样做的兴趣。

的确，他要求我国民主派不排挤工商业阶级，不剥夺它对我国社会生活进程的影响。在这里他是对的。我国有些民主派一方面公开承认俄国现在经历着资产阶级革命，另一方面则用一切力量使资产阶级的影响实际上失去作用，这些民主派是不彻底的。我国民主派所犯过的几乎全部十分重要的策略错误，就是由这种不彻底性产生的。没有资产阶级的资产阶级制度、没有资本家的资本主义生产方式是不可思议的。我国工商业阶级的代表们不仅有权利，而且有义务要求人们不束缚它的手脚。

但是，说俄国现在正经历着资产阶级革命，还完全不等于承认资产阶级可以不考虑工人阶级的要求。

当我们说"俄国现在正经历着资产阶级革命"的时候,我们对这句话的理解是:我国还没有到用社会主义生产方式代替资本主义生产方式的时候。同时,凡是稍微领会了科学社会主义理论的社会民主党人都很愿意补充说,如果我国工人阶级想限制资本主义生产方式的进一步发展,它就会因此使整个国家以及它自己的利益遭到严重的损失。可是在每一个特定的国家里,资本主义的发展过去和现在都是在特定的历史环境下实现的。俄国资本主义生产方式进一步发展由以实现的那个历史环境的特点,首先是无产阶级具有相当水平的政治主动性。我很清楚,有一些人不喜欢这种情况。可是我不能设想谁敢否定这一点。无产阶级登上了俄国历史舞台,而且不管怎样它终于作为一个越来越成熟到正确理解自己利益的阶级而仍然留在这个舞台上。我国资产阶级思想家一定要注意这一点。只要他们愿意注意这一点,他们立刻就会懂得,他们必须尽可能迅速地、大声地、坚决地宣布自己准备接受工人阶级的正当要求。我觉得列布申斯基先生只有在他的任何一篇演说中详细谈到这个问题的时候才算是说"到底"了。然而可惜,他没有涉及过这一点。

法国人说:延了期的事情,还没有失去机会。我们希望,在莫斯科国事会议上,我指出的这个重要问题会受到列布申斯基先生本人或者工商业阶级其他任何一位代表的注意。

我们现在正经历着资产阶级革命。只有不可救药的空想主义者,只有失去任何理论思维和任何实践嗅觉的人,才敢断言,俄国目前可以达到社会主义运动的最终目的。而在还不可能达到社会主义最终目的的地方，就必须或多或少充分地实现社会主义者称之为自己的最低纲领的那个东西。这个纲领也正是预定要在资本主义社会中逐步实现的。而且俄国的那些能够提高到理解当前这个历史时刻最重要的社会政治任务的工商业阶级思想家，一定会自然而然想起这个纲领。

过去有个时期，资产阶级的思想家们认为资本家向雇佣工人作任何让步都会使资本家受到损失。当时人们都把工作日长和工资低看成是保证资本家得到高额剩余价值的必要条件。先进的资本主义各国的经验逐渐推翻了资产阶级经济学理论家和实践家们的这种谬见。"廉价的"劳动力其实比"昂贵的"劳动力更加昂贵。物质生活条件比较好的雇佣工人原来比过着半饥半饱的贫困生活的可怜的佣仆具有更高的生产率（甚至从纯粹的资本主义观点来看）。现在人们都认为这是经济科学的一条起码真理。现在俄国无产阶级的思想家有充分的权利问工商业阶级的思想家们：他们是不是知道这条起码的真理呢？如果知道，那么他们是不是打算在自己的经济政策中考虑它呢？

莫斯科会议可以做出很多使俄国国内安定的工作，如果它对这些"棘手的"问题也做出详尽的——而且在这种场合下自然是肯定的——回答的话。只有这样的回答才能打下雇佣工人和企业主之间、革命民主党和工商业阶级之间达成政治协议的稳固基础。

而且应该尽可能迅速地打下这个基础。任何延误在这里都是极端危险的，因为它会激起工人阶级觉悟分子的正当不满，也会预先促使工人阶级中不大觉悟的分子接受无政府工团主义的空想主义口号。

不要对我们说，在许多企业中工人已经提出了一系列由于过分空想而完全不能实现的要求。我不准备谈这些过分空想的要求，在何种程度上可以用俄国工人以前的经济和政治生活条件来说明的问题，我要指出的只有一点：通过革命民主派和工商业资产阶级之间全面考虑的协议而拟定的、广泛的社会改革的制度，乃是同俄国无产阶级中传播空想主义口号进行斗争的最好手段。

换句话说：为了对付空想主义，我们正在经历的资产阶级革命应该让社会主义者的"最低纲领"占一个合法的地位。

# 论物种转变问题

(一九一七年八月十日《统一报》第一一二号)

我预先承认,我这篇文章的题目很奇怪。

《论物种转变问题》?!读者会问:为什么要在政治性的日报上提出这个问题呢?尽可以在专门的生物学讲堂上分析它。假使您一定要在《统一报》上谈论,那就给它写一篇,甚至两三篇小品文吧。小品文可以天南地北,从芭蕾舞到天文学,什么都谈。在社论中瞎谈物种转变是怎样实现的问题,这(随您的便吧!)无异于没有任何现实感。

读者是对的。但是另一方面,如果现时我国的现实如此可悲,以致某一天心里希望脱离这种现实而走进"纯"科学领域,那么怎么办呢?当然,对我说来最好是带着我的物种转变问题躲在小品文里。但是习惯是第二天性,我一拿起笔就要写社论。同时,正像读者会看到的那样,我探讨自己的生物学题目是从它与某些社会心理学问题相关的那个方面着眼的。于是就不知不觉地从纯粹科学的领域转到实用知识的领域去了。

经过这一番不可避免的附带说明之后,我就要本着值得惋惜的顽强精神(真理总归是真理!),着手探讨自己的问题。

物种是怎样转变的?是通过缓慢的不知不觉的变化转变的。

达尔文这样回答。在生物学中，人们长期地坚持了他的这个观点。在这个领域的自然科学家中间普遍盛行着一种促使这个观点更加巩固的信念，即相信世界过程的一切变化都只是逐渐发生的，自然界不发生飞跃。这个原理不仅在自然科学中，而且在关于人类社会的科学中都是发展学说的根本原理之一。

但是，在达尔文的几部主要著作问世以前很久，这个关于发展的学说就碰到了黑格尔这个强有力的反对者。黑格尔认为它是片面的。他断言，不论在自然界或是在历史中，逐渐的变化完全不排斥飞跃。他在自己的"大"逻辑中写道："存在的变化不仅通过一种量转变为另一种量来实现，而且也通过质的差别转变为量的差别，以及相反，通过使逐渐性中断和使一种现象代替另一种现象的转变来实现"①。凡是渐进性中断的地方都会发生飞跃。黑格尔曾经举了一些令人信服的例子证明，无论自然界发展过程或者历史发展过程没有飞跃都是不可思议的。我现在就不在这里引用这些例子了。我只要指出，现在可以举出一种能量转变为另一种能量，比方热能转变为电能，作为这些例子的补充。这样的转变也只有通过飞跃来实现。不过我禁不住考虑要引用黑格尔关于否定飞跃的进化学说的主要逻辑过错的天才见解。

这位伟大的德国思想家说过："关于逐渐性的学说的基础是这样一个概念，即产生着的东西已经存在于现实中，它只是由于自己太小才觉察不出来罢了。同样，人们在说到逐渐消灭时也认为，好

---

① 中译本参见黑格尔：《逻辑学》，上册，商务印书馆一九七四年版，第404页。——译者注

像特定现象的不存在本来就是如此,或者应该取代这个现象的地位的那个新现象本来就存在着,不过暂时还觉察不出来……但是这样一来,任何关于产生和消失的概念就消灭了……用变化的渐进性来说明产生或消灭,无异于……在既成的形态上设想产生或消灭"①。

值得注意的是,在最近四分之一世纪里,只把发展过程仅仅看作逐渐变化的学说,甚至在生物学中也开始失去了威信。我且指出胡果-德弗里斯提出的突变论。这个理论除了叫作物种飞跃式的转变的理论以外,不能有别的称呼。

请看德-弗里斯先生本人是怎样用不多的几句话叙述这个理论的:"一般和整个来说,生命王国中的过程是飞跃式的。几千年来一切事物始终是静止的。现在我们祖国的植物区系的野生植物,同日尔曼人时代的那些野生植物没有任何本质上的区别。但是自然界有时也力求创造某种新的和更好的东西。现在它形成一个物种,另一次则形成另一个物种。创造力在苏醒,新形式在旧的、前此一直未变的树干上产生。然而创造活动不会从属于起控制作用的生活条件。这种活动只是为了形成某种新东西而进行创造,它消灭丰富多样的形式,不过让这些形式本身在现存的条件中确定方向。命运对一种形式是有利的,对另一种形式则否。这就决定什么东西终归会继续生存下去,以及什么东西将被选出来作为系谱树的继续"②。

胡果·德-弗里斯采取这样的说法,好像他希望使自然界人格化。这是他的叙述的严重缺点。但是不应当根据这个缺点就忘记

---

① 中译本参见黑格尔:《逻辑学》,上册,第 404—405 页。——译者注
② 阿姆斯特丹植物学教授胡果·德-弗里斯:《突变和物种起源的突变期》,彼得堡,一九一二年,第 27 页。——作者注

德-弗里斯发表的理论见解和他作出的科学发现的巨大意义。这些本身极其重要的见解和发现之所以重要，还因为可以十分成功地利用它们来研究社会心理学的某些问题。

研究蝴蝶的遗传和杂交的施坦得福斯，曾经把他在那里所看到的飞跃式的变化，称为突然实现的变化，或者（为了更确切地传达他的思想）通过爆发的变化。德-弗里斯希望使这些以爆发方式发生的变化成为植物学中科学观察的对象。他怀着这个目的做了许多工作，而且他的期望由于对专家们称之为 Oenothera Lamarckiana（大花的月见草）的那种植物所进行的研究得到了光辉的证实。他确信这种植物会产生大量的新种。其中某些新种是很孱弱的和没有繁殖力的，或者是如此罕见，以致继续栽培它们都不可能。然而另一些新种却具有相当大的能力。无论如何，大花的月见草是很有趣的科学研究对象。

在社会心理学领域中，和生物学中大花的月见草同样有收获的研究对象，就是有充分根据可以命名为 Zimmervaldianus vulgaris（普通的齐美尔瓦尔得分子）的那个种。这个种之所以使人发生兴趣尤其是因为它是在比较不久以前产生的，即是在当前的战争开始以后很快就产生的。因此，它的整个不长的生命都是在我们眼前度过的，然而现在已经可以在这个种中看出很大的和极有教益的通过爆发的变化，这些变化为新的种和变种奠定了基础。

例如，大家知道，普通的齐美尔瓦尔得分子（Zimmervaldianus vulgaris）对于他怀疑有"社会爱国主义"的那些人是充满着不可调和的仇恨的；"社会爱国者"这个称呼，在他看来是最使人不愉快的称呼之一。这种现象继续了将近三年。后来，值得我们注意的这个社会心理学上的种突然进入了通过爆发的变化的时期；于是属于这个种的政论家们就开始这样写道："我们的心灵从来还没有为祖国这样彷徨不安地跳动过，像在这些混乱的日子里那样。我们对祖国的那种深藏的亲密的爱情、那种避免表露于外、避免用大吹大擂的空话来表现的深刻而且纯洁的爱情，从来还没有这样专一过和强烈过"①。

关于仿佛是庸俗的齐美尔瓦尔得分子的爱国主义所固有的纯洁性的空谈表明，对于他们过去把"社会爱国者"的称号看成是最侮辱人的称号之一的那个时期的回忆，还没有在我们这位政论家的思想中完全消失。这种空谈也证明了"退化的蜕变"的可能性，即证明这种形态的政论家们可能或多或少完全返回到以前的观点上去。但是当这种返回没有实现的时候，必须承认，庸俗的齐美尔瓦尔得分子本人就变成了爱国者，只是他不愿意承认这种转变在他身上是飞跃式地发生的罢了。由于某些理由（这些理由说明退化的蜕变可能发生），他宁愿把事情说成这样，好像他一贯是爱国者，只是由于附带的情况（参见黑格尔），他的这种品质才没有显露出来。但是这些小的机智和这些伤感的保留，片刻也不会使一个有经验的研究者误入歧途；他立即就会看出：摆在他面前的是一个典型的通过爆发变化的情况；齐美尔瓦尔得分子这个种对于社会学家是如此重要，就像大花的月见草对于生物学家一样。

我愿意指出，我要在这篇文章里坚持极可贵的科学规则：不哭不笑，而是理解。对我说来，是否应当做一个"社会爱国者"，以及

---

① 《人民事业报》，第一一二号。——作者注

严肃的政治家应当怎样对待庸俗的齐美尔瓦尔得分子心灵中实现的这些飞跃式的转变的问题,在这里是没有任何价值的。这一切都是政治问题,而我在这里是背对着实践的,我在这里只重视纯粹的科学。从纯粹科学的观点来看,我觉得重要的只是:物种转变的理论在摆脱自己以前的片面性,它不再对飞跃式发展的种种现象闭起眼睛了。

为了补充所有已经说过的话,我请读者再注意一点。我在谈到庸俗的齐美尔瓦尔得分子的时候,举了一个从他们的社会革命党变种的政论家们的著作中引用来的例子。然而本来可以从他们的社会民主党变种的书面和口头声明中引证许多完全类似的例子。只要举出现在从纯粹社会爱国者的眼光来看民族自卫事业的伊·格·策烈铁里和尼·谢·齐赫泽就够了。在这里我们又遇到通过爆发的转变的情况。

对于上述同志说来,指出他们所经历的这种爆发可能是不愉快的。

请原谅。不过我是为了纯粹科学的利益才引证这些转变的。我承认(在这里我也终于要动感情),我很愉快地使自己和别人相信,老黑格尔是最正确不过的。反复地说我不能容忍德国人,这其实是白费气力的。如果谢德曼不合我的心意,那么李卜克内西却很使我喜欢。在老人们中间,正像读者所看到的,我对黑格尔评价很高,我对歌德以及德国思想界和诗坛的其他许多代表也是重视的。不过这是题外的话。主要的是:物种转变是通过飞跃方式实现的,同时庸俗的齐美尔瓦尔得分子提供了和大花的月见草同样多的材料来证明这一点。

# 难道他们会使他离职吗？

(一九一七年八月十二日《统一报》第一一四号)

> "犹豫不决的人只会空谈,不会实干。"
> ——齐·克腊辛斯基:《依里底昂》

报纸上出现了军事部负责人波·维·萨文柯夫辞职的消息。如果消息属实,如果人们迫使波·维·萨文柯夫离职(当然谈不上自愿离开自己的岗位),那就不得不怀着可悲的信念说:俄国遭到了巨大的不幸。

这里,问题不在于波·维·萨文柯夫个人,虽然他个人现在无疑是一位最杰出而最有才能的人物。问题在于他用来指导军事部的那个思想,而为了使俄国能够摆脱它当前这个极端危险的处境就一定要实行这个思想。问题在于这样一个思想:自称为挽救社会的政府,一旦抛弃了这个思想,就注定要变成毁灭社会的政府。丧失了纪律的军队不是文明国家的军队,而是野蛮的堕落的匪帮。我在回到祖国以后不久发表的一封给我国一支部队的呼吁书中就谈了这一点。以后事变的进程完全证实了我这个思想的正确性(同时它也不能不证实这个毋庸置辩的真理)。俄国军队的纪律越是败坏,我们士兵的战斗力就越会迅速地下降,他就越会充满不容许对祖国有任何义务感的兽类自私心理。当年以坚韧顽强著称的俄国军人,开始一看到最虚弱的敌人就可耻地逃跑了。另一方面,正是这些在最虚弱的敌人面前可耻地逃跑的军人,无情地侮辱了手无寸铁的居民,而且(这真是无耻之尤)抢劫了自己那些受伤的同志。我们那些无情的和组织得很好的敌人,只须胜利地追捕这些对内凶残而同时胆小如鼠的卑鄙家伙。当然,并不是我们所有的军队都处于这种不可救药的状态。相反,某些部队发表了不少英勇的言论,也表现了彻底履行自己义务的决心。但是问题在于他们这些奋不顾身的努力,能不能制止敌人力量的胜利的入侵。其次,可以不无根据地问自己:渗入军队的那种可怕的不良思想影响,会不会传播到目前仍然健康的那一部分军人的身上去呢?无论如何,绝对不能怀疑的是应当尽快制止这种不良影响的传播。正是在这种情况下,传来了勇敢的呼声,号召采取最坚决的措施,使士兵回到履行对国家的义务的道路上去,使军队中的纪律得到恢复。波·维·萨文柯夫的呼声就是其中之一。人民的幸福是最高的法律。为了人民的幸福,波·维·萨文柯夫曾经一度忘我地把自己的生命献给了革命事业。为了人民的幸福,他曾经要求,在不用严厉的手段不足以挽救军队,从而不足以挽救整个俄国和俄国革命的情况下采用死刑。曾经帮助十八世纪末期法国革命者们粉碎攻击他们祖国的奥地利和普鲁士反动派的那种严峻的和非常坚强的毅力,在我们这位恐怖主义者心里发生作用了。

不言而喻,恢复死刑的问题,尽管它具有非常悲惨忧郁的意味,却不过是振作俄军士气的复杂任务的一个组成部分。这个任务的主要组成部分是这样一个比较普遍的问题:各部队委员会同那些军事当局负责人（他们的命令归根到底必然会决定军队的战斗行动）的关系应该是怎样的呢？每一个不抱成见的人都像白天一样明白，如果各部队委员会在当前形势下都应该而且能够对于从精神上振作俄国军队的事业带来巨大的好处，那么，一旦它们的命令同最高军事当局的命令背道而驰，它们就会给这个事业造成可怕的损失。由此可以得出结论说，为了俄国革命的利益（俄国革命的命运同军事行动的进程如此紧密地联系着），必须使各部队委员会的活动限于一定的范围之内。

挽救社会的政府看来很好地懂得了这个必要性。亚·费·克伦斯基委任波·维·萨文柯夫主持军事部，这就告诉一切有政治头脑的俄国人，他准备毫不犹豫地支持我们这位恐怖主义者根据自己对俄国军队状况的观察而拟定的纲领。当然，波·维·萨文柯夫不是单独一个人。他周围团结了像他一样忘我地忠于革命，以及像他一样深知非常时期不能没有极端措施的同志们。可以有理由认为，这位军事部负责人的计划和命令得到了我国军队最有觉悟的革命分子方面的深切同情，同时并不妨碍军事指挥人员们的活动。简言之，可以指望，我国军队将成为可靠的战斗力量的那个时期不远了。可是波·维·萨文柯夫突然辞职了。为什么呢？再说一遍，如果他这样做了，那就是说，他不能不这样做。看来有一股使亚·费·克伦斯基无法摆脱其影响的势力存在着，就是这股势力谴责了萨文柯夫的计划和命令。但是，如果将来这些计划和命令被否决了，那么我国军队的瓦解过程就会以双倍的力量恢复起来，而允许它恢复的政府在全国的心目中就会成为（而且实际上也是）毁灭社会的政府。

我们所经历的新危机是最危险不过的了。它还没有结束。当我写这篇文章的时候，波·维·萨文柯夫的辞职看来尚未被批准。也许我们的总理还在犹豫。但是现在不是可以犹豫的时候。亚·费·克伦斯基应当毫不迟疑地支持萨文柯夫。对祖国和革命的命运负有责任的人，现在比任何时候更应该记住我用作题辞的齐·克腊辛斯基的那句话："犹豫不决的人只会空谈，不会实干。"

附记。波·维·萨文柯夫的辞职被批准了。巨大的不幸发生了。兴登堡该多么高兴啊！

# 政治策略的基本原理

(供有相当年龄的孩子们参考,而且适用于现在)

(一九一七年八月十三日《统一报》第一一五号)

根据弗里德里希·恩格斯深刻的见解,任何一个阶级最大的政治上的不幸莫过于它不得不在还不能有效地利用政权的时候就夺取政权。在我国,列宁的门徒过去和现在都忘记了这一点。不过半列宁分子是一直记得这一点的。他们反驳列宁分子说:在俄国,无产阶级政治专政的时代还没有到来。他们这个正确的意见,说明他们的策略观点整整一半没有列宁的色彩。但是由于他们身上的同一些观点的另一半浸透着列宁的精神,所以半列宁分子尽管宣布无产阶级专政在俄国不合时宜,却不敢直接地和大声地承认这个阶级同资产阶级必须达成政治上的协议。他们的胸膛里,像浮士德的胸膛里一样,跳动着两颗心。一方面,他们不反对同资产阶级达成协议,这可以拿他们接受联合政府的思想作为证明。另一方面,他们虽然接受了这个思想,却采取他们所能做到的一切步骤使"资本家部长"的处境变得极端困难。他们虽然认为无产阶级专政是不合时宜的,但是暗中怂恿"全权的民主制机关",采取只有在工人阶级夺取政权变成了目前最迫切任务的那种情况下,才是适当的那些政治活动方式。在半列宁分子的胸膛内,跳动着两颗心。每一颗都同自己的邻居不断地发生争论。很容易明白,从这种争论中是不会产生什么好结果的。俄国工人阶级还远没有成熟到在政治上可以进行统治,所以同资产阶级达成协议本来是绝对必要的,既然不这样做,结果就是同资产阶级越来越疏远。

这种情况会产生什么后果呢?除了内战以外,不会产生别的后果。然而内战又会有什么结果呢?最好的结果是无产阶级取得胜利,换句话说,无产阶级夺得政权。可是夺得政权又会有什么意义呢?我们已经知道这有什么意义:这个意义就是我国工人阶级所能有的最大的政治上的不幸(参见本文开始时我引证的恩格斯的话)。

假使这种说法是对的(而这种说法的正确性是不能有任何怀疑的),那么,一面否定列宁的"口号",同时又没有患半列宁分子所固有的双重人格的毛病的那些俄国社会主义者的责任到底在哪里呢?责任就在于相信无产阶级也好,相信资产阶级也好,必须互相妥协。

既没有沾染列宁分子气味也没有沾染半列宁分子气味的社会主义者,不会对这样的论据感到不安:谁宣传资产阶级和无产阶级之间的协议,谁就是背弃阶级斗争的原则。再没有比这种经常把我们许多同志弄糊涂的论据更加错误的了。

阶级斗争不是目的本身。它只是保卫阶级利益的一种手段。只有认为原则是一切,而阶级利益微不足道的唯心主义者才能有另外的想法。

假使阶级斗争只是保卫阶级利益的手段,那么,任何社会阶级如果认为自己的义务就是在阶级斗争不仅不利于而且有害于本阶级的利益的时候进行这种斗争,就将是极不理智的行为。

我们是否可以设想这样一种历史条件的结合：这时从特定阶级利益的观点看来，开始斗争会有危害，反之，放弃斗争则有好处？

自然不能不这样！上面我们已经不得不承认，现在我国无产阶级和资产阶级之间的内战的最好结局，即全部政权过早地转到它手里来，对于这两个阶级中的前一个阶级来说也是一种大不幸。要知道内战只是阶级斗争尖锐化的一种非常情况。可见……，不过为了避免重复，我让读者自己从我这里所确立的逻辑前提中做出结论。

其次，认为仿佛凡是达成协议的人都会放弃保卫本身利益的斗争，这种想法是错误的。不，如果他正确地给自己规定了协议的条件，那么达成协议并不是放弃斗争，而只是认为斗争不可以超过界限，否则他就会变成软弱无力的人。任何协议都是一种力的平行四边形。不过力的平行四边形是各种力量互相作用的结果，而不是其中一种力量消失的结果。

总之，内战即使在最好的结局下也会给俄国无产阶级造成严重的损失。这就是说，无产阶级应该力求同资产阶级达成协议。然而如果它应该力求同资产阶级达成协议，那么试问：

它的有觉悟的代表们应该用什么语言同工商业阶级说话呢？

明理的人只要给自己提出这个问题就会毫不犹豫地立即回答说：

他们应该严肃认真、平心静气地说话，竭力避免在这种情况下可能引起完全不必要的激动情绪的那些说法。有些社会主义的代表一方面根本否定列宁的策略，并且承认内战是极有害的，另一方面居然认为必须用斯克沃兹尼克-德摩汉诺夫斯基式的语言同资产阶级说话："茶壶匠、奸商、头号骗子手、老奸巨猾的家伙、海上骗子！"等等。对于这样一些代表，我们有什么想法呢？对于他们至少必须说，他们的语言是他们的目的的敌人，他们本来想走进一间房子，却大有走进另一间房子的危险。

我国某些至今——据我所知——都不赞成列宁的策略，也不愿意内战的机关报，正是认为自己必须用斯克沃兹尼克-德摩汉诺夫斯基的这种语言同资产阶级说话。

我指的是《日报》，它显然自命不凡地挖苦说，我用英国人的语调同资产阶级说话。

我觉得遗憾的是，或者说，幸运的是我用英国人的调子说话的能力，就像某个安东诺夫在我身上发现的女性气质一样，是同样薄弱的。不过我用严肃认真、平心静气的求实精神的语调同资产阶级说话，这恐怕是不能反对的。而且我因此感到自豪。

谁希望避免内战，谁懂得资产阶级和无产阶级之间的协议是这两大阶级和整个国家的利益所必需的，谁就不应该用另一种语调说话。当然，用斯克沃兹尼克-德摩汉诺夫斯基的"莫斯科河南岸的"风格谈话，在某些集团中是容易获得大激进派的荣誉的。这种荣誉真正说来不过是一阵烟。为它而牺牲祖国和革命的利益是可耻的。

现在，莫斯科会议开幕了，它可能成为朝内战方向前进的新的和巨大的步伐。所以趁这个时机提醒大家注意这一点是有益处的。

# 莫斯科会议开幕

（一九一七年八月十五日《统一报》第一一六号）

我是在报纸关于莫斯科会议第一次会议的消息的印象下写这篇草率的文章的。彼得格勒某些报纸的通讯记者指出，这次会议，同根据开幕前会议的主要参加者所怀的那种情绪判断本来可以期待的比较起来，具有更加和平的性质。可是，老实说，莫斯科"缙绅会议"的序幕的性质暂时表现得相当片面：除了莫斯科市长鲁德涅夫公民以外，第一次会议的登场人物只有部长们。他们向会议的参加者发表了自己的演说，而这些参加者则或多或少是沉着的，或多或少热情地对待了他们的声明。当然，对待演说者的态度可以提供充分的材料来判断听众的情绪如何。但是这只有在这些演说保持着一个明确的声调的情况下才是可能的。可惜，对于会议的主要参加者亚·费·克伦斯基的长篇演说不可能这样说。

这篇演说有不少优美的地方，但是其中也有非常重要的缺点。缺点恰恰在于缺乏明确性。亚·费·克伦斯基希望全体与会者达到完全的统一。这不仅是自然的，而且对于一个政府首脑说来，在他那种处境下简直是必需的，因为生活向这个政府提出了团结国内一切生气勃勃的力量以便同国内外敌人进行斗争的任务。但是，他用来解决这个任务的手段恐怕不能认为是令人满意的。我们的总理在自己的演说中表现出是一个真正的折衷主义者。他想把耳环分送给所有的妇女。当他把预定给一个妇女的耳环赠与这个妇女时,她对他的殷勤报以掌声。这时,另一位妇女看来仍然很沉着,且不说"冷淡"吧。而轮到她得到耳环时,她才开始热烈地鼓掌,可是第一位妇女却冷淡得毫无表情。总之,鼓掌虽多,全体一致却少了点儿。

其实本来也不可能期待像我所说的那种充满折衷主义精神的演说会产生别的结果。折衷主义不能使得全体一致。它只能掩盖意见分歧的存在。然而莫斯科会议的任务完全不在于掩盖这些在它的主要的参加者之间存在着的意见分歧,而在于十分明白地暴露这些分歧,最后找出彼此达成协议的道路。

协议是可能的,这一点已经很明显,唯一的原因是客观必然性本身坚决要求这样。

如果无产阶级夺取政权现在对这个阶级说来是最大的不幸,如果另一方面,资产阶级绝对不可能争取到对目前俄国实行独占的政治统治,那就十分明显,这两个阶级之间的政治契约是必要的。但是政治契约往往只有在有一致的经济利益作为它们的基础的时候才是有生命力的。而一致的经济利益本身的前提,并不是用折衷主义的办法消除对立,而是借助于统一的指导原则来解决对立,即便是暂时解决也好。要是能听到亚·费·克伦斯基关于这种原则的意见,那是很有意思的。但是他在自己的演说中没有涉及这一点。凡是需要从经济学的散文开始的地方,他都只限于政治学的诗篇。不能不对这一点表示遗憾。

可以也应该用来作为无产阶级和资产阶级之间的经济协议的

基础的原则,就是广泛的社会改革系统。

这种改革是生产力发展的不可替代的条件,而没有生产力的发展,俄国就绝不可能医治好目前战争给它造成的创伤。然而大家知道,在每一个国家里最珍贵的生产力就是它的劳动居民。所以我们的总理本来应该指出这个情况,把它看成是有利于临时政府采取那些措施的最主要的理由:如果没有这些措施,它就没有权利称自己是反映人民利益的政府。根据这种情况,他本来有充分权利要求工商业阶级做出让步,因为生产力的强大发展(这无疑是这个阶级的利益所在),现在只有在工人居民达到高度"Standart[①] of life"(生活水平)的时候才是可能的。因此,他本来可以利用同一个原则找到解决(不过当然只是暂时解决)两个敌对势力的对立的令人满意的办法。

亚·费·克伦斯基不习惯于作政治经济方面的思考。斯·恩·普罗柯波维奇在这方面却显露了大得多的习惯。但是他虽然正确地指出了俄国生产力发展的重要性,却没有恰当地把它同当前的政治任务联系起来。当然,作这种联系并不是他这个专门的部的部长的责任,但是如果他力求用与此有关的说明来改正总理演说中如此显著的缺点,那毕竟要好一些。

不过我们希望,亚·费·克伦斯基在自己以后的演说里会谈到他第一篇演说里没有谈到的问题。晚一点谈比根本不谈好。

八月十三日

---

① 似应为 Standard。——译者注

# 八月十五日在莫斯科国事会议上的演说[①]

男女公民们！首先请允许我告诉你们，在这篇其实很短的演说中，我不准备说那些可能会激起不愉快的情绪的话，因为这里不是互相刺激的地方，各党派到这里来是为了参加国事会议。（暴风雨般的掌声）我认为，祖国现在正经历着一个严重而且可怕的时刻，这时落在我们每个人肩上的责任不是提出使我们散伙，而是提出要使我们团结起来的意见。（暴风雨般的掌声）男女公民们！不用说，你们不会要求一个在革命的旗帜下头发苍白、在革命民主主义的大旗下奋战了数十年的人，现在站在你们面前说话时，把这面旗帜垂下来，或者把它搁置一旁。我是一个革命者，而且只是一个革命者。我希望，也确信你们有耐心听取一个俄国革命者赤诚的自白（暴风雨般的掌声）。

那么，作为一个革命者，我首先应该说，我昨天听到的某些演说使我产生了极不愉快的印象。我觉得，某些政党对待革命民主派抱有很大的成见。我觉得，某些演说家仿佛希望强调说明，如果

---

[①] 我们没有格·瓦·普列汉诺夫演说的速记稿，现在按照第一一七号《统一报》和第一八七号《俄国言论报》发表的原文刊载这篇演说。——编者注

根本不存在革命民主派,在他们看来,那会更好一些。一位演说家说:"难道你们认为极端的革命民主派完成了革命吗?革命是国家杜马在整个国家的赞同下完成的"。至少我好像听到过这样的话。

公民们,请注意,我不是要得罪谁,我只是打算把我体验到的那些印象作一番总结。我听到了这样一些话,而且当我听到的时候,我曾经对自己说:真是这么一回事吗?这里有部分真理,但是错误很多。假如要确切地说明一九一七年春天发生的事情,那就应该说,革命是全国完成的。人民起义了。卷起了风暴。我们的国家杜马也支持了这场风暴。它助长了风暴。它的伟大功绩也就在这里。如果我们忘记了这一点,我们就会是忘恩负义的和不高尚的人。但是应当记住,为了使全体人民终于起来反对可耻的专制制度,必须进行时间极长的、坚持不懈的和奋不顾身的工作。而且应该用历史家的公正态度指出,这个长期的、坚持不懈的、奋不顾身的工作,正是由极端的革命民主派完成的。男女公民们,这是无可争议的历史事实!

对于这样一种事实,可以说,要是人们忘记了它,或者回避了它,用共同缄默来抵制,那么石头和木头就要大声说话了。我说:石头和木头,因为如果在俄罗斯,监狱主要是由石头和砖头建成的,那么西伯利亚的囚徒旅站主要是由木头建成的(暴风雨般的掌声)。男女公民们,要知道,这些宁静的避难所、这些石砌的监狱和木造的囚徒旅站,可以说它们充满着关于那些为了把政治意识的光线送到愚昧无知的人民群众的头脑中去而牺牲了一切的极端革命民主派代表人物的回忆。(掌声)

先生们,不管民主派犯了什么样的错误,不管你们怎么气愤,这一点是应该记住的。我这话是对右边说的。你们应该对自己说:"的确,俄国革命民主派的功劳是伟大的。这是毫无疑问的。"

你们知道,有这样一些党派,对于这些党派可以说,如果它们没有犯过任何一个局部的错误,如果它们都像上帝的天使那样洁白无瑕,那么在它们的账上毕竟有一行大错——这行大错就是它们存在着,简单说就是它们存在着这个事实本身。俄国专制制度的党就是这样的党。现在那些想通过反革命活动来恢复这个专制制度的党就是这样的党。

但是也有另外一些党派,对于这些党派可以说,不管它们犯了怎样一些局部的错误,它们的巨大功绩就是它们存在着。同志们,我不止一次大胆而且尖锐地批评过我们党的一些局部的错误。但是在这里,在俄国国事会议上,我要郑重地声明:我国极端革命民主派的伟大功绩在于它存在着,而那些想使它不再存在的人都是蹩脚的政治家。

我要向右边对那些代表资产阶级的人说话,即对那些代表工商业阶级的人说话,因为资产阶级这个名词开始有些很不受欢迎的味道。我要对他们说:公民们,现在这样的时刻已经来到了:为了全俄国的利益,为了你们自己的利益,必须设法同无产阶级接近,必须设法同工人阶级接近。我还记得过去有一个我国工商业阶级的代表人物在下新城会见财政大臣维特时说过:"我们不怕向前看"。为什么这位工商业阶级的代表人物不怕向前看呢?因为他认为在俄国工业面前展开着同沙皇专制制度结成联盟的光辉的未来。现在任何希望、任何估计俄国工业面前会展开同俄国专制制度结成联盟的光辉远景的想法,当然都应该全部加以抛弃。当然我并不认为,也并不准备设想,你们当中会有许多人梦想恢复旧制度。(工业家座位上有些人喊道:"一个也没有!"全场鼓掌)。你们中间谁也不企图恢复旧制度,那就更好,我说的是更好;但是如果俄国的工业曾经依靠沙皇专制制度的支持发展起来了,那么我可以有把握地断言:今后俄国工业只有在工商业阶级给自己提出实现广泛的社会改革任务的情况下才能得到发展。(掌声和喊声:"对!")

公民们,你们中间许多人不止一次地说过,——的确,我们谁没有说过这样的话呢?——俄国现在面临着发展生产力的伟大任务。你们都同意这句话:我们社会主义者也同意这句话。我们懂得,生产力发展水平低的国家,这样的国家当然不可能有任何政治的进步、经济的进步、社会的进步。(掌声。有人喊道:"对!")

是的,必须广泛地发展生产力。这应该成为所有在这一方面或那一方面同社会生产过程有关系的人的共同纲领。但是,公民们,人人都应当懂得(当然,人人也都懂得),在每一个先进的国家里,说得更宽一些,在每一个现代国家里,最强大、最珍贵和唯一不可替代的生产力是它的工人阶级、它的劳动居民。(右边有人喊道:"对!")如果说俄国的确注定要把自己的生产力提高到西方先进国家的水平,那么这种情况,只有在广泛的改革社会政治制度,把工人阶级从它迄今所处的、使它自己感到痛苦,也使整个俄国蒙受耻辱的那种穷苦奴隶的可怜地位中解脱出来以后,才可能发生。如果你们这些工商业阶级的代表们坦然走上这条改革的道路,我可以断言,那时你们面前就会展开一条同工人阶级有觉悟的代表达成富有成效的协议的道路。

公民们，有人说，革命民主派做过什么事和没有做过什么事。他们又说，革命民主派准备单独媾和。不！如果革命民主派队伍里有个别神经错乱的人竟然发表过这类犯罪的言论，那么我们整个极端的革命民主派是决不会去单独媾和的。我在许多问题上同这个革命民主派发生过意见分歧，但是我可以用你们的名义（向左边做手势）说，而且还可以用你们的名义保证，革命民主派决不会干这种下流的事。（掌声。喊声："对！"）我们不会去单独媾和，我们不想背叛我们的领导文明世界的盟国。他们的国家是民主国家，是有广泛民主的国家。有人对我说：可不是，英国和法国存在的这种民主，我们大家当然都赞成，我们当然没有任何道理反对这种民主。这当然很好。不过，公民们，请允许我本着历史家的公正态度对你们说，过去英国和法国要制定现代的民主宪法，它们都必须通过革命时期，它们都必须有极端革命民主派的政党，这些政党的女儿，或者也可以说孙女，就是——mutatis mutandis①——今天我国的极端革命民主派。

总之，假使这个革命民主主义政党犯了某些错误，那么，要知道，公民们，没有这个党你们毕竟行不通。不能说，也不能认为：我们当然想保存革命的成果，不过我们不希望革命民主派存在。因为要维护革命的利益，就必须坚持不断地进行革命民主主义的工作。（掌声）公民们，我国的局面是这样的：你们这些坐在这里，坐在这个大厅里，一部分坐在右边，一部分坐在中间的有产阶级的代表，你们应该懂得，如果不同极端革命民主派达成协议，现时就不

---

① 不过要作必要的改变。——译者注

可能有多少按计划的和多少有成效的经济生活，也不可能同外部敌人进行斗争。而这种达成协议的道路，像你们所看到的那样，是敞开的，只要你们准备承认广泛的社会改革纲领。这就是同极端革命民主派达成协议的道路，这就是达成协议的条件。试问，七月八日声明不是极端革命民主派为了工人阶级的利益取得某些改革的要求和希望，又是什么呢？（左边有人喊道："完全正确！"）

我这话是对右边说的。

现在，同志们，请允许我对你们左边说几句话。假使你们不喜欢我讲的这一句话或者那一句话，我请求你们安静地听下去。假使我的演说中毕竟出现了错误，请想一想，我在革命的旗帜下工作了四十年，而超过了这个期限，就是犯几次错误，也是可以的。（笑声。鼓掌）

同志们，当令人讨厌的列宁在来到我们这里之后的第二天或第三天，在彼得格勒工人代表苏维埃发表演说，说工人阶级应当同雇农代表和农民代表一起立即把政权夺到自己手中，请想一想，当时你们给了他什么样的回答呢？你们——彼得格勒工人代表苏维埃中的多数人——说：不，我们不接受这个纲领，因为俄国现在正在经历资本主义革命，而当一个国家正在经历资本主义革命时，工人阶级夺取全部政权是根本不恰当的。你们当中有一个人——我记不得究竟是谁（左边有人喊道："策烈铁里"）——提起了我们共同的导师弗里德里希·恩格斯所说的一句非常深刻的话：工人阶级最大的不幸莫过于在它还没有成熟到可以有效地运用政权的时候就夺取全部政权。难道不是真的说过这样的话吗？难道彼得格勒苏维埃中的多数人不是真的鼓掌欢迎过这些话吗？

同志们，既然你们坚持这个观点，既然你们了解这些话在政治上和理论上的深刻含义，你们就应该按照这个观点来确定自己对待工商业阶级的态度。不可能有没有资产阶级参加的资本主义革命。不可能有没有资本家的资本主义。既然这是逻辑的要求，就应当明白这一点，并且按照这一点行事。

既然我们还要经历相当长的资本主义发展时期，那么就应当记住，这个过程是两面性的，其中无产阶级将要在这一面进行活动，而资产阶级将要在那一面进行活动。如果无产阶级不愿损害自己的利益，资产阶级也不愿损害自己的利益，那么这两个阶级就应该 bona fide① 寻求在经济上和政治上达成协议的途径。同志们，请允许我提醒你们注意策烈铁里昨天的发言。他说过一句自豪的话："你们说，你们还不知道俄国人民拥护谁，但是最近的选举——他显然是指我们的市政选举——结果表明了，俄国人民拥护极端的革命民主派"。对，的确是这样，同志们。而且当立宪会议开始选举的时候，俄国人民、俄国劳动群众大概会说，他们准备拥护我们极端革命民主派。但这意味着什么呢？我国市政选举的大多数的和某些地方出人意料的结果这个事实意味着什么呢？这个事实意味着，我们全体革命者和社会主义者向劳动群众签发了巨款的期票。这张期票，工人阶级、一般劳动群众都贴了现，但是没有哪一张期票会不要付款。对于你们说来，公民们，情况也恰恰是这样。时间将会来到，那时将要按照这张期票付款。如果你们犯了把自己孤立起来的错误，如果你们没有完成一切必要的事情，

---

① 善意地、真诚地。——译者注

把国内所有生气勃勃的力量吸引到自己方面来,以便进行共同的工作,那么你们就不能支付这张期票,这不是因为你们没有善良的愿望,——愿望你们是有的,——而是因为没有支付的能力。(掌声。喊声:"对")这样,当你们在劳动群众面前终于处在无法偿还的债务人地位的时候,劳动群众会怎样看待这件事呢?会怎样理解这件事呢?

他们会用一位民间诗人的话回答你们说:"受骗的儿子痛苦地嘲笑挥霍的父亲"。我国无产阶级既然有了自己的有觉悟的代表,就无论如何不应该让自己落到这种地步。

同志们,你们记得,在我来到这里的最初几天,那时我们的关系中有过这样多理想的东西,你们曾经邀请我参加工人代表苏维埃,而且我在那里曾经提醒你们注意福音书的教导:"你们要像鸽子一样驯良,像蛇一样灵巧"。我说过:"我不要求你们像鸽子一样驯良,但是要求你们像蛇一样灵巧"。而现在,同志们,这种灵巧应该指导你们的一切行动。你们不要害怕承认你们犯过某些错误。我十分满意的是,昨天策烈铁里同志在发言中暗示了这些错误。你们不要害怕承认这些错误。因为问题在于不要重犯这些错误。你们要避免重犯,避免孤立,要竭力去同工商业阶级的代表达成协议。要知道,除了这个阶级和无产阶级之外,还有许多中间阶层,它们都会欢迎这样的协议。这种协议会使我们变得强大和不可战胜,那时候任何马肯晋辈①、任何兴登堡辈就都不可怕了。

---

① 马肯晋(August Mackesen 1849—1945),第一次世界大战时德国陆军元帅。——译者注

公民们，假使，——我这话是对坐在左右两边的人说的，——假使我们不达成这样的协议，那么结果将怎么样呢？结果你们将会完蛋(对着右边说)。——你们也将会完蛋(对着左边说)。全国都将会完蛋。请允许我讲一个爱尔兰的关于两只猫的故事：两只猫打架，打得那么上劲，打得那么狠，结果只剩下两条尾巴。

你们，极端革命民主派的代表们，和你们，工商业阶级的代表们，都不应当赞成这种史无先例的斗争，这样的斗争，结果你们和我们可能都只会剩下一条尾巴，俄国也只会剩下一条尾巴，却让德国的资本家大开其心。

我的话完了。(热烈鼓掌)

# 在最后关头

（一九一七年八月二十三日《统一报》第一二二号）

　　谢德林曾经抱怨说，他的同时代人会忘记某些话。我们现在说得这样多，以致我们必须有大量词汇，而且我们只是忘记其中极少数的话。但是我们这里发生了比忘记所说的话更坏得多的某种现象。我们记得这些话，我们不断地说它们，而且……我们几乎不使它们同任何确定的表象联系起来。"俄国在危险中！"这句话就是如此。我们反复地说这句话，而且还是多么经常地重复说啊！并且心情几乎是这样的平静，就像清晨望着窗口说：下雨啦。一般来说，市民觉得晴天比雨天好，而且当他看到潮湿的街道时，这会使他产生某种不愉快的感觉。但是这种不愉快的感觉很少使他不安，也不会改变他习惯了的行动方式，除非他走出房子，不拿手杖而带雨伞。"俄国将灭亡，俄国在危险中！"这种话对绝大多数俄国人大体上也是起这样的作用。当然，它不会使任何人高兴，或者更确切地说，谁也不会允许自己在听到这种话时表现出高兴的神情。但是怎么也看不出有很多的人对它表示过痛心。它不会激发我们改变我们平日消磨时间的方式。我们或者去干私人的、"庸俗的"勾当，或者，如果我们有可能不问国家大事自由自在地生活，我们就逛大街、遛马路，无聊时"嗑瓜子"和无所用心地东瞧西望。最后，如果由于我们的生活环境，使我们感到嗑瓜子并不是美好的消磨时间的方式，我们就从事政治活动，我们经常把这种政治活动理解为用语言编造出一些抽象的公式，而这些抽象的公式，是没有经过任何多少严肃的、对于它们同现实生活及其迫切需要的关系的分析就被我们接受了的。我们经常地说呀，说呀，说呀，完全不是为了说出什么道理，而仅仅是为了不做哑巴。我们揭露别的政党；暗中伤害我们自己队伍里的"异端分子"；提出决议；作修正；欣赏自己的"国际主义"；全心全意地关心使我们的演说和建议里看不出任何"右倾"；主张俄国靠自己的力量来对付德奥帝国主义者们的侵略计划使它所遭到的那种苦难。好像除了国内全体公民的力量以外，不管哪个国家都可以有别的力量似的！

我们没有忘记"俄国在危险中！"这句话。但是这句话没有使我们产生符合它的悲剧意义的印象。这是我们所能遇到的一切糟糕事情中间最糟糕的事情。国家实际上处在千钧一发的危亡关头，然而公民们在听到和重述可怕的危险威胁着国家这个消息的时候却漠然无动于衷。

亚·费·克伦斯基在莫斯科会议开幕式上也说过，必须有超人的语言才可以表达我们处境的全部可怕性，和落在我们每个人肩上的任务的全部艰巨性。也许超人的语言对我们会很有益处。但是从哪里去取得这种语言呢？只有古代犹太预言家这些严厉、坚强、勇敢的揭发者才善于用超人的语言说话，这些揭发者在和他们精神上相同的米开朗基罗的壁画中曾经得到如此巧妙的描绘。要是我们这个多灾多难的国家里出现了这样一些巨人，该多么好啊。但是暂时我们俄国政论家们仍然得使用普通的——人的——

俄罗斯语言,来确定威胁着我们大家的这个局势的历史意义。尽管关于我们祖国临近灭亡的可怕言论也曾"在耳旁刺刺不休",然而实际上灭亡到底是越来越近了。也许——谁知道呢?——这个已经完全无可争辩的非常临近灭亡的形势,终于会促使我们的这些同时代人真正切实地认识到,在决定性的时刻不能玷污公民的称号……

敌人在我国南方战线和西南战线使我们遭到了一系列的失败以后,大有占领敖得萨和完全把我们同黑海切断之势。另一方面,他们占领了里加。我国某些军事长官说,里加失守的心理意义比军事意义大得多。我想,他们这样说是希望防止张皇失措的现象。但是应该正视危险。而凡是正视危险的人,都不会看不到,敌人在渡过德维纳河和占领里加以后,就有可能严重地威胁彼得格勒。这件事本身就是重要的,因为彼得格勒至今仍然是俄国的首都。但是除了军事观点以外,可以而且应当从政治观点,或者如果您愿意的话,也可以说,从历史观点来看问题。早从伊凡雷帝时代起,莫斯科国家就力求给自己打开出波罗的海的通道。这反映了伟大的文化需要和确定不移的经济必要性。最初把注意力集中在亚速海即集中到南海的彼得一世,很快就把自己敏锐的视线转到了波罗的海沿岸地区。俄国开辟通向这个地区的道路乃是实现彼得改革的绝对不可缺少的先决条件。

无论我们怎样对待彼得一世这个用鞭柄下诏革新的暴君,我们谁也不能否认,彼得大帝的改革在某种程度上,乃是俄国国内生活中所有那些本身决定着俄国革命运动产生的变化的久远的原因。无怪乎先进的俄国人,除了极少数例外,从来就是彼得的热烈崇拜者(请回忆一下别林斯基和车尔尼雪夫斯基吧)。

没有彼得改革,俄国就不可能产生社会民主主义运动。

然而现在,德国帝国主义取得了胜利,它要把我们同波罗的海和黑海隔开。它想使现代的俄国局限在旧莫斯科国家的版图内。假使它顺利地实现了自己的计划,俄国社会民主主义运动的命运就决定了:除了衰落以外,它不可能指望有任何未来。社会民主主义运动的发展首先要求有一定的经济条件。如果德国把我们挤出海洋,迫使我们大约退回到阿列克塞·米哈依洛维奇沙皇时代去,那么这些条件就不会存在。

凡是不愿意我国经济发展开倒车的人都必须竭尽全力来破坏德国帝国主义者的计划。我们社会民主党人应当最多地和最坚决地在这方面做工作;我们一想到不仅俄国无产阶级在人数上和文化上的发展会停止,而且(作为我国经济倒退的必然结果)某一部分俄国无产者正在开始逐渐变成流氓收容所里愚昧无知和腐化堕落的居民,就不能不浑身发抖。俄国现在所进行的战争是防御战争,而不是侵略战争。参加防御战争,无论对于第一国际时期的社会主义者来说,或者对于第二国际的社会主义者来说都是义不容辞的。我们完全可以心安理得地击败敌人。

就在前几天,策烈铁里同志在彼得格勒工兵代表苏维埃会议上说过,我们应该像以前一样进行争取和平的战争。但是,不为和平而进行的那种战争是没有的,而且也不可能有。问题在于:第一,交战的一方希望怎样的和平;第二,它用什么手段来取得这种和平。

我们俄国社会民主党人除了建立在承认一切民族都有自决权

的基础上的和平以外,不希望别的和平。而俄国在这个问题上不可能是例外。可是,如果德国帝国主义者蓄意反对俄国的那个计划实现了,俄国的自决权就会受到残酷的破坏。所以说,必须战斗。

怎样战斗呢?用俄国还能有的一切力量。我们越是坚决地战斗,公正的和平就到来得越快。为了使俄国坚决地进行战争,我们社会主义者应当在自己的宣传和决议中,清除可能削弱我国军队战斗力的一切言论。

我们俄国革命者不可能,也没有权利使我国革命成为反对彼得大帝改革的反动运动的起点。

# 莫斯科会议起了什么作用

（一九一七年八月二十四日《统一报》第一二三号）

近几天来十分令人担忧的军事事件[①]，使我们大家几乎都忘记了不久前的莫斯科会议。然而正是因为近几天来十分令人担忧的事件，莫斯科会议的结果才值得注意。

莫斯科会议起了什么作用呢？在着手解决这个问题以前，问问自己：它可能起什么作用？是有好处的。

它不可能做出什么明确的决定，因为它什么问题也决定不了。它的意义纯粹是谘议性的。

当一位发言人开始用命令口吻说话的时候，会议主席亚·费·克伦斯基很不客气地指出："您没有权利向我们（即临时政府。——格·普）提出任何要求"。从形式的观点来看，这是对的，虽然我们的总理不讲出我引证的这句话也许更策略些。无论如何必须记住，莫斯科会议只能暴露各个社会阶级和阶层的情绪。所以当我们提出"它产生了什么结果？"这个问题的时候，老实说我们要问问自己：会议上暴露了什么情绪呢？

在第一天讨论的过程中，无论是右边或者是左边都暴露了绝

---

① 德国人进攻俄国的西北战线，八月二十一日他们占领了里加。——编者注

对不能称作是爱好和平的情绪。发言人都带着这样强烈的感情说话,以致讨论本身一开始就使人觉得没有益处:既然除了立即采取敌对行动外不会有任何别的结果,为什么要浪费时间说些令人难堪的话呢?在第二天的大部分时间里也是用这种精神进行争论的。但是将近结束时(即最后一天会议将近结束时),某些发言人的讲话中开始出现了妥协的调子,他们指出,整个国家,因此也就是国内进行斗争的各个政党现在面临着可怕的危险。当亚·亚·布勃利科夫在全场震耳欲聋的掌声中握住伊·格·策烈铁里的手时,可以认为各政党之间的协议为期不远了,而没有这种协议,我们的祖国就摆脱不了它当前所处的可怕窘境。那时每一个参加会议的人都可以对自己说:我们到莫斯科开会没有白来。

在这里我要指出下面一点:我把居民中民主主义分子的代表称为左边,而把工商业阶级的代表称为右边。真正的贵族根本没有出席莫斯科会议。他们认为可以说的话,以土地私有者联盟的名义发言的人都已经说过了,这些发言人并且声明说:我们甚至准备黑土平分,就是不愿意要切尔诺夫式的平分①。当然不能把这种文字游戏看成是贵族意图的有多少重要意义的表现。

至于工商业阶级,那么在它的一些发言人的讲话中自然可以听到反对革命民主派机关的十分强烈的气愤话。还有,当本文笔者在自己的演说中讲到"我并不准备设想,你们当中会有许多人梦想恢复旧制度"时,从右边发出了一致的声音:"一个也没

---

① 文字游戏:"黑土平分"俄文为 Черный передел,"切尔诺夫式的平分"俄文为 Черновский передел,发音相近。——译者注

有"。我当时曾经回答说:"那就更好!"我现在要把这句话再说一遍。既然我国的工业阶级没有被反动的精神所感染,既然它愿意巩固革命的成果,那么它和工人阶级之间就可能也必须达成协议,要知道对于工人阶级来说,巩固这些成果乃是往后一切胜利的必要条件。

我很清楚,完全不顾时间和地点的情况就否定无产阶级和资产阶级之间达成任何协议的假激进派会反驳我说:"我国的工商业阶级是反革命势力,所以绝对不应该相信它会以同情的态度对待革命的成果"。但是如果同意这些没有能力理解以科学社会主义理论为依据的策略的假激进派的看法,那就必须同列宁一起要求实行无产阶级和农民的专政。这种要求至今都受到革命民主派多数派的批驳。而且只要多数派不改变自己对列宁的假革命策略的态度,在我国当前情况下除了自觉地和有计划地力求同领导工商业阶级的代表人物达成协议,他们就不会有任何别的出路。

早在莫斯科会议以前很久,他们就走上了同这个阶级达成协议的道路。我国联合临时政府不是各社会阶级间政治协议的产物又是什么呢?当列宁的拥护者们叫喊"打倒资本家部长!"时,他们这样做正说明我国临时政府是通过以劳动群众的代表为一方和以资本家的代表为另一方之间的协议而组成的。在这里,他们只是在下面的意义上才是不正确的:工商业阶级在我国临时政府中的代表权过去是,而且直到现在仍然是偶然的和简直不能令人满意的。也许莫斯科会议会消除我国临时政府组成中的这个缺点。但是存在着协议这无论如何是一个事实。全部问题就在于协议应不应该是自觉的和有计划的,因此也就是有成效的,或者仍然像以前那样没有任何自觉的基础,几乎完全是没有结果的,并且由于种种误会使得在临时政府里派有代表的各方不可能共同工作,而使协议每时每刻都可以化为乌有。

我不打算在这篇文章里详细讨论无产阶级和资产阶级之间达成协议的合乎愿望的和可能的经济基础。无论在这次会议以前我的一些论文中,或者在开会时我发表的那篇演说中,我都充分地讨论过这种基础。而且这里不是关于我的问题,而是关于二十世纪第一届莫斯科缙绅会议对我们起了什么作用的问题。

它的作用就是使我们在心理上(虽然——可惜!——这或许只有几天的光景)可能指望国内一切生气勃勃的(也就是不愿意恢复旧制度的)力量会团结起来,以便友好地进行工作,达到巩固我国政治自由和击退国外敌人的目的。这种心理上的可能性也反映在亚·费·克伦斯基的闭幕词中。

他说:"我相信,甚至也知道,已经取得了一个成就,就是彼此更加了解了,彼此更加尊敬了,而且大家都更加认识到,常常有这样的情形,那时每一个人为了整体应该忘记自己以及自己在血统和阶级方面的亲人"。

但是如果莫斯科会议的确使得与会者认识到必须把整体的利益放在它的个别部分的利益之上,那就自然要产生一个问题:如果整体的各个部分只想到自己,为了自己本身的、有时理解得十分糟糕的利益而忽视全国的利益,然则整体应该怎样对待自己的这些部分呢?

过去任何时候和任何地方,只要整体拥有充分的力量,它在同自己的个别部分的利己主义进行斗争时都采取了强制的手段。我国临时政府直到现在只是很不情愿才提出一切政权的这个最后的理由。亚·费·克伦斯基抱着相当天真而且实质上毫无根据的满意心情，在自己的闭幕词中指出了这一点。他承认，情况可能会迫使他今后用另一种方式行动，但是同时，他又表现了使得不少与会者深受感动的悲痛心情。不过内心的悲痛没有妨碍他大声宣布：今后政府在同无政府主义发动和反革命行动作斗争时甚至不惜采取最极端的手段。我们总理的这个声明应该承认是莫斯科会议的一个重要结果。

俄国现今正处在一个可以说迫切需要坚强政权的特殊情况下。莫斯科会议也使人感觉到有这种需要。国家至今都认为革命政权比反动政权好。但是如果革命政权不善于应付局面，如果它表现不出充分的毅力，国家就会抛弃它，而向反动势力伸出手去。这就是事物的逻辑。这种逻辑是不能——用德国人的话说——搪塞过去的(wegschwatzen)。亚·费·克伦斯基的闭幕辞表明，我国临时政府的这位首脑感觉到这种逻辑是有说服力的，并且准备使自己的行动同它一致起来。从这篇闭幕辞中可以听到一些从新受创伤的心灵中发出来的悲痛语调，这些语调证实了：莫斯科会议特别明显地提高了亚·费·克伦斯基对极端措施的必要性的认识。这一点也应该认为是这次会议的成就，因为——再说一遍——国家需要强有力的、不择手段的革命政权。没有这种政权，国家就会灭亡。

# 伊·格·策烈铁里

(一九一七年八月二十六日《统一报》第一二五号)

伊·格·策烈铁里因病离开彼得格勒到高加索去。社会活动家有时也会得一些可疑的病。至于策烈铁里同志,可惜的是他的病根本没有什么可疑的地方。长期的监狱生活严重地损害了他的肺,所以值得奇怪的只是我们这位有才能的和奋不顾身的同志居然能够长期地留在彼得格勒。为了履行自己的革命职责,他曾经自觉地让自己的健康状况恶化下去。这一点俄国无产者是不会忘记的。

策烈铁里同志不仅奋不顾身地进行工作,而且取得了不少的成就。我永远不会忘记大多数参加工兵代表苏维埃六月代表大会的社会民主党人曾经怀着何等兴奋的心情注意地听了他的演说。俄国东南部(如果我没有弄错)的一位代表对我说过:"他比所有别的演说者更好地表达了我们的观点"。这是完全正确的。那时,伊·格·策烈铁里的演说最鲜明地表现了孟什维克派中最大一部分人所追求过的理想。所以这个时候他的声望达到了最高点。往后它就开始下降了。

为什么呢? 这是一个具有社会意义的、很有趣味的问题。

策烈铁里同志完全不是可以称作一个政党的理论家的那种

人。我不知道他对理论有没有深切的需要。假使有，他也未必有机会可以大大地满足这种需要。无论如何我对他的理论工作是毫无所知的。格鲁吉亚社会民主党的理论家过去是，现在仍然是诺·饶尔丹尼亚。但是，就像伊·格·策烈铁里本人某次在自己的一篇演说中指出过的那样，他有某种可以帮助他分析政治实践的种种问题的本能。他应该把很多事情都归功于这个本能，——苏格拉底可能会说：魔鬼。由于有这种本能，他即使从错误的前提出发，也能够避免会使他同生活的要求发生明显矛盾的那些结论。策烈铁里同志的"魔鬼"使他这个按其个性是坦率的和直爽的人变成了相当精明的外交家。后面这种情况决定了他的巨大的声望，同时也使得他的他的这种巨大的声望现在趋于没落。

问题就在这里。当策烈铁里同志虽然把错误的前提当作出发点，但是感到从这些前提中得出的结论会同生活最明显的启示背道而驰的时候，他在自己的演说中就或多或少坚决地牺牲这些结论，并且估计到上述启示。而且他用如此机灵的手法完成这种对政论家和演说家来说总有些冒险的逻辑动作，以致他的大部分听众根本看不出他同自己，即同自己的错误前提所发生的那个矛盾。当他们自己赞成错误的前提，而同时自己又对从前提中得出来的那些实在过于荒谬的结论感到某种不安的时候，他们就对这位使他们摆脱不安心情的演说家充满着说不出的感激，他们就对他报以"暴风雨般的、经久不息的掌声"，并且热情地说道："他比所有别的演说者更好地表达了我们的观点"。

有时无论对演说者或者对听众说来，一切都进行得顺利。但是，这只不过是有时而已。

外交是非常好的事情。然而客观现实的逻辑是不会听凭任何外交诡计摆布的,也不会满足于放弃荒谬的结论。它迟早要提出一个严峻的要求:"放弃错误的前提吧,否则我就要好好地收拾你的全部实际计划"。策烈铁里同志已经听到客观逻辑的这个严峻要求了:他的魔鬼比他的许许多多的崇拜者的魔鬼具有更加灵敏得多的听觉。因此我们这位同志开始赞成他两三个月以前所不会赞成的那些措施来了。但是这吓坏了他的崇拜者。他们模糊地认识到,他们的这位领袖已经开始放弃他们所认为暂时还完全不能放弃的那些宗教信仰,——在这里就是放弃对齐美尔瓦尔得-昆塔尔派的教条的信仰。于是他们起来反对他,否决他提出的决议,并且全部暴露出跟随另一个领袖(或另一些领袖)走的愿望。

策烈铁里同志感到不安,并且(他的魔鬼没有白白地使他变成了相当精明的外交家!)做出让步。

他一看到昨天还友好地和热情地对他鼓掌的人们已经落在他后面,就急急忙忙向后退。在所谓俄国社会民主党统一代表大会上,他提出一项决议草案,根据最宽的评价,这项草案乃是——这里可以借用恩格斯一句有力的话——一碗折衷主义的贫乏的稀粥,末尾还指出必须继续"为和平而斗争"。你会承认,在当前俄国所处的战时状态下,在向俄国的齐美尔瓦尔得-昆塔尔分子让步方面,绝对不能走得更远了。所以俄国的齐美尔瓦尔得-昆塔尔分子很重视策烈铁里同志这种最大限度的让步。绝大多数参加"统一代表大会"的人都通过了他的决议。崇拜者们又同自己这位领袖互相谅解了。这种谅解会长久吗?我想,不会长久。

为了长期保持自己的崇拜者的爱戴和同他们一致,策烈铁里同志本来应该完全抛弃自己的魔鬼。而这一点他未必能做得到：因为他的魔鬼就是他的自我，不过这个自我有时也企图从自己身上丢掉那个极不现实的教条的枷锁，并且按照客观现实的逻辑行动。放弃自我像抓住自己的头发把自己举起来一样困难。我觉得，策烈铁里同志本人也懂得这个道理。

我又觉得，正是由于他不愿意折磨自己，徒劳无益地同自我搏斗，所以他终于听从了医生们的劝告，准备去恢复他那受到严重损伤的健康了。

如果我的假定是正确的，那么我只有赞成他到高加索去。不用说，我衷心地希望他恢复体力，我希望在高加索他可以摆脱那对他有害的鼓掌所造成的疯狂状态，并彻底弄清楚领袖的作用完全不在于迎合群众的偏见，而在于勇敢地同这些偏见进行斗争。

最后，策烈铁里同志呼吸了高加索故乡的空气以后也许会不再以本能为满足，而达到对当前迫切任务的清楚的认识。他的魔鬼坚持一种显然不能令人满意的方法。他曾经感觉到，不能不考虑现实情况，但是由于他把孟什维克的主观情绪当成客观现实，所以老是陷入谬误。

# 论阶级利益

## （向俄国工人阶级觉悟分子进一言）

（一九一七年八月二十七日《统一报》第一二六号）

有一些人具有很高的情绪，凡是引证社会阶级或等级的利益，都会引起他们的愤怒。他们深信，保卫阶级利益就是为阶级利己主义服务，这同大公无私、自我牺牲的精神以及其他美好的情感是格格不入的。当然，现在只有很天真的人才会抱这种信念。可是大家知道，天真的人非常的多。这样的人在俄国知识分子中间特别多。因此不能对他们头脑中关于阶级和等级利益的那种根深蒂固的偏见仅仅轻蔑地耸耸肩膀。有时必须同他们展开争论，以便驱散他们装进了一些关于自我牺牲、大公无私精神以及其他美好东西的概念的那种唯心主义的迷雾。

费尔巴哈早就很透彻地指出过，把公正同利益对立起来是根本站不住脚的，因为公正经常都是同利益一致的。体验到某种压迫的人们，对于谴责这种压迫并使他们摆脱压迫的那种公正行为的胜利，自然是很关心的。这位德国唯物主义者只是顺便说出了自己这个透彻的见解。如果他想论证它，他只要注意一下存在过（或存在着）阶级或等级划分的那些为数众多的人类社会的历史就行了。

当法国的僧侣贵族和世俗贵族力求保存以损害第三等级来保

障自己享有无数特权的那个"旧制度"时，他们实行了与大公无私和公正都毫无共同之点的利己主义政策。但是，当第三等级为了争取废除对它有害的贵族特权而力求推翻上述制度时，它的政策中就没有任何利己主义的内容。它的等级利益在这种场合下是同整个国家的利益完全一致的。无怪乎它的思想家们骄傲地说过，它代表了除特权分子（即那些——像上面所指出的——实行等级利己主义政策的人）以外的整个民族。同时，也无怪乎当时文明世界中所有那些朝气勃勃的、受过教育和品德高尚的人，都十分仔细地注视过法国第三等级的解放运动，甚至兴高采烈地祝贺它所取得的最微小的胜利。

同样，在十九世纪的俄国，地主压迫下的农民想从自己的颈上除去农奴制桎梏而获得解放的企图，丝毫没有违反过全民的利益。反之，地主想使这种制度永远存在的企图却浸透了等级利己主义的精神，它同整个国家的利益背道而驰。所以，一切高尚的受过教育的俄国人（甚至某些本身属于贵族等级的人）都一致赞成政府的那些在他们看来可以使农民摆脱地主控制的措施。

为了不使例子举得过多，我只拿现代有觉悟的无产阶级来说。现代有觉悟的无产阶级用社会主义生产方式代替资本主义生产方式的企图，是由它的阶级利益造成的，同时这种企图丝毫也不违反整个进步人类的利益。而且正因为如此，那些每当谈到工人的阶级利益时就露出轻蔑的微笑的超自然的唯心主义的拥护者，是十分错误的。同时，在这个超自然的唯心主义的假面具下往往掩盖着统治阶级极端利己主义的利益。大家知道，现时高尚的唯心主义者比起枯燥乏味的唯物主义者来更是经常得多地悄悄地喝酒，而公开地宣传喝水。

现在我们从另一方面来看这个问题。

无产阶级的阶级利益同整个进步人类的利益相符合。这是对的。但是从这里还完全得不出结论说,只要使生产者变成无产者,就可以立即广泛地和正确地理解自己的阶级利益。无产阶级阶级觉悟的提高是一个长期的过程,在马克思和恩格斯的著名的《宣言》中这样描写了这个过程的最初阶段:

"最初是个别的工人,然后是某一工厂的工人,然后是某一地方的某一劳动部门的工人,同直接剥削他们的个别资产者作斗争。他们不仅仅攻击资产阶级的生产关系,他们攻击生产工具本身;他们毁坏那些来竞争的外国商品,捣毁机器,烧毁工厂,力图恢复已经失去的中世纪工人的地位"[1]。

在这些最初发展阶段上往往发生这样的情况:这一生产部门的工人提出同另一些部门的工人的利益不一致的要求。不用说,他们在力求实现这些要求的时候,只是捍卫着自己的集团利益,这种利益是违反他们整个本阶级的利益,以及——几乎总是——全民利益的。在这种场合下,他们的行为是利己主义的。

很容易理解:当工人们捣毁机器,烧毁工厂,以及一般来说这样或那样阻碍生产力发展的时候,他们这样做就是损害整个国家,而首先是损害他们自己。一个国家的生产力越是迅速发展,这个国家的工人阶级就越容易团结起来、组织起来,一般而言就越容易

---

[1] 马克思、恩格斯:《共产党宣言》,人民出版社一九六四年版,第33页。——译者注

进行争取自身解放的斗争。

如果这是对的（我可以使读者相信，这是无可争论的），那就很明显，觉悟工人有责任警告自己那些落后的同志们不要采取这种行动。这种行动是由于他们没有觉悟而产生的，也是他们的利己主义的集团利益的反映，一般对于整个国家的福利，特别是对于整个无产阶级的利益说来，是有害的。当然，这种警告可能引起工人阶级中间觉悟不高的分子的不满。导师的角色往往并不总是受人感谢的角色。掌声经常是由蛊惑家们获得的。可是这并不妨碍蛊惑家仍然是可鄙的家伙，而导师则是有益于人类的劳动者。

我深信，在俄国无产阶级中间早已存在着有相当觉悟的分子，能够担当起警告我国工人不犯那些归根到底会危害他们本身的错误这样一种高尚的、虽然并不总是受人感谢的任务。

在我国，个别劳动部门的工人常常提出这样一些要求：如果实现这些要求，就只会扩大现在普遍存在的经济崩溃现象。这种现象对我们大家都是有害的。但是无产阶级的利益毕竟是同整个国家的利益一致的。个别工人集团的利己主义要求既然对整个国家有害，也就会给工人阶级造成重大的损失。崩溃会使工商业瘫痪，而凡是工商业瘫痪的地方，对劳动人手的需要就会完全下降。当然可以说（而且蛊惑家们就会说），国库会接管停了工的企业。但是经济崩溃也不会顾惜国库。它注定会使国库变得十分空虚。国库空虚的国家又能经营什么呢？

任何国家的财富都是它的居民的劳动创造的。如果工人们借口保卫自己的阶级利益而降低自己的劳动生产率，那他们就不仅是损害整个国家，同时也有损害本阶级的巨大危险。

举一个例子。在顿涅茨地区,单个工人应达到的煤的开采量已经一落千丈。这是大家都知道的。然而人们十分中肯地把煤称为现代工业的粮食。俄国工业的这种粮食越少,它的发展就越会延缓下来,经济崩溃现象就会更加迅速地增长,我国无产阶级也会更快地变成失业者。顿涅茨地区实行了八小时工作制。然而实际上工人的劳动时间比八小时少得多。在工人们看来,他们这样做是保卫自己的阶级利益。这是一个巨大的错误。由于刚才指出的原因,他们既是损害自己,损害自己的整个阶级,也是损害整个俄国。

英国工人曾经决定,他们虽然力争八小时制,但是在当前战争结束以前,他们将劳动八小时以上①。他们的这种态度说明,他们善于广泛地看待自己的阶级利益。如果德国战胜了英国和它的盟国,这就会对英国工业的状况产生极为有害的影响,因此也会对英国无产阶级的利益产生极有害的影响。懂得这个道理的英国工人为了无比长远的将来的利益决定牺牲现时短暂的利益。他们的行动是十分合理的。

为什么俄国工人不可以效法英国工人的榜样呢?要知道德国的胜利将使俄国工业遭到的苦难要比英国工业深重得多。

总之,无产阶级的利益是一回事,而对这种利益的错误理解则是另一回事。整个工人阶级的利益是一回事,而它的个别集团的利益则是另一回事。现时短暂的利益是一回事,而长远得多的将来的利益则是另一回事。

---

① 参见下面奥利金同志的简讯。——格·普。在这篇简讯中引用了下列电文:"八月二十四日在布列克普耳举行的工团主义者代表大会通过了一项决议,公开宣布战争结束以后立即规定每周工作四十八小时。"——编者注

# 怎 么 办？

（一九一七年八月二十九日《统一报》第一二七号）

如果事件的进程是平静的，现在俄国本来可以愉快地和热闹地庆祝自己革命的半周年。但是它现在顾不上庆祝。事件正在朝真正悲剧性的方向转变。

西北战线的崩溃和德国人的占领里加对我们已经是十分沉重的打击。我们能不能守住彼得格勒的问题发生了。这一问题恐怕也足以使最不关心政治的人们感到不安。现在危险如果不是增长十倍，也是增长两倍。除了敌人向彼得格勒推进以外，国内战争也在威胁着我们。对，我是说：在威胁着！国内战争已经开始了。

似乎本来应该首先就想到如何阻止敌人向我国北方首都[①]推进的最高统帅自己就开始对这个首都实行武装进攻了。他在同我国临时政府作战。于是彼得格勒的居民们只好问自己，对于他们来说，究竟谁更危险：国外的德国人呢（兴登堡和他属下的军事首脑），还是国内的德国人呢（我国前最高统帅和忠实于他的军队）？

由于这一切，国家陷入了极端危险的境地。这一点是用不着证明的，因为这是十分明显的。的确，在反对临时政府的发动中，

---

① 即彼得格勒。——译者注

科尔尼洛夫将军完全没有表现出很大的……机智。

派李沃夫先生去向临时政府提出把全部政权交到这位精明强悍的将军手里的要求,其实是最幼稚不过的行动。历史上有不少武装力量的代表们夺取政权的事例。但是用暴力夺取政权是一回事,而通过向执政者派遣多少善于辞令的信使来取得政权则是另一回事。如果我们的临时政府向李沃夫先生提出的要求屈服了,它就会像这样一个虚构的法国人,他居然相信他应当被斩首。临时政府不愿意"由于信念"(par persuasion)而被斩首。

它逮捕了李沃夫先生这位当代的瓦西里·席班诺夫[①],从而回答了科尔尼洛夫将军:"来了就抓起来"。革命政府不可能作别的回答。

再说一遍,科尔尼洛夫将军在政变道路上所走的第一步是十分笨拙的,它证明我们这位前最高统帅非常幼稚。这个笨拙的步骤大大地减少了科尔尼洛夫将军所谋划的事业取得胜利的机会。但是,他的事业离可鄙的下场还遥远。它很可能最后取得胜利。这位叛乱的将军现在有许多手段可以使彼得格勒受到极端严重的损失,从而使整个俄国也受到极端严重的损失。

怎么办?对国家命运担负着重大责任的我国临时政府首先应当给自己提出这个问题。我们每一个人也必须向自己提出这个问题,因为我们没有丝毫权利在我们所经历的这个严峻的历史时刻

---

① 瓦西里·席班诺夫(Василий Шибанов),是十六世纪时大贵族、大封建主安德烈·米哈依洛维奇·库尔布斯基公爵的仆人,一五六四年曾帮助安·米·库尔布斯基背叛祖国逃亡拉脱维亚。——译者注

仍然袖手旁观。

早在莫斯科会议时期，每一个有眼睛的人就已经清楚地看到，我国政府多么需要扩大它的政权所依靠的那个社会基础。建立在狭隘的社会基础上的政权必然会有不稳定的缺点。而政权的不稳定性同样必然会使企图用新政权来代替现政权的各种冒险主义分子（新政权更加适合他们沽名钓誉的意图）受到诱惑。十分遗憾，我们的政府没有利用莫斯科会议给它的那个教训。它没有改变自己的成员，没有把工商业阶级的代表们吸引到自己内部来。这是巨大的错误。有理由假定，如果我们的政府由于扩大自己的社会基础而变得比较稳定，科尔尼洛夫将军就不敢有夺取政权的想法。但是，我国政府所犯的这个错误目前还不是无法改正的。亚·费·克伦斯基还可以作对他必不可少的、同工商业阶级达成协议的尝试。

毫无疑问，我国革命民主派一定会支持临时政府同这位叛乱的将军进行斗争。而这自然是很好的。但是如果革命民主派原来是孤立的，如果所有其余的居民阶层都把背对着临时政府，那么临时政府就将失败，同时俄国革命也将失败。

我国革命民主派本身应该关心于使政府采取一切必要的步骤，以便吸收工商业阶级的代表们参加政府。

我在莫斯科国事会议上发表了一篇演说，我在对出席国事会议的社会民主党人孟什维克说话的时候曾经提醒他们说，他们中间有一个人在反驳列宁的臭名昭彰的提纲时引用了恩格斯一句含义深刻的话："对于工人阶级来说，最大的不幸莫过于在它还没有成熟到有计划地运用政权的时候就把政权夺取到自己手里来"。现在,再一次提醒人们记住这句含义深刻的话是最适当不过的了。

如果我国革命民主派由于自己的策略而使它所领导的劳动群众处于孤立的境地,那它就会使这些群众陷入恩格斯所说的那种不幸。既然我们中间凡是仍然忠于社会民主主义旗帜的人都不能抱定这种目的,那就很明显,孤立策略应当受到我们大家坚决的驳斥。

我认为,社会革命党人同样也可以找到足够的理由不接受这个策略。

可见,也不必长篇大论地去谈这个策略。

然而应当记住一点。在居民心目中最令人信服的一条反对革命民主派和它所支持的临时政府的理由可能是:无论后者或前者都不想用我们这个极坏的处境所要求的全副精力来进行战争。这个理由绝对必须从革命的敌人们的手里夺过来。然而除非放弃齐美尔瓦尔得式的"为和平而斗争",否则就夺不过来。我们应当为胜利而斗争。

我国革命民主派至少暂时应当抛弃齐美尔瓦尔得的空想。让它去相信它未来会复活吧。让它在它的陵墓上装饰动人的题辞吧:"安息吧,亲爱的骨灰,愉快的早晨再见"[①]。但是现在,为了俄国不致灭亡,同时也为了俄国革命不致灭亡,必须埋葬齐美尔瓦尔得的空想。

---

① 语出俄国作家尼·米·卡拉姆津,后来得到广泛传播,民间基石上常刻有这些话。——译者注

附记。当我从昨天的报纸上得悉费·费·科科什金的下列声明的时候，我这篇文章已经付排了："我们认为，联合政府现在不可能存在"。这是用抵制的铁圈把临时政府包围起来的企图。应当尽一切可能来摧毁这个铁圈。孤立的民主派很有招致失败的危险。另一个问题是民主派的失败会给立宪民主党人带来什么。看来他们以为它会给他们带来巨大的利益。他们的算盘恐怕是打错了。

# 向《言论报》政论家进一言

（一九一七年八月三十日《统一报》第一二八号）

《言论报》（参见八月二十九日那一号的社论）惋惜说,临时政府和科尔尼洛夫将军之间的"误会"达到了这样"巨大的规模"。它说,当前我国统治者的心理好像旧政权的心理:"甚至那些公正的和承认了的要求也得不到满足,因为满足这些要求意味着破坏当局的'威信'。最后得到了让步,但是让步却来得很迟。"有时,用这篇社论的作者的话说,情况往往更要糟糕:"当局不是向生活的要求让步,而是装出一副高傲的姿态,并按照毁灭比让步好的原则行事,而忘记了斗争发生在活的机体上,以及俄国会同当局一起遭殃。"

《言论报》这套议论的意思就是说,如果事情没有由于临时政府的不让步态度而完全恶化,那么同科尔尼洛夫达成协议该多好。由此必然得出结论说,如果现在已经不可能达成协议了,如果俄国不得不尝尽内讧的痛苦,那么必须对这种情况负责的将不是别的什么人,而完全是俄国政府。但是,这对不对呢?

第一,气息奄奄的专制政府是一回事,而革命政府则是另一回事。如果沙皇的顾问们多少慎重一点,多少忠于他们所服务的那个制度,他们就会不断地使自己的统治者相信,让步是绝对必要的，因为只有通过让步才能多少延长一下旧政权的寿命。而革命政府却处在另一种情况下。当然，它需要有——而且是多么需要啊——很灵活的策略。凡是不作让步就行不通的地方，它都应该同意让步。"强有力的政权"的教条主义也像任何别的教条主义一样，对这个政权是极其有害的。但同时，它必须为着革命和它所代表的国家的利益而尽一切努力，以便使自己的政权变得尽可能更加巩固。如果它不希望或者不能够成为强有力的政权，它就会有在无政府势力和反革命势力打击下遭到毁灭的危险。这是十分明显的，所以最近几个月以来，整个国家都一致向我们的临时政府大声呼吁："巩固自己的政权吧，否则我就会抛弃你"。人民自由党在这种场合下并不例外。它也迫切地和不断地要求有一个强有力的政权。但是让这个党的政论家们告诉我，如果一个政府居然认为自己所任命的总司令发动反对自己的武装叛乱是简单的误会，这个政府能不能希望得到强有力的政权呢？显然不能！

不错，我分析的这篇社论的作者对反对政府的无政府主义行动同国家制度的思想所造成的那些行动是有所区别的。柳·伊·阿克雪里罗得（奥尔托多克斯）在今天的《统一报》上对他的这种区别作了特别的评论。因此我就不去讨论它了。我只要指出，如果最高总司令反对本国政府的武装发动不是坏意义下的无政府主义行为，那我就不知道，究竟应该把什么行为叫作实际的无政府主义。

不，无论在《言论报》版面上出面替科尔尼洛夫辩护的律师们怎么说，任何稍微持公正态度的人都一定会称他们是替输定了的案件辩护的律师。

科尔尼洛夫将军犯了罪行。他在他本来应该去反对刚刚取得了能给我国造成无数灾难的胜利的国外敌人的时候，却出来反对本国政府。他坚持必须在军队中恢复严格的纪律，所以应该用同样纪律的名义，按照军事时期法律的最严厉的措施来惩处他。我认为，在没有沾染多少"无政府主义"观点的人中间，对这个问题是不能有两种看法的。

根据从临时政府和它的前任总司令交战的地区传到彼得格勒来的消息可以断定，科尔尼洛夫将军的事业已经失败了。鉴于他所表现的以及我在昨天的《统一报》上所指出过的……迟钝性，这应该是意料中的事。但是谁也不能保证，另一个什么军事首脑：卡列金将军或者别的人，不想效法他这个虽然是极不成功的榜样。所以，我国居民中间凡是不同情无政府主义，也不企图恢复旧制度的分子，照理都应该坚决彻底和确定不移地谴责产生科尔尼洛夫将军想用暴力夺取全部政权的罪恶欲望之类的"误会"。他们照理也都应该无保留地承认，把科尔尼洛夫叛乱之类的行为说成是简单的误会，这个想法本身同特别爱好无政府主义是完全一样的，——尽管这种爱好只是暂时的和由于特殊情况的凑合而引起的。

最后，所有这些分子、所有我们中间不同情无政府主义和不致力于反革命活动的人，早就应该坚定地接受这样的思想：只有通过联合政府的努力才能拯救俄国。当然，不应该把联合政府理解为它的一个组成部分力求跟另一部分捣乱，而应理解为它的各个组成部分都友好地和有计划地致力于消灭国内完全破坏的状态和战胜国外的敌人。昨天各家晚报上报道了费·费·科科什金的一篇声明，声明说，根据人民自由党的意见，现在不可能成立联合政府。我非常非常希望相信费·费·科科什金没有说过这句话。但是假如他说过这样的话，那就只能把它理解为：立宪民主党不愿意同社会主义者合作。但是现在的局势是：我国简直不可能存在清一色的政府，即任何一个党派的政府。因此，如果拒绝同社会主义者合作，人民自由党就会不得不同另一个什么党或另一些党联合起来。究竟同哪一个党呢？或者如果您更高兴的话，也可以说，究竟同哪一些党呢？同十月党人的党吗？

不过不用怀疑，在当前的情况下，立宪民主党人同十月党人的联盟越到后来一定会越后退到反革命方面去。同革命民主派作斗争有其确定不移的逻辑。这是值得人民自由党三思的。

要知道，不能不承认，昨天，当人民自由党拒绝同社会主义者联合以后（假定关于它拒绝联合的消息是正确的话），它差一点点，只差一点点就同科尔尼洛夫将军的印古什人①联合起来了。

---

① 印古什人，北高加索的一支少数民族。——译者注

# 而现在呢？

（一九一七年八月三十一日《统一报》第一二九号）

拉夫尔·科尔尼洛夫大人在同俄国革命政府的斗争中注定不会给自己戴上桂冠①。贪权的将军的发动离可悲的结局不远了。有人建议他投降。暂时他还没有对这个建议做出答复。但是可以设想，他的答复将不会像他向政府要全部政权的时候政府给他的答复。根据副总理的意见，拉·科尔尼洛夫以及其他因叛乱罪而将被交付法庭的将军们，都将以投降告终。

这就是说，俄国受到内战威胁的危险几乎已成过去了。

能长久吗？这就是所有珍视祖国命运的人心里必然要产生的问题。

现在要蛮有把握地解决这个问题是不可能的。科尔尼洛夫将军可能找到模仿者。他们幻想他们不会犯他的错误。现在可以毫不犹疑地指出的情况是：我国革命政府的地位原来比它的敌人们过去所认为的要巩固得多。我国整个革命民主派对此当然会感到由衷的高兴。

---

① 古希腊竞技比赛时，凡优胜者戴桂冠，后桂冠即作为胜利者的象征。科尔尼洛夫名字"拉夫尔"俄文意为"桂冠"，故此处是文字游戏，亦为一种讽刺。——译者注

但是不能不因临时政府战胜叛乱的将军们而感到高兴的那个民主派,应该竭力避免过分的乐观主义。

在当前这个令人非常忧虑的时期,政府的地位不可能很巩固。我们应该用我们所能做到的一切手段促使这种地位日益巩固起来。尤其是革命民主派应该避免对政府施加压力,而妨碍它采取唯一能够帮助它战胜它所面临的无数困难的策略。

应当记住,科尔尼洛夫将军完全不是革命俄国的唯一敌人。

它的另一个而且是更加可怕得多的敌人,过去是,现在仍然是国外敌人。不用说,这个敌人对于最近几天我国所发生的事情消息是很灵通的,而且毫无疑问,它正在利用我国的——幸而不严重并且几乎已经结束了的——叛乱来达到自己的目的。它的宝贵的、根本无法代替的帮手,就是我国极其可怕的经济崩溃状况。要打退国外敌人,首先必须克服这种状况。而为了克服这种状况,一个革命民主派的力量是不够的。对这一点只能感到可怜,而且我们大家都对这一点感到可怜。但是只有天生的瞎子或那些也许希望用蛊惑性的空谈的灰尘撒进我国劳动群众的眼里从而使他们变成瞎子的人,才能否定这一点。

所以,我们在庆祝政府战胜没有得到桂冠的拉夫尔时,再次向政府的成员们提出我们这项"讨厌的请求"。

扩大自己政权的社会基础吧;把工商业阶级的真正代表吸收到自己的队伍中来吧。这样你们才会胜利!

一九一七年九月

# 消灭不久以前的叛乱

（一九一七年九月二日《统一报》第一三一号）

科尔尼洛夫将军的叛乱企图以惨败而告终了，这一点已经没有证明的必要。现在提上日程的（像我们这里所说的）是消灭科尔尼洛夫的军事发动的问题。《统一报》在昨天的编辑部文章中坚决表示了下面这样的看法：在上述发动的案件中，应该让被告们享有一切合法的自卫手段。不这样做是不应该的。在自由的俄国也不能不这样做。

过去，在这位将军手执武器反对彼得格勒的时候，问题只能是镇压他的暴乱。现在，暴乱已经被我们的革命政府光荣地坚决镇压下去了，所以必须采取一切措施：第一，使得审讯过程中不致有任何一项被告的合法权利遭到破坏，第二，使得造成叛乱的种种原因得到全面的和清楚的说明。古代罗马人早就正确地说过："cessante causa cessat effectus"（"原因不再存在，结果也就没有了"）。当然，可能有人反驳说，在这个场合原因是都很了解的：企图叛乱的根源在于社会某一部分人，特别是高级指挥人员的反革命倾向。假定是这样吧。可是不妨问问自己：这个原因本身又是不是使得高级指挥人员和社会某部分人的反革命倾向加强起来的这些或那些社会现象的结果呢？而如果的确有这样的原因，那么很明显，我国新改组的政府首要的一项急于要办的事,应该是消除滋生反革命势力的环境。

三家革命民主派的机关报在它们的告居民书中(登在昨天它们的报纸上)①就说:

"无政府主义的企图为反革命发动铺平道路。反革命发动则增加无政府主义分子的力量和影响。"

我认为要否认这两行话里所表达的论点的正确性是不可能的。况且现在已经有一些现象十分令人信服地证明,无政府主义分子只会对反革命的企图感到高兴……不过当然是在这些企图仍然遭到失败以前。这样的现象既可以在刊物上看到,也可以在生活中看到。《统一报》早就不只一次地着重指出过这些现象。此刻我只谈一点。

报纸上流传着一条消息说,在维波尔格,将军奥兰诺夫斯基、斯捷潘诺夫和瓦西里也夫,上校马克西莫维奇、丘伦尼乌斯和杜宁,副官库克辛以及工兵队的队长(此人姓名不详),被士兵们从阿波斯桥上抛到海里去了。

在登载这个消息的各家机关报上,也报道了之所以实行这种惩治的理由。维波尔格驻防军的士兵们认为被他们抛到海里去的军官们都是积极的反革命分子。

然而非常明显,这里乃是用无政府主义方式同反革命进行斗争的一个独特的标本。同样很明显,当人们抓到被假定参加过反

---

① 《统一报》、《人民意志报》(所谓"右翼"社会革命党人的机关报)和《人民言论报》(人民社会党的机关报)。——编者注

革命发动的人"一句话没有说"就处以死刑时,那是谈不上被告有合法的自卫手段的。

应该结束用这种方式同反革命进行的斗争,因为这不过给加强一定范围的居民的反革命倾向创造一种条件罢了。毫无疑问,政府会力求尽可能迅速地结束这种斗争。即使政府有一分钟容忍,为了避免哈利勃达的危险而向斯齐拉航行①,我们也会十分不公正地和严重地使它受到委屈。

无政府主义发动的拥护者们大概会说,我谴责他们的惩治行为,这说明我自己就是革命的敌人。这当然是胡说。我谴责这种惩治行为,只是捍卫着几代以来俄国优秀人物以百折不挠的顽强毅力和少有的自我牺牲精神追求过的那种自由罢了。

---

① 哈利勃达(Харибда)和斯齐拉(Сцилла)是古希腊神话中一个狭窄海峡的两对岸上的两个害人的怪物。——译者注

# 革命派同志们，要讲一点逻辑！

（一九一七年九月三日《统一报》第一三二号）

当我写这篇东西的时候，我国的政府危机好像可以认为通过组成五人"执政内阁"而得到了解决①。而当我的文章将拿去付排时，我国也许会开始新的危机。这就是我们年轻的革命政权的命运！在武装力量街头发动的四月那些日子里的一天中，保姆很厉害地打击了它。（我们中间谁不记得这些日子呢？）而且从那时以来，它刚好摆脱一次危机，几乎立即又陷入另一次危机。更正确地说，从那时以来，它一直处在继续不断的危机状态中。这种痛苦的状态会导致什么结果呢？我不想当预言家。不过我可以毫不犹疑地肯定说，革命政权的危机越是旷日持久，这个政权就越不巩固。

怎么办？列宁的拥护者们回答说：本来问题极简单。只要政权全部属于工农兵代表苏维埃，它就会摆脱这种继续不断的危机状态。

---

① 在收到科尔尼洛夫将军的最后通牒以后（八月二十七日夜）立即爆发了政府危机。费·费·科科什金首先退出了内阁，接着普·普·尤列涅夫、阿·弗·彼舍霍诺夫、维·米·切尔诺夫和波·维·萨文柯夫退出了内阁。亚·费·克伦斯基、姆·姆·捷列申柯、阿·姆·尼基廷、维尔霍夫斯基将军和维尔杰列夫斯基海军上将组成了执政内阁。——编者注

就在九月一日晚上的全俄工兵代表苏维埃中央执行委员会和农民代表执行委员会的联席会议上（啊呀，多长！），大名鼎鼎的列宁分子梁赞诺夫发挥了下面的思想：

"现在是考虑这样一个问题的时候了：苏维埃代表着俄国的多数人，它们就应当牢记着自己的权力。应该让它们来选举对它们负责的、可以引导俄国去迅速召开立宪会议的临时政府，因为只有这样的政府才能够缔结和约，实行必要的改革和使我们接近社会主义制度，这样俄国就可以头一个进入统一的革命的无产阶级大家庭。"

这完全是列宁的无产阶级专政之类的东西。

这个长复合句的最后一句讲得很不清楚。试问：俄国或者某个别国家如何能够巧妙地做到"头一个"加入无产阶级的或某个其他的大家庭呢？要可以加入一个大家庭，必须它事先已经存在。而如果已经存在一个无产阶级大家庭，那么俄国怎么能够"头一个"加入，即在其他国家之先加入这个大家庭呢？

其次，这位"极端的"演说家所谓的革命的无产阶级大家庭是什么呢？是已经在本国建立了社会主义生产方式的各国人民的大家庭吗？不过这样一些国家的人民的大家庭决不会是无产阶级的，因为在社会主义社会里划分阶级的现象将会消失。无产者要以存在着资本家为前提，而资本家和无产者是发达的资本主义社会的两个主要的阶级。可是俄国已经上升到了——虽然不是"头一个"上升到——经济发展的资本主义阶段。它已经属于——虽然遗憾的是还远未完全属于——其社会制度是以存在着无产阶级为特点的各国人民的大家庭。俄国既不需要也不可能再次进入这个大家庭。假设它违背逻辑忽然想再次进入的话,在这种场合,它未必会求助于梁赞诺夫和列宁的其他信徒们。

但是不管怎么样,我所援引的演说家的话,捍卫着大家都清楚知道的列宁的策略。他要求实行无产阶级和农民的专政。

有一个时期,这个策略的拥护者在革命民主派各机构中只占少数。现在情况刚好相反。拥护列宁策略的人,数目迅速地增加了。至少彼得格勒是如此。假使事变像列宁分子所希望的这样发展下去,那么我国革命政权经历着的、旷日持久的危机就会迅速得到十分确定的解决:尼·列宁会代替亚·克伦斯基的地位。这将是我国革命终结的开始。列宁政策的胜利会造成毁灭性的、极可怕的经济崩溃,以致国内绝大多数的居民都会离开革命者,并且将或多或少坚决地、或多或少彻底地支持反革命分子。

全部问题在于事变会不会像列宁分子所希望的这样发展。这在很大的程度上要看过去和现在都谴责列宁政策的我国革命分子采取什么行动来决定。我在回到祖国以后不久曾经写道,危险主要不在于列宁和他的嫡系门徒,而在于驳斥了无产阶级和农民专政思想而同时在实际行动中却又仿佛赞成这种思想的半列宁分子。现在可以清楚地看到,我的话是对的。列宁分子在彼得格勒革命民主派各机构中的胜利[①](我们希望这种胜利是暂时的),主要是由他们的多得不可胜数的非婚生兄弟即半列宁分子的那种不能容忍的政治上不彻底的作风所造成的。到现在为止仍然主要是

---

① 八月三十一日,彼得格勒苏维埃第一次通过了包含阐明布尔什维克纲领基本要点的内容的决议。——编者注

这种不彻底的作风支持着他们的胜利。

这种作风达到什么地步，例如可以从波格丹诺夫的演说中看出来。波格丹诺夫的这篇演说就是在梁赞诺夫暴露我所指出的概念混乱的那次会议上发表的。

照波格丹诺夫的意思，"列宁分子推动工人走上的无产阶级专政的道路是毁灭性的道路"。他建议用另一条道路即"民主派专政的道路"代替这条道路，"这种专政不是工兵代表苏维埃的专政，而是工作干部遍布全国的那些民主派组织的专政，即合作社、城市杜马和新召集的地方自治会以及其他等等的专政"。

"我们主张这样的民主派专政，而且正在走向这种专政。这种专政的意思只是说：一切民主派力量应该力求生存，并且建立一些能够实现自己的决定的机关"。

为了公正起见，必须指出，列宁从来没有说过光是无产阶级的专政。他总是说城市工人、农民、农村雇农和一切"贫民"的专政。这里列举的这些分子的总和同波格丹诺夫所说的那个民主派是完全一样的。不错，他在自己的演说里也提到了合作社。但是非常明显，他是在（而且只是在）上面列举的那些列宁认为是革命专政的社会基础的分子参加合作社的情况下才看重合作社的。区别到底在哪里呢？我们的半列宁分子在这种场合下只是列宁的应声虫难道还不明显吗？

同样不错，波格丹诺夫还指出了城市杜马、新召集的地方自治会"以及其他等等"。在这些自治机关中（大概也在"以及其他等等"中），无疑将有资产阶级代表参加。但是波格丹诺夫本人就断定说，在我国现在根本不可能同资产阶级建立民主联合政府。他说，我们的悲剧就在这里。暂时假定他是对的。那时就会是：在各个自治机关直到"以及其他等等"中，我们将要实行同列宁的民主派完全一样的那个民主派的专政。我们的半列宁分子同列宁分子到底有什么区别呢？毫无区别。除了某些用语说明他这个半列宁分子所特有的思想上的胆怯和不彻底以外，根本没有任何区别。

半列宁分子的惊人的、几乎是没有先例的不彻底性危害着革命民主派，而只要革命民主派不在目前还不太晚的时候醒悟过来，它就会反过来危害革命。

革命派同志们，要讲点逻辑！

# 写在九月十二日会议之前①

（一九一七年九月五日《统一报》第一三三号）

会议是好事情。难怪人们说：人多智广。作为一个社会民主党人，我要补充说：越多越广。的确，人们一般都喜欢不正当地利用好事情。我们俄国革命者也未能免除这种有害的倾向。例如大家都知道，我们在国外开的几次党代表大会，由于开得时间太长，曾经使外国的社会主义者十分惊讶。我们的外国同志们过去往往问我说："你们俄国社会民主党人哪里来的空闲时间和经费开长达几个星期的代表大会呢？"②西方的社会主义者都清楚地懂得，要进行党的工作，同志之间不交换意见是绝对不行的。但是同时他们也总是记住，用在交换意见上的时间，对于直接的党的工作来说就是白费的。所以他们善于终止过分冗长的讨论。我们暂时还没有学会这种可贵的本领。我们至今都是用谈话代替行动。这当然是因为我们缺乏政治经验。

但是说明缺乏政治经验这种现象的起源还不等于消灭这种现象。因此，当我们行将召开这种或那种形式的民主会议的时候，我

---

① 这次会议以彼得格勒民主会议的名称而闻名。——编者注
② 已故的保·金格尔甚至断言，这样长的代表大会自然要造成分裂，因为与会者过度疲劳以及由于过度疲劳而使他们变得极端的神经质。——作者注

不无忧虑地问自己：它要拖多长的时间呢？

如果从革命事业的观点看来，革命者的特长的会议是毋庸置疑的灾难，那就应当承认过分频繁地召开的会议是同样的灾难。过分的、因此也就是对事业有害的浪费时间仍然是过分的和有害的，因为时间是（比方说）在彼此有一定的间隔的四个星期内耗费的，而不是在整整一个月中耗费的。

至于说到过分地耗费经费，那么这也是不言而喻的，过分频繁的会议比过分长久的会议更容易对事业产生有害的影响。因此当我听到召开民主会议的消息时，除了上面指出的问题以外，我又产生另一个问题：现在召开这样的会议不是太过于匆忙一点吗？

我们在政治上没有经验（否定这一点是无益的，甚至是可笑的），这不仅使得我们不善于用应有的态度珍惜自己的时间和经费。没有经验还表现在：我们面对着那些如果具有比较广泛的经验本来很容易弄清楚的社会现象往往会张皇失措。惊慌失措的人自然希望他们能够互相谈谈，共同找出一条摆脱窘境的出路。因此他们很愿意召开会议，并且打算去参加代表大会。

我坦率地承认：我认为将在九月十二日召开的民主会议是（至少部分说来是）这种惊慌情绪的产物。现在我国民主派对社会主义政党同非社会主义政党的联合这个问题感到不安。读者可以看到，这远不是新问题。在难忘的四月那几天以后，我国的社会主义政党已经在肯定的意义上解答了这个问题①。

---

① 列宁的"党"一直都是对它作否定的解答。但是大家知道，列宁在自己回到俄国以后立即宣布：他认为最好是称自己和自己的同志们为共产党人。——作者注

当然，他们当时所通过的决议，远不是没有错误的。有人认为，我国社会主义者（为了反对和教训西方社会主义者）应当参加联合内阁，这不是为了同国内的非社会主义分子共同进行工作，以满足国家迫切的需要，而是为了同他们进行"阶级斗争"。我国革命民主派的一家当然是"全权的"机关刊物在自己的版面上直截了当地表达了这个非常错误的思想。不用说，它给我国极端民主派的策略造成了许多最有害的混乱现象。

但是尽管如此，四月所通过的决议并没有排除联合思想本身。本来可以希望，逐渐混进这一决定中的危险谬见，在明显的生活教训影响下会归于消灭。虽然这个希望仍然没有实现，但是只要联合的思想没有被革命民主党所否定，是允许抱这种希望的。现在革命民主派倾向于否定这个思想。社会革命党也不愿意听到同人民自由党联合的话。反过来，如果内阁中没有立宪民主党人，工商业阶级的代表们就会拒绝参加内阁。于是摆在我国革命民主派面前的只有一条道路，就是列宁早就推它走上的那条道路，把全部政权夺取到自己手上来的道路，即专政的道路。

面对着这条道路，它感到不安；它想使自己相信，它现在打算走的这条道路，根本不同于列宁的道路；为了证实这个说法，它做了自以为十分细致和令人安心的区别。然而在这里，连它自己也可以看出，只要用批评轻轻地碰一下，这些仿佛细致的令人安心的区别就会像腐败的线一样断掉。所以它才惊慌失措，急忙召开会议。

再说一遍，会议是好事情，不过不应当不正当地利用它。但是任何一件好事情都不能使我们相信，二二不得四，而得五，或者像伏尔泰作品中的一位主角所说的，我们赖以生存的这个世界是由玻璃造成的。任何会议都取消不了摆在我国革命民主派面前的下列抉择：

或者采取列宁的策略，或者接受联合的思想，不过这一次是彻底思考过而且其中没有混进谬见的联合思想。

在这里，两者应择其一。如果九月十二日召开的会议不敢作这个必不可免的选择；如果它满足于（可惜的是这一点值得担心）某种不彻底的解决；如果它采用一些似乎细微的区别，而这些区别实际上可以归结为不能原谅的政治概念混乱，那么，我国革命民主派立即就会犯一系列无论对它自己或者对整个国家都是极端有害的实际错误，而当它再次感到张皇失措时，它就会召开新的会议。而且这个老是重复没有完的现象将一直延续到我们终于相信有一些客观生活逻辑的要求既不是十字架也不是指示（перст）所能摆脱掉的时候为止。

或者同包括立宪民主党人在内的工商业阶级的政治代表联合，或者让列宁的政策取得胜利。

换句话说：或者借助国内一切生气勃勃的力量巩固革命的成果，或者让反动派很迅速地取得胜利，因而也就是让革命已经取得的一切成果毁灭掉。

Tertium non datur（第三条道路是没有的）。如果九月十二日的会议是为了发现"第三条道路"而召开的，那么可以预言，这是白白地浪费时间和经费。

我国政府看来很好地懂得，在这种场合，第三条道路实际上是没有的，也不可能有。

它在宣布成立俄罗斯共和国的时候，答应要"谋求扩大政府的成分，办法是：把所有那些认为祖国的永久的和普遍的利益高于个别政党和阶级的暂时的和局部的利益的分子的代表都吸收到自己的队伍里来"。

临时政府的这个表达得不十分明白的思想，只可能解释成这样的意思：它力求把所有不愿意恢复我国旧制度的那些社会阶级和阶层的代表都吸收到自己的队伍里来。

如果事情不是这样；如果亚·费·克伦斯基内阁认为可以接受列宁的策略（虽然这个策略在表述上被波格丹诺夫缓和了），那么他也就值不得去费力宣布成立共和国了，因为他自己会使他宣布成立的共和国必然地迅速遭到可耻的毁灭。

我们希望，九月十二日的会议将赞成临时政府要求联合的意图。

# 反革命和反革命分子

（一九一七年九月七日《统一报》第一三五号）

反革命分子是什么？

反革命分子是以某种方式参加反革命运动，或者至少同情这个运动的人。

反革命运动是什么？

反革命运动是一种目的在于恢复被革命推翻了的制度的运动。

看来这是无可争辩的。

我们再进一步地来谈一谈。

俄国不久以前完成了革命，在这次革命中无疑有一些社会分子，他们的利益同我国二—三月革命所建立的制度是相抵触的。那些在某种程度上积极参加我国反革命运动的人就是从这些分子中间来的。他们暂时还很少公开活动。他们暂时还不得不扮演我国革命者在旧制度下长期扮演过的那种不大痛快的"地下"活动者的角色。但是如果否认我国有反革命分子存在，那就极端天真了。他们不仅存在，而且由于我们的每一个错误和我国那些所谓革命"左派"弟兄们的每一次发动，他们还在发展和增多。列宁的拥护者每一次大规模的无政府主义的"淘气行为"，以及每一个关于这种"淘气行为"正在酝酿中的传闻，除了引起大部分居民对明天的疑惧心理以外，还使得他们对革命的成果感到失望，从而使他们自觉或不自觉地产生对反革命分子的同情。

不过这还不是一切。可怕的经济破坏已经使俄国遭到了这样多的难以弥补的损失，并且预示着它的居民将遇到一连串新的、越来越严重的贫困，从而使得这些居民对于是不是会有一个坚强的政权来结束那可怕的经济紊乱状态更加忧心忡忡了。同时远不是所有的人都在问自己，他们所希望的坚强政权应该涂上什么颜色：他们内心深处也许愿意要革命政权，但是他们也准备同反革命政权妥协，只要它有更多的机会产生和巩固起来。

如果革命民主派对反革命的危险熟视无睹，它就会背叛它本身的事业，它就会同自己的本性发生矛盾。它对信任它的劳动群众的义务就在于同反革命分子进行孜孜不倦、连续不断和不可调和的斗争。

怎么办？答案早已找到了：办法就是吸引国内一切生气勃勃的力量来保卫革命所取得的珍贵的成果。

这个答案是十分清楚的。不过只有在继续保持它的代数形式以前它才是清楚的。一旦我们试图从代数转到算术，用确定的算术数量来代替抽象的代数符号，换句话说，一旦我们试图弄清到底应该怎样理解"国内生气勃勃的力量"一词的时候，它就会成为不清楚的和几乎没有内容的了。

列宁的拥护者把不赞成他们的无政府主义策略的社会革命党人和孟什维克算作居民中间的小资产阶级分子。他们认为这些分子不可能支持工人阶级和"农村贫民"真正革命的纲领。认为有上述思想方式的社会革命党人和孟什维克是反革命力量，即绝对不是生气勃勃的力量,这种看法就是从这种评价得出的逻辑结论。

反过来,许多社会革命党人和孟什维克又拒绝把我国工商业阶级算作国内生气勃勃的力量,因此他们把这个阶级的代表同革命民主派代表的政治联合的思想当作反革命思想加以否定。

他们中间另一些人没有走得这么远。他们准备让革命民主派同工商业阶级联合起来,但是他们不愿意听到关于人民自由党参加联合政府。他们认为这个政党是一个反革命的政党。

然而如果这个政党在联合政府中没有地位,工商业阶级的代表就会拒绝追随联合政府。因此关于我国"立宪民主党人"是否属于反革命分子的问题就具有重大的实际意义。我国革命民主派今后活动的整个方向取决于在肯定的意义上还是在否定的意义上解决这个问题。九月十二日召集的会议一定要对这个问题进行许多研究。我们不妨预先对它作些考虑。

按照我上面所下的定义,反革命分子是在某种程度上积极地力求恢复被革命推翻了的制度的人。

让读者完全真诚地告诉我:能不能断定说,人民自由党会愿意恢复我国的旧制度呢?

只要仍然有健全的头脑,都会肯定说,这决不可能。

在我国旧制度下,人民自由党本身就是不合法的。它对这个制度采取了反对立场。当目前的战争刚开始的时候,《言论报》及其在国家杜马的代表在使居民不信任沙皇政府方面曾经做过不少的工作,今年春天,它又热情地参加了推翻这个政府的活动。我们没有材料可以允许自己认真地说,现在立宪民主党人根本改变了自己对旧制度的态度,并从它的反对者变成了它的拥护者。

有人提到科尔尼洛夫暴动时期《言论报》政论家们所提出的某些不正确的论调。

但是第一，远不是整个人民自由党都赞成自己的彼得格勒的机关报这个时期的论文。大多数人民自由党人对这些论文采取了否定的态度。

第二，而且这些不成功的论文并没有反革命的内容。它们的作者们所提出的那些不正确的论调，完全没有证明人民自由党的彼得格勒机关报同情于恢复旧制度。

我们仔细地看了这些论调以后，只有权利这样说：如果人民自由党开始用《言论报》某些政论家对待科尔尼洛夫这类叛乱运动所采取的那种不能容许的软弱态度来对待这类运动的话，那么它很容易就会（不过它自己并没有发觉这一点）成为早就无疑地在力求恢复旧制度的那些社会力量的合作者。

历史上有不少这类不自觉的合作者的例子。吉伦特党人绝对不是反革命分子。但是他们在同山岳党人斗争时采取了一些错误的步骤，在各省进行了反对巴黎的鼓动活动，所以他们看到自己同保皇党人并肩行进时就感到惊讶和痛心。

不过可能性还不是现实性。根据立宪民主党人既然赞成《言论报》某些政论家的错误，因而在一定的条件下可能会成为反革命分子的合作者这一点，还完全得不出结论说，他们本身已经真正变成了这样的人。况且，正如我刚才说过的，大多数人民自由党人已经发觉了上述错误，并且对它采取了坚决否定的态度。

虽然一个人并没有犯某种过失，但是如果他接受了连他自己也已经发现并且宣布是不正确的意见的那个错误意见，他就可能会犯这种过失，——是不是可以因为这一点就对他进行谴责呢？当然不可以。

对个别人是正确的道理，在特定的场合下应用于整个政党也是正确的。

我知道有人会对我说，我本人已经成了"立宪民主党的应声虫"、反革命分子，等等等等等等。但是我对这类蛊惑性的（而且是毫不雅致的）字眼已经习以为常了，所以一刻也不会因此感到不安。

我要履行我的革命者的责任，警告我国的社会主义政党不要犯极端危险的政治错误：因为如果它们犯了这种错误，就会严重地损害革命最迫切的利益。

# 为什么需要联合

（一九一七年九月八日《统一报》第一三六号）

叶若夫公民在《工人报》上（九月六日那一号，《问题何在？》一文）说明自己对联合思想的看法，他建议我们解释一下我们这方面是怎样理解这个思想的。他同时得出结论说，我们的机关报"起来"反对九月十二日召开的民主会议。而且他好像伙同《言论报》一起这样做。

我不打算详细讨论论战手法的性质，这种手法可以归结为这样一个论断，即我们的观点同这个或那个非社会主义报刊的观点是一致的。在一九〇五年到一九〇七年间，列宁的拥护者们最喜欢采取这种手法。他们光荣地发现，我不过是人民自由党政论家和演说家的"应声虫"。当时的孟什维克用极端鄙视的态度对待这种手法，认为只有最不聪明的和可鄙的蛊惑分子才会采取这种手法。现在时代变了。如果一九〇五年到一九〇七年间孟什维克都支持我的策略观点，那么现在他们极大部分人（看来甚至是最大部分人）按其策略观点说，原来不是接近我，而是更接近列宁得多。这本来没有任何值得大惊小怪的：从一种观点转变到另一种观点的人有的是！不过说实在的，有一种情况稍微使我感到惊奇，就是：在策略观点上现在接近列宁分子的孟什维克，竟对我使用一种往日连他们自己也要轻蔑地耸一耸肩的论战手法。当然,榜样会使人模仿。但是有一些榜样是相当多的作家所不能模仿的。

我早已指出过,《工人报》的政论家们完全没有卓越的文才,也不以……见识深远著称。但是我总以为,他们还不至于比列宁和他那一伙人的论战手法等而下之。现在我才知道我错了。这件事很使我遗憾。不是为自己遗憾,而是为他们,为《工人报》上反对我的人们遗憾。

至于说到我们的"反抗",那么,没有必要指出,对它的谴责不过是"荒谬的"诽谤罢了。我们没有起来反对过会议。我们只是说,召开会议这个思想本身是我国革命民主派队伍中某种惊慌情绪的产物。现在我重申这个论点,我这个穷措大倒要领教一下叶若夫公民的新的轰击。

对,就是这样!召开会议是为了解决我国革命民主派本来早就应该坚定不移地给自己解决的问题。需要联合吗?需要!谁同谁联合?革命民主派同国内一切生气勃勃的力量。什么是国内生气勃勃的力量?这就是俄国所有那些不企图恢复被革命推翻的我国旧制度的社会力量。

按照我们的看法,这就是当前这个历史时期的特点所提示的革命策略的初步知识。

我们认为,我国革命民主派本来早就应该学会这个初步知识了。所以当我们看到革命民主派中间有人重新提出联合问题的时候,我们就对自己和自己的读者说:我国革命民主派表现出惊慌情绪,是因为它还没有完全弄清,什么是真正的革命策略即不仅口头上革命而且实际上革命的策略的基础。

叶若夫公民责备我们，说我们千方百计地回避为什么需要联合的问题。奇怪的责备啊！倒是有多得无比的理由可以责备我们过于经常地回到这个问题上来，和过于顽强地重复自己对这个问题的十分明确的回答。

为了避免内战，必须联合。为了巩固革命已经取得的成果，必须联合。为了消灭单靠革命民主派的力量不可能胜利地反对掉的那种可怕的经济崩溃现象，必须联合。

叶若夫公民是不是知道，《工人报》的政论家们是不是知道，所谓经济崩溃是什么意思呢？如果不知道，那么我们就告诉他们"是怎么一回事"。

经济生活是任何国家的社会和政治生活的基础。基础垮了，整个社会事业，首先是国内现存的政权就有遭到覆灭的危险。

现在我国的政权属于革命政府。因此经济崩溃首先威胁着这个政府。不是威胁这个成员或那个成员的政府，不是威胁亚·费·克伦斯基的政府，或者威胁（千万不要是这样）维·米·切尔诺夫的政府，而是威胁整个革命政府，即革命派的政府。

谁轻率地对待同崩溃现象作斗争的这个最困难的问题，谁就是糟糕的革命者。他也许忠于革命，但是他不懂得革命胜利的必要条件。

让叶若夫公民告诉我们，革命民主派现在有足够的力量可以胜利地同经济崩溃现象进行斗争。让他来证明这一点吧。如果他的证明令人信服，那么我们将比较平静地看待革命民主派由于它那些十分令人遗憾的自相矛盾的策略概念而孤立自己的行为。当《工人报》上那些反对我们的人还没有找到稍微有分量的证据可以证明这个原理的时候，我们就要用不安的口吻肯定说：

——经济崩溃很容易就可以成为俄国革命的坟墓。革命民主派如果使自己处于孤立的地位，从而使自己单独地挑起同经济崩溃现象作斗争这个任务的担子，它就会有使革命遭到致命打击的很大危险。

我们这样断言的时候，完全有可能扮演（如果这里用一用沙多勃利昂①的说法）无用的卡桑德拉②的角色。但是没有办法。显然，应当有一个人来扮演这个角色。如果我们由于害怕叶若夫和其他像他这样的政治上幼稚的人的攻击而拒绝这个角色，我们就会背叛自己的革命者的义务。

这位看来患了夜盲症的政论家问：革命政权应当把国家引导到何处去呢？

对于这个问题，我们也曾多次作了十分明确的答复。

革命政权应当引导我们去巩固革命的成果。既然革命的成果只有通过国内一切生气勃勃的力量同心协力的友好合作才能巩固，既然民主派孤立自己，就很可能冒全部毁灭我国人民在今年二月底和三月初所夺得的使整个俄国和整个文明世界额手称庆的一切成果的危险，那么我们就要说：

对我们说来，除联合外没有挽救办法。

---

① 沙多勃利昂(Chateaubriand, François – Rene de, 1768—1848)，法国浪漫派作家。马克思曾说："这个作家我一向是讨厌的"（《马克思恩格斯全集》，第三十三卷，第102页）。——译者注

② 卡桑德拉是希腊神话中特洛伊国王普理安的女儿，天赋预言的才能，但因她拒绝阿波罗的求爱，他使她的预言无人相信。——译者注

叶若夫公民同意联合，但是他要求联合须是革命的。然而难道有哪种可以巩固革命成果的联合按其最深刻的本质来说会不是革命的吗？

这位公民劝革命民主派只同"坚决走上革命行动的道路"并且不害怕依靠人民的那些党派实行联合。

怀疑派的彼拉多问过耶稣："什么是真理？"①我可以问一问《工人报》这位"革命的"政论家："什么是革命行动？"我不是怀疑派，我要用下面的绝对肯定的话来解答我的问题：

凡是巩固革命成果的人都是在采取革命行动。在推动革命工作前进之先，绝对必须完成这样的行动。

如果没有联合，要巩固我国革命所取得的成果是不可思议的（事实上没有联合这是完全不可思议的），那么宣传联合的思想就意味着号召人们采取头等重要的革命行动。

最后，依靠人民无疑是必要的。但是，如果我国革命民主派只同绝对服从它领导的那些社会力量实行联合，那它就不得不绝对不依靠全体人民，而只依靠某一部分人民。如果这一部分人民能够对付当代这个历史时刻一切"为大众所注意的问题"，那还只是半个不幸。可是他们对付不了这些问题。而这将是不幸，将是无法补救的致命的不幸，它将使我们落得一场空……

---

① 参见《新约全书》《约翰福音》，第十八章。——译者注

# 终于说穿了!

(一九一七年九月十日《统一报》第一三七号)

一些时候以来,《工人报》相当频繁地攻击我们。很抱歉,这不仅不使我伤心,甚至还使我非常高兴。这家机关报在自己的政治见解中经常破坏最低的逻辑要求,所以它一谴责我们,我就对自己说:这又是一个说明我们正确的很有分量的证据。不过,虽然《工人报》的攻击不会使我痛心,同时也不会使我的《统一报》同事们伤心,但是有时仍然不得不回答这些攻击。为了不断地说明真理,这样做是必要的。

《工人报》第一五五号上给我们提供了一篇没有署名的、因之也就是编辑部的文章:《说明白了》。这篇文章很有代表性,所以如果我们不认为有必要回答它,我们就会犯重大的错误:因为我们并不是天天都能迫使我们的论敌处于这样一种糟糕的地位。

事情是这样的。《统一报》在一三五号上登载了我们的行动纲领(是行动纲领,而不是纲领,像《工人报》所断言的那样)。在这个行动纲领中,我们顺便重复了亚·费·克伦斯基在莫斯科会议上发表的一句强有力的话:

——现时才开始谈论和平的人该死!!!

这句话刺激了我们的论敌,就像红颜色刺激了公牛一样。

《工人报》大声激动地说:"当我们从克伦斯基的嘴里听到这句话时,本来可以不去注意它,尤其是因为它是反对单独媾和的。但是现在,《统一报》整个组织把自己的政纲建立在它的基础上,还认为可以称这个政纲为社会民主主义的政纲"。

这是很厉害的,对我们来说同时也是极其荣幸的。多么耐人寻味啊!当亚·费·克伦斯基说这句话的时候,本来可以不去注意它。而当《统一报》组织重复它的时候,《工人报》就必须猛烈地攻击。

亚·费·克伦斯基是用什么身份在莫斯科会议上说话的呢?临时政府首脑的身份(如果我没有弄错,直到现在《工人报》也是支持临时政府的)。

你看,当俄国革命政府的首脑咒骂现在提出和平问题的人的时候,可以不必注意它,而当我们这些《统一报》组织的成员咒骂他们的时候,则必须猛烈地攻击。显然,比起政府本身来,我们应当受到更大得多的注意。现在试问:《工人报》对我们的这种突如其来的巨大兴趣能有什么意义呢?它只能有一个意义,就是:我们在国内有很大的影响,同这种影响比较起来,甚至公认的革命政权的影响也是微不足道的。我的《统一报》同志们,我要向你们大家表示祝贺,而你们,反过来也要向我祝贺:因为从来还没有谁对我们作过如此夸大地推崇我们的对比。

《工人报》本来想竭力猛烈地抨击我们,可是它殊不知却大大地恭维了我们。可以说它既无文采,又不聪明。

为了掩盖自己的笨拙,《工人报》也许会说,要知道在它看来,克伦斯基原来只谈到<u>单独媾和</u>。但是这种说法只是再一次证明它笨拙得令人吃惊罢了。

我从《工人报》的这篇文章里引用的这段话说：尤其是因为它（指亚·费·克伦斯基的话。——格·普）是反对单独媾和的。按照健全的逻辑，"尤其是因为"一词清楚地表明：亚·费·克伦斯基只诅咒那些拥护单独媾和的人，这种态度给《工人报》提供了又一个理由可以不理睬他的话。于是按照同一个逻辑，可以得出结论说：假使他没有给自己的话加上这个限制，那么它本来仍然是可以忽视的。所以，尽管有"尤其是因为"，更确切些说，正是因为有这几个字眼，这仍然是对《统一报》组织的成员们的极大的恭维：这一点我们可决不能忽视。

大概不需要补充说，我们根本也没有想要认为，好像我们在国内的影响超过政府的影响。我们没有发疯，并且我们希望在没有死去以前一直保存着健全的理智。如果我请读者注意《工人报》无意地给予我们的恭维，那只是为了要指出，这家很厉害的机关报在论战中是多么惊人的软弱无力。

其次，亚·费·克伦斯基咒骂了那些"现时"才开始谈论和平的人。我不知道《工人报》根据什么给他这句话加上这个限制。我们对这句话有不同的理解，也就是说，我们是在按照这句话的真实内容必须这样理解的那种意义来理解这句话的。如果事实证明我们错了，如果至今还在领导我国政府（即拯救革命的政府！）的这位公民不反对"现时"提出和平问题（即使不是单独媾和的问题），那么我们就更要不揣冒昧地提醒他注意，这个时候对和谈是根本不利的。不久以前我们在我国的西南战线上遭受了一系列严重的失败；我们刚刚失去了里加；德国皇帝和他的附庸们威胁着敖得萨和俄罗斯共和国的首都彼得格勒。如果俄罗斯共和国通过亚·费·克伦斯基或者整个五人委员会开始谈论起和平来了(即使不是单独媾和),那么它就等于承认自己被德国皇帝打败了。这样一来,它就应该同意那些不仅有失尊严而且会严重损害俄国继续向前发展的和平条件。被德国打败的俄国是不是会继续成为共和国还是问题。可能,国家会因为共和国政府对德国作了完全不能容许的让步而迁怒于这个政府,它可能会恢复君主制度。面对着这一切,我们决不能允许拯救革命的政府哪怕是一分钟认为可以谈论和平。

我们可以允许的最重要的问题是:如果亚·费·克伦斯基不愿意刺激这些家伙(不仅在《工人报》编辑部内有很多这样的家伙),他现在就不会咒骂怀念和平的人,而会把话说得非常温和。但是要知道,这丝毫不会改变问题的实质。我们这些从来不怕滑头家伙的人会坚定不移地喊道:

现时才开始谈论和平的人该死。我们以俄国和俄国革命最切身的、最神圣的利益的名义咒骂他。

我们这个话当然是指俄国和其他受到中欧列强攻击的国家说的。如果德国提出和平问题,我们是不会咒骂它的。当压迫者表现出同他们所压迫的那些人和解的意愿的时候,我们决不打算咒骂压迫者。但是我们认为被压迫者和压迫者和解的唯一条件必须是放弃压迫。但是压迫者往往企图欺骗被压迫者,建议他们在不解决根本问题的条件下实行和解。在这样的时候,我们就要抗议。在这样的时候,我们就要咒骂劝被压迫者同压迫者和解的人。

我十分清楚,我们自己可能因为这种咒骂而遭到开除教籍的处分。《工人报》就有开除的企图,它谴责我们,说我们还要以为能自称为社会民主党人呢。

在这里它又犯了错误。好像从我所分析的它的这篇文章中也可以看得出来的那样,它是以齐美尔瓦尔得主义的坚决拥护者的身份出场的。它深信,齐美尔瓦尔得-昆塔尔派关于战争与和平问题的决议是从国际社会主义的基本原理得出来的必然结论。但这是一个大错误。齐美尔瓦尔得-昆塔尔派的决议充满着同社会主义完全不相容的无政府工团主义的精神。鼓舞齐美尔瓦尔得分子的不是马克思,而是多美拉·纽文胡斯。

因此,《工人报》宣布我们是糟糕的社会民主党人的时候,实质上是说(不过它仍然没有意识到这一点),我们是糟糕的无政府工团主义者。我们再一次对这种虽然又是无意的恭维表示感谢;我们对无政府工团主义的信仰是这样糟糕,以致我们力求把它当作有害的垃圾清除掉。

《工人报》认为,社会民主党人不可能赞成战争。马克思不是这样看的。早在一八四八年德国革命时期出版的《新莱茵报》上,他就写过:

"只有对俄国的战争才是革命的德国的战争,只有在这个战争中它才能战胜自己的专制君主,只有在这个战争中它才能像那些要摆脱长期的奴隶枷锁的人民所应该做的那样,用自己子弟的鲜血来换取宣传文明的权利,并且在解放其他民族的同时使自己获得解放"①。

---

① 参见拉法依洛夫-切尔尼舍夫的小册子《社会主义者对待战争的态度》,第15页——作者注(中译文参见《马克思恩格斯全集》,第五卷,第235—236页。——译者注)。

我们可以把这段话完全应用到当前我国的形势上来。我们只要用"德国"代替其中的"俄国",而用俄国代替德国就行了。我们确信,我们有最充分的权利作这样的替换。

《工人报》谴责我们对已经延续了三年多的残酷的流血现象漠然无动于衷。但是难道发生这种现象是我们的罪过吗?我们本身是竭尽全力想停止流血的。但是停止流血现象的唯一办法就是尽量更加坚决地同德国作战。

《工人报》直到现在都没有领悟到,他和自己的同道们所进行的那个"争取和平的战争"并不是大大地帮助了流血现象的停正,而是大大地帮助了这种现象的延续。多么天真啊!

然而不管情况如何,我们的论敌们甚至在当前这个十分危急的环境下也希望继续进行这场不幸的"争取和平的战争",即进行一场保卫齐美尔瓦尔得派的教条的战争。他们这些真正的狂人,除了这个毫无价值的教条以外什么都看不见。总之,革命的俄国应当明白我们那些鼓吹"争取和平的战争"的人是些什么东西……

# 种瓜得瓜,种豆得豆

(一九一七年九月十二日《统一报》第一三八号)


种瓜得瓜,种豆得豆。除了完全歉收的情况以外,总会获得一些增产的:播种一俄石,收获几俄石;播种清风,收获风暴;播种半列宁主义,收获列宁主义。这是理所当然的。

彼得格勒工兵代表苏维埃主席团七个月来播种了半列宁主义。它顽强地努力耕种的结果丰收了列宁主义。列宁分子在苏维埃内成了局势的主宰者,而热爱劳动的主席团不得不自动地重新回到(像法国政治活动家们在这种场合下会说的那样)自己珍爱的科学工作上去,简单地说,不得不辞职。而且它的辞职被批准了。在选举主席团的时候,只有少数人投票赞成主席团的旧成员。这就是说事物的客观逻辑终于说出了自己权威性的、决定性的意见,把主席团旧成员的主观逻辑所不能估计的事情进行了一番总结。

这也是十分自然的。事物的客观逻辑经常都比人们的主观逻辑更加强大有力。

旧的主席团和它在苏维埃的拥护者们否定过列宁的策略。当列宁从国外回来,在苏维埃中阐述了自己的臭名远扬的提纲的时候,策烈铁里同志那时很成功地记住了恩格斯的这样一句话:无产阶级的最大不幸,莫过于在它还没有实行专政的准备的时候,就掌

握政权。因此在同列宁进行这些争论的时候,又提出了一个旧的、但是在我们这里永远是新的问题:

推翻专制制度以后,俄国是否可以不经过资本主义的发展阶段和至少立即着手奠定社会主义生产方式的基础呢?

策烈铁里同志和他的同道们否定地解决了这个旧的、但是永远新的问题。他们这样做,仍然是忠实于早就在我国社会民主党中间占统治地位的意见的。这个意见就是:我国最近行将发生的革命是资产阶级革命,而不是社会主义革命。当问题只涉及目前这次革命的性质的时候,他们的立场就是颠扑不破的。

但是我国专制制度的垮台发生在战争时期,而且这次战争在文明世界的历史上迄今还未曾有过!因此,同目前这次革命的性质问题一起,产生了一般来说俄国社会主义者,而特别是俄国社会民主党人,在战争时期应当怎样行动的问题。说到后面这个问题,那么策烈铁里同志、齐赫泽同志以及所有同他们携手前进的人,都表现出喜欢用齐美尔瓦尔得-昆塔尔的精神解决这个问题。这一次他们没有继续忠实于战前在我国社会民主党有觉悟的分子中间占统治地位的观点。

这些分子顽强地坚持了马克思的学说。然而在留下臭名的罗·格里姆的积极参加下,在齐美尔瓦尔得-昆塔尔代表大会上通过的关于战争的决议,充满了同马克思主义完全不相容的无政府工团主义的精神。著名的荷兰无政府工团主义者多美拉·纽文胡斯早在国际社会主义者一八九一年布鲁塞尔代表大会和一八九三年苏黎世代表大会上就发表过的革命思想,成了所有这些决议的基础。这两次国际代表大会都宣布过这种思想不符合社会主义者的策略。但是目前的战争所产生的震动，为那些思想上不彻底和不坚定的国际社会主义者接受这种思想开辟了道路。这样的社会主义者在我们不幸的俄国特别多。

齐赫泽、策烈铁里等同志接受了关于战争问题的齐美尔瓦尔得-昆塔尔决议以后，在策略上实际上成了半马克思主义者和半无政府工团主义者。作为马克思主义者，他们和列宁相反，证明了目前这次革命必然具有资产阶级的性质。而作为无政府工团主义者，他们同列宁一起采取了使工人群众越来越倾向于可能不经过资本主义时期这种思想的行动。齐美尔瓦尔得-昆塔尔的一切决议都充满着无政府工团主义的精神。这种主义不考虑事变的客观逻辑。它以极端轻蔑的态度对待那些继马克思之后重复下面这个论点的社会主义者：当社会发现了社会发展的自然规律的轨道的时候，它就既不能跳过这一发展的自然阶段，也不能用法令取消这些阶段。就这样的思想方式说，列宁的策略要比策烈铁里、斯柯别列夫和他们的朋友们的策略正确得多和有诱惑力得多。既然我们那些跟着策烈铁里、斯柯别列夫和他们的朋友们走的孟什维克替齐美尔瓦尔得-昆塔尔的决议鼓吹；既然他们要求不仅俄国，而且所有同它结盟的国家都转而采取齐美尔瓦尔得-昆塔尔派的观点，既然他们甚至准备用最极端的宣传鼓动手段来支持这个空想主义的要求，——那么他们就是热情地替列宁效劳，竭力使列宁政策的彻底胜利（不过我们希望，这种胜利是为时很短的）早日到来。

策烈铁里、斯柯别列夫等人在证明我们正在经历资产阶级革命的时候，是列宁的敌人；而在他们捍卫齐美尔瓦尔得-昆塔尔的空想的时候，却是他的同盟者，也可以说是他的同谋者。正是因为这个道理，我才称他们是半列宁分子。

如果抽象地发表议论，也许可以说：在我国的每一个半列宁分子的胸膛内，跳动着两颗心，它们当然会互相抵销。但是朝截然相反的方向起作用的两种力量，只有在它们彼此相等的时候才会互相抵销。这一次它们却是不相等的。策烈铁里、斯柯别列夫和他们这派的其他孟什维克更加坚决得多地在群众中间传播了齐美尔瓦尔得式的"争取和平的战争"的思想，而没有警告群众，迷恋于可能实现没有资产阶级的资产阶级革命这个错误思想是很危险的。其次，像我刚才所指出的，齐美尔瓦尔得派的学说的逻辑，一定会预先就使群众正是迷恋于这个根本上错误的思想。简言之，齐美尔瓦尔得派的心，在策烈铁里和斯柯别列夫一派的孟什维克的胸膛内，一定会比马克思主义者的心占上风。而且它的确占了后者的上风。策烈铁里和他的朋友们为列宁铺平了道路，虽然他们本人并不愿意这样做，也没有认识到这一点。他们一方面这样聪明地断言，劳动群众如果夺取政权就会是具有历史意义的最大的不幸，另一方面却做了很多事情把他们推下这个不幸的深渊。列宁在半列宁分子的支持下取得的胜利，就是在这样的情况下预先得到了保证。所以他胜利了……

马·伊·斯柯别列夫、尼·谢·齐赫泽、策烈铁里等人重新从事自己珍爱的科学研究的时候，可以抽出必要的空闲时间从哲学上思考一下：当人们的主观逻辑不善于理解他们本身活动的客观意义时，他们原想走进一间房子，结果一定会走进另一间房子，像法穆索夫所说的那样。

如果他们很快地能发现这个其实是十分明显的真理，那将是很好的。如果他们发现了这个真理，他们也许会采取措施，在行将到来的民主会议上使他们的马克思主义者的心，终于表现出要比从齐美尔瓦尔得飞来的心更加强大和活泼……

附记。读者可以看出，我所说的半列宁分子实际上是指某一派的孟什维克。但是，最近时期以前在彼得格勒苏维埃中占统治地位的多数派，并不是光由孟什维克组成的。社会革命党人也属于这个多数派。我在这篇文章中没有谈到社会革命党人，因为作为一个社会民主党人，最使我痛心的自然是我的同志们的错误。但是这并不是说，参加过苏维埃多数派的社会革命党人没有替列宁效过劳。他们也用和社会民主党人一样的热心效劳过。只要回想一下这样的情况就够了：他们都处在维·米·切尔诺夫的领导下，而切尔诺夫本人有时简直和列宁一样，只不过是穿着"乡下人"的服装罢了。

# 联合呢？还是投降呢？

（一九一七年九月十六日《统一报》第一四一号）

在民主会议开幕的前夕，许多反对列宁策略的人都表现了悲观的情绪。他们被列宁分子在彼得格勒工兵代表苏维埃里的巨大成就吓破了胆。现在他们的情绪正在提高。在民主会议上，列宁分子远不是显得像本来可以担心的那样强大。因此悲观主义开始让位于乐观主义。现在已经有人在预言拥护联合的人会取得胜利。但是，只要仔细考虑一下实际情况，就足以看出，在这种愉快的预言中包含着怎样多的危险的东西。

我过去经常说过，危险的不是列宁分子，而是半列宁分子。我所说的半列宁分子，是指我国那些一方面否定列宁策略的一些基本前提，同时又由于赞成他的另一些在实践方面更重要的前提而为他的胜利创造条件的社会主义者。显而易见，在这里仅仅理论上一致是不够的，因为这里完全不是什么学院式的问题。问题恰好在于实际行动，在于通过宣传鼓动去影响群众。正是在这个问题上，赞成列宁的一部分基本前提的社会主义者在全力地帮助他，使工人和士兵产生合乎他的心愿的那种情绪。

这个残酷的人却不说一句感谢他们的话。他轻蔑地称他们为小资产者。有时他们受到欺负，为了报复，也不称他的拥护者们做同志，只称这些人做公民。然而就是当他们心里充满着委屈时，他们也还是继续为他的胜利效劳。这听起来很奇怪，却是事实。而且用不着到远处去就可以给这个所谓奇怪现象找出令人满意的说明：全部问题在于他们本身本来就赞成他的观点的一半——且不说四分之三。怎么能够希望他们会彻底消灭他对群众的影响呢？

我们且拿现在在我国社会主义者中间引起这样多争论的关于联合的思想来说吧。

列宁坚决地否定这个思想。如果我们有一分钟接受他的观点，我们就应当承认，他是完全正确的。当必须使政权全部转交到劳动群众代表的手上的时候，为什么要同我国居民"合格的"阶层联合呢？在这样的历史时刻，联合是多余的，甚至简直是有害的"妥协政策"；这里是有它的无可争辩的逻辑的。全部问题在于，俄国现在是否真正经历着这样的历史时刻，像列宁和列宁分子斩钉截铁地断言的那样。

半列宁分子断言，这样的时刻还远没有到来，按照历史条件，我们不能不经过一定长的资本主义时期。由此得出的逻辑上唯一正确的结论是：劳动群众的代表们不仅可以，而且应该同居民中"合格的"分子，即同自觉地坚持联合思想的人达成政治协议。但是如果半列宁分子直截了当地承认这个逻辑上必然的结论，他们就会认为自己蒙受了耻辱。当我国组成联合政府的时候，半列宁分子曾经认为必须在刊物上声明，和西方社会主义者相反（我帮他补充一句，比方说同像茹尔·盖德这样的社会主义者相反！），我国社会主义巨头们参加内阁，是为了在它的内部继续进行阶级斗争。给自己提出这样的目的，无异于口头上是承认联合思想，而实际上是否定它。

这就是半列宁分子的逻辑！这还不是最重要的。由于社会主义部长们几个月来口头上承认联合思想，而实际上否定这个思想，所以半列宁分子以为，现在这个思想已经由经验充分检验过了。于是他们大喊大叫说，实际上实现联合思想并没有带来任何好处；因此应当否定这个思想。民主会议的头一天"孟什维克"波格丹诺夫就是这样说的。

按照合理的逻辑的要求，本来应该说：既然口头上承认联合思想，而实际上否定这个思想没有带来任何好处，那就必须不但口头上承认它，而且也要实际上承认它。但是半列宁分子只在少有的一些场合下才考虑合理的逻辑的要求。

我赶紧补充，并不是所有半列宁分子都赞成波格丹诺夫发表的对联合的观点。他们中间有相当多的人至今都在替联合政府说话。但是在他们看来，合乎他们意愿的联合政府的组成应该是怎样的呢？他们认为这样的政府里不应该有仿佛积极从事反革命活动的人民自由党代表的位置。而工商业阶级的代表们则拒绝参加不给人民自由党留下位置的联合政府。这就是说，革命民主派由于不同意立宪民主党人参加内阁而自觉地使自己同这样一个阶级疏远起来；只要革命民主派的大多数成员仍然确信我国历史不能不经过资本主义发展时期，它就一定要同这个阶级达成政治协议。这样做是不是聪明呢？半列宁分子硬要人相信这是聪明的做法。他们说，同立宪民主党人以及同工商业阶级的联合，可以十分成功地用同地方自治局和城市自治局的代表的联合来代替。这里也和半列宁分子的其他议论一样，又是同样不合逻辑的。

难道在我国的城市自治局和地方自治局中没有人民自由党的代表吗？不是。如果不是,那么拒绝在临时政府中同他们联合,而在地方的各种自治机关里又同他们达成协议就会使人感到奇怪。如果我们拒绝在地方的各个自治机关中同他们达成协议,那么半列宁分子这一派机智的乌里斯①们所设想的联合,就不过是革命民主派和……同一个革命民主派的联合。了不起的联合！参加这种联合,就等于自己娶自己,或者也可以说,等于自己嫁给自己。

有人还谈到合作社。但是我们大家早就知道合作社组织具有怎样的情绪。这些组织坚决要求真正的联合,即要求等于同工商业阶级达成协议的联合,而不是要求革命民主派自己同自己结婚。他们懂得,这样的婚姻预先就注定是根本不会生育的。

在半列宁分子中间还有一些更机智的乌里斯。这些最精明的政治家准备同所有那些转到革命民主派立场上的阶级和阶层实行联合。这种人精明过了头。他们所鼓吹的联合实际上不是联合,而是投降。在国家最迫切的利益要求国内一切生气勃勃的力量有计划地和齐心协力地进行工作这个严重的历史时刻,反而要求投降,这是不是聪明呢？当然不聪明！我国革命民主派如果提出没有道理的投降要求,就会再一次使自己处于孤立的地位,从而更会增加笼罩在俄国和俄国革命头上的可怕的危险性。

不需要投降,只需要联合。需要所有那些不愿意恢复旧制度的阶级和阶层达成协议。要达成这样的协议没有互相让步是不可能的。正是热情地为列宁效劳的半列宁分子妨碍了互相让步。

----

① 乌里斯,罗马人对奥德赛的称呼,《伊里亚特》和《奥德赛》中的主角,围攻特洛伊城时曾用木马计,有智多星之称。——译者注

# 预 备 国 会

（一九一七年九月十七日《统一报》第一四二号）

俄文复合词 предпарламент 不过是同一个意思的德文复合词 Vorparlament 的翻译。这就是说，预备国会这个概念（用更加合乎俄语精神的译法，译作 предварительный парламент）是从一八四八年德国革命史上借用过来的。当然，我根本没有任何意思反对从德国借用这些或那些概念，正像我不会反对从其他任何文明国家借用概念一样，因为马克思和恩格斯在他们的《宣言》中早已指出，随着人类经济的发展，个别民族的精神活动的成果会变成共同的财富，而且从许多民族的和地方的文学中会形成一个全世界的文学[①]。

只有一点使我有一些不安：德国的预备国会及其以后的国民会议本身并没有留下很光彩的名誉。真正的革命者（卡尔·马克思就是首屈一指的革命者）确有实据地谴责了这些会议的毫无作为和滔滔不绝的空谈作风。因此在我的头脑里，不知不觉地把预备国会这个观念同极端爱好空谈和毫无作为的观念结合在一起。而且这种不知不觉的观念结合使我感到忧郁。

---

① 参见《马克思恩格斯全集》，第四卷，第 470 页。——译者注

不过这没有关系！我并不迷信，我自己很好地懂得，"话伤不了人"，我指出的观念结合具有完全偶然的性质，而且它绝对不可能成为我国预备国会命运的不祥之兆，如果这种会议真正召开的话。

之所以不可能如此，是因为决不应该谴责我们这些俄国进步活动家爱好空谈。我们会在开会时，在交谈中，在代表大会上表现得像真正的斯巴达人一样。我们的发言即使内容非常丰富，也总是惊人的简短。甚至对于他们那种纯粹斯巴达式的简短发言，我们也不免要产生某种不耐烦的心情，因为我们迫不及待地要从言论转向行动。这一点是大家都知道的，只有反革命分子才能对此抱其他的看法。

总之，我国的预备国会不会受到毫无作为和爱好空谈的任何威胁。然而召开预备国会一事毕竟不会像肤浅的看法那样简单。

任何议会都是根据一定的法律召开的。试问：谁来颁布我国预备国会将据以召开的那个法律呢？

其次，议会是立法权。它同行政权有一定的关系。因此产生一个新问题：谁来颁布规定预备国会同那看来将只起纯粹行政作用的临时政府之间关系的法律呢？而如果政府甚至在预备国会存在的时期还一定要保存某一部分立法权，那我就不知道，谁来规定这个部分的大小。

这些障碍属于通常称为形式的东西，而且正是由于它们具有形式的性质往往受到轻视。但是在这种场合下决不能轻视形式，因为在这类问题上，法律形式是同政治的和社会的内容密切地联系着的。

我很清楚,既然具备必要的理智和善良的愿望,就不会有不能克服的形式上的障碍。不过问题在于,在这种情况下需要更多得多的理智和善良的愿望。为了同上述障碍作斗争,必须从全国居民的利益的观点看问题,而不是从个别社会阶级或阶层的利益的观点看问题。否则预备国会就不会产生任何好结果。这一点,完全不需要有预见的本领就可以正确地预言。

如果我们愿意从全体居民需要的观点看问题,而不从这个或那个阶级或阶层的利益观点看问题,那么我们就会看得十分清楚:预备国会没有任何重大的政治意义;它是对国会代议制思想的恶毒的和愚蠢的嘲笑,如果只允许那些准备根据革命民主派的一篇声明同它达成协议的政党代表参与这种制度的话。预备国会决不可能成为即便是在极端民主的意义下的合格的国会。预备国会应当毫无例外地向所有那些被合法的选民认为必须选派进国会的"受爱戴的人物"完全敞开大门。否则根本不召开预备国会就更为合理一些。

其次,还有一个重要问题。

被派到国会去的那些受爱戴的人物将根据什么法律选举出来呢?

对于这个十分自然的问题,我们只想到一个回答。

根据普遍、平等、不记名和直接的选举法。

不过在这里我看到新的困难。

如果受爱戴的人物是根据我们全体民主派都珍视的四项著名公式选举出来的,那么工兵代表苏维埃就没有可能向预备国会派遣自己的代表,因为这些代表不是根据直接选举法选举出来的。

我上面所说的话同样也适用于农民代表苏维埃。

最后,这个论点在更大的程度上适用于苏维埃中央委员会。它在预备国会中的代表权也许是以三级选举为根据的。

您得同意,这是不小的困难。

我不知道怎样消除它。亲爱的读者,您知不知道呢?要是知道,请说出来,我将十分感谢您。

# 论联合的问题[①]

（一九一七年九月二十日《统一报》第一四四号）

同志们和公民们！目前的民主会议是为了解决关于革命民主派同包括人民自由党在内的工商业阶级联合的问题而召开的。在我看来，只要提出这个问题就可以立即在肯定的意义上解决它。因此我觉得本来不值得为这个问题而召开会议。

看来你们有另外的想法。你们认为必须开一次会，以便重新审议联合问题。我情愿承认你们是对的。但是既然你们已经开始交换意见，就必须严肃认真、有根据地进行。然而在这里讲话的某些发言人对待联合问题就不够严肃认真。说出这一点对我是不愉快的，但是可惜，实际情况就是如此。

用严肃的态度对待任何特定的问题，首先就要求对问题有正确的提法。这个道理无须证明，然而我所指的那些发言人对联合问题的提法是完全错误的。当然他们不是故意这样做的。他们并不想欺骗你们，他们自己就陷于错误。然而不正确的问题提法这个事实毕竟是事实，所以你们一定要警惕。

---

① 格·瓦·普列汉诺夫因病未能亲自参加彼得格勒民主会议，这篇演说在九月十八日的会议上宣读。——编者注

有人对你们说：不能同立宪民主党人联合，因为他们同情过科尔尼洛夫暴动。证据就是刊物上没有发表过的一篇文章。这个证据在这种场合（即在民主会议上）本身就具有完全不适当的、猜测心思的性质。即便我们假定对这个证据根本不可能提出反驳，我们也得问问自己：

如果你们在《言论报》所发表的，或者甚至是根本没有发表过的文章所产生的不愉快的印象下，决定拒绝同人民自由党联合，因此也就是拒绝同工商业阶级联合的话，你们这样做将有什么意义呢？

它可能具有的意义，要么是你们希望用这种办法来惩罚立宪民主党人，要么是你们虽然不想惩罚他们，但是对上述论文的内容十分愤慨，以致在你们看来，要同人民自由党交往在道义上是不可能的。

要整个党对两三篇文章负责，而且其中一篇还始终没有登载过，这种做法是不是公正呢？我看不公正。如果大多数人民自由党人用否定的态度对待了科尔尼洛夫暴动，并且在他们的其他一些机关报上发表了尖锐地谴责这次暴动的文章，那么这种做法就尤其不公正。

但是，我不过是顺带表示这个看法罢了；无论它多么公正，我也不认为它是最主要的。

主要的就在于，在解决政治问题的时候，决不能以希望惩罚某某人为指导，也正如根本不能跟着这种或那种感情跑一样。

据说著名的法国革命家布朗基讲过一句话："尽管您的心里燃烧着革命热情的火焰，您的头脑还是应该由冷静如冰的政治考虑来支配。"这是一句极妙的话,不论它究竟是谁说的。人们常说,热情、愤怒、爱情产生诗人,冷静的考虑则产生政治家。这种考虑不应该建立在任何别的基础上,而应该建立在对国内当前力量对比关系的尽可能正确的理解上。所以,如果我们从上述力量对比关系的角度去看待我们所感到兴趣的问题,那我们就应该承认,如果不同包括人民自由党在内的工商业阶级达成协议的话,革命民主派将无力保卫自己固有的事业,也不可能捍卫革命的成果。

有人对我们说,要同被人揭发参加科尔尼洛夫阴谋的那些人联合起来,是不可能的。我也认为这是不可能的。但要知道,只有对那些将被认为是科尔尼洛夫阴谋的参加者来说才是如此。对于所有那些因为企图用暴力破坏革命所建立的秩序而将使自己受到刑事追究的人来说,也是如此。从这方面说,那些因为参加科尔尼洛夫发动而使自己在法律面前名誉扫地的人,和那些因为七月三日至五日的风潮这个案件而受审讯的人之间,我看不出有什么差别。

我知道,我这些话会引起轰动,会使人咬牙切齿,但是我不能不对你们这样说,因为这些话反映着真理,而真理对于所有真正拥护革命民主派的人来说是有用的。革命民主派为了同整个国家的利益,以及同革命的利益完全一致的自己本身的利益,应当同样坚决地既和反革命企图进行斗争,也和无政府主义发动进行斗争。这是政治上的公理,每一个革命者都应该深入地认识这个公理,即使具有斯坦托①的声音,也不能用吼叫压倒这个公理。

————————

① 斯坦托是荷马史诗《伊利亚特》中的一个英雄,特洛伊战争的参加者,他的声音就力量来说等于五十个人的声音。——译者注

所以，当然谈不上同那些也许是在科尔尼洛夫案件上弄得名誉扫地的人民自由党代表人物联合起来。但是问题究竟不在于同个别的，即使是名誉根本没有受到损害的人士达成协议，而在于同整个政党，或者甚至是同整个阶级达成协议。至于立宪民主党，那么现在已经可以有把握地说，人们揭发不出它有帮助科尔尼洛夫叛乱的罪恶。我下这个断语的时候再次预见到，人们可能轰动起来和咬牙切齿，不过我且引证一下梁赞诺夫同志的话。他在发言中对人民自由党进行了强烈的攻击。可是他在扮演严厉的控诉人角色的时候究竟揭发了它什么呢？揭发的是：它的一个成员写了一篇编辑部没有刊登的文章，而其他某些成员则打算发表某种讽刺布尔什维克的漫画，这种漫画（如果我没有记错）也没有问世，只是原因或许和上面提到的文章不同罢了。

同志们和公民们，你们会同意，这一点既不足以使我们对一个党进行刑事追究，也不足以使我们拒绝同它进行关于协议的谈判。

问题在于革命民主派需不需要同人民自由党达成协议，也就是说，在目前形势下，需不需要同工商业阶级达成协议？我已经说过，需要。而且凡是不认为俄国已经到了进行社会主义变革的时代的人，都一定会同意我的看法。

革命民主派强大得足以把政权夺到自己手中来。这是无可争辩的。但是它的力量还不足以独自挑起同国家所面临的许许多多极其严重的经济困难和其他各种困难作斗争的重担，这一点也是无可争辩的。革命民主派否定同工商业阶级联合的思想，就会使自己处于孤立的境地。这对它，因此也对革命，本来就是极端危险的。但是危险更由于莫斯科市长鲁德涅夫同志在他的演说中指出过的下面一个情况而增加了。

用他的话说,"过去始终是整个俄国革命的行动路线的革命民主派各机关的行动路线,从某个时候起在一定的程度上就不再是这样的了。"鲁德涅夫同志指出:"我之所以要作这个负责的声明,因为我认为在我国民主会议上对这种情况闭口不谈,就会是一种不能容许的官方的谎言。这个转变的时刻发生在彼得格勒七月三日至五日的事件和击溃加里西亚的波兰人以后。从这个时刻起,广大的居民阶层、广大的觉悟不高的分子无疑正在离开各苏维埃指出的行动路线。这种形势由于各苏维埃最近采取的那个方针而变得特别严重。革命民主派有责任考虑这一点,因为全国已经考虑过这一点。如果这个路线成了中央政权组织的基础,那么上面指出的民主派先进部队和广大群众之间的裂缝就会加深。这种裂缝对革命说来会是极有害的。"

这就是说,我国的革命民主派如果开始使自己孤立于工商业阶级之外,就注定会继续实行自己的行动路线,使自己孤立于人民群众之外,然而它只有从人民群众那里才能获得自己的力量,像古代的安泰①只有接触到大地的时候才获得自己的力量一样。这种双重的孤立又会产生什么结果呢?除了垮台以外,不会有任何别的结果。革命民主派正在遭到悲惨的覆灭,这种覆灭同时也是革命的覆灭和——这一点在当前军事时期也不应该忘记——德帝国主义、所有这些一想到工人阶级的民主主义企图就总是疯狂愤怒

---

① 安泰是希腊神话中的英雄。他的母亲是大地。他战斗时,只要碰一下母亲,就会获得新的力量,成为无敌的勇士。有一次敌人把他高高举起,使他无法接触地球,于是他就被掐死了。——译者注

的兴登堡们、米哈埃里斯们、威廉们以及其他容克贵族之流的胜利。你们希不希望发生这种事情呢？哪怕是一分钟假定希望也是奇怪的。然而如果不希望，那么你们就必须仔细地想一想鲁德涅夫同志根据实际经验而得出的下列见解："无论我们的经验多么少，我应该说，我们的全部工作、复杂的市政组织的全部日常生活，都是建立在联合原则的基础上的。政府的实际工作也处在这样的情况下。把调整各个地区的整个生活的中央，建立在别的原则的基础上，看来是不可思议的。"这的确是完全不可思议的。如果不同工商业阶级联合，那就只能设想革命民主派的双重孤立，这种孤立必然地会使它垮台。

为了国家和革命事业的利益，必须联合。这一点应该承认是完全无可争辩的真理。不过承认这一点以后，我们又会遇到一个实质上同样重要的新问题。根据什么条件革命民主派才可以同工商业阶级实行联合呢？为了正确地解决这个新问题，首先必须弄清楚，什么阶级最关心革命的胜利，如果用另一句话来表达同一个问题则是：什么阶级在革命遭到覆灭的场合受害最大。我肯定地认为，在这种场合劳动群众的利益受害最大。而且我相信，即使参加现在这次会议的那些不同意我的发言的其余部分的人，也不会反对我这个看法。但这不过是逻辑上一定这样罢了。如果劳动群众的利益因为革命的覆灭而受害最大，而且如果革命的覆灭是革命民主派受到孤立的必然后果，那就可以得出结论说：

劳动群众有觉悟的政治代表不应该向工商业阶级的代表提出显然是这个阶级的经济本性所不能接受的那些条件。不能要求工商业阶级不再是工商业阶级转而采取无产阶级的立场。如果向它提出这样的要求,那就意味着预先有意识地排斥同它达成协议的思想,因为任何协议都要求互相让步。

俄国劳动居民的代表们之所以应该做出让步,不是因为他们不珍视这些居民的利益,相反,而是因为他们珍视它。让出部分比丧失整体要好些。而且如果革命民主派的孤立有使我们的革命遭到覆灭的危险,那么十分明显,只有年纪虽然不小可是政治上仍然幼稚的人,才会把革命民主派为了不被孤立而做出的那些让步看成是这一派的罪过。

除了联合就没有办法可以从内部敌人,即从反革命分子手中得救,也没有办法可以从外部敌人,即从威廉皇帝和他的附庸手中得救。

社会民主党组织《统一报》早已坚决地提出这个主张。我荣幸地在这篇由于疾病而不允许我亲自向你们发表的演说中,向你们重申这个主张。

# 列宁和策烈铁里

（一九一七年九月二十一日《统一报》第一四五号）

策烈铁里同志在民主会议上发表了一些演说,其中一篇演说反驳了托洛茨基先生。他请后者回忆一下"不是预言家,而是同俄国民主派有联系并且反映它的政策的人"所作的预言。这个预言包含在如下一句话中：

"反革命是通过布尔什维克的大门冲到我们面前来的。"

这句话是这位策烈铁里同志在工兵代表苏维埃六月会议上说的。(我们这里各式各样的会议很多,可是毫无成效!)的确,说出这种话并不需要会作预言的本领。自从列宁经过德国回到俄国,在彼得格勒苏维埃上阐述了他的臭名远扬的《提纲》以来,所有反对他的人就都清楚：他的所谓策略将大大加强反革命分子的力量。策烈铁里同志在六月会议上表达了反对列宁的人们这个共同的信念。现在,只有瞎子才会看不见列宁及其同道们的鼓动正在产生多么丰满的反革命幼芽,所以策烈铁里同志也许可以因为自己的"预言"而自豪。遗憾的是这里必须指出下面一个令人失望的情况。

"同俄国民主派有联系并且反映它的政策的人"自己就支持过列宁的那些对革命最有害的活动。当然,他支持列宁是非本意的和不自觉的,但是毕竟支持过。而且是十分热烈地支持过。未来的俄国革命历史家,为了真理的利益,将不得不把这个令人失望的情况同策烈铁里同志的"预言"一起记载到自己的著作中去。

"同俄国民主派有联系并且反映它的政策的人",而主要的是,不只一次地出来反对列宁的人,自己却成了他的帮凶,怎么能够发生这种情况呢?其实很简单!

策烈铁里同志在自己的政治观点上犯了两重性的错误。

首先,他是马克思主义者。作为马克思主义者,他反对列宁,很有根据地提醒过列宁,说俄国现在所经历的不是社会主义革命,而是资产阶级革命。从这里,他(不过不是立即地,也不是没有很大的动摇地)得出了一个完全正确的推断,革命民主派绝对不需要背叛自己就可以同资产阶级政党实行联合。他本人就参加了联合内阁。既然参加了联合内阁,他就不能不希望劳动群众支持这个一半由社会主义思想各派代表、一半由"资本家部长"组成的政府。而且他在自己的演说中表达了这个最自然不过的愿望。

但是只有"当"他仍然是一个马克思主义者"的时候",他才表达了这个愿望。而他并非始终总是马克思主义者。他的巨大不幸就是:他从马克思主义文献中接受的观点,在他的头脑中是同在齐美尔瓦尔得和昆塔尔所苦思出来的、关于战争的决议交织在一起。他对国际的历史知道得太差了,所以看不到这些决议同当年无政府工团主义者多美拉·纽文胡斯向布鲁塞尔(一八九一年)和苏黎世(一八九三年)国际社会主义者代表大会提出的那些决议案的血缘关系。他天真地以为,好像齐美尔瓦尔得-昆塔尔关于战争的决议是革命的马克思主义的最高峰。他的一切其他错误和矛盾也都是从这个根本错误中产生的。

当前战争的责任由谁来负呢？由各国资产阶级负责，这就是说，也由俄国资产阶级负责。齐美尔瓦尔得-昆塔尔派的可兰经中的一章就是这样说的。在相当长时期的过程中，同齐美尔瓦尔得-昆塔尔派所有预言家中最杰出的预言家、罗·格里姆亲切地挽着手散步的策烈铁里同志本人也这样说过。

但是如果当前战争的责任同等地既由俄国资产阶级来负，也由德奥帝国主义者来负，那就会像白昼一样明显，对于稍微能够作逻辑思维的人说来，同俄国资产阶级联合是不能允许的。必须用反对资产阶级的起义来代替同资产阶级的联合。完全忠实于齐美尔瓦尔得-昆塔尔决议精神的列宁就这样说过。他在彼得格勒苏维埃上捍卫自己的《提纲》时郑重宣布说，应该坚决同资产阶级的一切要求决裂。

在这种场合，无政府工团主义者多·纽文胡斯会完全赞成他的看法，因为齐美尔瓦尔得-昆塔尔的各项决议恢复了纽文胡斯的精神。在布鲁塞尔和苏黎世社会主义者代表大会上，纽文胡斯正是发挥了这样的思想：战争可能和应该成为国际社会主义革命的信号。

无论如何列宁从齐美尔瓦尔得-昆塔尔决议中做出了完全合法的结论，他要求群众高呼："打倒资本家部长！"而且——至少在彼得格勒——群众响应了他的号召。我们大家都清楚记得的六月十八日示威就是列宁的"口号"的胜利。

在这次示威的时候，我和齐赫泽同志并排站在马尔斯校场上[①]。

---

[①] 马尔斯校场，列宁格勒最美丽的广场之一，一九一七年六月十八日俄国人民曾在这里举行过大规模的反对帝国主义战争和临时政府的示威活动。——译者注

我从他的表情上看出，他对于要求推翻"资本家"部长的宣传画多得惊人一事具有什么意义，丝毫没有发生错觉。这个意义就是：以今天真正的主人身份从我们身旁走过的列宁分子的某些代表，故意突出地向他发出各种俨然长官神气的命令。

但是如果齐赫泽同志认识到了六月十八日示威是列宁分子的胜利，那么他大概没有想到，——就是现在也不见得想到，——这种胜利是由于他、策烈铁里以及他们的同志们和列宁本人一样热情地醉心于宣传齐美尔瓦尔得-昆塔尔思想而造成的。

如果仍然采取齐美尔瓦尔得-昆塔尔通过的决议的立场，就不可能否定"打倒资本家部长！"这个口号。我们那些本来赞成上述决议的社会主义部长就不得不一定要同意这个口号。但是，如果齐美尔瓦尔得-昆塔尔的信条谴责了革命民主派同工商业阶级的联合，那就必然会产生一个问题：策烈铁里同志和其他社会主义者到底为什么同"资产者"并肩地坐在部长席位上呢？

列宁对这个问题的答复非常简单、明确，而且完全符合齐美尔瓦尔得-昆塔尔的精神：因为我们的社会主义部长背叛了自己原有的事业。策烈铁里同志和其他社会主义部长的同道们当然不能同意这种说法。于是他们想出了一个很巧妙的理由，说同法国和比利时的社会主义者相反，我国社会主义者之所以同意参加内阁，不是为了同内阁里的资产阶级成员合作，而只是为了在内阁中继续进行阶级斗争。这个本身完全站不住脚的理由，妨碍了我国社会主义部长们（他们不反对这个理由，而且因此承认它是正确的）给自己确定只要多少有一点明确的行动路线。由此产生了许多不必要的和极端有害的磨擦，这些磨擦大大败坏了联合思想的名誉。

而联合思想的名誉败坏得越多,就越会使列宁接近胜利。现在列宁只要再走几步就可以取得彻底的胜利。

我不知道当他凯旋地在彼得格勒宽广的大街上行进的时候,他是否会想到感谢策烈铁里同志。大概不会。但是没有疑问,如果策烈铁里同志关于"反革命会通过布尔什维主义的大门冲到我们面前来"的预言是正确的,那么写出下面这句话的历史家将同样是正确的:

因为伊·格·策烈铁里是齐美尔瓦尔得分子,所以他热情地和成功地铺平了通向列宁的布尔什维主义大门的道路。

# 谁胜利了呢？

（一九一七年九月二十二日《统一报》第一四六号）

《日报》（九月二十一日那一号）说，傻瓜胜利了。这不对。列宁胜利了。而列宁完全不是傻瓜。他知道自己的事业。当然，他的事业同现代觉悟的无产阶级的事业根本没有任何共同之点。他的策略是米·巴枯宁的"暴动"策略的大大扩充了的新版本。这个策略同科学社会主义奠基人遗留给我们的革命策略，甚至根本没有略微相似之处。但是这完全是另一个问题，同我们这里要探讨的"在彼得格勒民主会议上究竟谁胜利了呢？"的问题毫不相干。

对于后面这个问题，我们只想到一个回答：列宁胜利了，绝对不能把列宁称作傻瓜，因为他很知道自己的暧昧的事业。

"傻瓜"没有胜利，相反，而是被打败了。而且这是毫不奇怪的事，因为"傻瓜"命中注定了要遭到失败。

列宁希望什么呢？

从他回到俄国以来，我们不断地听到他和他的同道们说：全部政权应当转到工人、士兵和雇农代表苏维埃手中。现在呢？感谢彼得格勒民主会议，我们已经紧紧地靠近了列宁所竭力争取的那种局面了。如果政权不是转到一些苏维埃的手中，那无论如何是转到在这些苏维埃中独占统治地位的那个革命民主派的手中。而政权之转到革命民主派手中这个事实无疑是列宁的胜利,同样无疑是"傻瓜"的失败。

是哪一个"傻瓜"呢？他的名字是不可胜数的。他绝对不能理解,赞成和宣传作为列宁策略基础的整整一半前提,是不能胜利地同列宁进行斗争的。他希望同资产阶级联合,但是固执地否定这样一些条件：如果没有这些条件,联合就一定会像献身给上帝的处女一样是不生育的。他以一种应该得到更好的命运的热情,竭力想坐在两把椅子中间,结果却狠狠地摔倒在地下。

政权(无论实质上或者形式上)现在转到革命民主派手中去了。革命民主派是什么人呢？是劳动群众,即(为了表达得更确切些)某一部分的劳动群众。在我国,人们是怎样看待政权转到劳动群众手中以后可能产生的种种后果的呢？人们的看法很不相同。

根据列宁和列宁分子的意见,对于工人阶级进一步发展来说,后果只能是有利的。反对列宁策略的人们则认为其中有某种完全不利于这个发展的东西。我在自己的各种论文和演说中,曾经不止一次地提到策烈铁里同志在反驳列宁的"提纲"时引用的恩格斯的这样一句话：当社会主义革命所必需的客观条件尚不具备的时候,工人阶级就夺取政权,对于这个阶级说来乃是最大的不幸。提醒人们注意这句话是最恰当不过了。不错,策烈铁里同志本人是不能从恩格斯这句意义深刻的话中做出恩格斯从中得出的那个实际结论的。我在我昨天的文章里说明过策烈铁里同志逻辑上软弱无力的根源何在。但问题不在这位同志,也不在他的逻辑上的软弱无力,而在于：如果包含在他引用的恩格斯的话中的思想是正确的,那么促使工人阶级过早地夺取政权,就会使它陷于最大的不幸。凡是彻底坚持马克思恩格斯学说的革命者,是不可能同这样的人讲团结的。我国绝大多数反对列宁的人,完全没有表现出彻底思维的卓越本领;无论你们怎么说,我的确不是无缘无故地称他们做半列宁分子的。但是,当他们没有忘记策烈铁里同志引用的恩格斯的话的时候,他们并不认为可以同列宁的拥护者团结。在六月举行的各苏维埃代表会议上,列宁分子的反对者们对他们讲话的时候不称他们为同志,而称他们做先生。列宁分子也不示弱:他们在自己的刊物上轻蔑地把半列宁分子叫作小资产者。所有这些挖苦人的名词从政治观点来看都是有十分重要意义的。现在必须仔细看一看某种不同的现象。

我不认为列宁不再把半列宁分子看成小资产者了。他不会轻易地放弃自己的政治观点。但是毋庸置疑,半列宁分子现在已经不愿意把列宁看作是一个由于他的策略而使工人阶级陷于历史上只有这个阶级才会遭到的最大不幸的人。完全相反。他们现在简直被列宁分子可能会放弃同他们团结这个想法吓倒了。在他们看来,这种放弃是革命民主派队伍中危险的分裂。为了避免这种分裂,他们正在向列宁分子作出越来越多的让步,而列宁分子则变得越来越苛刻。策烈铁里同志为了保存革命民主派队伍中的团结而虚构的决议,不过是半列宁分子向列宁分子提出的一份全面的和卑鄙的投降书罢了。试问,怎么能不说是列宁在基督纪元后一九一七年夏天彼得格勒民主会议上取得了巨大的胜利呢?

但是为什么半列宁分子现在变得这样容易让步了呢?为什么他们如此强烈地重视同那些毫不客气地对他们赏以老拳的列宁分子的联盟呢?是因为使工人阶级夺取政权已不再是它的具有历史

意义的最大不幸的客观条件现在终于已经成熟了吗？谈何容易！最近几个月来，除了可能引起反革命而绝对不能据以建立社会主义社会的那种可怕的经济崩溃现象以外，什么东西也没有成熟。

只有一点改变了：半列宁分子本身叛变了。他们在齐美尔瓦尔得-昆塔尔派的逻辑影响下对工商业阶级采取了完全错误的策略，从而越来越习惯于革命民主派夺取政权的思想。现在这个思想不仅不使他们恐惧，反而被他们看成是目前情况下唯一正确的思想。他们就这样急忙地在胜利的敌人面前降下自己的旗帜。

列宁来吧，半列宁分子在向你致敬呢！

# 他们为什么高兴？

（一九一七年九月二十三日《统一报》第一四七号）

感谢策烈铁里同志想出来的妥协办法，"民主战线的团结"得救了。甚至直到现在都不很关心保持我国革命民主派队伍的团结的《俄罗斯意志报》，也对被许多人认为几乎是奇迹的这种得救感到异常欢喜。

赞成妥协的人们的高兴心情是这样巨大，以致他们忘记（或者也许是：不敢）问自己：

民主派统一战线现在是在向哪个方面转变呢？

看来这远不是多余的问题。

马克思（在《关于自由贸易的演说》中）曾经劝告自己的听众不要迷恋"自由"这个简单的字眼，而要事先弄清楚指的是什么样的自由——谁的自由①。我认为我们的导师是正确的。如果我们开始比方对掠夺的自由，或者一般地对旨在损害公民社会的任何行动的自由都报以掌声，我们的行为就很奇怪了。

团结这个字眼也是一样。在迷恋这个字眼以前，把互相团结的人追求什么目的这一点弄明白是有益的。如果所指的比方说是

---

① 参见《马克思恩格斯全集》，第四卷，第457页。——译者注

革命者,那么凡是同情革命的人都一定要想想:他们团结自己的力量是为了达到什么目的。如果他们采取有利于他们自己事业的行动,那么他们当然要好好地团结起来。如果他们团结起来是为了完成一件损害他们自己的事情,那么最好让他们还是各走各的路吧:因为在这种场合下他们给自己的事业带来的损害实际上会小得多。难道不是这样吗?

如果是这样(而读者您,一定会承认,事实上的确是这样),那么我就要回到我前面所提出的问题上来:

我国革命民主派的统一战线现在向哪个方面转变呢?

我曾经不止一次地回答过这个问题:向夺取全部政权方面转变。而且当然,谁也不会说,我这样答复的时候错误地理解了事变的意义。

但是如果革命民主派现在就走上把全部政权夺到自己手里来的道路,那么我就不明白,为什么一定要对革命民主派保持自己阵线的团结一事感到高兴。

我以为,对这件事可以感到高兴,也可以感到痛心。这要看观点如何。

早就谋求把全部政权交给工人(等等)代表苏维埃的列宁的拥护者们,现在看到整个革命民主派把自己的统一战线引向他们所希望的方向,当然一定是很满意的。

然则没有忘记恩格斯所说的过早地夺取政权对工人说来是空前的最大不幸这句话的同志们又该作何感想呢?他们有没有理由对现在整个革命民主派认为必须用自己的全部联合力量把工人阶级推到它可能遇到的一切不幸中的最大不幸方面去这件事感到高

兴呢？当然没有！反之，这些同志应该痛心地对自己说："现在我国工人阶级也许已经避免不了巨大的灾难；现在它避免灾难的机会已经大大地减少了"。

所以当这些同志看到人们一听到"革命阵线的团结"这句令人高兴的话便非常感动时，他们也就只好耸一耸肩，喊道："啊，盲目真是一个大缺点！"

请设想一下，比方说，兄弟三人或四人联合起来共同勒死自己的父亲。难道你们不会说，假使他们中间产生了可以妨碍他们实现他们的罪恶计划的分裂意图，那就会更好些吗？你们当然会这样说，只要你们把心（用德国人的说法）摆在适当的地方。

当你们确信统一的革命战线坚决地朝着劳动群众的或多或少"有全权的"代表们夺取政权这个方向走去的时候，你们也应该说同样的话。

人民的幸福是最高的法律。如果（由于策烈铁里的公式）保存下来的革命民主派的团结在巩固它夺得的政权的同时，却使工人阶级陷于具有历史意义的最大不幸，那么这种团结就会使我们倒霉！如果分裂代替了团结，那会好得多。那时一部分革命民主派的力量，就会用来消除这个威胁我国工人阶级的最大不幸，那时我国工人阶级也许会得救，而革命就将同它一起得救，整个俄国也会同革命一起得救……

让我们回忆一下今年七月九日的夜晚吧。在这天夜里，革命民主派的力量分散了。列宁分子准备了工人和士兵的街头"和平"发动。他们的反对者们坚决谋求防止这次发动。革命力量这次分裂的结果，发生了什么事情呢？结果是：七月三—五日的可悲事件总算推迟了几个星期。说实在的,这里根本没有任何不好的东西。

啊,同志们,不要迷恋"保持革命战线的团结"这样的字眼吧!请问一问自己,在现时的条件下保持这种团结会有什么结果。

苏汉诺夫先生在《新生活报》上断然声称:

"民主专政实际上是由于宣布'预备国会'是政权唯一合法的来源而建立的"。

我一生头一次发现苏汉诺夫先生没有犯错误。革命民主派的专政无疑是由预备国会确立的。策烈铁里同志徒然企图削弱这个无可怀疑的情况的意义,把关于政府应该批准预备国会的这句话放进自己的折衷主义公式中去。但是请这位同志原谅我吧:这句话是十分荒谬的。如果预备国会希望得到政府的批准,那么它就因此承认了自己是依赖于政府的。但是另一方面,策烈铁里的同一条公式又宣布政府依赖于预备国会。结果出现这样的迷魂阵:拥护所谓由三条鲸鱼支持的理论的人,毫无希望地在这个迷魂阵里转来转去。

——可是鲸鱼由什么东西来支持呢?鲸鱼由水支持。而水呢?水由地支持。

那么,请把什么支持什么弄清楚一下吧!

应该强迫政府接受自己的意志的预备国会本身需要政府的批准,这个思想的荒谬性明显地反映了策烈铁里同志在使我们感到兴趣的问题上所采取的立场毫无根据。他急忙放弃了自己荒谬的思想。但是放弃这个思想一点也没有改善他的立场。

策烈铁里同志采取这个立场,就给他大概不打算为之效劳的列宁效了一次很大的劳。他拯救革命战线的团结的结果,正如我上面已经说过的,除了使俄国工人阶级遭到策烈铁里同志还在不久以前曾经用恩格斯的话谈到的那个最大的不幸以外,什么也得不到……

列宁的同道们很懂得这位同志给列宁效了多么大的劳。在九月二十一日举行的彼得格勒工人和士兵代表苏维埃非常会议上,列宁分子布哈林要求革命民主派说了一以后,立即再说二。他证明,民主会议不能解决摆在民主派面前的那些任务。同时他肯定地认为(完全符合我们很熟悉的列宁的说教),只有工兵代表苏维埃代表大会才能建立真正的革命政权。

列宁的同道们的思想是合乎逻辑的,可惜的是对策烈铁里同志却不能这么说。策烈铁里同志要保持朝夺取政权的道路前进的民主战线的团结,于是说了一。列宁的同道们希望他再说二。他大概不敢这样做。既然说了一,将来就会说二。这有事变的客观逻辑作保证。然而在这里,你们究竟为什么高兴呢,高贵的先生们?你们不支持列宁的观点吗?即使你们杀了我,我也不明白!要知道这里说的是只有俄国工人,因此也只有俄国才会遭到的最大不幸。

# 冬宫的谈判

（一九一七年九月二十四日《统一报》第一四八号）

我写这篇文章的时候，政府同各政党代表们关于增加现内阁的成员所进行的谈判还没有结束。参加九月二十二日在冬宫孔雀石大厅召开的关于这个问题的会议的，不仅有我国现任部长们，不仅有革命民主派的代表——齐赫泽、策烈铁里、郭茨、阿夫克森齐也夫、施莱德尔、鲁德涅夫等同志，而且也有工商业阶级的代表和人民自由党中央委员会的委员：基什金、柯诺瓦诺夫、斯米尔诺夫、特列齐雅柯夫、纳波柯夫和阿哲莫夫等先生。从这里仿佛应该得出结论：决议的抽象逻辑开始让位于现实生活的要求，革命民主派一致承认自己曾在亚历山大剧院①予以否定的联合思想。据说普罗柯波维奇表示过一个愉快的信念，确信九月二十二日在孔雀石大厅开始交换意见的做法会产生良好的效果。我承认，我没有这种愉快的信念。

当然可能达成协议；如果我很快听到这个消息，我是不会惊奇的。但问题在于协议会不会成为新的政府危机的前奏。在现在的情况下，我相信任何人都会和我一起承认：在我国，暂时还没有在

---

① 民主会议的各次会议就是在这个剧院里举行的。——编者注

这个问题上做乐观派的任何根据。

比自己所有其他的同志更多地代表革命民主派说话的是伊·格·策烈铁里。大家知道，这是一位大外交家。既然他参加了关于协议的谈判，他就不会加剧各方之间现存的意见分歧。相反，他至少会力求在自己的叙述中缓和这些分歧。但就是在这里他也没有改变他固有的谨慎态度。他知道，我们的同志们害怕言论比害怕事实更厉害得多，因此他甚至在纯粹言论性质的让步方面也不会走得很远。他主要的关心将集中在不要吓坏自己的委托者们。他确信，作为他们的领袖，他一定要跟着他们走。这就使他变成确定他所代表的那些人中间占统治地位的情绪的一架极敏感的仪器。所以凡是想弄清楚这些情绪的人，都应该仔细听听这位伊·格·策烈铁里的言论。

九月二十二日他在孔雀石大厅里究竟说了些什么呢？

他说，应该消除政权同民族基础的分离现象。为了这个目的，民主会议建立了一个机构，这个机构在立宪会议召开以前将表达人民的意志，虽然是以不完善的形式表达。这个新机构的职能应该是：监督政府的活动，向政府提出质询，并有权向政府表示信任和不信任。

我们来谈谈这个问题。如果民主会议建立的和以不完善的形式表达人民意志的这个机构表示不信任政府，政府应该采取什么行动呢？它应该辞职。谁来关心新政府的组成呢？显然还是这个以不完善的形式表达人民意志的机构。如果是这样，那就不能不指出，甚至策烈铁里同志承认这个机构的不完善性，也丝毫不妨碍它具有完善的无限政治权力。

我不准备探讨把完善的无限权力交给不完善地表达人民意志的机构是否适当。这是多余的问题。根据我昨天的文章中引用过的苏汉诺夫先生的公正的意见,彼得格勒会议建立了革命民主派的专政。我要补充一句,如果暂时还没有在现实中建立这种专政,那至少在绝大多数的革命民主派分子的意见中建立了这种专政。好吧,既然建立了革命民主派的专政,那么询问(同这种专政的拥护者们谈)这种专政会不会发生什么不方便的事情就已经迟了。应当像尊重事实一样尊重这种专政。我现在也就是这样办。

革命民主派掌握了全部政权以后,当然会立即利用它;否则也就不值得追求它了。而如果革命民主派将利用(这是十分自然的事)自己刚刚得到的全部政权,那我就不知道是否可以相信现时冬宫在革命民主派和工商业阶级代表之间所谈判的那种协议是可靠的。我看不可以!

要使他们之间的协议能够可靠,必须有相互的(政治方面的和其他方面的)让步。而革命民主派在把无限的政治权力夺到自己手中以后,决没有表现过作让步的倾向。这是像二二得四那样明白的。

因此有一切理由可以担心:如果亚·费·克伦斯基终于组成有工商业阶级代表参加的新内阁,那么经过最短的时间以后国家将会再次听到政权危机。然而在我国,这样的危机本来就已经太多太多了!

在革命民主派还没有宣布自己的专政以前,危机就太多了。宣布专政以后危机当然会更多。

伊·格·策烈铁里说过,我们的有充分权力的预备国会应该增加居民中有资格的分子①的代表。但是谁有权决定工商业阶级可以派多少代表到预备国会去呢？革命民主派吗？如果是的，那就是说，正是在策烈铁里同志本来希望冲淡革命民主派的专政所产生的强烈印象的地方，这种专政却特别刺眼。如果不是，如果革命民主派放弃决定工商业阶级在预备国会中代表数额的权利，那么这个权利最终是归谁呢？归政府吗？但是既然革命民主派实行专政，那么我国的执政者就是它的驯服的工具，这样一来，把控制有资格的分子的代表数额的权利交给这些执政者是无济于事的，它丝毫不会改变局势。革命民主派的专政仍然是革命民主派的专政，不管如何巧妙地试图在某些地方用"有资格的分子"的颜色来粉饰这种专政。这种试图真的会成功吗？等着瞧吧！

从这一切应该得出什么结论呢？结论就是：伊·格·策烈铁里在冬宫说话时所代表的那些同志，希望调和不能调和的东西，使革命民主派的专政同联合结合起来。只要他们仍然具有这种折衷主义的情绪，危机就只能通过列宁分子一直力求的组成清一色的社会主义内阁的办法来消除。

但是难道策烈铁里同志和他的同道们始终不会放弃他们不自觉地主动扮演的，而其实是很可悲的、我们的假革命的维茨里-普茨里的某种先驱者的角色么？

---

① 即有产者。——译者注

# "但是"……

(一九一七年九月二十八日《统一报》第一五〇号)

> 谁没有忧虑和愤怒地生活着,
> 谁就不爱自己的祖国。
>
> ——涅克拉索夫

现在,我国政府(拯救革命的政府)改组了。① 政府改组后照例急急忙忙通告全国:它目前所有的打算。

我怀着兴趣,读完了新政府的声明,并且……对它的爱好和平感到惊讶。

请看其中的一段话:

"临时政府确信,只有全国和平的幸福才能使我们伟大的祖国发挥一切创造力,所以它将根据俄国革命派所宣布的民主原则的精神(俄国革命派把这些原则变成了全民族的财产),继续奉行并且不断发展自己的有效的对外政策,力求达到不让任何一方使用暴力的全国和平。"

---

① 除亚·费·克伦斯基外,参加新政府的有:维尔霍夫斯基将军、维尔杰列夫斯基海军上将、米·别尔纳茨基、克·格沃兹迭夫、尼·基什金、亚·柯诺瓦诺夫、利维罗夫斯基、亚·尼基廷、斯·普罗柯波维奇、斯·萨拉兹金、斯·斯米尔诺夫、米·捷列申柯、斯·特列齐雅柯夫。——编者注

如果把这段话从堂皇、笨拙的语言翻译过来（不知道为什么我们这里人们要用这种语言写声明，甚至写革命政府的声明），那就是说，我们的执政者们决定"不断"遵循齐美尔瓦尔得-昆塔尔派的政策。

那么，俄国革命派究竟宣布过什么样的国际政策的民主原则呢？就是那些得到过齐美尔瓦尔得-昆塔尔派国际同意的原则。

这些原则有两条：

（一）不割地不赔款的和平。

（二）各民族自由的自决。

这两条原则的特点是，坚持其中的一条，就一定要否定第二条。我常常指出过这种情况，而且从来没有人提出任何一个稍微严肃的理由反驳过我的话。就是要反驳也不可能。

根据民族自决"原则"，土耳其的亚美尼亚应该归附于俄国，如果亚美尼亚人愿意这样做的话（这大概是无可怀疑的）。

根据同一个"原则"，东加利西亚有充分的权利同小俄罗斯[①]合并，而小俄罗斯（我确信这一点）在保证自己有独立发展权利的情况下，是不会愿意退出俄罗斯国家的。

但是东加利西亚同小俄罗斯的合并，或者土耳其的亚美尼亚人同俄罗斯人的合并乃是"割地"，即是一定的领土脱离奥地利或者脱离土耳其而归入我国的版图。然而俄国革命派（其实就是齐美尔瓦尔得-昆塔尔派）所宣布的第一条"原则"不仅禁止赔款，而且禁止割地。

---

① 沙皇政府看不起乌克兰，称之为小俄罗斯。——译者注

解决这个矛盾也像解决方圆问题一样是不可能的。而且如果改组后的我国政府答应坚持齐美尔瓦尔得-昆塔尔派所赞同和俄国革命派所宣布的两条"原则"的话,那么我们就只有在下面两个假设中决定一个:

或者这个政府到现在都没有看出它在对外政策中必须遵循的"原则"之间的矛盾是无法解决的。而这不会给它的敏锐眼光增加光彩。

或者它看到齐美尔瓦尔得分子所赞同的"原则"相互间具有我指出的那种矛盾,并且认识到这种矛盾是无法解决的,但是"为了不刺激鹅"而答应坚持这两条原则。而这也不会给它的诚实作风增加光彩。

其次,改组后的政府根据什么断定齐美尔瓦尔得-昆塔尔派的对外政策的"原则"变成了我们的全民族的财产呢?这些"原则"过去不曾变成这样的财产,现在当然也决不会变成这样的财产。诚然,在进一步发展和实际运用(联欢之类)的时候,它们对我国军队产生了蜕化的影响。

但是政府——拯救革命的政府——能不能认为这种可耻的现象是齐美尔瓦尔得派教条正确性的论据,并且把它当作这些教条变成为全民族的财产的见证而加以援引呢?当然不能。可是现在除了这种现象以外它也就不援引什么了。

不管怎么样,我们的执政者们答应在齐美尔瓦尔得-昆塔尔派的旗帜下坚决地走在俄国盟国的前面。

我们从他们那里知道:"临时政府将和盟国采取完全一致的行动,在最近几天中参加盟国列强的代表会议,它并且将派遣受到各民主组织特别信任的人作为自己的全权代表出席会议"。

换句话说,盟国列强的代表会议也有俄国空想社会主义(即齐美尔瓦尔得主义)的一位代表人物参加。这将是从某种观点来看的唯一事件。不过我不打算说,这种事件可能在何种程度上有助于巩固我们和我们的盟国之间的团结一致。据我所知,在同我们结盟的国家里,所有的公民(属于重要的、值得注意的组织的工人也不除外)都很不赞成齐美尔瓦尔得-昆塔尔派的观点。我们多么地难为情呵!

不过,请还没有来得及看这篇政府声明的读者不要以为,声明中根本没有谈到我们国家的自卫。我们在其中可以看到下面一段话:

"临时政府力求和平,但是它把自己的全部力量都用来保卫整个盟国的事业,捍卫国防,坚决地反击任何想使国家领土脱离出去和强迫俄国接受别人意志的企图,从祖国版图内驱逐敌人的军队"。

在这段话里陡然出现了"但是"这样一个颇为意味深长,而且的确再好没有的字眼。法国人也许要说,它 est impayable(是无价的)。

他说得对。

德国人掠夺了我国的大片领土。他们几乎完全统治着波罗的海。他们威胁着我国的两个首都。他们威胁着敖德萨和我国整个南方这个俄国的谷仓。要在我国历史上找出像我们现在处境的那种局势,必须回溯到三百年前的混乱时代。我们的执政者们面对着几乎从一切方面威胁着我们的这种可怕的危险性,并不是始终漠然无动于衷的。当然,他们首先考虑的是根据齐美尔瓦尔得-昆塔尔派宣布的那两条(正像我们上面已经看到的)彼此根本不可调和的"原则"的全世界和平。"但是",他们打算在他们仍然可以摆脱齐美尔瓦尔得-昆塔尔式的幻想的时刻也考虑到保卫我们这个备受折磨、侮辱和血迹斑斑的祖国。"但是",他们在这个时刻也关心到给德国人侵犯"国土"完整的行为以坚决的反击和从我国的版图内驱逐敌人的军队。这多么好啊!而且政府的"但是"该是多么叫我们大家放心啊!

现在我们可以相信,俄国将得救。"但是"这个字眼不大,然而其中该有多大的魔力啊。

如果我们的新政府不顾参加政府的各政党的意见分歧,真正愿意提高到我国历史时期所固有的最先进的国际法原则的水平,那么它就一定要这样说:

"我们把一切力量都用来保卫俄罗斯共和国,从它的领土上驱逐德国皇帝的军队。但是我们荣幸地领导的国家绝对不会沾染帝国主义精神。我们不愿意侵犯其他民族的幸福和独立。所以我们尽自己的一切力量使我们和我们的盟国顺利地取得的那些胜利,有助于在各民族自由自决的基础上缔结牢固的和约。"

这才是一个站在先进的法律意识高峰上的革命国家的政府所应该讲的话。在这种地方"但是"一词不仅是适当的,简直是必要的。而在政府的声明把它放进去的那个地方,它就颠倒了事物的客观顺序所规定的思想的自然顺序,从而给头脑造成最危险的混乱。

什么样的混乱呢?恰恰是齐美尔瓦尔得-昆塔尔派的说教一

直在大量散播的那些混乱。

谁不知道齐美尔瓦尔得-昆塔尔派的"争取和平的战争"最大限度地促进了我国军队战斗力的下降呢？现在改组后的政府答应要致力于提高军队的士气。同时它又把坚决地继续进行齐美尔瓦尔得-昆塔尔派的"争取和平的战争"提到最重要的地位。所以，我要问它，我要问每一个对自己祖国的命运并非完全不关心而且没有同逻辑彻底决裂的公民：利用如此可怕地降低了我国军队战斗力的那个手段能不能提高军队的战斗力呢？

# 再论改组后的政府的声明

（一九一七年九月二十九日《统一报》第一五一号）

如果读者记得亚·费·克伦斯基在莫斯科会议闭幕时所发表的那篇演说，并且把它同改组后的政府声明中谈到战争问题的那段话比较一下，那他就不得不承认，真的是"时代在变，我们也同它一起变"。亚·费·克伦斯基在自己的第二篇莫斯科演说中，咒骂过所有那些现在开始谈论和平的人。这同改组后的政府的声明中所充满的那种齐美尔瓦尔得-昆塔尔派精神，当然是完全不相符的，而在这个声明上签名的却是同一个亚·费·克伦斯基。这个巨大的区别是从哪里来的呢？为什么不久前还具有战斗精神的我国政府首脑以及新政府的全体阁员，现在却认为必须用齐美尔瓦尔得-昆塔尔派的语言说话呢？

刚刚闭幕的彼得格勒会议所取得的结果，是革命民主派夺取了政权，或者说得更确切些，是革命的知识分子集团夺取了政权，最活跃的那部分人民群众在某种程度上是自觉地，而主要是不自觉地跟着他们走的。我在以前的几篇文章里已经指出过夺取政权这个事实。现在我作一点补充。

我们的最高统帅考虑了这个事实以后，认为自己不得不回想到他本人有一度并不是没有齐美尔瓦尔得-昆塔尔派的幻想。显然，对于我国那些还在莫斯科会议时期就参加了内阁并且鼓掌欢迎过亚·费·克伦斯基的具有战斗精神的闭幕词的部长们中间的大多数人，也应该作这样的假设。当然，有另一种风度的人是不会这样做的。但是，法国人说得完全正确：最美丽的姑娘也只能拿出她所有的东西……

我觉得更有趣也更难得到解决的是下面这个问题：

为什么"拯救革命的政府"中属于工商业阶级和人民自由党的那些新阁员，如此轻易地接受了齐美尔瓦尔得-昆塔尔派的情绪呢？

据我所知，以前无论这个党，也无论这个阶级，对这种情绪都是很少同情的。是什么东西如此突然地使它们现在去亲近这种情绪呢？

我想，在这里我们又碰到在其他欧洲国家历史上不止一次地看见过的那种心理现象。

工商业阶级只有在它给自己提出某些征服目的，而达到这些目的在他看来是扩大它的经济力量的一种手段的地方和时候，才会主张进行战争。我们在现时的德国看到这种情况。可是当历史环境不允许资产阶级给自己提出类似的目的，那时它就不爱战争，而它的思想家们就宁愿梦想永久和平。当然，在一个国家遭到敌人的侵犯，并且有成为自己的一个邻国（或一些邻国）征服计划牺牲品的危险的那种情况下，这个国家的资产阶级即使充满着爱好和平的意图，也不会不参加民族自卫的共同事业。但它的参加这个事业往往是犹豫不决和萎靡不振的。碰到几次严重的失利以后，它就会充满着很难折服的信念，确信继续战争不合理，并且或多或少地公开要求开始和平谈判。在这样的情况下，资产阶级和无产阶级的对抗,也就表现为资产阶级的和平愿望,同无产阶级坚决要求无论如何要继续进行防御战争的战斗意志敌视地对立着。我们在一八七〇年末和一八七一年初,在法国同德国的单独决战中看到了这种情况。只有完全无知的人才不知道,巴黎公社是法国工人们对过早地(像他们所认为的那样)同普鲁士缔结和约极端不满的结果。

我想起这一切,就要问自己:难道俄国的工商业阶级也开始充满着这样的信念,相信我们继续反抗德国将是无益的,而且为了最快地缔结和约,应当进行一切试验,直到包括试行齐美尔瓦尔得-昆塔尔派的空想在内。

在这种情况下,没有任何不可能的事情。但是如果我国资产阶级开始倾向于和平,那么,同我们在法国看到的情况相反,它不会碰到工人阶级的反抗,因为相当大的一部分工人阶级早就坚决地跟着齐美尔瓦尔得-昆塔尔分子走了。只有俄国无产阶级中间最有觉悟的分子才懂得,我国资产阶级倾向于同德国讲和的思想,这样就把自己的阶级利益放在全民族的利益,而特别是无产阶级的利益之上。我国最有觉悟的工人现在已经看到,如果俄国被德国战败,损失最大的将是俄国无产阶级的利益。因此他们才参加所谓护国派。

糟糕的只是无产阶级觉悟分子对于觉悟不高的无产阶级群众的影响暂时还很微弱,而不能克服沾染了齐美尔瓦尔得精神的知识分子集团对这些群众的影响。因此,如果不自欺欺人,现在就应该承认,假使我国工商业阶级开始考虑到和平,假使参加"拯救革命的政府"的资产阶级代表接受齐美尔瓦尔得-昆塔尔派的空想的原因就在这里，那么，一般来说俄国的事业，特别是俄国工人阶级的事业就处境不妙了：我们的国家就避免不了德国的经济压榨；我国的无产者就避免不了长期的失业以及某一部分无产者必然（由于失业）变成"潦倒的人"。

这就是改组后的我国政府的声明所表现的齐美尔瓦尔得-昆塔尔派爱好和平的精神为我们开辟的令人沮丧的远景。谈这些远景是难过的，然而不谈是犯罪的。形势如此，必须说明真相……

除了这些令人沮丧的远景以外，声明也提出了另外一些远景。不过这须待下一次再作评论。

# 无政府状态和反革命势力

（一九一七年九月三十日《统一报》第一五二号）

改组后的政府发表了一篇声明，声明在描绘现在我们祖国的生活中到处都是骚乱时说，尽管迅速地粉碎了科尔尼洛夫将军的企图，这些企图所引起的震荡却威胁着俄罗斯共和国的生存本身："无政府状态的浪潮正卷遍全国，国外敌人在加紧进攻，反革命分子在扬眉吐气，希望由于席卷全国的疲劳现象而造成的持久的政权危机，会帮助他们消灭俄国人民的自由"。

且不去管国外的敌人的问题（我国的执政者们在国际政策上坚决地向齐美尔瓦尔得-昆塔尔派的无政府工团主义观点方面转变，无疑会便利国外敌人的事业），我认为必须指出，我引证的这一段声明不正确地描绘了无政府状态和反革命势力之间的相互关系。

也正如伊·格·策烈铁里早就公正地说过的那样：反革命势力是通过列宁的布尔什维主义的大门而侵入目前俄国的生活中来的。这位同志忘记补充一点：他自己，即殷勤的伊·格·策烈铁里，曾经勤奋地铺平了通往列宁的大门的道路。不过尽管这种情况本身多么令人痛心，在这种场合它对我们并没有意义。重要的是，反革命势力正是从这位同志所指出的方面向我们步步紧逼的。

担负着拯救"俄国人民自由"的伟大任务的政府,应当知道和记住这一点。并且不只是知道和记住而已。它对国家所负的革命责任严厉地要求它采取足以关闭列宁的布尔什维主义大门的一切措施。既然列宁的布尔什维主义使得全国大为恐慌,那么改组后的政府为了安定民心,一定要在它发表的声明中表示决心同拥护列宁的那伙人的无政府主义行动作斗争。它却没有这样做。

诚然,它在声明中指出了正在席卷全国的"无政府状态的浪潮"。不过我们在其中甚至找不到一点暗示可以说明这些浪潮是由什么风掀起的。再说透彻一点。它按照一种顺序把我们国内生活中的种种令人痛心的现象逐一罗列出来,以致人们可能以为,似乎"无政府状态的浪潮"只不过是科尔尼洛夫将军叛乱所引起的一种"震荡"而已。

在某种意义上,事情大概也就是这样。科尔尼洛夫将军的叛乱在很大程度上助长了列宁的布尔什维主义的威风。可是,列宁的布尔什维主义在科尔尼洛夫发动的影响下大大加强了,它现在已经构成这样一种危险:政府在讲到我们国内生活中到处出现的"严重骚乱"时,完全应该对这种危险单独加以考察,或者至少应该单独提出来。

然而,在我所分析的这个声明中根本没有提到它。改组后的政府似乎没有看到——更确切地说,似乎不愿意看到——大声疾呼地坚决否定作为政府本身基础的联合原则的那伙拥护列宁的人,正在公开地积极准备举行发动,以便把全部政权转交苏维埃。我们的执政者死抱住这种碰到危险就把脑袋藏进沙堆里去的鸵鸟政策,这能有什么结果呢?显然,这种政策是决不会有任何好结果的。

　　为了巩固自己的政权，为了博得受尽了接连不断和日益加剧的国内骚乱之苦的广大居民阶层的信任，"拯救革命的政府"必须以同样的魄力，对反革命的发动和无政府主义的发动一律实行镇压。它对这两种罪恶的发动表现出任何软弱态度，都会立即动摇它在国内的威望，破坏它的政权的巩固性。

　　我们在自己的机关报上反复不断地说明这个道理。而且已经是我们可以希望在我国终于出现一个强大的革命政权的时候了。亚·费·克伦斯基在莫斯科会议闭幕时曾经答应——我们是这样理解他的发言的——在同各种色彩的骚乱作斗争时表现出法国大革命时代的活动家们的坚决果断的毅力。可惜这个诺言至今都不能说是全面实现了。亚·费·克伦斯基同"无政府状态的浪潮"作斗争是不够坚决的。而现在，当他所领导的改组后的政府转而采取齐美尔瓦尔得-昆塔尔派的国际政策的观点时，人们可以担心，他的国内政策的倾向对俄国人民的自由将是极端危险的。

　　怂恿和强迫改组后的政府接受齐美尔瓦尔得-昆塔尔派的国际政策的是半列宁分子。

　　半列宁分子不能不因为这个政府做出了巨大的——简直是不可思议的——原则性让步而对它表示感谢。当它驯服地让他们牵着鼻子走的时候，他们总是会热心地支持它的。但是，不用说，如果政府让半列宁分子牵着鼻子走，它就决不能适当地巩固自己的政权，现在是懂得半列宁分子的政策只是替列宁的政策的凯旋作好准备的时候了。如果通过所有这些麻烦事，参加联合政府的一切政党还是不免要向齐美尔瓦尔得-昆塔尔派的无政府工团主义的一个变种打出一份"特殊的"降表，那么何以当初要自找麻烦呢？何以当初要多此一举呢？就是说，何以当初要同工商业阶级的代表们进行极长久的谈判和成立联合政府呢？

再说一遍：只有能够坚决地用同样的魄力既对反革命的企图，也对无政府主义的发动实行镇压的政府，才能指望得到胜利和巩固的局面。亚·费·克伦斯基最后也许不免要履行他在莫斯科大剧院公开向俄国做出的诺言。他现在有没有决心这样做呢？

我不知道。无论如何不能不说，他在对外政策中向齐美尔瓦尔得-昆塔尔派所作的不能容许的让步，十分严重地妨碍他在涉及我们国内生活的政策中采取正确的方针。社会活动家们的错误，也像天地间的一切事物一样，有自己的逻辑……

# 一九一七年十月

# 公民们，当心啊！

（一九一七年十月三日《统一报》第一五四号）

序幕演过了。演得真久：整整七个月。现在结束了。现在开始演悲剧——刚刚抛弃自己身上的旧制度的锁链、刚刚开始过自由生活的伟大人民军事溃败的一场震动人心的悲剧。

可能，和戏剧艺术的一切规则相反，这场悲剧将没有序幕那样历时长久。无论如何，它的各幕都会很短，而且它不会占许多时间。

我写这话，当然不是因为我故意要"散布惊慌失措的情绪"。我的计划里从来没有过这样的工作。我写这话，是因为我们大家早就该用清醒的眼光来看待俄国的局势和理解……"祖国在危险中"这几个可怕的字眼的意义了。

诚然，我们的"但是"政府的某些无忧无虑的成员努力地安慰我们。如果报上的消息可靠，军事部长维尔霍夫斯基将军作过如下的乐观声明：

"关于已经形成的局势，由于德国陆战队在埃捷尔岛的登陆，应当说，德国人需要在心理上，特别是在彼得格勒这个总是神经质地对待前线消息的主要政治中心的心理上，产生比较强烈的印象。

是的，德国人企图通过在各个地区实行打击我们的情绪，但是往后的军事行动朝这个方向发展是极其繁难的，而且从埃捷尔岛到彼得格勒并不是那么近。"

对的就是对的：埃捷尔岛到彼得格勒并不那么近。任何稍微熟悉俄国地理的人都不难同意这种说法。但是问题不仅在于地理，也不仅在于这位无忧无虑的部长认为必须指出的"彼得格勒的心理"。问题在于不管敌人往后的军事行动的发展多么繁难，它将在朝敌人大大有利而对我们大大有害的方向改变的环境中进行。

维尔霍夫斯基先生认为必须对这一点保持沉默。然而这种沉默在现在这个可怕的时期不能不是极端有害的，因为现在必须勇敢地说出事情的真相，提醒所有对祖国没有丧失责任感的公民注意，现在需要十倍的毅力来保卫她。

海军部长维尔杰列夫斯基海军少将的表现比维尔霍夫斯基先生较坦白些，——或者也许较深思熟虑一些吧？他直截了当地承认，我们的处境很严重，德国人使我们遭受了极其沉重的打击。我们是成年人，绝对不需要我们的执政者像对待小孩一样对待我们；我们应当感谢这位海军部长的坦白作风，也应当感谢他报告了下面这个消息。

他说："从三月份以来，我早就指出过可能遭到这种打击。亚·费·克伦斯基也谈到过同样的可能性。"

这到底是怎么回事呢？从三月份以来维尔杰列夫斯基海军少将早就指出过（当然不是向任何别人，而是向我国的执政者们）。可能在埃捷尔和达戈岛方面遭到敌人沉重的打击；后来做了临时政府首脑的亚·费·克伦斯基也谈到过同样的可能性。尽管这一切，仍然没有采取过适当的反击措施，德国人仍然使我们措手不及。或者，也许我错了？也许我没有那么懂得维尔杰列夫斯基海军少将的话？如果错了，我很高兴。但可惜的是我对了。以下几行这位海军部长的自白就完全证实了这一点。

他说："我们在作战，同时却把政治斗争放到第一位。德国人出色地估计到了这一点，并且善于利用它。"

请看，结论就是像我已经说过的那样：我们没有考虑过如何给敌人以必要的反击；政治斗争妨碍了我们这样做。维尔杰列夫斯基公民是这样想的。

从这里好像就自然而然地会得出结论说：我们最好是完全忘记政治，没有政党的互相斗争是不可思议的。但这是不正确的结论。

法国大革命的泰坦式活动家们也从事很多政治活动。谁说这妨碍他们顺利地保卫自己的国家不受联合起来的欧洲反动派的进攻呢？不，这里的问题不在于我们从事政治活动，而在于我们的政治斗争所采取的方针是再错误不过的了。

必须坦率地说：自从腐朽透顶的沙皇宝座垮台以后，同瑞士的两个小村庄名字齐美尔瓦尔得和昆塔尔相联系的方针就成了我国占统治地位的政治方针。就思想方面说，它根本不新鲜。它的理论创始人是荷兰的无政府工团主义者多美拉·纽文胡斯，这个人从上世纪九十年代初期起就坚决捍卫了这种方针。但是，它却从来没有像在俄国这样繁荣昌盛过，也从来没有得到过这样大量的拥护者。在当前这次战争的最初几月里，它像瘟疫一样蔓延到我国革命知识分子小集团中来了。然而当旧制度崩溃了，当这些过去进行秘密活动的小集团不仅得到了公开宣传自己的观点的机会，而且把觉悟不高的工人和士兵群众吸引到自己方面来以后，我国土地上发生的政治斗争立即被涂上了齐美尔瓦尔得-昆塔尔派无政府工团主义的鲜艳色彩。这也就是我们的一切战争灾难的根本原因。

只要仔细回顾一下事变的过程,就容易相信,齐美尔瓦尔得-昆塔尔派的方针,归根到底是由四月二十日开始的那个接连不断的政府危机决定的。经历着接连不断的危机状态的政府,不可能积极地保卫国防。不用说,德国总参谋部是用它素有的精确性估计了这种情况的。

但主要的不幸在于齐美尔瓦尔得-昆塔尔派的"争取和平的战争"使俄国军队的战斗力极端地低落。如果不久以前被判罪的苏霍姆林诺夫使俄国士兵解除了武装,那么齐美尔瓦尔得-昆塔尔派的思想就腐蚀了士兵的灵魂。这就是德国军队向前推进,像疾风驱走山谷的浮云和吹倒积尘的衰草那样扫荡俄国部队的原因。

如果维尔杰列夫斯基公民好好弄清了这一点,他就会说,使我们变得弱小的不是政治,而只是我们的政治斗争所采取的齐美尔瓦尔得-昆塔尔派的方针。遗憾的是他完全没有明白这一点。他本人是政府成员,这个政府几天以前曾经发表声明,宣布完全准备跟着齐美尔瓦尔得-昆塔尔派的笛声跳舞,使整个欧洲大吃一惊。从这篇声明的意思来看,跟着齐美尔瓦尔得-昆塔尔派的笛声跳舞是它在国际政策中最急迫的任务。国防在声明中只占第二位:虽然它说,我们将以海涅笔下的阿塔-特罗耳①所具有的热情和优美

---

① 《阿塔-特罗耳》(《Атта-Троль》)是海涅在一八四一年秋天写成的著名长诗。阿塔-特罗耳是诗中的主人公熊的名字,是世界文学中假社会主义的最初体现者之一。这个人格化的熊由于拙劣的模仿而变成了奴才。参见《海涅全集》,一九五七年俄文版,第二卷,第181—252页。——译者注

姿态跳舞,"但是"我们也考虑到军事上保卫俄国。

这种政策没有使俄国得到任何东西,却使它丧失了多得可怕的东西。不过要对这种政策负责的也不是我们的海军部长。我们的最高统帅在告波罗的海舰队书中写道:"祖国不会只活到今天,它不会饶恕犯罪的轻率态度或有意的叛变行为。"这是对的,祖国决不会饶恕这种轻率态度,也不会饶恕这种叛变行为。但是政府答应在对外政策中跳齐美尔瓦尔得-昆塔尔式的舞蹈,这难道不是"犯罪的轻率态度"吗?可惜,是的!而且我国政府恰恰是当德国人在波罗的海一些岛屿取得胜利的前夕表现了这种犯罪的轻率态度。真倒霉啊,俄国工人阶级! 真倒霉啊,俄罗斯土地!

的确,德国人夺得的胜利所造成的震动人心的印象,好像迫使我们的"但是"政府给自己确定了另一条行动路线。政府已经答应使国防成为国家最重要的主要任务。晚一点比没有好。但是它会不会长期保持这种良好的意愿呢?

我们每一个人都有责任运用自己拥有的一切手段使我国的执政者们不要忘记自己的新的诺言。

不是车拉马,而是马拉车。不是政府应该决定国家的政策,而是国家(整个国家)应该决定政府的政策。面对着威胁俄国的可怕的危险,俄国的舆论终于应该大声说话了。这样做是有许多完全合法的途径:报刊、会议上通过的决议、请愿书等等。但是必须尽量迅速地利用这一切途径。时间不会等待。终点快到了……

公民们,当心啊!可别让我们的执政官们给共和国造成损害。

# 齐美尔瓦尔得和德国

(一九一七年十月四日《统一报》第一五五号)

德国帝国主义者清楚地知道,世界上有许多傻瓜,很容易用最简单的诡辩使他们上当。德国政府在涉及当前战争的一些问题上所发表的大多数声明和所作的大多数解释,就考虑到了这些傻瓜的心理。而各种各样的傻瓜中间最受它注意的还是齐美尔瓦尔得-昆塔尔的那一种。这也是容易理解的。这种傻瓜已经给它作了可贵的效劳,破坏了俄国军队的纪律和大大地降低了它的战斗力。假使不再给齐美尔瓦尔得-昆塔尔分子提供新的理由来支持如此顺利地进行的"争取和平的战争",威廉二世的帝国政府就会违反自己本身的利益。齐美尔瓦尔得-昆塔尔分子的"争取和平的战争"乃是帝国政府顺利进行争取世界统治权的战争的必要条件之一。德国帝国主义者不是能够忽视这个条件的那种人。

现在,德国制造出来的又一个一般诱惑齐美尔瓦尔得-昆塔尔分子,特别是诱惑俄国那些以最粗心大意闻名的"争取和平的战士"的诡辩,就是所谓顺便说出来的自白:德国政府准备向自己的西方敌人作一些很重要的让步,只是不能下决心把一八七一年从法国手上夺去的阿尔萨斯和洛林归还法国。在这个自白中没有提到俄国。而且提它也是多余的:"俄国的"齐美尔瓦尔得-昆塔尔分子早就表明自己完全使我们祖国最重要的利益捐献给"第三国际"。所以，我们的"争取和平"的战士丝毫也没有因为德国外交家对于俄国的不祥的沉默而感到不安，他们已经在开始谈论不值得为阿尔萨斯和洛林应当归谁的问题而继续流血了。

但是他们越是热心地提出这个"德国造"（made in Germany）的理由，他们自己的（在今后将臭名远扬的两个瑞士小村庄里臆造出来的）国际政策的基本原理的无法消除的矛盾就会暴露得更加清楚。

齐美尔瓦尔得-昆塔尔分子一直不断地要求根据民族自决的、不割地不赔款的和平。然而如果他们真正希望未来和平的条件不是对各民族自由支配自己命运的权利的残酷嘲弄，那么他们就应该对德国企图用武力为自己保持阿尔萨斯和洛林提出强有力的抗议。

如果这两省的居民希望做法国的公民，而不愿做德国的臣民，那么，凡是说"不值得为着这种态度而继续作战"的人显然在背叛齐美尔瓦尔得-昆塔尔。为什么齐美尔瓦尔得-昆塔尔分子不但不谴责这种背叛行为，反而促使所有受他们影响的人走这种背叛的道路呢？为什么他们不重视他们自己赞成过而且大声宣布过的公式呢？

这正是因为各民族自由的自决要求，只是齐美尔瓦尔得-昆塔尔派的国际政策的外表上的装饰品罢了，按其本质来说，它和这个政策是根本没有任何共同之点的。

对于齐美尔瓦尔得-昆塔尔分子说来，重要的完全不是各民族得到自决的权利。对他们来说，重要的是战争无论如何要尽量迅速地停止下来。

他们的国际政策的实质最好是用"不割地不赔款的和平"这个公式来表示。不过也不能认为这个公式完善地(恰当地)表达了它的实质。这个公式之所以被人接受,原因是利用它很容易(像齐美尔瓦尔得-昆塔尔分子所认为的那样)使所有的民族对停止战争产生好感。

但是从人们接受这个公式以来,已经过去三年了。军事行动的地图已经大大地改变得有利于中欧各强国了。而且现在,"不割地不赔款的和平"这个公式本身可能成为迅速缔结和约的障碍:试试不通过斗争去劝说德国放弃它在战争时期取得的所有那些"割地"吧!

因此齐美尔瓦尔得-昆塔尔分子现在甚至不是坚决要求达到"不割地不赔款"的和平。让德国得到俄国的割地吧。让它保留它从自己所占领的地区的居民那里已经征收到的一切赔款吧,让它(违反民族自决权)控制阿尔萨斯和洛林吧。这一切都是不值得真正的"国际主义者"——齐美尔瓦尔得-昆塔尔牌的国际主义者注意的鸡毛蒜皮。他所应当追求的唯一目的,就是最快地缔结和约,即使这会最残酷地践踏各民族的权利也好。

读者可以看到,这对德国帝国主义者是多么的有利。难怪这些帝国主义者一般来说对齐美尔瓦尔得-昆塔尔分子,特别是"俄国的齐美尔瓦尔得-昆塔尔分子"爱好和平的说教发生那么大的兴趣。

然而为什么身上带有齐美尔瓦尔得-昆塔尔的"大图章"的先生们这样强烈地向往和平呢?

他们回答说,因为战争使无产阶级的注意力离开了它的最终目的:用社会主义的生产方式代替资本主义的生产方式。

这里无疑有部分的真理，但是这里也有一个使真理本身化为乌有的大错误。

齐美尔瓦尔得-昆塔尔的绅士们忘记了，无产阶级向它的最终目的的运动是一个历史过程，这个过程不是在真空里进行的，而是在一定的历史环境中进行的，这个环境的性质将在极大程度上，顺便说一句，也取决于使当前的战争停止下来的那些条件。

然而为什么他们会忘记这个道理呢？

这种遗忘现象是一切空想社会主义学派的特点：因为它们全都坚信，如果在它们出现以前有过历史，那么从它们产生的那个时候起，整个历史过程都应归结为它们的空想主义福音书的宣传和胜利。这是我们从马克思和恩格斯那里早就知道的。

# 两 极 相 逢

（一九一七年十月六日《统一报》第一五七号）

我回到祖国以后不久，维拉·查苏利奇告诉我一位我们都认识的朋友在同我国革命民主派极端分子的某个代表的谈话中说过的一个俏皮的意见。一看到现在泛滥整个俄罗斯土地的无政府状态，我就想起了这个意见。但是因为我只是从第二手那里知道它的，所以我就用自己的话转述出来，我只保证意思不错。

如果地球是无限的平面，那么，从某一点向左运动的一个物体经常始终会处在这一点的左边。可是既然我们的行星是有一定大小的球体（其实是旋转的椭圆体，不过在这种场合是没有关系的），那么，一个物体从某一点向左运动，经过一定的时间以后必然会处在这一点的右边。

这是完全正确的。这就是球面运动的辩证法。政党运动的辩证法也是这样。看一看我国革命民主派分子相当多的一部分人的活动，是容易相信这个道理的。

这些分子经常企图"加深革命"，他们越来越"左倾了"。同时他们因为自己的"左倾"而骄傲得了不得，刻薄地谴责所有对这种倾向采取不信任态度的人犯了亲立宪民主党人、小资产阶级作风等等死罪。然而过了一段时间，在我国革命运动仿佛最先进的代表的"左倾"中开始表现出"右倾"的迹象。在克舍辛斯卡娅私邸和（如果我没有记错）杜尔诺沃别墅发现大量多少涂有鲜明的反犹太人色彩的黑帮书刊一事，已经可以使俄国社会生活的公正的观察者产生这样的思想：经常"左倾"的过程，在一定的发展阶段上，看来实际上会转化为自身的对立面，即转化为"右倾"的过程。

但是，克舍辛斯卡娅私邸里藏有大量黑帮书刊一事也可以作另一种解释。可以假定，这是未经发现和同意就擅自钻进"极左派"队伍中的一个或几个黑帮挑拨分子干的勾当。我本人准备接受这个假定。但是还有越来越多的事实使我们不容怀疑：随着速度不断地增长，"左倾"就会变为"右倾"。几乎每一家报纸的几乎每一号上都登载着一些消息无可辩驳地证明了这一点。

在农村中，农民们破坏地主的房屋，烧毁其中收藏的书籍，消灭地主仓库中堆集的粮食，拆毁他们的医院和学校。总之，农民们使自己同地主的阶级斗争具有这样一种性质，即由于这种性质就使得阶级斗争变成反对彼得大帝的改革的一种野蛮的反动。在城市里，随便左右局势的人就是喝醉了酒的士兵，像不久以前尔热夫的情况那样，他们正在演出有时以屠杀犹太人为终场的暴行。（唐波夫、哈尔科夫等等等等）。两极会相逢，而且看来两极最终相逢的时刻不远了。果然不出所料，公开要求恢复旧政治制度的反动派的走狗，都最积极地参加了屠杀犹太人的罪行。难道这不是向右转的运动吗？

有人对我说，发生这种事同任何革命民主派分子的活动毫无联系，革命民主派本身就谴责人民群众的自发发动。但是，虽然革命民主派也谴责这类发动，然而不能否认这些发动同革命民主派的某些分子的活动却是有联系的。

例如梁赞省拉年堡县就发生过而且看来至今还在发生这样的事情。

在那里,有些宣传员开始怂恿农民们:

"必须立即夺取土地。资产阶级已经把政权夺到自己手里了,并且赶跑了切尔诺夫。夺取土地吧,现在还不晚!"[1]

不知道在愚昧的农民群众中散布这些口号的宣传员是谁。我可以相信,他们甚至不属于社会革命党人的最革革革命的最高纲领派。我准备承认,他们同列宁分子的党也没有直接的关系。但是读者,您们怎样想呢:为什么他们认为拿切尔诺夫先生辞职这件事来煽动群众的情绪是适当的和有益的呢?难道不是因为在我们这位不久前的"农民部长"的指示中,他们可以听到农民必须立即夺取地主的土地的明显暗示吗?我认为正是这个原因。如果是这个原因,那么可不可以断定,我国革命民主派中间没有应对农村中发生的那些使我们回忆起斯捷潘·拉辛和叶米里扬·布加乔夫时代的风潮负责(哪怕是负一部分责任)的人呢?

其次,关于在城市中胡作非为而且有时向居民征收真正的战税的士兵的心理有什么可以说的呢?谁要以为这种心理的最可悲的特点的产生同某些革命民主派分子对士兵的影响无关,那他就大错特错了。

试回忆一下同德国人的联欢。列宁分子鼓吹过联欢,而半列宁分子(按照自己的习惯,不十分坚决地)附和了列宁分子。我们

---

[1] 《人民政权》,第一三二期。——作者注

的士兵们很愿意听联欢的宣传,而且像大家所知道的,还热情地实行了联欢。但是联欢的宣传同时也是最激烈地破坏军事纪律的宣传。没有纪律的军队是什么呢?我已经不止一次地说过和写过:这是野蛮的腐化的匪帮。我们大家都知道,我们的极左的党的某些分子远不只是用联欢的宣传破坏了士兵心中的纪律感。既然如此,那么喝醉的士兵们由于自己胡作非为而使我国城市的和平居民产生恐惧,并且只有在政府用武力对抗他们的暴力时才得安静下来,这就毫不奇怪了。(不过这种情况远不是经常发生的)

说来觉得惭愧,不说又是罪过(很大的罪过!):我国某些极左派分子无疑应当对现在(这真是我们的耻辱和不幸)从俄国的一个地区蔓延到另一个地区的那个无政府主义反动运动负相当大的责任。

这些分子对革命事业胜利的不能替代的条件理解得太糟了,因而给这个事业造成了难以补救的损失。

当我国革命实现的时候,他们曾经开始谈论加深革命的必要性。为了加深革命,就像加深任何其他社会运动一样,需要有一定的客观条件。俄国并没有必要的客观条件可以加深由社会主义制度代替资本主义制度这种意义的革命。甚至列宁分子有时候也不得不同意这一点。而半列宁分子则很少否认这一点。可是另一方面,我国很多革命者都坚持这样一种信念,相信即便只是在某些场合放弃了同资产阶级进行斗争,他们也会背叛阶级斗争的原则。资产阶级是十分关心在我国建立法制的,因此它不可能同情反革命。但是为了替自己那种拒绝同资产阶级作任何妥协的态度辩护,我国极左派几乎从革命的最初几天起就开始鄙视资产阶级,把它看成是反革命势力。于是出现了对当前战争的责任问题的错误看法,按照齐美尔瓦尔得-昆塔尔派的教条,这个责任同样地由所有国家的资产阶级承担,经济上落后的俄国也不例外。因此甚至半列宁分子在对待资产阶级的态度上也接受了这样的策略,好像他们认为可能存在没有资本家的资本主义社会似的。这是不合逻辑的。然而他们所采取的不合逻辑的对待资产阶级的策略,在广大群众中产生了最强烈的印象。既然经济上极端落后的俄国使这些广大的群众暂时还完全不能自觉地和有组织地进行社会主义运动,所以我们的"极端的"宣传家们,不得不依靠群众性格中那些代表着可悲的黑暗时代和奴隶制时代可悲的遗产的各个方面。然而他们越是向群众性格的这些方面求援,他们就越向往那些自发的发动,这些发动正像我上面所说过的,乃是对彼得大帝的改革的野蛮的反动。十分自然,随着这种发动就开始传出了直接号召恢复旧制度的声音。这里一切都是自然而然的。这里一切都是不可避免的。这里一切都是合乎逻辑地从一种现象中产生出另一种现象。革命民主派的敌人们看到了它的一些严重错误,现在他们决心高呼:"打倒它,钉死它!"

我们这些属于革命民主派的人当然不会重复这个反动的口号。我们批评民主派的错误,不是为了谴责它该钉死。相反,我们高呼:

革命民主派万岁,但愿它放弃那使它自己的事业和整个国家有遭到彻底毁灭的危险的一些错误。

我们仍然愿意相信,它会放弃注定要使革命的"左倾"变成反动的"右倾"的那个策略。

# 国会的第一天

（一九一七年十月十日《统一报》第一六〇号）

我不知道预备国会今天的会议会给我们准备些什么，但是我认为星期六的第一天会议未能使那些认真对待当前这个困难时期种种引起祸患的问题的公民感到满意。

尼·德·阿夫克森齐也夫当选为我国"朝廷"的议长（其实这个"朝廷"就其法律基础说，倒很像童话里建立在鸡足上的小木房）。他曾是巴黎《号召报》编辑部成员之一，坚持过我国野蛮的政治行话中所谓护国派的观点。但是尼·德·阿夫克森齐也夫回到俄国以后就专心致力于党内各小集团的外交工作，结果他变得面目全非了。因此，我们完全不能把选举他担任主席的职务看成是鸡足小木房里护国情绪的保证。之所以不能把这次选举看成是这样的保证，是因为恰恰相反，尼·德·阿夫克森齐也夫在开始履行自己的责任时所发表的这篇演说，证明了齐美尔瓦尔得-昆塔尔派对他的强烈影响。

这位苏维埃主席竟然发现必须在自己的演说中，大谈其自由俄国谋求和平的愿望。好像那些遭到强盗攻击的人们、政党或民族，首要的是关心于维持自己对和平的热爱，用这个来求得任何一个结果，只要不是更多的拳打脚踢和欺凌侮辱就行！如果把尼·

德·阿夫克森齐也夫的话同法国革命者们自豪的话比较一下,那对他是极其不利的。这些法国革命者坚决地宣布:

"我们不会同蹂躏我国土地的敌人举行和平谈判"。我想,尼·德·阿夫克森齐也夫自己也感觉到这一点。但是小集团的外交要求他"谨慎"。他清楚地知道,不可能有任何事情比刚刚对齐美尔瓦尔得-昆塔尔派那个争取和平的战争之神讲了大量的空话就来谈论国防更需要谨慎了。

尼·德·阿夫克森齐也夫也十分清楚,对"争取和平的战争"之神讲空话,就会腐蚀俄国士兵的灵魂和降低我国军队的战斗力。毫无疑问,他这个"护国派分子"不止一次地因为战斗力下降而痛心疾首过。但是有什么办法呢?他不能不考虑小集团外交的要求。小集团外交命令要谨慎。所以他才谨慎到居然说起齐美尔瓦尔得-昆塔尔派的语言来了。可怜的议长。可怜的鸡足小木房。

至于亚·费·克伦斯基,那么他在预备国会开幕式上发表的演说,也像他所有其他的演说一样,使人想起萨拉·柏尔纳尔[①]的表演。这位女演员具有一副听来神经十分激动因而相当强烈地感动过她的听众的嗓子。但是正像伊·谢·屠格涅夫完全正确地指出过的,著名的萨拉的全部才能就在于嗓音的激动,因为她的表演中没有真正的艺术性。亚·费·克伦斯基也是这样。在他的嗓音中有时可以听到打击他的听众的神经的腔调;在他的演说中有时可以遇到使听众激动的空谈。但是对于那种激动的心情和那种公

---

① 萨拉·柏尔纳尔(Sarah Bernard,1844—1923),法国女演员,她的艺术以绝妙的外部技巧为基础,具有资产阶级现代主义的特征。——译者注

民应有的激昂态度,我要说:激动是无济于事的,因为在亚·费·克伦斯基的演说中并没有经过全面分析和严整地加以论述的政治纲领的迹象。使他的听众激动的那些空谈,不过是每当必须用确定的算术数量代替抽象的代数符号的时候就会造成一系列意外情况的一些代数公式罢了。

亚·费·克伦斯基在莫斯科会议的闭幕词中咒骂过现在开始谈论和平的人。这曾经大大地感动过他的许多听众。然而后来,我们这位总理还没有穿坏他曾经穿着去莫斯科旅行的那双鞋子,就签署了,也许甚至还起草了改组后的政府的声明,大声宣布说,必须进行齐美尔瓦尔得-昆塔尔派的"争取和平的战争"。这大大地感动了他的许多听众。不过已经完全不是公民们听到莫斯科发出的咒骂不适时的,因此也是有害的爱好和平的那些话时所曾经受到感动的那个意义了。

在我刚才指出的这种场合下,亚·费·克伦斯基——用莫里哀的话说——从白的转到黑的那里去了,他今天早上谴责昨天晚上说过的主张。这可能吗?很可能,因为可以看得出来,他没有弄清楚自己的抽象公式。

他在演说时经常自相矛盾。您想要证据吗?不必远求。例如亚·费·克伦斯基在鸡足小木房开幕时所发表的演说中就有很多证据。亚·费·克伦斯基在表扬"同超过他们十倍的敌人的力量作斗争时"牺牲的波罗的海海员们的英勇行为时曾经指出:

"对于陆军我可不能这样说。我不认为自己有权利隐瞒真理。我任何时候任何地方都没有隐瞒过真理。我应该在这里说,缺少本来可能有的那种抵抗力量"。

这是对的,这是我们大家都知道的。但是我国军队抵抗力量减弱了,这究竟是谁的罪过呢?这位最高统帅以十分令人满意的明白语言答复了这个极其重要的问题。

他说:"我们不能把这个责任推到那些在伟大考验的时刻忘记祖国和想到自己的人身上。要对耻辱和我们所经历的种种不幸负责的是:旧政权遗留给我们的极端的无知和在广大最愚昧的军人中间进行的那种急躁的、忘记对祖国的责任的鼓动和宣传"。

要反驳亚·费·克伦斯基演说中的这个地方是根本不可能的。的确,正是那些忘记对多灾多难的祖国的责任,开始进行了他所指出的宣传和鼓动的人,才应该对一切耻辱和我们所经历的一切不幸承担责任。可是这些人究竟是从哪里接受把他们抛入无知的境地的"口号"的呢?从齐美尔瓦尔得-昆塔尔。这是亚·费·克伦斯基一定知道的,因为人人都知道这一点。但是如果这种说法是对的,那么试问:

亚·费·克伦斯基怎么能够在政府最近的声明中大声宣布说,他同他所有在新内阁里的同志都会转到齐美尔瓦尔得-昆塔尔分子的阵营中去呢?难道他不爱祖国,从而不愿意利用祖国相当大的一部分居民的无知而不力求使祖国摆脱耻辱和不幸吗?这唯一地是因为他不仅没有弄清楚具体的现实现象,甚至也没有弄清楚抽象的公式。

应当承认这位内阁总理的演说中有一个地方是十分天真的,他在那里谈到临时政府代表团的出国使他产生的种种希望。

他声称:"我们深信,在最近的将来,临时政府出国代表团同参加该代表团的俄国民主派代表[1]一起很好地、清楚地和明确地规定我们在战争的这个艰难的决定性时刻的立场。"

他这个乐观的信念有什么根据,令人难以理解。派了代表参加俄国出国代表团的那部分革命民主派,直到现在都没有丝毫同齐美尔瓦尔得-昆塔尔派决裂的意愿。这一点,从他们为自己的代表起草的委托书中看得十分清楚。既然我们的盟国方面至今没有表现出改奉(像亚·费·克伦斯基和他现在的内阁一样)齐美尔瓦尔得-昆塔尔派的信条的丝毫愿望,那么,只要俄国代表团中齐美尔瓦尔得-昆塔尔派的旅伴不肯忘记在保卫"极端民主派"的利益的借口下为他起草的委托书,这个代表团就不会给盟国带去清楚而明确的立场,而会给他们带来许多极不愉快的意外礼物。而且这些不愉快的意外礼物会对俄国的国际地位产生极其不利的影响,要知道俄国,由于自己军队战斗力的下降和国内到处发生的空前未有的经济崩溃现象,在协约国列强的圈子里,本来就扮演着穷亲戚这个极不光彩的角色。

对于俄国代表团即将在齐美尔瓦尔得-昆塔尔派无政府工团主义旗帜下所作的这次旅行,如此天真地感到高兴的同一位亚·费·克伦斯基,在自己的演说中坚决地重申:

"主要的和基本的问题是必须完全恢复俄国军队的战斗力"。

对!必须恢复。但是我也要同样坚决地重申,如果不停止会破坏军队战斗力以及俄国外交代表团在亚·费·克伦斯基的赞赏下将去西方进行鼓吹的那个齐美尔瓦尔得-昆塔尔式的"争取和平

---

[1] 马·伊·斯柯别列夫。——编者注

的战争",就不可能恢复军队的战斗力。

这位总理演说的结语没有解决演说中所包含的许多矛盾。当然,这本来也是不可能指望的,因为矛盾不可能解决。然而你越是清楚地看到矛盾不可能解决,亚·费·克伦斯基的演说和面目大改的尼·德·阿夫克森齐也夫的演说,就会产生更加沉痛的印象。这两个演说对于"怎么办?"的问题都没有多少确切的回答。而俄国现在比任何时候都更需要对这个可怕的问题做出十分确切的回答。

如果政府不能制定行动纲领;如果它像钟摆一样在国防和齐美尔瓦尔得-昆塔尔所谓"争取和平的战争"的高谈阔论之间摆来摆去,那么舆论就应当庄严地要求它走上正确的道路。

要知道,凡是不愿意恢复旧制度的所有思想健全的公民,都有责任密切注视着,不让我们的执政官们给共和国造成损害……

# 德国帝国主义的最低纲领

(一九一七年十月十三日和十四日
《统一报》第一六三号和一六四号)

## 第一篇文章

各方面都在问我,为什么我到现在还没有谈到过工兵代表苏维埃中央执行委员会所制定的关于马·伊·斯柯别列夫以俄国革命民主派代表身份出席盟国代表会议的委托书。这有一些"同编辑部无关的"次要的原因。不过我要承认,主要原因在于:把关于这一篇几乎没有给它的作者们的政治远见带来荣誉的文件的全部真相说出来,我觉得难过。

诚然,这一篇文件的作者们的观点同我的观点相距很远。我和《统一报》组织的全体成员都站在社会民主主义的观点上,严格地坚持着对直接继承马克思的旧国际①的忠诚。至于委托书的作者们,那么,正像我已经多次解释过的一样,他们两只脚都站在无政府工团主义的土壤上,他们在自己的国际政策中遵循着新国际

---

① 指第二国际。——译者注

即"第三"国际的策略,这个国际的产生主要应该归功于罗伯特·格里姆、拉狄克和安热利克·巴拉巴诺娃。可见我和委托书的作者们之间有一道鸿沟。如果我现在同他们以及同他们的同道们进行斗争,那是毫不奇怪的:因为自从我第一次出现在国际工人协会的参加者中间以来,我就同无政府工团主义者进行了坚决的斗争。

然而我不能不看到,跟在委托书的作者们和他们的同道们后面走的有相当大一部分俄国无产阶级。既然他们在我国无产阶级队伍中有支持者,那就必须把他们看成是革命民主派的代表,虽然也是觉悟不高的、落后的代表。所以当这个民主派通过他们犯了种种惊人的政治错误的时候,我有时往往很难拿起笔来揭露这些错误。我们假定应当对这些错误负责的不是一般的民主派,而只是接受齐美尔瓦尔得-昆塔尔派无政府工团主义影响的民主派分子。但是因为,广大群众并不理解这个区别。对于这些群众说来,不管什么牧师都是爸爸。于是在我国民主派队伍中进行活动的无政府工团主义者所犯的一切错误,都被他们朴实地记在民主派社会主义的账上。容易提出随时能够使愈来愈多的这种误会有所借口的批评吗?

但是,容易也好,不容易也好,终究应当提出来。我国无政府工团主义者们以革命民主派的名义所犯的错误属于这样一类错误;对这类错误保持沉默是犯罪的,虽然说出来感到羞耻。我认为克制羞耻比犯罪好。因此在经过某种不由自主的犹豫以后,我终于着手来评价委托书了。如果这个评价结果远没有得到赞许,那不是我的过错。

读者从《德国帝国主义的最低纲领》这篇文章的题目本身就可以预先知道我对待委托书的态度。我认为这十一个字简略地，然而确切地说明了对这个文件的恰当估价。

实际上，委托书中所包含的和平条件是这样的：如果德国帝国主义不得不接受这些条件，那么我们仍然没有理由认为它战败了。反之，我们应该说，它仍然能够给它自己保障极重要的利益。

不用说，委托书的作者们十分诚恳地认为自己是帝国主义政策的不可调和的敌人。但是不管他们怎样诚恳，齐美尔瓦尔得-昆塔尔的逻辑会使他们变成这个政策的多少坚决的、虽然也是不自觉的拥护者，因为奥国和德国现在奉行着这个政策。

证据如下。委托书的第一条说，德国军队应该撤出它所占领的俄国领土。这是正确的。但是紧跟着就来了一句不完全正确的话。

我们读到："俄国让波兰、立陶宛和拉脱维亚完全自决"。

这是必须承认的。各民族都应当得到自决权。但是大家知道，立陶宛人居住的一个地区也是普鲁士的组成部分。这个地区得到了"完全自决"吗？看来没有：它不仅没有得到"完全"自决，而且没有得到任何自决。至少委托书的作者们没有任何一句话提到这个地区。这是怎么一回事呢：不知道地理、健忘，还是对普鲁士的一种奇怪的偏袒态度呢？

然而波兹南公国又怎样呢？委托书对这个公国也是一句话都没有说。可是要知道，能够让它"完全自决"的不是俄国（委托书中谈到的是俄国）！这里必须质问普鲁士。但是委托书的作者们不知道为什么不愿意质问普鲁士。

究竟为什么呢？也许是因为不久前谢德曼坚决驳斥任何想

把已经落入普鲁士匪帮魔掌的那部分波兰土地解放出来的企图的那篇演说对他们产生了坚强的影响。也许还有别的什么原因,这我可不知道。我只知道,委托书的作者们不认为有必要提到普鲁士的波兰。于是我开始觉得,"不割地、不赔款、以民族自决为基础的"和平这个臭名远扬的齐美尔瓦尔得-昆塔尔公式跛了一只脚。

委托书的第六条说,巴尔干半岛上有争议的地区"根据以后的全民投票实行临时自治"。这就是说,通过临时自治的炼狱,上述地区将根据自己自由的选择并入这个或那个巴尔干国家。这是好的。

凡是承认民族自决权的人都不会反驳这个主张。但是我们从同一文件的第五条中知道,塞尔维亚和门的内哥罗将恢复,而波斯尼亚和黑塞哥维那将得到自治。什么样的自治呢?"临时的"吗?大概不是,因为往下根本没有说到"以后的全民投票"。结果是,如果波斯尼亚和黑塞哥维那自己希望并入这个或那个巴尔干国家,那么委托书的作者们也许不会考虑他们的愿望。什么原因呢?我又不知道。但是我看到,在委托书的这个地方,齐美尔瓦尔得-昆塔尔派的和平公式在民族自决权方面又跛了脚。

然则居住在君合帝国①的各个斯拉夫民族又怎样呢?他们会不会得到"完全自决"的权利呢?或者比方只是得到自治的权利呢?关于这一点,委托书的作者们,这些认为民族自决权是自己的两大信条之一的齐美尔瓦尔得-昆塔尔分子保持着死一般的沉默。

---

① 指奥匈帝国。——译者注

什么地方找得到奥狄浦斯的智慧,能够猜出他们不可理解的沉默的谜语呢?

这还不是最重要的。委托书命令说:"德国的殖民地要归还"。因此这些殖民地的土著居民不仅会失去"完全自决"的权利,而且甚至会失去自治的权利。在这里,使委托书的作者们得到鼓舞的齐美尔瓦尔得-昆塔尔的和平公式就跛脚得更厉害了,所以它希望给它一根拐杖。

但是拐杖未必有济于事。如果德国殖民地的土著居民不愿意"归还"又怎样对待他们的这个问题仍然没有解决。是不是要派一支由齐美尔瓦尔得-昆塔尔派的无政府工团主义分子组成的国际军队去镇压他们呢?

委托书的作者们忘记了国际社会主义者代表大会关于殖民地的决议;他们忘记了土著居民也是人,虽然有一身多少发黑的皮肤。除开德国帝国主义的利益以外,他们忘记了一切。奇怪啊,很奇怪。

然而这也不是最重要的。委托书的第四条要求恢复比利时以前的疆域时补充说:"损失的赔偿应当出自国际基金"。

显然,这个基金应当由交战双方缴纳的经费构成。因为比利时也卷入了战争,所以我们的比利时同志德斯特列(他现在在彼得格勒)给委托书的作者们写了一封公开信,问他们说:难道他的国家也要缴纳经费来弥补德国人给它所造成的相当部分的损失吗?他们使人安心地回答他说,不要。然而如果比利时可以不缴,那么法国显然免不了要缴纳经费。可是为什么法国要缴纳呢?因为德国希望通过国际法禁止发动任何进攻的那个地区进攻法国的领土,都破坏了中立的比利时。这又很奇怪!帝国宰相贝特曼-霍尔威克的表现就不那么偏袒,他在八月四日(新历)的会议上宣称,德国支付它给比利时所造成的一切损失。

再说,委托书要求所有通内海的海峡以及苏伊士和巴拿马两运河都中立化。现在我们且把各中欧强国如果接受我们所讲到的和平条件会得到的那些好处总结一下:

(一)民族自决原则就会完全不适用于德国及其殖民地。

(二)这个原则就只会在最小的程度上(波斯尼亚和黑塞哥维那自治)适用于奥匈帝国。

(三)相反,它就会全部适用于俄国的波兰、立陶宛和拉脱维亚。这在军事意义上就会意味着(如果这些地区不同俄国结成最紧密的联盟,确切些说,那就会意味着)相对地削弱俄国和相对地巩固中欧强国。

(四)德国就会获得它如此热心地谋求的那个航海自由,从而帮助它实现它自己的帝国主义目的。

(五)既然土耳其不会丧失自己的任何领地(仅仅除了阿尔明尼亚),既然它仍然无疑是处在战争时期所处的那种从属于德国的附庸地位,那么,"柏林—巴格达"公式所代表的著名计划几乎就会完全实现。

可见,如果接受我国那些反对帝国主义的人所拟定的和平条件,德国帝国主义将没有理由很痛心地抱怨命运不好。

不过这还没有完。在下一篇文章中我们会看到,除了这里所列举的好处以外,委托书在国际经济交易方面还给德国帝国主义保障着极其重要的特权。

## 第二篇文章

我昨天的文章里有几行文字,不诚实的或者不聪明的人根据这几行文字也许可以说,我在否定航海自由原则。但是聪明的和诚实的人不用费力就可以看到,这是胡说。实际上我在自己的文章里不是反对航海自由,而是反对那一大堆令人惊异的和平条件,其中之一就是要求巴拿马运河和苏伊士运河中立化。我昨天说过,今天还要重复说,如果实行中央执行委员会拟定的和平条件,那么,这对德国帝国主义的发展就会是一种新的推动力。至于其中的苏伊士运河和巴拿马运河的中立化,那么德国帝国主义者们只会感谢中央执行委员会提出了这个要求。当他们谈到航海自由的时候,他们主要总是暗指这种中立化。我问过委托书的作者们:为什么他们出来反对帝国主义时要那样发表议论,仿佛他们希望为帝国主义服务呢?这种奇怪现象的原因,我认为在于齐美尔瓦尔得-昆塔尔派的空想主义在自己的信徒们的头脑中造成了极大的混乱。齐美尔瓦尔得-昆塔尔分子很像神话中遇到三棵松树就迷了路的波舍洪尼亚人。所不同的是他们不是在三棵树之间迷了路,而是在两个和平公式之间迷了路:(一)不割地不赔款的和平;(二)以各民族的自决为基础的和平。他们既然对于协调这两个实际上彼此不可能协调起来的公式的可能性感到绝望,于是决定使第二个为第一个而牺牲。因此他们只是在谈到俄国,还有就是在部分地谈到巴尔干各民族的时候才允许自己谈论民族自决权和种种自由。在提出关于中欧列强的问题的时候,他们就让这些强国随心所欲地破坏这种权利。因此中央执行委员会所拟定的和平条件具有这样一种外观,好像它在讨论这些条件的时候所关心的只是不阻止德奥帝国主义,因而也就是德奥军国主义取得进一步的胜利。

航海自由是很好的事情。但是当德国帝国主义者们谈论这种自由的时候(而他们从这次武装冲突一开始就在谈论这种自由),国际觉悟的无产阶级的责任就在于大声地对一切文明民族说:"当心自己的财富、自己的独立、自己的生命!"当所谓社会主义的和平纲领上直言不讳地列入了德国帝国主义者的种种要求时,那就不得不承认,这个纲领的作者们还远远没有进步到多少有点自觉和多少有点成效地同帝国主义作斗争。

中立化也是很不坏的事情。但是要知道,当德皇的大军通过比利时进攻法国的时候,比利时曾经是一个中立国家。德国厚颜无耻地嘲弄保障比利时中立的那个外交文件。有什么办法可以保证它不会那样无耻地对待委托书的作者们现在提出的海峡和运河中立化的建议呢?只有一个办法才能得到这种保证,那就是采取一些总合起来足以摧毁德国帝国主义的力量的措施。只要还没有采取这样的措施,只要德国帝国主义还保有其全部力量,那时谈论"航海自由"就等于帮它作宣传。遗憾的是委托书的作者们就在做这种事,虽然他们并不是自觉的。

顺便说说,为什么他们在说到运河中立化时忘记了沟通内海之一(即波罗的海)的基尔运河呢?难道不是因为这条运河不是由英国和美国控制,而是由德国控制的吗?

现在我们看一看中央执行委员会所拟的和平纲领的经济方面。

委托书第十三条说:"通商条约不是和平条件的组成部分。每一个国家在贸易政策方面是自主的;在和约中不能强迫一国接受缔结某项条约或者不缔结某项条约的义务"。

这是值得赞扬的。如果可以强迫一个国家接受缔结某项条约或者不缔结某项条约的义务,那就很明显,这个国家是没有权利自由支配自己的,或者换句话说,没有自决权。可是既然"通商条约不是和平条件的组成部分",那么,就完全不明白:为什么委托书的作者们要谈到通商条约了。要解决我们的困惑,且往下读。

委托书继续说:"但是一切国家都应该受和约的约束,在战后不实行经济封锁,不缔结分立主义的关税同盟,而让一切国家无差别地享有最惠国的权利"。现在才明白为什么这些作者谈到了通商条约,虽然这些条约"不是和平条件的组成部分"。原因正是在于要使通商条约成为和平条件的组成部分,进而从各民族那里夺去刚才承认为它们所有的经济自决权。

一个民族同另一个民族缔结通商条约时要向对方作一定的让步。只要条约缔结了,其他国家就可以"无差别地"向它宣布,根据中央执行委员会慷慨的决定,它们有权得到同样的让步(最惠国的权利)。但是如果一定要让其他国家在对一个民族的关系上"无差别地"享有最惠国的权利,那么这正是意味着强迫这个民族"同它们缔结某项条约"。换句话说,就是从它那里夺去答应在贸易政策方面给予它的自治权。

有人反驳我说,既然所有的民族"无差别地"被剥夺了这个自治权,那么其中任何一个民族个别来说就不会因此遭受任何损失。但这是非常糟糕的反驳。

第一，仍然不可理解的是为什么我们的作者们要答应他们在委托书的同一条中所打算收回的东西(各民族经济上的自决权)。

第二，——而且这当然是最主要的——，无论如何得不出结论说，"一切国家无差别地"获得最惠国的权利会给一切国家带来同样的经济利益。相反，十分明显，在这里经济利益的平等乃是十足的幻想，如果不是恶劣的诡辩的话。

试拿俄国和德国来说。为了进行这个德国向它宣布的战争，俄国不得不借外债，——很多的债款。它被迫借来的债款只有在对它多少有点苛刻的条件下才能(如果可能的话)借到。假定它由于需要钱，而且自然地愿意根据不很苛刻的条件得到这些钱，就同债权国订立一项通商条约，保证对方在它的工业品的进口方面享有某些特权。后来根据我们的齐美尔瓦尔得-昆塔尔分子拟定的条件缔结了和约，于是那个因为自己进攻俄国的匪盗行为而迫使俄国担负大量的、几乎无法偿还的债务的德国，就凭借这份委托书的第十三条又获得了同样的特权。我不会来证明这是不公正的，因为齐美尔瓦尔得-昆塔尔的哲学家们早就宣布过：公正是资产阶级的偏见。我从纯经济观点看问题，并且只指出一点：如果我们的临时政府表示想要接受委托书的第十三条，那么我们或者就会根本再也得不到借款，或者就得在比以前更加苛刻无比的条件下取得借款。这就会大大削弱我们抗击敌人的军事力量。这对谁有利呢？对德国。这对谁有害呢？对俄国。

委托书的作者们为什么没有考虑过这一点呢？我不知道。也许是他们真的不善于考虑。也许是曾经把这些现代的波舍洪尼亚人弄得迷了路的齐美尔瓦尔得-昆塔尔教条继续把他们弄糊涂了。

早在这次战争的初期，休特古姆"同志"在谈论战争的目的时说过，德国没有必要坚决要求得到占领来的领土（"不割地的和平"），因为它可以通过通商条约得到补偿（附有变相赔款条件的和平）。齐美尔瓦尔得-昆塔尔分子曾经谴责休特古姆和他的同道们是帝国主义者。在这方面他们是对的。但是绝对不违背齐美尔瓦尔得-昆塔尔信条的委托书的作者们，现在自己就开始这样议论，好像他们已经转到休特古姆的立场上去了。他们杜撰出德国帝国主义的最低纲领。我以为可以设想，他们当时本来能够采取对自己远为光荣、对自己的国家也远为有利的方式来利用自己的时间和劳动。

不过，如果我这个假定终于错了，那么无可怀疑，俄国决不会赞成委托书中叙述的和平条件。它凭什么要为了自己凶恶的邻国的利益而牺牲自己根本的和完全合法的政治利益和经济利益呢？

# 别人的担子压坏驴子

(一九一七年十月十七日《统一报》第一六六号)

我看,读者您们会惊讶:什么驴子?什么担子?而且怎么给社论找出这样的题目?

我承认,这是相当奇怪的题目。因此赶紧解释一下。

这个标题,我用的是一句西班牙谚语。这句谚语也许现在还没有被人遗忘,然而至少在塞万提斯时代是常常使用的。

《唐·吉诃德》第二部第十三章里,所谓林间骑士(换言之,即镜子骑士)的所谓武装侍从对桑乔·邦萨说:

"世界上再没有比我家主人更大的疯子了,他像常言说的'别人的担子压坏驴子'一类的人,因为他为了使别的骑士恢复失去了的神志,自己先丧失了神志"[①]。这段话可以部分地说明我引用的谚语的意思:压坏驴子的不是别人过分关心地照顾驴子,而是驴子自己对别人的事情关心得过于热心。但是我认为,这种解释无碍于这句谚语保有一定程度的费解性。如果我们知道,什么样的关心压坏驴子,那么仍然弄不明白的是,西班牙人根据什么断定说,

---

[①] 参见塞万提斯:《堂吉诃德》,人民文学出版社一九五九年版,第646页。——译者注

驴子具有替别人的事情关心的这种强烈的（甚至对它们自己过分的）、极端的嗜好。今天，无论是西班牙或者所有别的国家里的驴子，都没有表现出这种嗜好。可是既然塞万提斯担保我们有这样一句谚语，那就只好假定，当年西班牙驴子的道德水平比现在高。

如果这个假定正确，我们对西班牙驴子道德的堕落是应该惋惜的。关心别人的利益会使我们对这种关心不由自主地产生某种敬意，甚至当它陷于极端，变得不合理的时候也是如此。

当西班牙驴子的这种过分的利他主义只是损害它们自己的时候，它们是不应当受到谴责的，而只值得惋惜。如果它们的过分的关心不是压坏它们自己，而是压坏它们所关心的对象，那就另当别论了。这时就该说，无论必要的效劳多么宝贵，但并不是人人都善于执行这种职务，而且有的时候，热心效劳往往比心怀敌意还要危险。

据我所知，历史上没有任何可靠的记载，说西班牙的驴子有后一种热心效劳的特点。但是毫无疑义，这个特点有的时候既是寓言中描绘的熊所固有的，也是人们所固有的。

比方，某些"俄国的"政论家就把自己对我们国家的命运，特别是对我国革命的命运的关心发挥到这样的地步，竟致不倦地反复对我们说：我们不希望在军事上粉碎德国。

请不要以为我写错了字，把俄国错成了德国。不，我写下来的正是我应该写的。我这里所讲的那些"俄国的"政论家正是在替德意志帝国的命运担心。

就在早几天，他们中间的一位人物还责备我鼓吹粉碎德意志帝国，并且在向天祷告以后大声喊道：主啊，感谢你没有使我同普列汉诺夫这个帝国主义分子相类似。

看,这多么合乎逻辑!帝国主义分子,就是那些希望德国皇帝的军队失败的人。而帝国主义的敌人,就是害怕这支军队失败的人。可是这种有害怕心理的话是在什么情况下说出来的呢?说这种话的时候,德国人几乎侵占了俄国欧洲部分的四分之一的领土,正在威胁着我国的首都,这时迫切的问题是我们的祖国会不会注定在力量悬殊的斗争中遭到毁灭。这的确令人惊异!

当然可以说,这里的问题解释起来很简单:因为这些政论家被德国人收买了,所以他们的文章里充满着现在完全不适当的、对德国未来的担心。现在人们经常这样说。但是这种说法经不起批评。当然,到处可以找到卖身投靠的人,就像到处可以有间谍和奸细钻进来一样。然而如果认为革命活动家们的一切逻辑错误和政治错误都是受到奸细或间谍的影响,那就大错特错了。最常见的情况是:革命家之所以犯错误不是因为他们受了这种影响,而是因为他们不善于正确地确定自己的任务和指出真正可以解决这些任务的道路。在这里,情况也一样。

如此不合时地害怕德国灭亡的那些"俄国的"政论家们,绝大多数看来都是不卖身投靠的正直人。当他们劝俄国宽恕德国的时候,他们并不希望俄国受害。相反,他们衷心希望它得福。因为他们真诚地认为,一个国家最可羡慕的命运莫过于转而采取"第三国际"的立场。(同第一和第二国际的传统相反,这个"第三国际"把防御战争和侵略战争混为一谈)。他们尽可能地关心俄国。但是思维的逻辑力量在他们那里远远落后于善良的意志。他们的关心由于缺乏理智,很像旧日黄金时代西班牙驴子所固有的那种关心。他们的关心也起压坏作用。但是这种关心只对关心的客体才起压坏作用，对关心的主体是不起这种作用的。既然在我们所考察的场合下，关心的客体（即对象）是我们的祖国，那么，除了最坚决的否定态度以外，我们当然不可能对这种关心采取别的态度。

沾染了这种关心作风的政论家们，正是这样一些居心善良的倒霉人物：他们的热心效劳比心怀敌意还要危险。但是我相信他们的真诚，也不怀疑他们的心地善良，因此我才给他们一个好意的劝告。

如果他们想在心里培植他们这种不合理的关心，那他们最好是回到林间骑士的武装侍从引用的，而我又拿来当作本文标题的这句谚语所说的那种不怎么有害的关心上去吧。

# 勇敢的俘虏

(一九一七年十月十八日《统一报》第一六七号)

米·伊·捷列申柯(像法国人所说的)没有得到好评[①]。他在共和国议会里的发言使任何人都不满意,还引起了嘲笑。人民自由党彼得格勒的机关报把他的演说比作"绑着眼睛在一些鸡蛋之间跳舞"。

这是不幸。不过我认为,对他的演说持这种态度,有很多不公正的地方。要评论这篇演说,必须考虑以这位外交部长为发言人的我国政府的处境。政府早就(从四月底开始)处在齐美尔瓦尔得-昆塔尔派最强大的影响下了。而从最近一次内阁改组的时候起,政府就完全成了他们的俘虏,并且在自己的声明中正式答应要坚持齐美尔瓦尔得-昆塔尔派的国际政策。人人都可以看得清楚,既然做了俘虏,也就不得不如此。但是,用过分严格的态度对待米·伊·捷列申柯的第一篇国会发言的政论家们正是忘记了这一点。

如果注意到我国外交部长同"拯救革命的政府"的其他成员一起陷入了俘虏的困难处境,就必须承认,他表现了不小的勇气。

---

① 原文是:иметь дурную прессу。这句话是普列汉诺夫从法语成语"Avoir une mauvaise presse"直译过来的。——译者注

实际上,政府看到自己不得不"像老爷吩咐的那样跳舞",就庄严地 urbi et orbi(向全世界)宣布,在国际政策中它将坚持齐美尔瓦尔得的公式。为了证明自己的诚意,它援引了这样一个情况:出席盟国代表会议的俄国代表团中要有一位革命民主派的代表。说到做到。代表选出来了:他的同志们为他写了委托书。在这种情况下自然要认为,政府只会对代表本人以及为他起草的委托书感到高兴。然而结果并不如此。外交部长向共和国苏维埃暗示说,委托书远没有使他满意,即远没有使其他部长们满意;他还暗示说俄国代表团在盟国代表会议上发表声明时不能以这份委托书为指针。还能要求更多吗?

诚然,米·伊·捷列申柯在演说时用一种已故的安·巴·契诃夫曾经称之为恭敬得发酸的语调谈到了委托书。他甚至发现必须"欢迎"其中"把和平公式具体化的初次试图"。但是欢迎之后跟着来了一个批判:由于他和整个政府至今都处于齐美尔瓦尔得-昆塔尔派的俘虏地位,这样的批判本来的确是难得的。

真了不起!齐美尔瓦尔得-昆塔尔派的俘虏居然敢说,在委托书中有"许多对俄国的利益说来不妥当的(即显然有害的——格·普)地方"。为了论证自己的这个(发酸的,但已经是完全不恭敬的)意见,他引证说,俄国的国家利益同让拉脱维亚和立陶宛得到完全自决的权利是不可调和的。我认为这个理由不像米·伊·捷列申柯所武断的那样具有说服力。当然,拉脱维亚完全独立会使俄国失去一个出波罗的海的不冻港,会使它回到彼得大帝以前的时代去。

我已经在《统一报》上说过,如果我国丧失波罗的海沿岸各省,它就会倒退到这样的时代去。当然，外交部长有责任提醒共和国苏维埃注意这个威胁着我们的危险。可是还不知道拉脱维亚人是否愿意在同俄国实行国家分离的意义上享受自己这种完全自决的权利。有一切理由可以怀疑这一点。如果米·伊·捷列申柯使自己的听众注意到这样一个根本不容置辩的情况：即当委托书的作者们开始谈论德意志帝国的时候，他们就立即忘记了他们在谈到作为俄罗斯国家成员的各民族的地方记得很清楚的自决原则，——那他就会做得比较正确了。

但是要做到这一点必须有勇气，而要从齐美尔瓦尔得-昆塔尔派的傀儡政府的成员身上找到这种勇气，那是不合理的……。

我们感到满意的是他关于奥匈帝国所说的那番话。

他关于我国经济利益所说的话也很不错。在谈到这些利益时，他认为连顺便提一提那份为马·伊·斯柯别列夫准备的委托书都不必要。十分明显，从这个（十分重要的）方面说，米·伊·捷列申柯是不赞成委托书的。看来在讨论米·伊·捷列申柯的演说时经济问题会再一次地提出来。那时我将对它作比较详细的探讨。现在我且把上面说过的话作一个总结：我重申，我们的外交部长发表了一篇一个处境极其困难的人所能发表的全部演说中最勇敢的演说。

# 马萨利克教授的电报

（一九一七年十月二十日《统一报》第一六八号）

捷克斯洛伐克民族委员会主席、著名的马萨利克教授就那份臭名远扬的给马·伊·斯柯别列夫的委托书向工兵代表苏维埃中央执行委员会拍来了一封长电报。他的电报前天已经登载在彼得格勒的许多报纸上，也登载在我们的《统一报》上。

马萨利克教授是从民族自决原则的观点出发来分析委托书的。他说，这个原则在委托书中根本没有得到彻底的贯彻。根据他的意见，委托书"规定多布鲁查①自治（四百万土耳其人），但是对数达一千万的捷克人和斯洛伐克人却一字不提！胡斯和卡缅斯基的人民，即文化上并不比自己的压迫者落后的人民被忘记了！奥地利的罗马尼亚人（三百万以上）和南斯拉夫人（将近六百万！）也被遗忘了，同时波斯尼亚和黑塞哥维那的那部分南斯拉夫人则同自己的民族分离了。"

这个意见最正确不过了。在我的《德国帝国主义的最低纲领》的第一篇中，我就请读者注意：委托书的作者们凡是谈到德国和奥国的地方都忘记了自决权。米·伊·捷列申柯在他向共和国临时

---

① 多布鲁查(Добруджа)，多瑙河下游和黑海之间的历史地区。多布鲁查的北部（大部分）并入罗马尼亚，南部并入保加利亚。——译者注

委员会发表的演说中也谴责(不过完全不那么尖锐)他们犯了同样的错误。但是不管这种谴责本身是多么正确,必须记住,谴责的语调使得这种谴责不会对委托书的作者们,以及一般来说,对所有同情他们的思想方式的人,产生多少强烈的印象。

拥护这种思想方式的人们长期坚定地一致重申,他们力求"不割地、不赔款、以民族自决为基础"的和平。但是如果仔细看看他们的宣传,那就很容易相信,他们同民族自决本质上毫不相干。而且,自决同不割地的和平要求是不可能协调的。谁真正想争取人们承认一切民族都有自决的权利,他就不能不看到,要实现这个权利,必须依靠对这些或那些国家有利的"割地"。既然委托书作者的同道们一贯都很坚决地否定割地,那就很明显,对他们来说,民族自决权其实只是为着说来好听罢了。现在他们觉得,他们的讲话已经不需要这种装饰品了。

所以他们在自己关于和平条件的言论中最肆无忌惮地否定这种权利。

我们可以揭穿他们的矛盾;我们可以嘲笑他们。但是我们不能说服他们,这正是因为他们根本不关心各个民族的相互关系问题。对他们来说,重要的只是从他们的空想主义观点所想象的各阶级相互关系的问题。他们对历史进程的具体条件毫无了解,甚至料想不到,国际关系的这种或那种性质,对于资本主义社会内部的阶级斗争进程具有极重大的影响。

马克思根据英国和爱尔兰之间的相互关系的例子很好地说明过这一点。然而糟也就糟在委托书作者们的观点同科学社会主义奠基人的观点根本没有任何共同之点。如果马克思隐姓埋名去到他们中间,他立即就会被谴责为帝国主义者,有反革命倾向,背叛国际,"同资产阶级妥协"以及犯了所有其他的死罪。

法国人说得很好:所有聋子中最聋的人就是那些不愿意听的人。委托书的作者们不愿意听到民族自决……适用于中央列强。

现在对这个问题已经不能有任何怀疑,因此我可以蛮有把握地说,马萨利克教授找他们谈也是白费气力的。

不过当然,他的电报(他在这份电报里如此真诚如此令人信服地捍卫了自己的事业)对俄国社会舆论不会没有影响。我确信,这个舆论终将胜过坐在中央执行委员会内的齐美尔瓦尔得-昆塔尔派的空想主义者的舆论。从这方面说,我愿意承认,捷克斯洛伐克民族委员会的这位可尊敬的主席花在草拟和发表自己的电报上的劳动完全没有白费。

附记。当我们收到捷克斯洛伐克民族委员会的《报告》时,这篇文章已经写好了。我们力求在下一号的《统一报》上给这份《报告》腾出更多的篇幅。我们暂且指出,它的作者们(完全证实了我们上面说过的话)不能隐藏给马·伊·斯柯别列夫的委托书在他们心里引起的不安情绪。

他们写道:"使我们不安的首先是这样一种情况,俄国民主派的委托书没有提到哈布斯堡王朝内受奴役的各民族的自决权,因此它好像是默认现代奥匈二元论依以建立的那种民族暴力和阶级暴力体系"。

遗憾的是事情正是这样。所以捷克斯洛伐克委员会使委托书对待处于奥匈帝国压迫下的各民族的自决的态度接近于中世纪的代表、罗马教皇在其照会中对这个问题表现过的那种态度,是做得完全正确的。

# 我们的罪过，我们的大罪过！

（一九一七年十月二十一日《统一报》第一六九号）

一九一五年五月二十日（新历），意大利向奥匈帝国宣战了。这件事的发生对俄国是很及时的，因为部分地由于罪恶的疏忽态度，部分地由于沙皇政府的恶意而没有弹药的俄国军队，当时已经开始被迫从加利西亚实行退却，这次退却中产生了许多真正英勇的行为。当然，在鄙夷保卫祖国这个思想本身的人看来，一九一五年春天意大利给予我们的重大支持根本没有任何积极意义。但是由于我们决不是这样一种人，所以我们对一九一五年春天意大利采取的这个把进攻俄国国土的部分敌军吸引到意大利战线去的决定，保持了感激的回忆。现在，当意大利的处境变得极端困难的时候，在我们面前就提出一个问题：这是不是我们的罪过呢？换言之：我们是否做过我们本来应做的一切事情来支持我们的盟国，特别是支持意大利呢？

大家知道，意大利公使加尔洛蒂公民拜会了亚·费·克伦斯基。有什么目的呢？大概他产生了同样的问题，而且他希望通过同我国政府首脑的会谈解决它。也可以设想，他倾向于用否定的态度解决这个问题，所以他认为必须提醒亚·费·克伦斯基注意俄国军队继续毫无作为将造成对中央列强极端有利而对协约国极端有害的那些后果。

假定意大利公使正是同我们的最高统帅讨论了这件事，那就不能不同意，用最有分量的理由来证实自己的话对他说来是很容易的。

实际上，支配着中央列强一切军事手段的德国最高战略家们在意大利战线上集中了大量的军队。根据某些消息，投在这里的步兵和骑兵数达百万以上。也许这里有一定的夸大。但不管怎样，无疑的是德国人和奥国人是用巨大的力量发动攻击的。加多尔那元帅无法顺利地抵抗他们，而不得不退却。德国人和奥国人受到了十分严重的损失，但是意大利人也同样受到了十分严重的损失。德国人硬说，有八百多件意大利武器落到了他们手里。他们把掷弹炮、迫击炮以及不被人们认为是真正的炮兵武器的其他辅助器械都算进这个数目。不过仍然不可争辩的是，意大利人丧失了相当大一部分的炮队。这是糟糕的事。但是容忍这种损失是比较容易的。更糟糕得多的是，德国人和奥国人的进攻夺去了意大利人在两年零五个月的时间里所作努力的一切成果。如果德国人和奥国人重新顺利地恢复现在暂时中止了的进攻，那时展现在意大利人民面前的景象就会更加悲惨。那时威尼斯省和伦巴第的一部分都可能落入敌人之手。德奥军队占领米兰以后就会成为整个中部意大利的严重威胁。总之，中央列强很快就可以粉碎又一个同我们结盟的国家。

英国和法国很懂得这些景象的可怕的意义，据悉，它们在尽一切力量来缓和意大利所遭受的军事失败的后果。十分遗憾的是对俄国不能说这种话。它暂时还没有做任何事情来帮助一九一五年曾经如此及时地帮助过自己的那个盟国。当然,我们可以确信,亚·费·克伦斯基在同加尔洛蒂先生会晤时对他说了许多漂亮话:因为说漂亮话是他的专长。但是,如果(用靡非斯特匪勒司①的说法)可以用空话造出完整的系统,那么空话却丝毫也不能作为同强大的、无情的和极其老练的敌人作斗争的手段。不用说,我国最高统帅的漂亮话一刻也没有使加尔洛蒂先生产生愉快的误解:他深知,用空话是帮助不了他的国家的……。

德国的最高战略家们从哪里调出这样众多的师团使意大利遭到失败呢?也许是从法国战线?荒唐的假设!英法军队在这条战线上现在进攻得如此猛烈如此顺利,德国人要从这里调出多少能够发生影响的兵力都是绝对办不到的奢想。但是他们却有可能几乎完全抽出自己在俄国战线上的兵力而不冒丝毫的危险。我国军队表现出这样弱的战斗力,以致敌人没有考虑它的必要!而且他们的确不考虑它!

意大利刚刚遭受的失败,这是我们的罪过,是我们的大罪过!这是俄国的罪过,而且(最令人遗憾的是)这主要是革命俄国的罪过。为了表达得更确切些,应当说,德国人和奥国人在意大利战线上的胜利,这个责任应该由革命俄国的儿女们来负,因为他们接受了齐美尔瓦尔得-昆塔尔派的"为和平而战争"的概念以后,用应该得到更好用场的热情败坏了俄国士兵的心灵,破坏了他们的战斗力。不过不要以为这种责任纯粹是道义上的责任。不,如果中央

---

① 靡非斯特匪勒司是歌德诗剧《浮士德》中的魔鬼。"用空话造出完整的系统"一语,参见郭沫若译本,人民文学出版社一九七八年版,第94页。——译者注

列强能够粉碎意大利,那么对它们来说,要消灭俄国就已经没有任何障碍了。那时,由于齐美尔瓦尔得-昆塔尔分子根据理解错了的我国革命的利益进行了他们的瓦解军心的"为和平而战争"的说教,我国革命会发生什么变化呢①?

意大利刚刚遭受的失败是我们的罪过,是我们的大罪过! 也许我们注定要为此付出自己的整个未来。为了哪怕是部分地赎这个罪过,首先必须提高我国军队的战斗力,甚至不惜采取达到目的所必需的一切手段中最坚决的手段。然而在这一方面(也像在所有其他方面一样),对于除了"空话"以外不会采取,也不愿意采取任何办法的政府,有什么可以指望呢?

根据电讯,可怕的危险像笼罩意大利上空的乌云一样,使这个国家里的一切政党互相接近起来了。看来,甚至所谓意大利社会主义者也承认了自己有义务保卫自己的祖国。过去,指望那些顽固的和狭隘的教条主义者(正式的意大利社会主义政党的成员,特别是它的左翼,一贯表现自己是这样的人)改正过来,是困难的。但是,德奥军队的胜利,好像完成了看起来几乎完全不可能的事。

迟一点走上真理的道路,比决不接近这条道路好。但是如果意大利正式的社会主义者,的确放弃了自己以前对无产阶级的国际政策的无政府工团主义观点,如果他们真正对祖国未来的命运充满了深切的忧虑,那么他们面前一定会提出现在摆在我们每一个人面前的同样的问题:

------

① 为了避免误会,我要指出,列宁分子也和半列宁分子一样属于齐美尔瓦尔得-昆塔尔分子的阵营。——作者注

意大利遭受了这样严重的失败,是谁的过错呢?

对于这个问题,他们也一定会恰如我们所回答的那样回答自己说:

这是那些宣传齐美尔瓦尔得-昆塔尔派的思想,因而如此可怕地削弱了俄国军队战斗力的人的过错。

如果他们给自己做出了这个在现时的情况下逻辑上必然的回答,那么他们就不能不对他们在自己的演说和文章中始终生动热烈地欢迎俄国齐美尔瓦尔得-昆塔尔分子的胜利的那种愉快心情感到惋惜。

可是,谁知道呢?也许在这种惋惜情绪的影响下,他们现在会像我们所说的那样对自己说:

我们的罪过,我们的大罪过!

# 受惩罚的勇气

（一九一七年十月二十二日《统一报》第一七〇号）

我在《勇敢的俘虏》一文中评价米·伊·捷列申柯在共和国议会里的发言时曾经指出，他发表了一篇所有演说中最勇敢的演说，只有——同他也是成员之一的整个政府一起——处在齐美尔瓦尔得-昆塔尔派的俘虏那种极其困难的地位的外交部长，才能发表这样的演说。

现在，好像是米·伊·捷列申柯因为自己的勇气而受到惩罚。

如果相信某些机关报，马·伊·斯柯别列夫对这种惩罚曾经向亚·费·克伦斯基发过怨言，他宣称，"革命民主派"的代表们并不认为可以同现今我国的外交部长一起参加巴黎会议。同一些机关报补充说，我国最高劝说司令听完了马·伊·斯柯别列夫的话以后，立即开始劝说米·伊·捷列申柯，并且提醒他说，按照他这个劝说司令以及临时政府大多数成员的意见，前劳动部长这个最后通牒式的声明一定要加以注意。人们开始寻找"合力"，根据据说是亚·费·克伦斯基的意见，要找到这种合力是十分困难的。但是理性和善良的意志什么困难克服不了呢？劝说司令及其在内阁的同志们一致努力的结果，终于发现了一条解决危险的冲突的恰当办法。决定在下星期初，由米·伊·捷列申柯向委员会发表一篇新的演说,这篇演说显然应该使马·伊·斯柯别列夫和他的同道们感到满意。

所有结局好的事情都是好的。但是,如果我引述的消息是正确的,那么本着博爱精神我不能不怜惜米·伊·捷列申柯。要扮演落在他身上的那种角色是不容易的。他像一个功课不熟的小学生一样要"回答"第二次。可怜的,可怜的!

也不能不怜惜劝说司令。这个不得不同列宁分子作斗争的、机智的乌里斯①希望拉拢半列宁分子。为了讨他们的欢心,他也认为使外交部长处在温习功课的可笑地位是必要的。但是在同列宁分子的斗争中,半列宁分子是很蹩脚的盟友。后者很热情地和最有效地——虽然他们自己并没有发觉这一点——为自己的论敌的胜利工作着。严重危害整个俄国的是:等到劝说司令相信这一点时已经晚了。当然,也应当指出:他的勇敢精神和政治远见都很不足以坚持另一种政策。但是,他真的难以了解:他在使米·伊·捷列申柯变成可笑者的同时,自己也会变得更加可笑吗?

---

① 即尤里赛斯(Ulyseus),荷马史诗《奥德赛》的主角。据传说用木马计攻陷特洛伊就是他出的主意。——译者注

# 不是神的喜剧①

（一九一七年十月二十五日《统一报》第一七一号）

这个喜剧共只有很短的三幕。但是不管它怎样特别短，也不管其中怎样没有神的因素，喜剧仍然产生着惊人的印象。

喜剧中的主要人物是"拯救革命的政府"。但是这个人物的一切努力不是用来拯救革命，相反，而是用来庇护那些正在毁灭俄国，从而毁灭革命的人士中间的一个人。

第一幕，政府驳斥弗·布尔采夫刊载的一篇报导：军事部长维尔霍夫斯基将军在国防委员会的一次会议上提出了撇开盟国秘密地同中央列强缔结和约的建议。政府的辟谣得到外事委员会主席斯柯别列夫（大家知道，我们这位多才多艺的马特威·伊凡诺维奇现在跑到外交部门去了）和国防委员会主席兹纳缅斯基公民下列通报的支持。

"《共同事业报》第二十三号上的一篇由弗·李·布尔采夫署名的简讯报道说，'在共和国议会国防委员会的一次会议上，军事部长维尔霍夫斯基将军提出了撇开盟国秘密地同德国人缔结和约

---

① 但丁写过一部诗，叫作《神曲》，或译《神的喜剧》（《Божественная комедця》）。《神曲》由《地狱篇》、《炼狱篇》、《天堂篇》构成。俄文 Божественная 一词有"神的"、"绝妙的"两种意义。这里普列汉诺夫就是拿它作双关词用。——译者注

的建议'。

我们认为必须声明,无论是在国防委员会里,或者是在外事委员会和国防委员会联席会议上,维尔霍夫斯基将军都没有作过这样的建议。"

不言而喻,这篇报导自以为是完全可靠的。

喜剧第二幕,出台的是显然来自上层社会的种种目的在于安慰舆论的解释。这些解释的最值得注意的特点是它们胜利地驳斥了作为第一幕的主题的辟谣。的确,这个特点是尼古拉二世政府进行过的一切辟谣所固有的。但是这个特点在所有这些辟谣中从来没有它在亚·费·克伦斯基政府对弗·李·布尔采夫所作的辟谣中所获得的那种突出的性质。

例如,我们从这些解释中知道,维尔霍夫斯基将军所发表的意见是他个人的意见,他不是受权以临时政府的名义发表这个意见的。这是十分令人快慰的。但是由此得出某种不那么令人快慰的结论。原来这个"意见"到底还是发表过。当然,这里的整个问题在于意见具有什么性质。解释回答说(像我们所知道的),这是个人的意见。但是个人的意见往往有各式各样;既有完全无害的,也有必须坚决否认的。政府急急忙忙地坚决否认了军事部长的"个人意见"。这使人有充分的理由认为,这个意见完全没有无害的性质。如果是这样,那么我们就不由得要产生这样想的一种倾向:弗·李·布尔采夫的罪过只不过是他在自己的机关报上说出了真理。

其次我们知道,政府不能漠不关心地对待维尔霍夫斯基将军发言的形式,并且曾经就上述发言举行过特别的政府会议。在这里,仿佛可以得出结论说,军事部长发表了实质上正确的意见,只是使这个意见具有不适当的形式。但是如果维尔霍夫斯基将军的意见仅从形式方面来看才是不正确的,那么是否值得坚决否认它,说它是个人的意见呢?而且是否值得找出减轻将军的过错的情况呢?谁去寻找这样的情况,谁就是承认过错实际上存在。例如,显然来自政府上层人士的这些解释就十分明确地说到这样一些情况中的一个,据说"维尔霍夫斯基将军健康情况欠佳"。我们大概也要开始这样写道:军事部长有过错,但是应该宽恕他,他有病。可惜这些解释避而不谈究竟是什么病减轻将军的过错。按照实际情况判断,可以猜想到,这种病属于心理作用一类。这种猜测也可以说明维尔霍夫斯基将军以前的某些发言。但是不管怎么样,很明显,犯了过错的不是政府所驳斥的弗·李·布尔采夫,而是政府所庇护的维尔霍夫斯基将军。

最后,解释告诉我们说,军事部长由于生病而退职了,并且大概决不会回来执行自己以前的职责。当我在昨天的几家报纸上读到准许维尔霍夫斯基将军休假而"解除军事部长和临时政府成员的职责"时,这篇文章已经写好了。军事部长的同志曼尼科夫斯基将军被任命为军事部临时主管人。对军事部门的总的指导则由总揽全权的亚·费·克伦斯基负责。不能不赞成这种办法。应当医治病人。但是读者,请您把手扪着心说:明白了上面所说过的一切以后,难道您会认为,维尔霍夫斯基将军真的没有说过弗·李·布尔采夫所用以指责过他的那种话吗?我认为是说过的。

显然来自"上层社会"的这些解释使我确信《共同事业报》的这位编辑所作的揭露是完全有根据的。

不是神的喜剧的第三幕,爱好真理的亚·费·克伦斯基政府力求通过查封弗·李·布尔采夫的报纸和限制使用印刷厂的措施来封住他的嘴。完全像"受命于天"的沙皇时代一样：无论我们的部长们对祖国犯了什么过错，谁也不能高声反对他们！劝说司令大概拿定了主意：是使俄国得到它如此需要的那种巩固的政权的最后时刻了。但是同时，看来他忘记了：有各式各样的巩固性；这些巩固性都"不同于光荣"。由于革命而复兴的俄国要同这样一种巩固的政权和解是不容易的，因为它照例会使祖国的利益牺牲于官僚们的利益。

政府曾经禁止"登载关于国防委员会秘密会议和维尔霍夫斯基将军发言的消息"，后来又重新追认了这个"禁令"。它"只"允许"报导由兹纳缅斯基和斯柯别列夫签字的消息"。

我明白这个道理。但是不是神的喜剧的第二幕使人毫不怀疑，兹纳缅斯基和斯柯别列夫内心具有的对真理的热爱，只有有限的价值。因此，当弗·李·布尔采夫没有找到对他更适合的其他办法继续进行自己的政治活动以前，我建议他利用《统一报》就维尔霍夫斯基将军事件以及同我们祖国和我国革命的迫切利益相关的任何事件进行揭露。

末了，我想提醒读者注意，我曾经不止一次地在自己文章的结尾写过如下的话：

公民们，小心啊，不要让我国的执政者给共和国造成损失。现在我们正经历这样的时刻：每一个公民都应当十倍地注意我国执政者的活动。政府正在沿着错误的而且对俄国极端有害的道路行进。

附记。我这篇《不是神的喜剧》一文本来应该登在十月二十四日那一号上。由于与编辑部无关的原因,这一号没有出版。

昨天亚·费·克伦斯基在共和国议会上发表了一篇演说,企图替临时政府在对待维尔霍夫斯基将军的态度上所采取的立场辩解。

明天我将表明他的这个企图是多么不成功。

# 致彼得格勒工人的公开信

(一九一七年十月二十八日《统一报》第一七三号)

同志们!

由于种种事变,亚·费·克伦斯基的联合政府已经垮台,政权已经转到彼得格勒工兵代表苏维埃手中了。毫无疑问,你们当中许多人对这些事变都感到高兴。

我要坦率地对你们说:这些事变使我痛心。

我之所以痛心,不是因为我不希望工人阶级取得胜利,相反,而是因为我要竭尽全部心力促其实现。

近几个月来,某些鼓动家和政论家几乎把我说成是一个反革命分子。他们在一切场合都乐于大作文章,说我准备转到或者已经转到资产阶级方面去了。不过,这些鼓动家和政论家(至少是他们中间那些没有患过不可救药的天真病的人)当然自己不相信他们所散播的诬蔑我的那些东西。这本来就是不可信的。

凡是了解我的政治活动史的人都知道,早从上世纪八十年代初期开始,即从"劳动解放社"建立时开始,这种活动的基础就是这样一个政治思想,即一般来说关于无产阶级的历史使命的思想,特别是关于俄国无产阶级的历史使命的思想。

我在一八八九年巴黎国际社会主义者代表大会这个第二国际

的第一届代表大会上曾经发表过一篇关于俄国局势的演说。我在这篇演说中说过:"俄国的革命运动将作为工人阶级的运动而取得胜利,否则就根本不会胜利"①。

绝大多数参加代表大会的人对我的这些话都抱着不信任的态度。在他们看来,俄国是一个没有希望的落后国家,所以他们当然应该而且也的确曾经把我对俄国无产阶级在我国国内政治领域中的伟大历史使命的看法,当作是无法实现的空想。只有我的朋友茹勒·盖德、马克思的女婿沙尔·龙格以及德国社会民主党老活动家威廉·李卜克内西用不同的态度对待我发表的这个思想。他们发现,这个思想对俄国社会的发展以及与之相适应的解放运动的今后过程作了新的说明。

至于那时我国的革命知识分子,我在巴黎的这篇演说曾经在他们中间引起了相当大的不满。当时在我国,人们认为相信工业无产阶级是有害的邪说。知识分子满脑子都是陈腐的民粹主义概念。他们认为产业工人不可能希望起任何独立的历史作用。按照当时民粹派的信念来说,他们顶多能够支持农民革命运动。而且这种信念在知识分子中间曾经是如此根深蒂固,以致任何背离这种信念的看法几乎都被视为叛变革命事业。

九十年代上半期,"合法的"民粹派在刊物上把我们这些"非法地"宣扬工人阶级(像拉萨尔要说的那样)思想的人叫作酒馆老板。他们中间有一个人还表示过一个愉快的信念,确信任何一家有自尊心的杂志都不会允许在自己的篇幅上登载叙述我们观点的

---

① 参见《普列汉诺夫哲学著作选集》,第一卷,第 467、469 页。——译者注

文字。

整整四分之一的世纪以来，我们坚定地忍受了最残酷的攻击和迫害。我们具有当年罗蒙诺索夫骄傲地认为是自己个性的一个特征的那种"高尚的执拗脾气"。那么，现在当生活最令人信服地证明了我们是对的，当俄国工人阶级真正成了社会发展的伟大动力的时候，我们会同它断绝关系并且转到资产阶级方面去吗？要知道这个道理怎么也说不过去；只有对心理学毫无了解的人才会相信这种胡诌！

再说一遍，就是谴责我们的人自己也不相信这种说法。当然，俄国工人阶级的觉悟分子不会理睬这种谴责，而把它看成是对于那些连揭发者本人也不能不承认是俄国社会民主党的最初的导师们的卑鄙的诽谤。

总之，最近几天的事变之所以使我痛心，不是因为我不希望俄国工人阶级取得胜利，而恰恰是因为我要竭尽全部心力促其实现。

最近几个月以来，我们俄国社会民主党人常常不得不回忆起恩格斯的意见：工人阶级最大的历史灾难莫过于在还没有准备好以前就夺取政权。现在，在不久前的彼得格勒事变之后，我国无产阶级的觉悟分子应当比过去任何时候都更加细心地听取这个意见。

他们应当问问自己：我国的工人阶级是否已经准备好现在就建立自己的专政？

凡是稍微了解无产阶级专政要以什么样的经济条件为前提的人，都会毫不犹豫地以坚决否定的态度回答这个问题。

不，我国工人阶级为了自己和国家的利益还远不能把全部政权夺到自己手中来。把这样的政权强加给它,就意味着把它推上最大的历史灾难的道路,这样的灾难同时也会是整个俄国的最大灾难。

在我国居民中无产阶级不是占多数,而是占少数。然而只有当它占多数时,它才能成功地实行专政。这是任何一个郑重的社会主义者都不会反驳的。

诚然,工人阶级可以指望得到迄今都占俄国居民绝大部分的农民的支持。然而农民需要的是土地,他们并不需要用社会主义制度代替资本主义制度。其次,将来当农民得到地主的土地以后,他们的经济活动将不是朝着社会主义方向而是朝着资本主义方向发展。这一点,在掌握了现代社会主义理论的人中间大概谁也不会怀疑。由此可见,农民是工人在建立社会主义生产方式事业中完全不可靠的同盟者。如果工人在这一事业中不能指靠农民,那么他究竟能够指靠谁呢?只能指靠自己。但是要知道,像上面所说的,他现在是少数,为了建立社会主义制度却需要多数。由此必然得出一个结论:如果说我国无产阶级在夺取政权以后想要完成"社会革命",那么我国的经济本身就会使它遭到最惨重的失败。

有人说:俄国工人所开始的事业将由德国人来完成。不过,这是一个很大的错误。

不容争辩,就经济意义上说来,德国比俄国要发达得多。德国人的"社会革命"比俄国人的要更加逼近一些。不过,就是在德国人那里它也不是当前的问题。一切明白事理的德国社会民主党人,无论属于右翼或左翼,早在战前就都清楚地认识到了这一点。由于以谢德曼为首的多数德国无产阶级开始支持德帝国主义者这一可悲的情况,战争更加减少了在德国爆发社会革命的机会。现在,在德国,不仅没有发生"社会"革命的希望,也没有发生政治革命的希望。伯恩施坦承认这一点。哈阿兹承认这一点。考茨基承认这一点。大概卡尔·李卜克内西也承认这一点。

这就是说,德国人不可能去完成将由俄国人开始的事业。无论法国人、英国人、美国人都不可能完成这一事业。俄国无产阶级不合时宜地夺取政权之后,决不能完成社会革命,而只会引起内战,这场内战最后将迫使它从在今年二月和三月间所占领的阵地上撤退到很远的地方去。

那么,俄国被迫所进行的这场战争又怎么样呢?战争既然使得局势极其复杂化,同时就越发减少爆发社会革命的机会,越发增加工人阶级失败的机会。

有人反驳这一点说:我们颁布了和平法令。可是,要使德国皇帝服从我们的法令,我们就必须比他更加强大。既然力量是在他那边,那么,我们"颁布"和平"法令",就无异颁布让他胜利的法令,即颁布德帝国主义战胜我们、战胜俄国劳动居民的法令。我们能不能高兴地欢迎这样的胜利呢?你们自己去判断吧。

因此,亲爱的同志们,不久以前彼得格勒发生的事变并不使我高兴,而是使我痛心。再说一遍。事变之所以使我痛心,并不是因为我不希望工人阶级取得胜利,相反,而是因为我要竭尽全部心力促其实现,但现在我看到,上述事变正在把胜利推迟到遥远的未来。

事变的后果现在已经非常悲惨了。如果工人阶级的觉悟分子不坚决果断地反对由一个阶级或者——比这更糟的是——由一个党夺取政权的政策,后果将更加悲惨。

政权应该依靠国内一切生气勃勃的力量的联合,即依靠所有那些不愿意恢复旧秩序的阶级和阶层。

我早就讲过这个道理。现在,当工人阶级的政策正在冒险采取另一种根本不同的方向的时候,我认为自己有责任再讲讲这个道理。

我国无产阶级的觉悟分子必须使无产阶级防止它很可能遭受到的最大的灾难。

完全属于你们的格·普列汉诺夫

一九一七年十一月——
一九一八年五月

# 仍然在进展!

(一九一七年十二月十九日《我们的统一报》①第一号)

孟什维克护国派"工人的旗帜"政治俱乐部理事会(在第二二二号《日报》登载的一封公开信上)通知我说,我被一致地选为该俱乐部的名誉主席。除了这个本身就使我感到十分鼓舞的消息以外,还有说明工人知识界对待我的态度的几行更加令人鼓舞的话。

信上说,担负起在俄国建设工人政党的实际事业并且举起科学社会主义旗帜通过了一切障碍的工人知识界,从我的著作中受到了教育。

很难十分明确地来表达这段话对我所具有的意义。我只有一句话要说:对于站在工人阶级观点上的著作家说来,再没有比这更高的赞扬了。请这封信的作者们接受我对他们美好的评语所表示的热烈的感激心情。

我从俄国各地收到了相当多批评在沙皇村对我进行的几次粗暴搜查的电报、信件和慰问书。我趁这个机会也对它们的作者们表示感谢。在这些表示同情的函件的作者中间有不少工人团体和整个组织。我敢认为,这些团体和组织也属于工人知识界。从这

---

① 十一月十二日,《统一报》出到第一八五号就被布尔什维克封闭了。——编者注

里我可以做出结论说,相当大一部分俄国觉悟工人都赞成我那些受到各方面严厉攻击的策略观点。所以我对自己说:如果这是对的,那么还不是一切都完蛋了,而且,虽然我们所经历的这个灾难和耻辱的时代是十分艰难的,我们的事业仍然在进展。

看来,"工人的旗帜"政治俱乐部理事会也赞成我的这个观点。它在自己的信里说:"现在,在祖国受到一场极端可怕的恶梦威胁的日子里,这个工人知识界还要更高地举起社会民主党的旧旗帜"。

的确,对我们大家说来,现在比任何时候都必须更加牢固地把那个从科学社会主义的丰富宝库中取得自己的斗争方法和手段的社会民主党的旧旗帜,掌握在自己手里。可以用"一场极端可怕的恶梦的日子"来形容的种种事件之所以发生,不是因为上述的方法和手段无能为力,像我们的某些论敌所认为的那样,而唯一是因为这些方法和手段在我国无产阶级的思想中传播得太不够了。这种情况也是可以理解的:因为旧制度给它们的传播设置了太多的障碍。我国无产阶级在克服这些障碍的同时,不可能立即获得为了它(也像所有其他国家的无产阶级一样)向自己伟大的目的胜利进军所必须具有的全部政治经验。我们对俄国无产阶级的错误极为痛心,这些错误严重地损害了整个国家,首先主要是损害了无产阶级自己,我们将尽我们的力量向它说明正确的行动方法。

我深知,这是十分困难的任务。着手解决这个任务的人们往往不得不听到激烈的指责言论,甚至也可能要受到他们力求加以教育的那些人的肉体摧残。但是应当预先容忍这种情况。谁着手提高工人阶级的觉悟,谁就预先应当明白,他走上了这样一条道路,在这条道路上等待他的是荆棘多于掌声。

而主要的是我们要记住:没有觉悟的工人(可惜,暂时这样的人还特别多!)无论怎样不信任我们,他们仍然是我们的兄弟,我们中间每一个人都必须为教育他们而工作到自己最后一口气。

车尔尼雪夫斯基曾经说过:让要来的来吧,我们的街上将来仍然有喜庆的事。我们有充分的权利用坚定不移的信心重复这位伟大而高尚的俄国社会主义者的这句豪言壮语。

# 尼·阿·涅克拉索夫的葬礼

(一九一七年十二月二十九日《我们的统一报》第七号)

本月二十七日是尼·阿·涅克拉索夫逝世四十周年。先是，即还在节日①以前，某些报纸写了一些专门的论文来纪念这位"复仇和忧郁"的诗人。我也想同读者谈谈这位诗人。不过我认为既不需要也不可能回到他在俄国诗史中所起的作用问题上来。关于这种作用本来可能说的一切主要论点都已经说过了。因此我宁愿在这里叙述一下以"土地与意志"社为代表的七十年代革命民粹派分子是怎样参加尼·阿·涅克拉索夫的葬礼的。

其实，不止有这个社。当时，彼得格勒（当时叫作彼得堡）举行了南俄"暴动派"不少最卓越的代表的集会。在场的有弗罗连柯、沃洛申科、瓦列里安·奥新斯基、丘巴罗夫（"大尉"）以及许多其他的人。所有这些都是"非法的"、勇敢的、坚决的、很好地掌握了武器的和酷爱冒险发动的人。"土地与意志"社得到这些久经考验的英雄们协助的保证以后，决定代表革命社会主义组织公开出席葬礼。为此他们订购了一个题有"社会主义者赠"的花圈。我想不起来到底是谁去订购的，但是我清楚地记得它是订购的。南俄的暴

---

① 指圣诞节。——译者注

动派分子、土地与意志派分子和当时就经常在彼得格勒各工厂和制造厂的工人小组的成员们一起团团地围住了社会主义者的花圈。暴动派分子和土地与意志派分子身上都带了手枪,如果警察忽然想来强夺花圈,他们就决心使用这些手枪。

我不知道为什么(也许因为警察猜想到革命者举行示威的意图时已经太晚了,他们没有做好反击的准备)警察没有试图夺取社会主义者的花圈。花圈顺利地送到了沃尔柯夫墓地,只是在把涅克拉索夫的尸体送进当地教堂举行安魂祈祷的时候,才由于我们的花圈而发生了某种混乱现象。

我不知道这种现象怎么来的,因为我们只有少数人走进了教堂。所有其余的人,除了在警察想逮捕紧随花圈的人时应当报警的一些"信号员"以外,都出发到涅克拉索夫的墓地去了,并且排着密密的队伍站在坟墓的周围。我们都知道,在涅克拉索夫墓前将要发表演说,"土地与意志"社也认为必须提出自己的演说人,演说人应该不因为秘密的和公开的警察在场而感到拘束,把当时革命的知识分子对这位《铁路》的作者的看法说出来。人选落在本文作者身上。我不记得在我之先讲话的人多不多。只记得他们中间有查苏狄姆斯基和陀思妥耶夫斯基。

民粹派分子查苏狄姆斯基的演说充满了对涅克拉索夫诗篇的最崇高的同情。我们完全具有这种同情,但是我们对待查苏狄姆斯基的演说相当冷淡。这篇演说按形式说是不成功的。他莫名其妙地说什么,涅克拉索夫对我们"是宝贵的,因为他讨人欢喜而他之讨人欢喜,因为他是宝贵的"。他怎么也不能摆脱心理动机相互影响的死胡同。可是费·米·陀思妥耶夫斯基的演说却使我们很振奋。

　　大家知道,自从费·米·陀思妥耶夫斯基登上文坛以后,他很快就同也包括涅克拉索夫在内的别林斯基小组发生了一些很不愉快的事情。这些事情在陀思妥耶夫斯基同整个小组的关系上留下了自己的痕迹。同时毫无疑问,陀思妥耶夫斯基的赞成涅克拉索夫诗才的倾向,也不能没有极重要的保留。只要回忆起这样一点就够了:他衷心赞赏《弗拉斯爷爷》一诗,却深恨涅克拉索夫在这首诗里用来结束对于说吃语的弗拉斯想象到的地狱苦难的描写的那两行:

　　　但并不是一切都叙述到了。
　　　拜神者、聪明的娘们可能说得更好。

　　这两行的语调同其余整个诗的语调当然是相反的。用艺术性的要求的名义来谴责它们本来是可以的和应该的。但陀思妥耶夫斯基却认为它们是不尊重他所珍爱的人民的宗教信仰。在这方面,他和我们那些接受了在别林斯基活动最后几年中形成起来的世界观的作家之间,也不可能有任何一致。

　　但是,陀思妥耶夫斯基这一次看来想坚持"对死者应该说好话,否则就根本不说"的规则。他只提出涅克拉索夫诗篇的优点。他又说,按其才华,涅克拉索夫不比普希金低!我们觉得这句话是令人愤慨的不公正。

　　我们众口一词地大声喊道:他比普希金高!

　　可怜的陀思妥耶夫斯基没有预料到这一点。他顿时不知所措。但是他对普希金的热爱太深了，他不能同意我们的意见。把涅克拉索夫同普希金摆在一般高，他已经做到了对"青年一代"让步的尽头。

——不高，但也不比普希金低！——他转身对着我们不无气愤地回答说。我们坚持自己的看法："高，高！"陀思妥耶夫斯基显然相信我们不会再说了，于是继续自己的演说，不再评论我们的意见了。

我清楚地记得，在送殡回来以后，我就把我在涅克拉索夫墓前发表的那篇不长的演说记录下来了。但是我怀疑它在什么革命刊物上登载过。至于它出现在合法刊物上那更是谈不到的。我强调说明了涅克拉索夫诗篇的革命意义。我指出，他用怎样鲜明的语调描写了受政府压迫的人民的困难处境。我也说明了，涅克拉索夫第一次在俄国合法刊物上颂扬了十二月党人、现代革命运动的这些先驱者……。

这就是保存在我记忆中的这篇演说的全部内容。是全部内容，不过除了一个细节，对于这个细节我认为自己有责任在这里提一提。

我开始自己的演说时曾经指出，涅克拉索夫没有局限于歌颂脱西库①的脚，而是把公民的情节写进了自己的诗篇。含义是十分明显的。我也谈到了普希金。不用说，我对他是完全不正确的：因为普希金不仅仅是歌颂了脱西库的脚而已（顺便说说，他还附带地提到脱西库的脚）。但我们当时的情绪就是这样。我们大家都

---

① 脱西库，希腊神话中九个缪斯之一，歌舞女神。——译者注

或多或少地同情皮沙列夫的观点:他在著名的《普希金和别林斯基》一文中把我们这位伟大的诗人"痛骂了一顿"。

我之所以在这里引用我的演说的这一段话,因为我想表示忏悔:迟一点比没有好。不过在忏悔自己的过错时,我认为必须引证下面这个能起缓和作用的情况:当时远不是我一个人犯了错误。

无论我这篇演说的内容如何,事实还是:我曾经用警察完全不能容许的语言说过话。这一点,参加葬礼的群众立即感觉到了。我不知道,警察为什么没有企图逮捕我。他们做得很对。把我围得水泄不通的土地和意志派分子和南俄暴动派分子会一齐拿出手枪来回答警察的暴力。这是举行葬礼的前一天晚上清楚决定了的……。

在我以后,一位工人讲了几句话,——十分可惜,我怎么也想不起他的名字,——他谈到:通向这位伟大的人民庇护者的坟墓的道路是不会长满杂草的。

当时的革命者们在自己心爱的诗人的坟墓前就是这样追念他的。但是他们仍然不满足。他们希望对他说更多更多的话。结果,自然而然的,没有任何预先想过的计划,我们中间许多人都聚会在离墓地不远的一家小饭馆里。在那里人们又开始听到了关于涅克拉索夫诗篇的革命意义的演说。皇家剧院的一位男演员带着强烈的感情朗读了《大门旁的沉思》。他赢得了暴风雨般的掌声。我们大家都充满了旺盛的战斗情绪。

当时最谨慎的"秘密工作者"中有一个人说:"如果当局派士兵包围小饭馆,并且逮捕在场的人,那怎么办呢?几乎整个俄国革命司令部岂不都会落在当局的手里"。

　　这是对的。但是当局没有想到来包围小饭馆,而我们则完全忘记了威胁着我们的危险,却专心于谈论涅克拉索夫。尽管查苏狄姆斯基发表了很奇怪的议论,但他的话是对的:涅克拉索夫对我们说来既宝贵,又讨人喜欢。

# БА——ба[①]

(一九一八年一月十一日和十三日
《我们的统一报》第十四和十六号)

我们革命者在自己的实际活动中应该不应该坚持任何无条件的原则呢？

过去我经常说，并且也经常写道：我们只应当有一个无条件的原则，就是人民的幸福是最高的法律。我不止一次地说明，把这个原则翻译成革命的语言，还可以这样来表达：

最高的法律——这就是革命的成功。

我不记得我是否多少有点详细地论证过这个思想：在我看来，它的正确性是一目了然的。现在发现，我在这一方面大错特错了。自从波利斯·米尔斯基先生在他不久以前的一篇小品文《晚上的一小时》中对于我在我党一九〇三年代表大会上捍卫过上述思想突然表示义愤那个时候以来，某些读者朋友请求我比较详细地谈谈，无条件的原则不适合于我们的政策和策略这个问题。此外，我的一个论敌在这个问题上谴责我，说我鼓吹有害的邪说（维克多·

---

① 俄文字母"Б"和"А"拼在一起就是"Ба"，意指最简单的道理，如一加一等于二。——译者注

切尔诺夫公民在《人民事业报》上就是这样说的），而另一些论敌虽然认为我的思想是完全正确的，但是挖苦我不应该在列宁的拥护者现在热心地着手于实际运用这个思想的时候拒绝它。

这一切清楚地说明，我的确应该更详细地谈一谈。不错，疾病妨碍我写作。但是环境要求我做一点小小的自我努力，像狄更斯笔下的非常可敬的唐比小姐所说过的那样。

等待我作解释的读者朋友，对于根据我在我党第二次代表大会上发表的上述思想可以得出的那些危险的结论，看起来是有些不安的。不过我要问一问：有没有一种发现不会被人滥用呢？我看没有！

最优美动人和最富有内容的一个希腊神话说，普罗米修斯从天上盗来了火，并且教会了人类使用火。他做得对不对呢？希腊人认为很对。我也认为我们没有任何理由反驳希腊人的判断。但是，请想一想，自从这个强壮的巨人完成了有益于人类的英勇行为以来发生过多少次纵火事件，有多少不幸的异教徒被人用普罗米修斯盗来的火打发到另一个世界去了。为什么你们不哀悼火的发现呢？很简单：你们懂得，这个伟大的发现给人类进步事业带来的利益，无限地超过利用它作恶时所造成的损害。可惜的是人们能够滥用一切。但是从这里绝对不应当得出结论说，为了防止滥用，人类应该原地不动。

这一点无论在技术方面或者在理论方面都是正确的。我不知道有哪一种本身正确的政治思想，不会被老练的诡辩家利用来证实错误的和有害的结论。但是难道我们就要根据这一点对政治思想进行检查，要求它拿出可靠性的证据吗？求奥林普山上的诸神让我们避免这样吧！我们会像某个谨慎的人那样反驳无神论者说："如果没有上帝，那么以后我到底是怎样一个大尉呢？"

我们只把一个标准应用于人类思维活动的产物：即真理的标准。不能问：这个理论有害还是没有害？只能问它是真理还是谬论。我要求大家也用这个标准来判断我说过不止一次，而现在突然在报刊上引起纠纷的那个思想。

但是我的论敌们反驳我说，过分谦虚远不是您的罪过。您力求把自己的思想提高到同人类智慧最伟大的发现的同样水平；您想以普罗米修斯自居。

完全不是这样！我不隐瞒，如果我有权把报纸上那些雄辩家纷纷加以评论的这个思想称为自己的理论发现，我是会觉得十分荣幸的。但是哪怕一分钟设想，似乎我可以有这种权利，那我就预先必须像我的论敌们一样，在这类问题上成为完全无知的人。

这里所说的思想，乃是十九世纪哲学思想发展的最有成效的结果之一。

它是从黑格尔开始的。这位天才的德国唯心主义者在他的"小"逻辑中用十分动人的语言描述了辩证法的不可战胜的力量，说辩证法对一切事物都要进行审判，在它面前没有任何东西能够坚持不动[1]。它用继续运动的名义注定一切过时的东西都要灭亡。因此，在黑格尔那里（就他仍然坚持他的辩证观点而言），除了辩证发展过程本身，即除了这个不死的死，或者换句同一个意思的话说，除了永恒的复生以外，始终没有任何无条件的（绝对的）东西。

---

[1] 参见黑格尔：《小逻辑》，三联书店一九五七年版，第190页。——译者注

哪一种社会政治制度比其他一切制度更符合人性的要求呢？空想社会主义者们曾经热情地致力于解决这个问题。对于黑格尔说来这个问题是不存在的。理想的制度是没有的，也不可能有。一切都在流动，一切都在变化。一种制度在一些历史条件下是极好的，当这些条件为另一些完全不同的条件所代替的时候，这种制度就完全无用了。从黑格尔的理论哲学中得出的这个必然的社会政治结论，是科学社会主义理论的最重要的组成部分之一。

科学社会主义除了合理的死亡或永恒的复生以外也没有任何绝对的、任何无条件的东西。它严格地和彻底地发挥了这样的原理：一切都依赖于时间和地点的情况。事情在何种程度上是这样，下面的例子可以说明。

科学社会主义的奠基人之一、弗·恩格斯有一句名言："如果没有古代的奴隶制，那也就不会有现代的社会主义"①。请仔细想想这句话：它等于是对奴隶制的相对的辩护，即在一定历史时代的范围内替它辩护。这不是对理想的要求的可耻的背叛吗？

请放心吧！这里没有背叛。这里只有对于空想主义的理想的否定，这种理想是在抽象概念的蒙蒙大雾中产生的，它同时间和地点的具体条件没有任何有机联系。所以这种否定的态度不是恩格斯的过错，而是他的功绩。抽象的理想阻碍人类智慧发展已经太久了。难怪我们的维·格·别林斯基处在它的有害影响下的时候曾经感到非常痛苦。

值得信任的旅行者们告诉我们，在非洲的某些地方，奴隶们瞧

---

① 参见恩格斯：《反杜林论》，三联书店一九六一年版，第186页。——译者注

不起雇佣劳动者。而这些雇佣劳动者却尊重奴隶。换句话说,在非洲的这些地区,奴隶的社会地位比雇佣劳动者的地位高。这就向我们证明,在我引用的这些旅行者的记述所属的那个时期,奴隶制在当地并没有阻碍生产力的发展,相反,而是促进了生产力的发展。

但是,如果科学社会主义甚至对奴隶制也要从时间和地点的情况的观点加以判断,如果科学社会主义甚至对奴隶制也准备在它加速人类的经济发展,因而也加速人类任何其他方面的发展的范围内给它以某种程度上的肯定,那么请问,它会怎样对待某些个别的政治策略规则,或者一般的说政治规则呢？当然,它也会从时间和地点的情况来判断它们;它也会拒绝把它们看成是无条件的东西。它认为,其中最可靠地使我们达到目的的那些规则就是最好的规则;而且它会把不合乎目的的策略规则和政治规则当作毫无用处的破布加以抛弃。不合目的——这就是它在政治和策略问题上的唯一标准。

我国那些反对科学社会主义的人齐声喊道:但是要知道,这是最不道德的作风！我承认,我绝对不能理解——为什么？这里和所有的地方一样,没有任何无条件的东西。当那些从合目的性的观点判断自己的政治手段或策略手段的社会活动家抱着压迫人民的目的时,我当然要承认这些手段是不道德的;但是当掌握合目的性原则的活动家以人民的幸福为指南,把它看成最高的法律时,我就坚决不认为在他坚持这些可以最迅速地达到他的高尚目的的规则的意图中,会有不道德的东西。

在我看来,如果要看中任何别的规则,那么他就必须背叛自己的事业，或者至少必须接受空想主义的思维方法。

耶稣教导说，人不是为安息日而生，安息日是为人而设。科学社会主义的拥护者们也反复地这样说，尽管他们的世界观同约瑟和玛利亚所生的温和的儿子的世界观有根本的分歧。如果您是仁爱的，请告诉我，这儿哪里有最不道德的作风呢？

人不是为安息日而生，安息日是为人而设。请把这个原理翻译成政治语言吧，那它就是说：不是革命服从某些策略规则的胜利，而是策略规则服从革命的胜利。谁很好地懂得这个原理，谁在自己的一切策略考虑中以它为指南，他（而且只有他）就会表明自己是真正的革命者。他的力量可能小，也可能大。但是无论哪种场合，他都可以最有成效地运用这种力量。

如果他没有逻辑上的勇敢精神，如果他们害怕贯彻没有也不可能有无条件的策略规则这个思想，那么，正是由于自己的不彻底性，而且仿佛是对这种不彻底性的惩罚，他将自己阻碍达到自己目的的道路，尽管他本人不愿意这样，也没有看到这一点。

是不是允许社会主义者参加资产阶级内阁呢？——不允许。——在任何时候和在任何情况下都不允许吗？——无论什么时候，也无论因为世界上的什么缘故都不允许。

在米勒兰第一次接受部长职位的时候，法国马克思主义者中间我的许多朋友就是这样议论的。

我不能同意这个看法。《社会主义运动》编辑部曾经就这个问题向各国社会主义者作过一次调查。我在回答它的征询时说过，我不承认无条件的策略规则，因为在政治上一切都取决于时间和地点的情况。我继续说，可以设想这样一些条件，在这些条件下社会主义者应该参加资产阶级内阁；但是在法国工人运动的目前形势下，我觉得米勒兰的行为是有害的。

最著名的一位拥护米勒兰的人在一九〇〇年巴黎国际社会主义者代表大会上曾经对我说，您的主张对我们有利。我至今还不能理解他在什么地方找到了这样的推理。但是当时我很好地理解了我那些因为我的答复而感到不安，甚至几乎感到痛心的法国朋友们的想法。

他们以为，仿佛我拒绝承认无条件的策略规则，就削弱了他们同米勒兰的机会主义作斗争时的阵地。

许多年过去了。现时的全世界战火爆发了。不愿意有战争的法国处在这样的形势下：不仅为了法国无产阶级的利益，而且为了整个国际运动的利益，法国社会主义者本来应该参加民族自卫的内阁。这时，我的某些法国朋友也许会对自己说，当时我否定无条件的策略原则并不是不对的。然而他们中间另一些人仍然坚持这样的信念：社会主义者参加资产阶级内阁永远是背叛自己和自己的党。他们按照这种信念起来反对自己的领袖盖德，于是他们不知不觉地转到无政府工团主义的立场上去了。而无政府工团主义是社会主义思想发展的低级阶段。马克思主义者转到无政府工团主义立场以后就会降低自己的水平。他的斗争手段就会变得更加没有成效。这必然地要推迟他达到自己最终目的的时间。只有用这样的代价才能换得，而且正在换得教条主义在政治和策略上的胜利，即换得大家都承认无条件的政治原则和策略原则。

试举另一个例子。社会主义者能不能表示赞成战争呢？从无条件的原则的观点看来，这是不可能的，也是不应该的。从这些原则的观点看来，社会主义者只有权承认一种战争，即"国内战线"上的战争。无政府主义者和无政府工团主义者至今都是这样认为的（在这里，少数例外只是证明了一般的规则）。反之，科学社会主义的奠基人从来就不同意无条件地否定战争。他们像我国的车尔尼雪夫斯基一样，也是根据地点和时间的情况来解决这个重要问题的[①]。他们懂得，虽然对外战争经常总是阻碍着工人运动的发展，但是往往有这样的场合：这时它们却加速这种发展。在这些场合下，如果无产阶级拒绝坚决地和自觉地参加战争，它的行动就会不符合自己阶级的利益。马克思和恩格斯在自己以后的政治生涯和著述生涯中曾经不止一次地向工人阶级指出了它的战争任务。

还有一个比较局部的问题。是不是可以允许社会主义者投票赞成军事拨款呢？许多社会主义政党首领至今都认为，社会主义者投票赞成军事拨款，就破坏了自己策略的基本原则之一。我国旧制度垮台以前，甚至这样一些社会主义者中间绝大多数人都坚持这种意见：他们确信俄国一定要保卫自己不受攻击它的德国的进犯，因为德国的胜利对俄国无产阶级运动以后的成功会产生很有害的影响。他们说："应当进行战争"。

同时他们又补充说："但是在这种情况下应当投票反对军事拨款"。这里，逻辑很少，而策略教条主义却多得很。

很久以来，这种教条主义就使我想起俄国教会分裂史上著名

---

[①] 参见《车尔尼雪夫斯基选集》，上卷，三联书店一九五八年版，第422页注释1。——译者注

的大祭司阿瓦昆的形象。①

阿瓦昆这个特别坚强和忘我的人,曾经坚定地号召自己的信徒们"为 аз② 而死",甚至没有提出为了达到基督教向自己提出的目的在何种程度上需要"аз"这个问题。他同"аз"很和睦,他同它很亲密,所以在他看来,取消"аз"也就是整个东正教的垮台。

凡是在革命队伍里混过的,他大概会在那里遇到许多阿瓦昆之类的人物,不过这些人显然很少具有阿瓦昆那样的钢铁般的毅力。他们也热烈地捍卫过这种或那种"аз"。当我国的革命运动主要还处在巴枯宁学说的鼓舞下的时候,这种现象是自然的。巴枯宁主义恐怕是没落时代空想社会主义最主要的变种,其中谁也不能破坏的策略"аз"是很丰富的。

俄国社会民主党从巴枯宁主义那里继承了极大部分的策略"аз"。一九〇六年,宣扬抵制国家杜马的布尔什维克曾经提出一个论据,说杜马的成员都应当宣誓,而宣誓就意味着他们自动承担捍卫现存社会政治制度的义务。这样进行推论的抵制派没有料想到,他们提出的论据是巴枯宁主义者在反对西方社会民主党的政治纲领的斗争时所喜爱的题目之一。西方社会民主党不能不意识到无政府主义的这个论据形式上的正确性。但是,它丝毫没有因此感到不安。在这种情况下,它的全体成员都懂得,凡是现实生活断然提出了迫切要求的地方,形式上的考虑就应当收起来。

---

① 阿瓦昆(Авнвакум,Петрович,约 1621—1682),教长,俄国旧正教拥护者,反对尼康的宗教改革。——译者注

② 斯拉夫字母表中第一个字母 а 的古称,有"基本知识"、"最简单的道理"的意思。——译者注

您可以看得出来，我们这里的情况不一样：而这就证明，我们比别人更多地沾染了策略教条主义。我了解这一点，所以曾经不断地在自己的政论文章里同它作斗争，一有机会我就提醒说，我们策略的主要特性，唯一应当在于它的合目的性。

不言而喻，我在我党第二次代表大会上并没有忘记提醒自己的同志们注意这一点。

我在我党第二次代表大会上叙述自己所喜爱的这个策略思想的时候，曾经举了一些例子加以说明。当波利斯·米尔斯基先生（看来，他对我的论据什么也不理解）现在在自己的小品文中引用过去这些例子的时候，它们就在一些人的身上产生了虔诚的恐惧，另一些人则用讽刺的口吻对它们表示赞同。现时布尔什维主义的敌人们问自己说："难道普列汉诺夫过去能作这样的议论吗？"反之，布尔什维克则说："请看他是革命者的时候是怎样议论的；现在他转到反革命方面去了，他的议论当然也就完全不一样了"。但是问题恰恰就在于我现在的议论和过去完全一样。不过，现在对我的观点产生恐惧的那些人，以及用讽刺的口吻对它表示赞同的那些人，都很不正确地理解了我的意思。

我在一九〇三年的代表大会上所引用的例子中，有一个说到了立宪会议。这就使我的例子变成对今天"有迫切的意义"了。那些对它感到恐惧的人，都是这样理解它的：我过去竟然替解散现在我国召开的立宪会议辩护。

那些曾经用幸灾乐祸的口吻对它表示赞同的人知道我决不会赞成这样的解散就谴责我背叛。

但是对我来说，在对待立宪会议的态度上也没有任何无条件的东西。在这里,一切都取决于时间和地点的情况。

我在举一个例子的时候曾经说过:这样的情况在理论上是可以设想的等等①。但是理论上可以设想的情况不是随时随地都会发生的情况。理论上的可能性完全不是在这个条件下我们要追求的现实性。

各种立宪会议具有不同的性质。卡芬雅克曾使巴黎无产阶级遭受到惨重的失败,这使得一八四八——一八四九年法国立宪会议大为高兴;假使巴黎无产阶级迅速地由这一失败中恢复过来,用暴力结束掉这个反动机关的活动,那么,我不认为我们当中有谁会一定要谴责这种行动。上述年代的法国立宪会议是敌视无产阶级的。而最近被"人民委员们"解散了的会议②两只脚都站在俄国劳动居民利益的基础上。"人民委员们"把它解散,这不是同工人的敌人作斗争,而是同斯莫尔尼制度③的专政的敌人作斗争。

这是"两种完全不同的事"。谁不理解这一点,他根本就不可能弄清楚工人的种种策略问题。

认为我在一九○三年我党代表大会上的发言的影响,仿佛促使布尔什维克在集会于塔夫利达宫的议员们的第一次会议以后就关闭了塔夫利达宫的大门,这种想法是很天真的。我的发言丝毫没有妨碍过他们在一九○五——一九○七年热烈地宣扬立宪会议思

---

① "我们可以假设这样的情况:我们社会民主党人可以反对普选权。"参见《普列汉诺夫全集》,俄文版第十二卷,第419页。——译者注

② 指一九一八年一月六日(十九日)全俄中央执行委员会下令解散的立宪会议。参见《列宁全集》,第二十六卷,第499页注释3。——译者注

③ 指苏维埃政权。斯莫尔尼宫是十月革命对武装起义的总部,苏维埃政权就是在这里宣布成立的。——译者注

想。当我在第一届国家杜马解散以后向我们党提出"全权杜马"这个公式作为竞选纲领的时候,他们曾经谴责我背叛(他们总是"轻松地"干这种事①)。

解散我国的立宪会议,这根本不是脱离无条件原则的策略的内在逻辑促使他们这样做的,而是他们在十月底所采取的政治行动的内在逻辑促使他们这样做的。

他们在把政权夺到自己手中来的时候,当然不打算将来在立宪会议的多数不是由他们的拥护者所组成的那种场合下放弃政权。他们看到其中社会革命党人占多数,便决定:必须尽快地结束立宪会议。于是他们就以他们所特有的毅力实现了自己的决定。

我已经说过,这是完全合乎在十月底采取的那种行动的逻辑的。不过立宪会议的解散也有其明确的逻辑意义。它是促使俄国

---

① 在一九〇七年我党伦敦代表大会上,一位年轻的乌拉尔代表用稍带责备的口气对我说:"唉,普列汉诺夫同志,我们对于您放弃立宪会议思想感到多么痛心啊"。

——"这是完全没有根据的痛心——我反驳说,——因为我从来没有想要放弃这个思想"。

——"可是要知道,您提出了全权杜马的主张"。——对于这一点我曾经用问题答复说:"请问,你们乌拉尔工厂的工人群众是怎样看立宪会议的呢?"我的这位年轻的对话人毫不犹豫地回答说:"他们把它看成是能够做自己所想做的一切事情的杜马"(原话就是这样。——格·普)——"但是要知道,这就是全权杜马"。

——"嘿,原来您这样理解"。我的这位年轻的同志离开的时候表现了非常惊讶的情绪。他是一个决心"为'аз'而死"而且不能超出"аз"一步的人。

——"算起来这样的人是很多的。而在这里,"立宪会议"一词就起了"аз"的作用"。

显然,我在一九〇三年代表大会上所作的发言绝对没有使布尔什维克失去捍卫这种会议的决心。——作者注

劳动居民发生毁灭性内讧的一个新的重大步骤。

这个步骤的拥护者会反驳我说："力量在我们方面"。我准备同意他们的话，武装力量的确在他们方面。但是要知道，早就有人说过，坐在刺刀上是不很舒服的。

有一次人们对克伦威尔说："全国只有十分之一的人拥护你"。他回答说："不要紧，这十分之一的人武装起来了，他们将要统治十分之九的人"。历史没有证实克伦威尔的这一信念，而且要知道，他并没有组织社会主义生产方式的打算。他的欲望愈来愈小，结果成了纯粹的王朝欲望。

就在不久以前，考茨基在《莱比锡人民报》上提醒说，建立社会主义社会所必需的专政应当是多数人的专政。现在跟着斯莫尔尼走的并非多数人，这是应当使得它的活动家们三思的。

他们的专政不是劳动人民的专政，而是劳动人民中一部分人的专政，即集团的专政。正因为如此，他们才不得不愈来愈频繁地使用恐怖手段。

使用这些手段是局势不稳的标志，而决不是有力量的标志。无论如何，一般说来，这同社会主义，特别是同马克思主义，完全是风马牛不相及的。

斯莫尔尼的策略是巴枯宁的策略，而在很多情况下，简直就是涅恰也夫的策略。

很有趣的巧合。根据尼·彼·德拉哥马诺夫的证明（他本人经历过涅恰也夫主义时代），涅恰也夫曾经在青年学生们中间散布消息说，西欧有两百万国际主义者准备起义并且支持俄国的社会革命①。

读者都知道，在我国工人中间现在也散布着同样没有根据的消息，说西欧无产阶级准备支持俄国的社会革命。这完全是同样的方法，不过运用在更大得多的规模上罢了。我根本没有意思认为这种方法总是为了达到自觉欺骗的目的而采用的。

远不是这样。我以为，在这里，自我欺骗却更可能得多。而且不止布尔什维克有这种倾向。连伊·格·策烈铁里这位亚洲的光明（不过也相当的昏暗），对西方也充满了过分得天真可笑的希望。而且齐赫泽不是说过一句由于愚蠢而著名的话么，他说："我们要同德国人谈判！"

维·切尔诺夫公民在《人民事业报》上肯定说，布尔什维克是我的孩子。

这使我想起了维克多·阿德勒半开玩笑半认真地对我说过的一句话："列宁是您的儿子"。对于这句话我曾经答复他说："如果是儿子，那显然是不合法的"。我至今都认为，布尔什维克的策略是从我依据马克思和恩格斯的理论所宣传的那些策略原理中得出的完全不合法的结论。

有一次已故的米海洛夫斯基说过，不能认为论述生存斗争的达尔文应该对"小达尔文"的行为负责，这个小达尔文根据伟大的英国自然科学家的理论就跑到街上，抓住过路人的衣领。切尔诺夫公民怎样想呢，米海洛夫斯基的这个见解正确不正确呢？我看正确。既然它正确，那么（如果可以拿小的和大的相比），也不能要

---

① 参见《历史文集》，圣彼得堡，一九一七年，第217页。——作者注

我这个俄国马克思主义理论家对任何俄国"小马克思"或任何"小马克思"集团的任何荒谬的或犯罪的行为负责。

坦率地说,我以为,如果我们承认现时我国的布尔什维克不是我的儿子,而是切尔诺夫公民的堂兄弟,我们就会更加接近真理得多。

难怪几个星期以前他的机关报对于布尔什维克严重地盗窃切尔诺夫的智慧宝库的行为(主要是在土地问题上)大声喊冤。

# 普列汉诺夫生平简介

**格奥尔基·瓦连廷诺维奇·普列汉诺夫**，1856年12月11日出生于俄罗斯唐波夫省利茨佩克县古达洛夫卡村一个破落贵族地主家庭。祖先是鞑靼人。"普列汉诺夫"这个姓氏中有个"汉"（"汗"）字就是证据。父亲是退职上尉。母亲是俄国大批评家别林斯基近亲的后裔。他中学时代就在语言、文学和社会科学方面显示出浓烈兴趣和卓异才能，被同学们誉为"会走路的百科全书"。课余则发奋钻研俄国革命民主主义者的作品。车尔尼雪夫斯基的著作对他的革命世界观的形成起了特别巨大的作用。他19岁参加革命民粹派组织。不久成为职业革命家。1880年年底，为逃避沙皇政府搜捕，亡命西欧达37年之久。

流亡的最初几年，普列汉诺夫接触了西欧的工人运动，认真钻研了马克思、恩格斯的著作。于是就从一个小资产阶级的农民民主主义者和空想社会主义者变成了无产阶级的科学社会主义者，从巴枯宁式的唯心史观信奉者变成了唯物史观的拥护者。与此同时，他还像学生似的在日内瓦大学，后来又在巴黎的索尔朋听教授们讲历史学、人类学、经济学、地质学、有机化学、解剖学、动物学的课和人文科学著名学者的讲演，或者一清早就上图书馆阅读各类科学书籍，做了几十个笔记本的读书摘记和听课记录。他通晓德、英、意、保、波等各种欧洲语言,尤精法语,能够流利地用法语写作和演说。这对于他踏实学习和深入研究先进的西欧文化以及顺畅地同各界人士交流思想都无疑是一个十分有利的条件。

1883年9月,他在日内瓦组织了俄国历史上第一个马克思主义革命团体"劳动解放社"。在这个小团体中普列汉诺夫是公认的思想领袖。在他的领导和直接参与下,劳动解放社翻译和出版了马克思、恩格斯的许多重要著作,并把它们秘密运往俄国散发。在此期间,普列汉诺夫还发表了一系列政治、哲学、经济、科学社会主义、美学、文艺评论和历史等方面的论著,捍卫、论证和发展了辩证唯物主义,特别是历史唯物主义的原理,批判了民粹主义、无政府主义、新康德主义、经济主义等俄国以及国际工人运动中资产阶级和修正主义的思潮,分析了俄国革命提出的种种政治、经济和理论问题,从而培养了一大批年轻的革命骨干,为联合国内外社会民主主义力量和在俄国建立社会民主党进行了大量卓有成效的工作,同时他还建立并且加强了俄国社会民主主义组织同欧洲(主要是西欧)社会民主党的牢固联系,交流了彼此的革命经验,促进了无产阶级的国际团结。由于这些活动,普列汉诺夫成了第二国际的著名领袖、国际工人运动最杰出的领导人之一。据说恩格斯曾经这样评价过普列汉诺夫:他的天才"不亚于拉法格,甚至不亚于拉萨尔"。又说:"我认为只有两个人理解或掌握了马克思主义,这两个人是:梅林和普列汉诺夫。"

普列汉诺夫比列宁大14岁。他不仅是思想上帮助年轻的列宁走上正确的革命道路的引路人之一,而且是帮助他接受辩证唯物主义和历史唯物主义观点的哲学导师之一,同时在一定意义上还是把列宁引入第二国际领导层的推介人。因为正是由于他的引荐列宁才很快结识第二国际各国著名领袖。

1900年8—9月,列宁和普列汉诺夫通过艰巨而曲折的谈判,达成了共同编辑出版《火星报》和《曙光》杂志的协议。同年年底到1903年10月,是普列汉诺夫同列宁并肩战斗的3年,也是他政治上最光辉的岁月。列宁认为,普列汉诺夫和他的"劳动解放社"同志不仅在理论上促进了俄国社会民主主义运动,实行了迎接工人运动的第一步,而且是"为俄国社会民主党打下基础并一直领导党的理论家和著作家",他们"为党在理论上和实践上的发展做了许多事情","俄国社会民主党的建立,是'劳动解放社'即普列汉诺夫、阿克雪里罗得和他们的朋友们的主要功绩"(《列宁全集》,第4卷,第203、226、292页)。

1903年11月,刚建立的俄国社会民主党分裂为以列宁为首的"布尔什维克"(即"多数派")和以马尔托夫为首的"孟什维克"(即"少数派")。作为党的总委员会主席的普列汉诺夫对孟什维克的分裂活动采取退让妥协的政策,并且自己很快就走向了孟什维克一边,开始在组织问题上,随后由于发生了1905年革命,又在策略问题上采取了同布尔什维克尖锐对立的立场。普列汉诺夫的孟什维主义策略给当时俄国无产阶级的革命事业造成了严重的危害。

不过从1903年11月到1914年8月这段时期,普列汉诺夫仍然是一个无产阶级的革命家。他这个时期的总的特点就是动摇性,即在布尔什维克和孟什维克之间摆来摆去。所以列宁称他是一个"特殊的孟什维克",说他采取了一种"特殊的立场"。所谓特殊立场的意思，不仅是指他在策略和组织问题上好多次脱离过孟什维克，不仅是指他在斯托雷平反动年代抨击了取消派，同布尔什维克结成了战斗联盟，在极其困难的环境下捍卫了党和革命，而且，与此密切联系的，是指他作为"孟什维克—马克思主义者"在理论上，在哲学上坚持了"正义的事业"。列宁特别高度赞扬了他在斯托雷平反动时期俄国先进阶级进行哲学"整顿"中所起的伟大作用，比之为18世纪百科全书派在法国，或者像康德到黑格尔和费尔巴哈的古典哲学在德国所起的那种启蒙作用。

第一次世界大战爆发后，普列汉诺夫主张按照马克思的榜样，在战争中力求区分民族防御战和民族征服战，找出发动战争的罪魁祸首，因此，他要求俄国无产阶级起来反对德、奥等同盟国侵略者，保卫祖国。1917年二月革命后他结束流亡生活回到俄国，继续鼓吹俄国进行卫国战争，号召工人阶级团结在资产阶级临时政府周围，反对列宁提出的变帝国主义战争为国内战争，实行社会主义革命的"四月提纲"。他不同意列宁的帝国主义理论，不同意说帝国主义是腐朽的、没落的、垂死的资本主义，是无产阶级革命的前夜，而赞成考茨基所谓帝国主义是资本主义高度发展时期工业资本主义民族力图愈来愈多地吞并或征服农业区域所实行的一种政策。他显然认为，在欧洲，尤其是在俄国，资本主义仍然有巨大的发展空间，而且，资本主义本身是一种善于自我调节的社会制度。他援引马克思的重要原理说，"在一国的生产方式还促进该国生产力的发展而不是阻碍它的发展以前，它绝不会退出历史舞台"。当时俄国经济相当落后，不仅吃存在着资本主义的苦头，而且吃资本主义生产方式不够发达的苦头。他认为进行社会主义革命的另一前提条件是雇佣工人构成国内居民的多数和在工人阶级中间进行长期的教育工作和组织工作等等。所有这些条件当时俄国都远不具备。因此他继恩格斯之后警告说，工人阶级最大的历史灾难莫过于在还没有准备好以前就夺取政权。但是当十月革命取得胜利之后，他拒绝了白党分子要他出来领导反动政府的建议，没有参加反对新政权的活动。因为他认为自己为无产阶级事业奋斗了四十年，即使这个阶级走上了错误道路，也不愿和不能站在它的对立面，进行反对它的斗争。1918年5月30日，这位卓越的马克思主义者在物资匮乏、病情加剧、孤独凄凉中与世长辞。

作为政治家，普列汉诺夫不是强有力的。他不具备超凡脱俗的领袖气质。他背后没有忠于他的铁杆部队。他领导的"劳动解放社"不过五六个人；而且都是知识分子，几乎没有人从事组织工作。所以他最终都未能成为强大政党或派别的领袖。

普列汉诺夫所以名垂青史，主要是作为博学的著作家、思想家、理论家。自从1890年第一次发表历史哲学专论《评梅契尼可夫的书》直到1917年出版《从唯心主义到唯物主义》，哲学上他始终是一个有独创精神的马克思主义者。即使1903年以后也仍然如此。这特别表现在对马赫主义、造神派、寻神派和其他资产阶级哲学家的批判，以及对俄国社会思想史的研究和大量美学、文艺论著上。但综观他的全部哲学著作，可以说理论上富于创见实践上影响深远的作品，大都是19世纪90年代发表的：如《黑格尔逝世60周年》、《车尔尼雪夫斯基》、《无政府主义和社会主义》、《论一元论历史观的发展问题》、《唯物主义史论丛》、《论个人在历史上的作用问题》、《没有地址的信》等。其中尤以《论一元论历史观的发展问题》为最。这本书代表了他一生所达到的理论水平的最高峰。1903年以后，在哲学原理方面虽然也写出过像《马克思主义基本问题》这样的优秀著作，但从根本上说并没有取得什么重大的进展。然而在运用现成的原理分析宗教、文艺，特别是俄国哲学史和俄国社会思想史方面却产生了丰硕的成果。

普列汉诺夫的著作卷帙浩繁。按照列宁的指示，1923—1927年苏联出版了《普列汉诺夫全集》24卷。后来苏联学者整理并陆续编辑出版了普列汉诺夫的若干遗著、手稿和书信，如《普列汉诺夫遗著》(8卷，1934—1940年)，《普列汉诺夫哲学遗著》(3卷，1973—1974年)，等等。1956年为了纪念普列汉诺夫诞生100周年，苏联科学院哲学研究所主持编辑出版了5卷本《普列汉诺夫哲学著作选集》(1956—1958年。中译本则出版于1959—1984年)，这套取材于《全集》和《遗著》的著作是迄今为止他的哲学著作的最好选本。

从内容看，普列汉诺夫著作涉及的领域非常广泛。包括哲学、多个领域的思想史、美学、文艺评论、经济学、历史学、宗教学、伦理学、社会政治思想、政论等等。其中许多领域，他都做出了重大的贡献，提出了不少的创见，大大促进了马克思主义理论的发展，至今不仅保持着战斗的意义，而且仍然是人们开启智慧的源泉之一。

普列汉诺夫的文章流畅优美，旁征博引，极爱论战，文风清新，明晰泼辣，兼具法国式的奔放风趣、德国式的深邃思辨和俄国式的渊博简洁的特点，是著名的俄国散文家。他的一些文句被人们视为典范的俄语收入权威的俄语辞典。他翻译和校订的马克思、恩格斯著作奠定了现代俄语的马克思主义语汇的基础。这些，也都是他的一项毋庸置疑的不朽的文化功绩。

列宁对普列汉诺夫一生的学术功绩和历史地位曾经有过两条基本的、纲领性的评价。一条说:他是杰出的马克思主义哲学家,他"所写的全部哲学著作""应当列为必读的共产主义教科书"。另一条说:他是俄罗斯民族的文化巨人,他是和车尔尼雪夫斯基齐名的"大俄罗斯"进步"民族文化"的卓越"代表"。

图书在版编目(CIP)数据

普列汉诺夫文集.第12卷,在祖国的一年:一九一七——一九一八年言论全集/(俄罗斯)普列汉诺夫著;王荫庭,杨永译.—北京:商务印书馆,2021
ISBN 978-7-100-19714-4

Ⅰ.①普… Ⅱ.①普…②王…③杨… Ⅲ.①普列汉诺夫(Plekhanov, Georgi Valentino 1856-1918)—文集 Ⅳ.①B512.54-53

中国版本图书馆 CIP 数据核字(2021)第 048607 号

**权利保留,侵权必究。**

普列汉诺夫文集
第 12 卷
**在祖国的一年**
——一九一七——九一八年言论全集
王荫庭 杨 永 译
王荫庭 校

商 务 印 书 馆 出 版
(北京王府井大街 36 号 邮政编码 100710)
商 务 印 书 馆 发 行
北京艺辉伊航图文有限公司印刷
ISBN 978-7-100-19714-4

2021 年 6 月第 1 版　　　开本 710×1000　1/16
2021 年 6 月北京第 1 次印刷　印张 40¼
定价:179.00 元